3/24 35 €

ACCESO GRATIS *a la Lectura en la Nube*

Para visualizar el libro electrónico en la nube de lectura envíe junto a su nombre y apellidos una fotografía del código de barras situado en la contraportada del libro y otra del ticket de compra a la dirección:

ebooktirant@tirant.com

En un máximo de 72 horas laborables le enviaremos el código de acceso con sus instrucciones.

Procedimiento de selección de originales, ver página web:
www.tirant.net/index.php/editorial/procedimiento-de-seleccion-de-originales

Los derechos de los “otros” sindicatos

Monografía de la Revista Trabajo y Empresa

tirant lo blanch
Valencia 2024

EDITA: TIRANT LO BLANCH
C/ Artes Gráficas, 14 - 46010 - Valencia
TELFS.: 96/361 00 48 - 50
FAX: 96/369 41 51
Email:tlb@tirant.com
www.tirant.com
Librería virtual: www.tirant.es
DEPÓSITO LEGAL: V-182-2024
ISBN: 978-84-1056-835-8
MAQUETA: Innovatext

Si tiene alguna queja o sugerencia, envíenos un mail a: atencioncliente@tirant.com. En caso de no ser atendida su sugerencia, por favor, lea en www.tirant.net/index.php/empresa/politicas-de-empresa nuestro Procedimiento de quejas.

Responsabilidad Social Corporativa:
http://www.tirant.net/Docs/RSCTirant.pdf

Índice

Presentación 7
Francisco Pérez de los Cobos Orihuel

La posición institucional de los "otros" sindicatos 9
Joaquín García Murcia

La acción sindical en la empresa de los "otros" sindicatos 53
Mónica Llano Sánchez

Los "otros" sindicatos en la negociación colectiva 97
José María Goerlich Peset

Los "otros" sindicatos ante el derecho de huelga 123
Erik Monreal Bringsvaerd

La participación institucional de los "otros" sindicatos 157
Nuria P. García Piñeiro

La financiación de los "otros" sindicatos 183
Margarita Tarabini-Castellani Aznar

Los "otros" sindicatos y la garantía jurisdiccional social 203
Juan Gil Plana

Los "otros" sindicatos en el empleo público 241
Remedios Roqueta Buj

Sobre la revista 267

Equipo editorial 269

Normas de edición e instrucciones para la remisión de originales 273

Presentación

El pluralismo es un principio estructural de las sociedades abiertas. La multiplicidad de actores y de planteamientos y la libre interacción entre ellos constituye un elemento esencial de las sociedades civiles en las democracias avanzadas. Por ello, ha llegado a constitucionalizarse como principio y a proclamarse como un valor superior del Estado (art. 1.1 CE).

Desde una perspectiva material, la garantía del pluralismo para el pleno y efectivo ejercicio de la libertad sindical es comparable a la del pluralismo político para una sociedad democrática. El pluralismo es un presupuesto para el ejercicio de la libertad sindical y el reconocimiento de esta debe traducirse en un haz de garantías en su favor.

Es verdad que en ninguno de los grandes tratados internacionales de derechos humanos, ni en las constituciones que reconocen la libertad sindical, tampoco en la nuestra, hay menciones expresas al pluralismo sindical. Tampoco las hay en los Convenios de la OIT más directamente relacionados con la libertad sindical, es decir, el Convenio nº 87 sobre la libertad sindical y la protección del derecho de sindicación y el Convenio nº 98 sobre el derecho de sindicación y de negociación colectiva. Pero una lectura detenida de estos textos y sus distintas formulaciones permite sostener que el pluralismo es un principio inmanente a los derechos básicos que tales normas internacionales consagran. Solo desde el presupuesto del pluralismo es posible un cabal entendimiento del derecho de los trabajadores "a constituir las organizaciones que estimen conveniente" y el de "afiliarse a estas organizaciones" (art. 2 del Convenio nº 87) o el de las "organizaciones de trabajadores " de organizar sus actividades y programas de acción, o la prohibición de intervenciones públicas que limiten o entorpezcan el ejercicio de estos derechos (arts. 3 y 7 del Convenio nº 87).

Así lo viene entendiendo el Comité de Libertad Sindical de la OIT que, en respuesta a las quejas que le han sido formuladas, ha elaborado toda una doctrina que identifica las exigencias que, en punto al pluralismo, derivan del amplio reconocimiento de la libertad sindical que llevan a cabo los convenios 87 y 98 de la Organización.

Se trata de una doctrina *"in progres"*, es decir, que se está elaborando y reformulando permanentemente en función de las quejas recibidas, y sus perfiles se presentan a veces difusos. No obstante, de la misma pueden extraerse algunas conclusiones. La primera es que los convenios de la OIT no se decantan ni a favor del pluralismo, ni de la unidad sindical, pero el primero debe ser en todo caso factible y la segunda debe ser consecuencia natural y voluntaria del propio ejercicio de la libertad sindical y no de la actuación de los poderes públicos. La segunda es que el reconocimiento del "sindicato más representativo" es perfectamente factible a la luz de los citados convenios, siempre y cuando los criterios de selección establecidos sean objetivos, preestablecidos, transparentes, precisos y ajenos a cualquier posibilidad de abuso o parcialidad. La tercera, en fin, es que las prerrogativas reconocidas a los sindicatos más representativos no pueden traducirse en una prohibición de la existencia de otros sindicatos, ni en un despojo a estos de los derechos y garantías fundamentales previstas en el Convenio nº87, ni pueden influir indebidamente sobre los trabajadores en la elección de las organizaciones a las que deseen afiliarse.

Como es sabido, el modelo sindical español ha sido sometido en varias ocasiones al control del Comité de Libertad Sindical de la OIT, para el que no ha merecido reproche. No obstante, se trata de un modelo en el que el favor legal hacia el "sindicato más representativo" resulta notorio y se proyecta sobre todo el sistema de relaciones laborales, hasta el punto que, creemos, cabe hablar con propiedad de "los otros sindicatos", cuyo régimen jurídico, a menudo debe deducirse por exclusión u omisión, lo que, como resulta inevitable, redunda cuando menos en importantes dosis de inseguridad jurídica. En qué medida ello pueda traducirse en un menoscabo de la libertad sindical de estos "otros sindicatos" es cuestión que aquí solo cabe plantear.

Es propósito de "Trabajo y Empresa" abrir debates inéditos y sugerir perspectivas de análisis hasta ahora impracticadas. Por ello, nos hemos dirigido a un conjunto de acreditados especialistas y les hemos propuesto reflexionar sobre estos "otros sindicatos" y las prerrogativas que en sus diversos ámbitos de actuación les corresponden a la luz de la regulación legal y de la jurisprudencia constitucional y ordinaria. Nuestra coordinación se ha limitado al reparto de temas, no ha habido, por tanto, confrontación de perspectivas ni de análisis, ni conclusiones compartidas. Pero el resultado, como intuíamos y puede constatar el lector, es singularmente rico y sugerente. Sólo nos resta agradecer a los autores que hayan aceptado el reto de nuestra invitación.

Francisco Pérez de los Cobos Orihuel
El Director

La posición institucional de los "otros" sindicatos

Joaquín García Murcia
Catedrático de Derecho del Trabajo y Seguridad Social
Instituto de Derecho Comparado
Proyecto de investigación PID2020-118499GB-C31
Universidad Complutense de Madrid

The institutional position of the "other" unions

SUMARIO:

1. INTRODUCCIÓN. 2. LA DIFERENCIACIÓN ENTRE SINDICATOS COMO RASGO TRADICIONAL DE LA LEGISLACIÓN ESPAÑOLA. 3. REPRESENTATIVIDAD Y MAYOR REPRESENTATIVIDAD COMO DETERMINANTES DE LA POSICIÓN JURÍDICA DEL SINDICATO. 4. SOBRE LA CONSTITUCIONALIDAD DE LOS CRITERIOS DE REPRESENTATIVIDAD Y SUS PREVISIBLES CONSECUENCIAS PARA EL SISTEMA SINDICAL. 5. POSIBLE REPERCUSIÓN DE LA REPRESENTATIVIDAD A ESCALA TERRITORIAL, SECTORIAL Y FUNCIONAL. 6. DISTINTOS GRADOS DE CAPACIDAD REPRESENTATIVA DENTRO DE UN MISMO SISTEMA SINDICAL. 7. LA INTERVENCIÓN PROCESAL DEL SINDICATO: EL PRESUPUESTO DE LA REPRESENTACIÓN INSTITUCIONAL Y LA CONDICIÓN BÁSICA DE IMPLANTACIÓN. 6. EL CAPÍTULO ESPECIAL DEL ACCESO A RECURSOS FINANCIEROS DE NATURALEZA PÚBLICA. 9. UNA NOTA FINAL SOBRE LA COMPOSICIÓN REAL DEL SISTEMA SINDICAL ESPAÑOL.

RESUMEN: Hablar de la posición institucional de los "otros" sindicatos exige un recorrido escalonado en los términos siguientes: a) identificación de los sindicatos que actúan a estos efectos como punto de contraste, por su posición institucional preferente; b) determinar el fundamento y alcance de esa posición jurídica de preferencia; c) detectar las diferencias de régimen jurídico entre esos sindicatos y los restantes; d) componer a partir de esos datos la posición institucional de los sindicatos que no alcanzan aquel nivel, y e) valorar desde tales perspectivas el sistema sindical español. Esos son los ejes de exploración y desarrollo del presente trabajo, que ha de tomar conciencia de las diferencias de hecho existentes entre las organizaciones sindicales que concurren efectivamente en el sistema de relaciones laborales, pero que primordialmente debe atender a la incidencia de los criterios de representatividad en el concierto sindical, por tratarse del principal factor de diferenciación jurídica e institucional entre las organizaciones sindicales.

Palabras clave: implantación, jurisdicción constitucional, representatividad, sindicato.

ABSTRACT: To speak of the institutional position of the "other" unions requires a step-by-step approach in the following terms: a) identification of the unions that act as a point of contrast for these purposes, due to their preferential institutional position; b) determination of the basis and scope of this preferential legal position; c) detection of the differences in the legal regime between these unions and the others; d) composition of the institutional position of the unions that do not reach that level, and e) evaluation of the Spanish trade union system from these perspectives. These are the axes of exploration and development of the present work, which must be aware of the de facto differences existing between the trade union organizations that effectively concur in the system of labor relations, but which must primarily attend to the incidence of the criteria of representativeness in the trade union agreement, since this is the main factor of legal and institutional differentiation between the trade union organizations.

Keywords: implementation, constitutional jurisdiction, representativeness, union.

1. INTRODUCCIÓN

Es una buena denominación la de "los otros sindicatos", que cuenta, por lo demás, con el ilustrado aval de ciertas resonancias cinematográficas. Bien es verdad que no podemos utilizarla ahora con aquel sentido de sucesión de unas personas por otras en el ámbito familiar de convivencia, sino más bien con el significado de postergación de unos respecto de otros en un contexto de concurrencia de organizaciones sindicales de diversa envergadura y condición en un mismo sistema de relaciones laborales. En cualquier caso, para que pueda hablarse de "los otros" en ese panorama sindical (o en el ámbito de las representaciones profesionales, si le queremos dar un tono más general) han de verificarse tres condiciones básicas: por lo pronto, y como premisa básica, el reconocimiento efectivo de la libertad sindical; en segundo lugar, una situación real y efectiva de pluralismo organizativo; por último, alguna clase de diferenciación entre unas organizaciones y otras que repercuta en su respectiva posición legal e institucional, más allá de las diferencias que deriven de la propia dinámica organizativa. Podría tratarse, sencillamente, de una diferencia jurídica ligada a su grosor o envergadura, sin mayores connotaciones. Pero también cabe, al menos en hipótesis, que la distinción responda a una estrategia de signo político, o incluso que vaya respaldada por ciertos tintes ideológicos, traspasando así el filtro de la neutralidad para introducirse en los terrenos más propios de la intromisión pública y, eventualmente, de las prácticas corporativistas. Como sabemos de sobra, el criterio de la representatividad, comoquiera que se defina y aplique, puede y suele ser uno de los principales factores legales de diferenciación entre las organizaciones de base profesional, tanto en el lado sindical como en el lado patronal. Y así viene ocurriendo en España desde hace ya bastante tiempo.

Es muy probable que de "los otros sindicatos" pueda hablarse con conocimiento de causa en muchos sistemas de relaciones laborales a escala mundial, entre otras razones porque en todas las regiones del mundo se ha generalizado en una u otra medida el uso de la representatividad para determinar, cuando menos en el plano formal, las posibilidades de acción de sus respectivas organizaciones sindicales. Recordemos que se trata de una técnica que puso en boga sobre todo la Organización Internacional del Trabajo a través de sus normas constitutivas, para proporcionar a los Estados miembros un medio suficientemente operativo con vistas a la selección y designación de los delegados que, en nombre del grupo de los trabajadores y del grupo de los empresarios, habían de incorporarse por cada país a sus instancias de administración y gobierno. El artículo 3.5 de la Constitución de la OIT dice, en efecto, que los Estados miembros "se obligan a designar a los delegados y consejeros técnicos no gubernamentales de acuerdo con las organizaciones profesionales más representativas de empleadores o de trabajadores, según sea el caso, siempre que tales organizaciones existan en el país de que se trate"[1].

Después, los criterios de representatividad se fueron expandiendo hacia los sistemas nacionales, probablemente por su probada utilidad, por sus facilidades de uso y, a fin de cuentas, por la ausencia de competidores de fuste en ese objetivo de selección o institucionalización de interlocutores sindicales y empresariales. Todo ello a sabiendas, lógicamente, de que la representatividad es una idea abstracta que de algún modo hay que articular o hacer practicable, para lo cual deben utilizarse a su vez los correspondientes datos o indicios, que por supuesto pueden ser de muy diverso carácter o contenido. Algunos pueden ofrecer un alto grado de objetividad, como cabe presumir en el dato relativo a la afiliación o, más aún, en el que se refiere al número de cotizantes reales, si es que las organizaciones profesionales estuvieran dispuestas a darlos de forma leal y verificable. Otros datos pueden ser aparentemente más seguros o fiables, pero, al mismo tiempo, pueden estar más mediatizados por factores externos o encerrar mayores riesgos de desajuste respecto de la realidad asociativa, como puede ser el caso de los resultados obtenidos en un proceso electoral (la llamada "audiencia electoral"). Otros, en fin, pueden prestarse a mayores dosis de intervencionismo o discrecionalidad por parte del legislador, como ocurre con algunos de los que tradicionalmente se han aireado a partir del sistema francés, referidos a la antigüedad, al memorial de movilizaciones o incluso a la actitud "patriota" del sindicato[2].

1 Vid. J. Montalvo Correo, *El concepto de sindicato más representativo en los sistemas sindicales europeos*, Ministerio de Trabajo, 1980, pp.23 ss.

2 Vid. F. Navarro Nieto, *La representatividad sindical*, Ministerio de Trabajo, 1993, pp.105 ss.

Téngase en cuenta, en todo caso, que los criterios de representatividad no se traen a colación por una mera aspiración escolástica o clasificatoria del panorama organizativo en el mundo profesional, sino más exactamente por su innato propósito de acotar o condicionar el espacio de juego de las organizaciones sindicales (o patronales), con la consiguiente incidencia en su posición jurídica o institucional. En su aplicación más atenuada, la representatividad sirve ordinariamente para acreditar *ad extra* la dimensión organizativa y la consiguiente capacidad representativa de una determinada organización profesional, ya sea para que valga simplemente como soporte de sus relaciones con otros sujetos (como la empresa o la propia Administración pública), ya sea para que actúe como base con vistas a la obtención de facilidades o ventajas en su acción representativa (como la posibilidad de implantar secciones sindicales en las empresas o de usar determinados medios empresariales para sus comunicaciones con los afiliados). Pero otras veces la representatividad sube de intensidad y constituye una especie de salto desde la realidad a la oficialidad, en el sentido de que la organización bendecida por esa condición se convierte de alguna manera en representante *ex lege* o "institucional" del grupo profesional de referencia, más allá del apoderamiento que en buena lógica hay que presuponer en los contratos asociativos[3]. Es una especie de promoción en la jerarquía de la representación profesional, de modo que la organización que recibe ese sello cualificado de representatividad adquiere una capacidad de acción mucho mayor que la que se derivaría exclusivamente de sus índices de afiliación. Muchas veces, pasa a ser representante *erga omnes* en su ámbito funcional y territorial de actuación, sin necesidad de atribución alguna por parte de quienes en consecuencia van a ser representados.

Todo ello pone de relieve que los criterios de representatividad pueden cumplir muy diversas funciones en el dominio de las representaciones profesionales, y más concretamente en el campo sindical[4]. En principio no buscan más que una especie de garantía de solvencia, fortaleza, responsabilidad o buena (leal) representación por parte de la organización profesional. Ahora bien, esa faceta más llana de la representatividad tal vez no revele su principal característica, que, como demuestra la experiencia, no es otra que la selección entre posibles candidatos o competidores, esto es, entre las organizaciones sindicales (o empresariales) concurrentes en unas determinadas coordenadas de tiempo y espacio. Esa fue la finalidad, claramente, de las normas constitucionales de la OIT, y esa suele ser asimismo la pretensión de las normas nacionales que acuden a ese factor a la hora de ordenar su sistema de relaciones laborales. La búsqueda de buena o leal representación con vistas a una acción determinada mediante el uso de criterios de representatividad, o de criterios de similar naturaleza (como el de "implantación" que a veces utilizamos en España), no tiene por qué acarrear mayores consecuencias, pues sólo pretende que la actua-

3 Sobre la fisonomía de la asociación sindical, con sus rasgos comunes y sus peculiaridades, M.F. Fernández López, *El sindicato. Naturaleza jurídica y estructura*, Civitas, 1982, pp.97 ss.

4 J. García Murcia, *Organizaciones sindicales y empresariales más representativas: posición jurídica y dimensión política*, Ministerio de Trabajo, 1987, pp.68 ss.

ción sindical cuente con razonables expectativas de éxito o eficiencia (como sucede en el sistema de negociación colectiva de Estados Unidos o en ciertos planos de la actividad sindical en Alemania). Pero el uso institucionalizado de criterios de representatividad para clasificar a los sindicatos y proceder inmediatamente a la selección de los primeros de la lista con postergación de los restantes, sí puede representar una diferencia estructural con trascendencia para la posición jurídica de unos y otros. Esto es lo que ocurre cuando la negociación colectiva se reserva *ex ante* a organizaciones que hayan alcanzado y tengan oficializado un determinado nivel de representatividad, y, más aún, cuando la participación en asuntos públicos o la condición de interlocutor en los procesos de diálogo social se limita a ciertas organizaciones con visos de permanencia.

En esos casos, la representatividad no es sólo constatación del peso relativo del sindicato en el concierto sindical, sino también un instrumento "externo" de conformación del sistema de relaciones laborales, y hasta del sistema político en su conjunto. Es verdad que para su viabilidad y efectividad, dicha intervención legal necesita de un especial caldo de cultivo, en el que resulta indispensable tanto la existencia de organizaciones sindicales con vocación de "sujeto político"[5], como la predisposición de los poderes públicos a la "participación institucional" de las organizaciones profesionales, sobre todo en el terreno de la concertación o la "negociación legislativa", aunque también en el plano de la gestión y supervisión administrativa[6]. Pero, más allá del empuje que pueda ejercer la propia dinámica de las cosas, el uso de criterios de representatividad para institucionalizar las posibles diferencias de hecho no deja de ser una opción legal entre otras posibles. Una opción que puede tener sus ventajas desde el punto de vista de la gobernabilidad del sistema (social y político), pero que también tiene indiscutibles consecuencias, y que no deja de entrañar riesgos considerables[7]. Principalmente, el riesgo de restricción de la "competencia" organizativa, el

5 La dimensión "política" del sindicato, constante a lo largo de su historia y perceptible aún en las grandes confederaciones o "centrales sindicales", fue uno de los tópicos más visitados por la doctrina laboralista en el contexto más o menos "revolucionario" de los años sesenta y setenta de la década pasada, con resonancias también en España, en unos momentos en los que los grandes sindicatos se debatían entre la reivindicación o la participación, y en los que seguían pesando de manera más o menos consciente nuestras tradicionales querencias corporativistas, con algún reflejo en el artículo 7 CE. Vid. F. Durán López, "El papel del sindicato en el nuevo sistema constitucional", *Revista de Política Social*, núm.121 (1979), pp.165 ss.; J. Rivero Lamas, "Democracia pluralista y autonomía sindical (actividad política de los sindicatos y Constitución)", *Revista de Estudios Políticos*, núm.16 (1980), pp.157 ss., y M.C.Palomeque López, "El sindicato como sujeto político", VVAA, *Estudios de Derecho del Trabajo en Memoria del Profesor Gaspar Bayón Chacón*, Tecnos, Madrid, 1980, pp.551 ss.

6 Sobre el concepto y sus escurridizos contornos, H. Ysás Molinero, *La participación de los sindicatos en las funciones normativas de los poderes público*, Bomarzo, Albacete, 2010, pp.141 ss. Para la faceta de concertación o diálogo social, J.L. Monereo Pérez, "La participación de los sindicatos en el diseño y gestión de las políticas públicas y la concertación social", VVAA, *Sindicalismo y democracia. El Derecho Sindical Español del Profesor Manuel Carlos Palomeque treinta años después (1986-2016)*, Comares, 2017, pp.328 ss.

7 Vid. C.L.Alfonso Mellado y J. Cabeza Pereiro, "La mayor representatividad sindical: un balance del modelo de la LOLS", VVAA, *Sindicalismo y democracia. El Derecho Sindical Español del Profesor Manuel*

de arrinconamiento progresivo de las organizaciones de menor "jerarquía" y el de cosificación del sistema de representación profesional, por las crecientes dificultades de renovación o los evidentes obstáculos para la promoción de nuevas iniciativas de organización. Téngase en cuenta que las estrategias selectivas no son sólo elementos de distinción en un momento dado, sino también factores de progresiva diferenciación a medio y largo plazo, o multiplicadores de la diferencia, como debió advertir en alguna ocasión el Tribunal Europeo de Derechos Humanos[8].

2. LA DIFERENCIACIÓN ENTRE SINDICATOS COMO RASGO TRADICIONAL DE LA LEGISLACIÓN ESPAÑOLA

Aceptemos, como hemos tratado de sugerir, que la diferencia entre unos y otros sindicatos es a fin de cuentas el resultado de la confluencia de muy diversos factores, entre los que obviamente hay que contar con el grado de consistencia y seriedad de cada sindicato y con su efectiva trayectoria en el desarrollo de sus prístinas funciones de representación y defensa de los intereses de los trabajadores, siempre en comparación con las restantes organizaciones sindicales. Pero de ninguna manera debemos prescindir, en esa tesitura, del trato legalmente dispensado a los sindicatos, con independencia de que existan muchas probabilidades de que la actitud del legislador esté condicionada, en la medida que sea, por la envergadura real de las diferentes organizaciones profesionales. El sistema español, en cualquier caso, es un claro ejemplo de esa influencia normativa e institucional en los medios sindicales, como pudo detectarse desde muy temprano. No es fácil reproducir con fidelidad los inicios de la legislación sindical española, que, como suele ocurrir, sólo dio sus primeros pasos tras un periodo más o menos largo, más o menos incierto, de tolerancia o aceptación de hecho por parte de los poderes públicos, siempre jalonado, por lo que nos cuenta la historia, por reacciones institucionales de muy diverso tipo, a veces directamente represivas. En definitiva, tanto en España como en otros muchos países, la intervención legal fue inevitablemente precedida de un proceso real de construcción del sindicalismo en el que, en buena lógica, el protagonismo tenía que corresponder a la acción de los propios interesados, movida sobre todo por el afán de mejora de las condiciones de trabajo, pero también por el impulso de las ideologías imperantes, que en nuestro país fueron de signo socialista y libertario en mayor medida que de inspiración cristiana, a diferencia de algunos otros de nuestro entorno[9].

Con esas premisas tan generales, tratemos no obstante de acercarnos en mayor grado a nuestra particular trayectoria legal, más practicable para el jurista que los

Carlos Palomeque treinta años después (1986-2016), ob.cit., pp.313 ss.

8 Vid. F. Navarro Nieto, *ob. cit.*, pp.101-103 ss.

9 Algunas pistas sobre la formación histórica de nuestro sistema sindical en M.C.Palomeque López, "El sindicato en la historia de España", VVAA, *Sindicalismo y democracia. El Derecho Sindical Español del profesor Manuel Carlos Palomeque treinta años después (1986-2016)*, Comares, Granada, 2017, pp.123 ss.

estudios de campo típicos de otras disciplinas. En ese sentido, poco pueden aportarnos seguramente los primeros actos de legalización de sindicatos en España, provenientes mayoritariamente del sindicalismo de inspiración socialista y tramitados al amparo de la Ley de Asociaciones de 30 de junio de1887, que desarrollaba el correspondiente precepto de la Constitución "Alfonsina" y que de algún modo vino a consolidar los pasos dados en ese sentido por la Revolución "septembrina" de 1868. No era previsible, en efecto, que aquel añejo texto legal hablara de los sindicatos, y mucho menos de trámites con potencial diferenciador entre los sindicatos, pero tampoco resulta despreciable, visto con la tranquilidad que otorga la distancia temporal, el hecho de que la Ley de 1887 aportara a nuestro país un marco legal más apto para facilitar la irrupción y la participación de las organizaciones profesionales en el incipiente sistema de relaciones laborales. Cumplida esa función básica, entre los primeros soportes específicos proporcionados por nuestro legislador para el desarrollo de la actividad sindical debe citarse sin duda la Ley de descanso dominical de 1904, que remitía a los "pactos" entre patronos y obreros para la aplicación o precisión de algunas de sus previsiones. Con esta base, un Real Decreto de 26 de junio de 1907 introdujo dos reglas para la negociación de ese tipo de acuerdos que tienen algún significado para nuestro propósito: de un lado, la que establecía que la función negociadora sólo podría ser desempeñada por asociaciones obreras o patronales cuyos estatutos y reglamentos hubieran sido aprobados en la forma prevista por "las disposiciones vigentes"; de otro, la que mostraba oposición a los pactos que pudieran celebrarse de manera "aislada" entre dichas asociaciones o para grupos de obreros, por cuanto la validez de este tipo de acuerdos se hacía depender de que los sujetos negociadores acreditaran "mayoría" respecto de los obreros y patronos que formaran parte de asociaciones registradas conforme a la regla anterior[10].

Mediante esta leve y circunstancial regulación se estaban sentando en verdad algunas de las características más señeras del régimen legal de las asociaciones profesionales en nuestro país, con algunos rescoldos aún en el sistema actual y, sobre todo, con un indudable sesgo diferenciador. Podríamos sintetizarlo en cuatro rasgos: 1) la exigencia de "legalización" y "registro" del sindicato como condición para el desarrollo lícito de la actividad sindical, mediante un procedimiento en el que el papel protagonista ha correspondido normalmente a la autoridad laboral, pero con intervención asimismo de la autoridad gubernativa; 2) la regla de "mayoría" tanto para la validez de los acuerdos colectivos de especial trascendencia como para la conformación de determinadas estructuras de desarrollo de la actividad sindical, especialmente dedicadas a la negociación colectiva y a la solución de conflictos de trabajo; 3) la apertura de ciertas vías de participación "institucional" para los sindicatos que se ajustaran al régimen de legalización vigente en cada momento, y 4) la posibilidad

10 Algunos lustros más tarde, la Real Orden de 6 de agosto de 1920 proporcionó reglas parecidas, aunque más matizadas para los casos de no existencia de asociaciones registradas, en materia de jornada máxima, en desarrollo del art.4 de la Ley de 4 de julio de 1918.

de acceso a subvenciones por parte de los sindicatos incorporados al "censo" correspondiente. Como es fácil de suponer, son condiciones que entrañan inevitablemente algunas diferencias notables entre los sindicatos: de un lado, diferencias radicales entre los sindicatos dispuestos a la legalización y los sindicatos "antisistema", como en nuestra experiencia histórica fueron los sindicatos ácratas o libertarios; de otro lado, diferencias entre los sindicatos grandes y los sindicatos pequeños, pues sólo los primeros podían estar en condiciones efectivas de obtención de las mayorías requeridas por la ley.

Esos rasgos se dejaron ver prácticamente en todos los periodos que atravesó nuestro país hasta la implantación del régimen franquista, con bastantes similitudes, por cierto, entre la legislación de las primeras décadas del siglo XX (incluido el periodo de la "Dictadura de Primo de Rivera") y las normas de la II República. Las líneas de regulación que iban a prevalecer durante aquellos años tuvieron una primera plasmación relevante en el Real Decreto de 10 de agosto de 1916 sobre asociaciones obreras y conflictos de trabajo en las compañías concesionarias de servicios públicos[11], y quedaron reflejadas después, con las variantes propias de cada contexto, en una interesante serie normativa en la que, con instrumentos distintos y en contextos muy diferentes, se mantuvieron aquellas constantes: 1) el Real Decreto de 3 de noviembre de 1922 sobre constitución de sindicatos y asociaciones empresariales en el ámbito territorial de la provincia de Barcelona atendiendo a la división por oficios; 2) el Real Decreto-ley de 26 de noviembre de 1926 de creación de la "Organización corporativa nacional", con su compleja estructura paritaria (formada primordialmente por comités paritarios y comisiones mixtas); 3) la Ley de 27 de noviembre de 1931 de organización de los jurados mixtos del trabajo, en sustitución de las precedentes instancias profesionales, y 4) la Ley de 8 de abril de 1932 sobre asociaciones profesionales obreras y patronales, que se construyó, curiosamente, sobre el esquema de regulación que en el año 1922 había sido preparado (quizá como banco de pruebas) para la provincia de Barcelona[12]. Dicho sea de paso, las normas aprobadas durante todo ese periodo se dirigieron conjuntamente a las asociaciones obreras y a las asociaciones patronales, a las que, curiosidades de la historia, en más de una ocasión se les dio entre nosotros la calificación de "sindicatos de patronos".

La Ley de 21 de noviembre de 1931 sobre contrato de trabajo no incluyó reglas típicamente sindicales, pero es muy probable que contribuyera en bastante medida a

11 Desarrollado por otra norma de igual rango de 23 de marzo de 1917. Vid. J. García Murcia, "Una mirada ocasional a la evolución histórica del derecho de huelga: el Real Decreto de 23 de marzo de 1917 sobre los conflictos colectivos del trabajo en compañías concesionarias de servicios público, *Revista de la Facultad de Derecho de la Universidad Complutense*, núm.17 (extraordinario), 1993.

12 Que a su vez se inspiraba en sendos proyectos de ley de sindicación de 1919 y 1920, según expuso el preámbulo del Real Decreto de 15 de octubre de 1921, que puso las bases para la regulación de 1922 al crear una delegación especial del Ministerio de Trabajo en Barcelona para, entre otras tareas, elaborar una más completa clasificación de industrias y realizar los correspondientes censos de obreros y patronos, y que fue la base para la regulación de 1922.

las tendencias selectivas apuntadas con anterioridad a través de sus previsiones sobre las fuentes de regulación del contrato de trabajo, entre las que ocupaban un lugar hasta entonces desconocido los productos resultantes de la actividad de negociación colectiva, que en aquellos momentos fueron distribuidos en dos grandes categorías: por una parte, las "bases de trabajo, adoptadas por los jurados mixtos o por las "comisiones paritarias legalmente reconocidas al efecto" y encargadas de establecer las "condiciones de mínima protección para los trabajadores", dentro del respeto a la ley; por otra parte, los "pactos colectivos" cêlebrados fuera de esas estructuras paritarias por asociaciones patronales y obreras legalmente constituidas, que no podían establecer condiciones de trabajo menos favorables para los trabajadores que las determinadas tanto en las disposiciones legales como en las bases adoptadas por los jurados mixtos o comisiones paritarias legalmente reconocidos. Quedaba claro que las asociaciones mayoritarias podían acceder a uno y otro tipo de regulación convencional, mientras que las más pequeñas tan sólo podían contar con el segundo de esos cauces, sometido jerárquicamente al primero como se acaba de señalar[13].

Con el régimen franquista cambiaron muchas cosas, como de todos es sabido, con consecuencias drásticas para nuestro recorrido, en tanto que las leyes de la época[14], inspiradas naturalmente en los principios acuñados por el Fuero del Trabajo de 1938, no permitieron más sujeto de representación profesional que la Organización Sindical Española, que era de adscripción obligatoria para empresarios y trabajadores y que, según expresión literal de sus normas fundacionales, se distanciaba de las "agrupaciones privadas" para actuar "coma un gigantesco Sindicato de productores" conforme a los principios de "Unidad, Totalidad y Jerarquía". La Ley Sindical 2/1971, de 17 de febrero, nacida según todos los indicios con el propósito (bien es cierto que algo descaminado) de homologar el régimen sindical español a las directrices y exigencias de la Organización Internacional del Trabajo[15], no representó en verdad ningún cambio sobre la situación precedente, pese a su más depurado lenguaje y sus aparentes intentos de ajustar la estructura interna de los "sindicatos verticales", guiada por el principio de unidad y exclusividad, a la contienda que suele darse en el ámbito de las relaciones de trabajo, mediante una relativa separación entre las instancias representativas de trabajadores y empresarios.

Hubo que esperar a la etapa de la "transición política" para que pudiéramos volver a percibir el tono diferenciador de nuestra legislación sindical. La base para ello, como es obvio, tenía que ser la recuperación del derecho a la libertad sindical, que se llevó a cabo, como algunos todavía recordarán, mediante una compleja operación

13 Vid. A. Martín Valverde, "La formación del Derecho del Trabajo en España", VVAA, *La legislación social en la historia de España. De la Revolución liberal a 1936*, Congreso de los Diputados, Madrid, 1987, pp.LXXXI ss.

14 Ley Bases de la Organización Sindical de 6 de diciembre de 1940 y Ley de Unidad Sindical de 26 de enero de 1940.

15 Tras el informe que había elaborado y difundido esa Organización bajo el título de *La situación laboral y sindical en España* (Ginebra, 1969).

institucional de la que formaron parte tres actuaciones escalonadas: la liquidación de las estructuras sindicales del régimen franquista, la ratificación de los convenios número 87 y 98 de la Organización Internacional del Trabajo (junto a otras declaraciones internacionales de derechos), y la aprobación de la Ley 19/1977, de 1 de abril, de asociación sindical, orientada según su propio preámbulo "a la protección legal de la libertad de asociación sindical de los trabajadores y empresarios para la defensa de sus intereses peculiares, sin otros límites funcionales que los inherentes a la naturaleza profesional de sus fines estatutarios y al deber de acatamiento de la legalidad; todo ello en el ejercicio de las libertades propias de una sociedad democrática y teniendo en cuenta los convenios internacionales"[16]. Por lo que de momento nos interesa, conviene señalar que la Ley 19/1977 recuperaba la antigua regla de depósito de estatutos ante el registro público pertinente con vistas a la adquisición de personalidad jurídica y capacidad de obrar por parte del sindicato, aunque también conviene dejar constancia de que, en términos generales, era portadora de mayores dosis de libertad que de intervencionismo, en contraste con lo que pudimos ir viendo en años posteriores.

Tras la Ley 19/1977 fue aprobado el Real Decreto 3149/1977, de 6 de diciembre, con la doble finalidad de continuar la labor de supresión de "instituciones que son incompatibles con los principios, normas y Tratados ahora vigentes" y de "poner a disposición de trabajadores y empresarios, así como de las Asociaciones Sindicales, el dispositivo indispensable para llenar los vacíos que puedan producirse", esto último de forma exclusivamente provisional y transitoria, y a la espera de una regulación nacida de manera más directa de las nuevas instituciones democráticas. En este apartado, el RD 3149/1977 se ocupó básicamente de articular las reglas necesarias para abrir, en el nuevo contexto, el proceso de "elección de los órganos representativos de los trabajadores en el seno de la Empresa", para sustituir a "los actuales Enlaces y Jurados de Empresa" por los que ya empezaron a denominarse "delegados de personal" y "comités de empresa". Con ese fin, y por lo que hora interesa, se decía que podían presentar candidatos para dicha elección los sindicatos de trabajadores legalmente constituidos. Estaba en marcha, si lo vemos bien, el proceso de implantación de criterios de representatividad con sustento en la "audiencia electoral".

En realidad, ya se venía actuando en ese sentido desde algún tiempo atrás, al menos en tres planos. En primer lugar, en el plano de la financiación de las organizaciones sindicales (y patronales), del que pudimos saber, a partir de una demanda de amparo de la Confederación Nacional del Trabajo y de la consiguiente sentencia del Tribunal Constitucional (TC 99/1983, de 16 noviembre), que por vía de hecho se

16 El desmantelamiento de la OSE se llevó a cabo mediante el RDL 19/1976, de 8 de octubre, de creación, organización y funciones de la AISS y el RDL 31/1977, de 2 de junio, de extinción de la sindicación obligatoria, y los Convenios de la OIT 87 y 98 fueron ratificados por sendos instrumentos de 14 de abril de 1977. Sobre el proceso, R. Sastre Ibarreche, *Derecho sindical y transición política*, Tecnos, Madrid, 1987, pp.76 ss.

estaban cediendo bienes procedentes del "patrimonio sindical acumulado" por la ya desaparecido OSE "a distintas organizaciones sindicales y profesionales", entre las que figuraban Comisiones Obreras, Unión General de Trabajadores y Unión Sindical Obrera, que actuaron como partes en el correspondiente proceso constitucional. En segundo lugar, en el plano de lo que ya empezaba a conocerse de forma más directa como "participación institucional", que en sus inicios tenía bastante que ver con las competencias participativas que el sistema franquista concedía a la corporación sindical oficial[17], y que fue acondicionada de manera relativamente urgente mediante el Real Decreto-ley 36/1978, de 16 de noviembre, de gestión institucional de la seguridad social, la salud y el empleo, seguido al poco tiempo de sendas normas reglamentarias para cada una de las entidades públicas implicadas en las que el correspondiente canal participativo se reservaba expresamente para "los sindicatos más representativos en proporción a su representatividad" (y, en la misma medida, para los representantes de los empresarios)[18]. En tercer lugar, en fin, el plano de la actividad sindical en algunas de sus más relevantes manifestaciones (como la negociación colectiva y la acción sindical en la empresa), terreno que por esos años empezó a ser desbrozado a través de acuerdos interprofesionales para pasar muy poco después a la legislación laboral de matriz constitucional, y en el que, significativamente, desde una primera apuesta por el dato de la afiliación como indicador de representatividad[19], se pasaría sin muchas dilaciones al de la audiencia electoral, que desde entonces ha prevalecido en nuestro sistema sin contratiempos insuperables[20].

17 Un dato significativo: según el punto setenta y cinco de la base decimoséptima de la Ley 193/1963, de 28 de diciembre, sobre Bases de la Seguridad Social (BOE 30 de diciembre), "Conforme a lo establecido en la base primera se garantizará la real y efectiva participación de los trabajadores y empresarios en los órganos de gobierno de las Entidades gestoras de la Seguridad Social, tanto en el régimen general como en los especiales comprendidos en el apartado f) del número diez y en el número once, a través de la oportuna elección efectuada por las Juntas Económicas y Sociales de las Entidades Sindicales, con arreglo a las normas de procedimiento electoral de la Organización Sindical".

18 Vease por ejemplo, el RD 1854/1979, de 30 de junio, sobre estructura y competencias del Instituto Nacional de la Seguridad Social (INSS). Por cierto, el RDL 36/1978, en el que se facultaba al Gobierno para regular la participación en el control y vigilancia de la gestión de las entidades gestoras de esos sistemas (incluidas las mutualidades públicas), tan sólo hablaba de "representantes de los distintos sindicatos, de las organizaciones empresariales y de la Administración Pública", en todo caso por "partes iguales".

19 En aquellos momentos el protagonismo fue asumido por el Acuerdo Básico Interconfederal de 10 de julio de 1979 y el Acuerdo Marco Interconfederal de 5 de enero de 1980, en el que se decía literalmente que "CEOE admite la conveniencia de que todas las Empresas afiliadas a sus Organizaciones consideren a los Sindicatos debidamente implantados en los sectores y plantillas, como elementos básicos y consustanciales para afrontar a través de ellos las necesarias relaciones entre trabajadores y empresarios", a lo que se añadía que "En aquellos centros de trabajo con plantilla que exceda de 250 trabajadores, y cuando los Sindicatos o Centrales posean en los mismos una afiliación superior al 15 por 100 de aquélla, la representación del Sindicato o Central será ostentada por un Delegado".

20 En la trastienda de este rápido cambio desde el dato de la afiliación al de la audiencia electoral como indicadores de representatividad probablemente actuaron dos circunstancias: de un lado, la convicción de las organizaciones sindicales, tras el periodo de efervescencia de la transición política, de que sus índices de afiliación no podrían alcanzar en ningún caso niveles especialmente cuantiosos; de otro lado, la declarada preferencia del sindicalismo de inspiración "comunista", más entrenado en

3. REPRESENTATIVIDAD Y MAYOR REPRESENTATIVIDAD COMO DETERMINANTES DE LA POSICIÓN JURÍDICA DEL SINDICATO

A la altura de 1980, la senda de la representatividad, con sus correspondientes efectos diferenciadores, estaba perfectamente marcada en el sistema español de relaciones laborales. Para su cierre definitivo tan sólo faltaban algunos pasos suplementarios, que no tardaron en practicarse. Vinieron, justamente, con la primera versión del Estatuto de los Trabajadores (Ley 8/1980, de 10 de marzo), que proporcionó una serie de cláusulas aparentemente desconectadas pero inspiradas todas ellas por el objetivo común de selección de interlocutores "fiables" para la gestión global de las relaciones de trabajo. Por una parte, reservó la actividad de negociación colectiva de ámbito supraempresarial a "los sindicatos, federaciones o confederaciones sindicales que cuenten con un mínimo del diez por ciento de los miembros del comité o delegados de personal del ámbito geográfico o funcional a que se refiere el convenio" (art.87.2), al mismo tiempo que se habilitaba a las organizaciones sindicales y empresariales más representativas, de carácter estatal o de comunidad autónoma, para fijar reglas sobre la estructura de la negociación colectiva o regular "materias concretas" del sistema a través de acuerdos interprofesionales o convenios colectivos (art.83.2). Por otra parte, atribuyó a las organizaciones sindicales "con el diez por ciento o más de los miembros de los comités de empresa y delegados de personal" capacidad representativa para "ostentar representación institucional" en defensa de intereses generales de los trabajadores ante la Administración pública u otras entidades u organismos de carácter nacional que la tengan prevista", todo ello, naturalmente, en conjunción con las organizaciones patronales de similares características (DA 6ª).

Con la discreción que en tantos aspectos le caracterizó, la Ley 8/1980 fue realmente determinante en la cristalización de los criterios de representatividad dentro de nuestro país. De todos modos, le seguirían aún algunas otras intervenciones del legislador no menos importantes, aunque en realidad no supusieran más que la confirmación del modelo adoptado con anterioridad. La de mayor empaque fue sin duda alguna la emprendida por la Ley Orgánica 11/1985, de 2 de agosto, de Libertad Sindical, que en realidad venía proyectada desde fechas anteriores y que finalmente fue preparada junto a las primeras reformas del texto original de los Estatuto de los Trabajadores. Partiendo de que constituía un criterio "tradicional ya en nuestro ordenamiento" y con la optimista premisa de que respetaba el principio constitucional de igualdad, la LOLS utilizó la audiencia electoral para distinguir tres niveles de actividad sindical y, a la postre, tres clases de sindicatos desde el punto de vista de sus posibilidades y espacios de juego dentro del sistema. Conforme a lo establecido en sus artículos 6 y 7, a partir de su entrada en vigor podían distinguirse con inusitada nitidez

las prácticas del "entrismo" que el de inspiración "socialista", por los órganos unitarios frente a los de naturaleza sindical para canalizar la representación de los trabajadores en la empresa y los centros de trabajo.

los tres niveles de representatividad que se habían venido incubando desde los tiempos de la transición política: a) los sindicatos más representativos, cualidad que puede alcanzarse tanto en el ámbito "estatal" (más bien "nacional") como en el ámbito autonómico y que puede obtenerse de forma directa o por irradiación; b) sindicatos suficientemente representativos, por acreditar un mínimo de audiencia electoral en un determinado ámbito funcional y territorial, y c) sindicatos que podríamos denominar de "régimen común", por carecer de tasas significativas de representatividad de acuerdo con los parámetros legales descritos. Mientras que a los sindicatos más representativos se les atribuye pomposamente una "singular posición jurídica" que a fin de cuentas los convierte en interlocutores privilegiados de la parte empresarial y en interlocutores exclusivos de los poderes públicos, a los sindicatos suficientemente representativos se les concede legitimación para ciertas facetas de la actividad sindical (como la negociación colectiva), y a los sindicatos carentes de especial relieve desde la perspectiva de su representatividad se les ubica en el terreno de la acción sindical básica o mínima, que a fin de cuentas se tendrá que contentar con el contenido esencial de la libertad sindical. El nivel de la actividad sindical, por otro lado, repercute a su vez en la clase de ventajas que los poderes públicos reservan para los sindicatos, entre ellas las de carácter económico.

Tras la LOLS hubo todavía tiempo para persistir en la senda de la representatividad sindical y, sobre todo, para reforzar las posiciones adquiridas por los grandes sindicatos, agrandando así las diferencias. En primer término, se llevaron a cabo cambios en el proceso de elección de representantes unitarios de los trabajadores del que ha dependido desde el principio de representatividad sindical. Dejando al margen aspectos que ahora no son relevantes, dichos cambios, dirigidos en buena medida a la consolidación del *statu quo* al que se había llegado hasta esos momentos[21], se pueden sintetizar de la siguiente forma: a) cambios en la convocatoria de elecciones, que desde la reforma del ET por la Ley 32/1984 se reserva a los sindicatos más representativos o suficientemente representativos, sin perjuicio del impulso directo por parte de los trabajadores afectados; b) cambios en la organización y activación de los procesos electorales, que en un primer momento se concentraban en un periodo de tres meses cada de cuatro años (en función del mandato de los representantes), y que desde la reforma del ET por Ley 11/1994 se descentraliza y dispersa, con la precisión de que "sólo previo acuerdo mayoritario entre los sindicatos más representativos o representativos" podría volver a promoverse "la celebración de elecciones de manera generalizada en uno o varios ámbitos funcionales o territoriales", y c) cambios en la anotación y publicación de resultados electorales, de modo que si en la regulación inicial se preveía una "proclamación oficial" por parte del Ministerio de Trabajo (a través del Instituto de Mediación Arbitraje y Conciliación, IMAC), tras la mencionada reforma de 1994 se adopta un sistema de expedición individualizada de "certificacio-

21 Vid. J. Cruz Villalón, "La representatividad sindical y empresarial en las relaciones laborales y en el sistema político español", *AFDUAM*, núm.8 (2004), pp.159 ss

nes acreditativas de su capacidad representativa a los efectos de los artículos 6 y 7 de la Ley Orgánica 11/1985"[22].

En segundo lugar, se procedió a la regulación expresa de la cesión de bienes del patrimonio sindical acumulado por la OSE durante el régimen franquista, que se había iniciado en los últimos tramos de la transición política mediante decisiones directas de la Administración que ostentaba su titularidad. Tras reconocer que con anterioridad se habían efectuado "asignaciones particulares a los Sindicatos y Organizaciones Empresariales de concretos y determinados bienes...fuera de un marco generar normativo que las regulase adecuadamente", la Ley 4/1986, de 8 de enero, volvió a decantarse por la distinción al disponer que la distribución de dichos bienes se llevara a cabo teniendo en cuenta las funciones de los sindicatos y "sus necesidades de funcionamiento y organización", pero atendiendo en especial y de modo preferente a "las de aquellos, que por su condición de más representativos, deban cumplir las funciones que les atribuye la Ley Orgánica de Libertad Sindical y el resto del Ordenamiento Jurídico". Al mismo tiempo, la Ley de 1986 creó una comisión consultiva dependiente del Ministro de Trabajo e integrada por representantes de la Administración del Estado y "de las Organizaciones Sindicales y Empresariales más representativas", con competencias para "efectuar propuestas de cesiones de los bienes y derechos" e "informar" acerca de las pertinentes solicitudes, entre otras.

Por último, y en este mismo apartado de la financiación, las leyes de presupuestos generales del Estado aprobadas desde los primeros años ochenta del siglo pasado comenzaron a consignar determinadas partidas del presupuesto público en favor de los sindicatos más representativos, en una línea de regulación que, como tendremos oportunidad de ver más adelante, se mantuvo con constancia hasta nuestros días, sin perjuicio de que experimentara en su recorrido vicisitudes de diversa índole. Especialmente, cuando la jurisdicción constitucional, espoleada en más de un caso por el Defensor del Pueblo, declarara que la reserva en exclusiva para tales organizaciones vulneraba la libertad sindical por falta de justificación razonable. A partir de ese momento, la concesión de este tipo de ventajas a las organizaciones sindicales con base en los recursos presupuestados para el Estado fue articulada con criterios aparentemente más matizados, aunque no del todo neutros, como también podremos comprobar. Dato interesante en esta particular trayectoria es, por otra parte, la progresiva participación de otras Administraciones públicas en esa especie de mi-

22 En el interregno de esas modificaciones legales, el RD 1256/1986, de 13 de junio, había creado una "comisión nacional de elecciones sindicales", integrada en exclusiva por representantes de las organizaciones sindicales y empresariales más representativas, con competencias para "adoptar acuerdos en materia de periodo de cómputo de resultados de elecciones a representantes de los trabajadores" y "efectuar la proclamación de resultados electorales globales", lo que condujo. Tras la sentencia TC 32/1990, de 26 de febrero, estimatoria de un recurso de amparo promovido por el sindicato Unión Sindical Obrera, la norma fue reformada por RD 953/1990, de 20 de julio, para dar entrada a representantes de las organizaciones sindicales "en proporción" a su representatividad, pero finalmente fue derogada.

sión institucional de procura de medios financieros a las organizaciones sindicales (y patronales), siempre con la representatividad como factor determinante. Un camino que, en efecto, empezó a ser transitado también por las comunidades autónomas y por algunas corporaciones locales de cuantioso presupuesto[23].

4. SOBRE LA CONSTITUCIONALIDAD DE LOS CRITERIOS DE REPRESENTATIVIDAD Y SUS PREVISIBLES CONSECUENCIAS PARA EL SISTEMA SINDICAL

Nuestro texto constitucional de 1978 no se pronuncia sobre la técnica de representatividad. Ni la avala ni la prohíbe de forma expresa. Simplemente, no la menciona. Como es sabido, sus referencias directas a los sindicatos se concentran en dos de sus cláusulas. La primera, un tanto singular y en cierto modo preliminar, se encuentra en el artículo 7, según el cual "los sindicatos de trabajadores y las asociaciones empresariales contribuyen a la defensa y promoción de los intereses económicos y sociales que les son propios", con la precisión de que "su creación y el ejercicio de su actividad son libres dentro del respeto a la Constitución y a la ley" y de que "su estructura interna y funcionamiento deberán ser democráticos". La segunda, más convencional y mucho más directa, se aloja en el artículo 28.1, que reconoce el derecho de "todos" a "sindicarse libremente", así como "el derecho a fundar sindicatos y a afiliarse al de su elección, así como el derecho de los sindicatos a formar confederaciones y a fundar organizaciones sindicales internacionales o a afiliarse a las mismas". Ninguna alusión, así pues, a la posible aplicación en este contexto de los criterios de representatividad. Sobre el artículo 28.1 CE habría que decir, desde este punto de vista, que debe verse ante todo como derecho de "libertad" frente al poder público, o, si se quiere precisar un poco más, como una suerte de coraza frente a eventuales intromisiones o interferencias "políticas"[24], con todo lo que ello significa desde el punto de vista del trato que, desde cualquier perspectiva pero sobre todo desde las exigencias del principio de igualdad y no discriminación, merecen los sindicatos. Y sobre el artículo

23 Una muestra de ello, y de la correspondiente controversia sindical, puede encontrarse en la sentencia TC 147/2001, de 27 junio, que da respuesta (desestimatoria) al recurso de amparo presentado por USO contra la Orden de 18 de mayo de 1993 de la Consellería de Trabajo y Servicios Sociales de la Xunta de Galicia por presunta vulneración del principio de igualdad (art. 14 CE) y del derecho de libertad sindical (art. 28.1 CE).

24 Según la sentencia TC 12/1983, de 22 de febrero, "el art. 28.1 reconoce el derecho a sindicarse libremente, de suerte tal que impide la sindicación obligatoria, al mismo tiempo que afirma la libertad de sindicación y de afiliación. Como ha dicho ya este Tribunal en ocasiones anteriores, es éste un derecho de libertad que puede contemplarse en sentido positivo —derecho de creación de sindicatos y de afiliación libre a ellos— y en sentido negativo como derecho de permanecer al margen de cualquier organización sindical o a no sindicarse: y la protección de esa libertad ha de realizarse frente a los actos que directamente atenten contra ella, por medio de coacción, mandato imperativo o imposición de obligación y, asimismo, en lo que se refiere a las más larvadas violaciones indirectas que pueden existir en aquellos casos en que se produce una presión para que los trabajadores adopten una actitud que, al nacer de una presión, deja de ser libre".

7 CE, debe insistirse ahora en su doble función de soporte y garantía institucional del sindicalismo libre, como límite estructural frente a nostalgias de un pasado corporativo (y restrictivo) o frente a tentaciones autoritarias de futuro[25]. Todos sabemos que este precepto constitucional ha suscitado pareceres extraordinariamente generosos y apasionados en lo que se refiere a los sindicatos (no tanto, por cierto, en lo que toca a las asociaciones empresariales), pero, dejando a salvo su oportuna reivindicación de los principios democráticos, no va mucho más allá de la institucionalización en el ordenamiento constitucional de las organizaciones profesionales de forma asociativa, en el sentido de piezas incomparables e insustituibles en la labor representativa que les es consustancial dentro de un sistema basado en la libertad. Así las cosas, el presupuesto del artículo 7 CE no puede ser otro que la libre sindicación (o asociación), y su razón de ser no puede ser otra que el respeto constitucional a la libre actuación de los sindicatos dentro de un contexto democrático.

Ahora bien, no vamos a negar que el artículo 7 CE ha sido objeto de interpretaciones bien distintas. Interesa tomar conciencia, sobre todo, de que esa cláusula constitucional, tan aparentemente neutra, ha llegado a jugar un papel determinante en la justificación de los criterios de representatividad y, particularmente, en la querencia de nuestro legislador, y de nuestros actores políticos en general, hacia la promoción de determinadas organizaciones sindicales y empresariales, a las que no por casualidad se acabaría otorgando la condición de "más representativas"[26]. Si miramos bien y procuramos que no nos seduzcan ni confundan las declaraciones introductorias de determinadas operaciones legales (ni, en particular, las del afectado preámbulo de la LOLS), no hay relación de ningún tipo entre ese precepto constitucional y la idea de "mayor representatividad", que tampoco tiene nada que ver, pese a los esfuerzos del legislador de 1985, con los objetivos de igualdad real y efectiva marcados por el artículo 9.2 CE, y mucho menos con la respetable máxima de "democratización de las relaciones laborales". El único punto de conexión constitucional con la técnica de representatividad que puede tener algo de sentido se ubica en el artículo 129.1 CE, cuando remite a la ley para que establezca "las formas de participación de los interesados en la Seguridad Social y en la actividad de los organismos públicos cuya función afecte directamente a la calidad de la vida o al bienestar general". La selección de sujetos aptos para llevar a cabo dicha participación es, precisamente, uno

25 Vid. J. García Murcia, "Artículo 7", VVAA, *Comentarios a la Constitución Española* (dir.M.Rodríguez-Piñero y Bravo-Ferrer y M.E.Casas Baamonde), Tomo I, BOE/Fundación Wolters Kluwer, Madrid, 2018, pp.119 ss.

26 La propia sentencia TC 12/1983 deja a salvo la posibilidad de que el legislador adopte "medidas de fomento de la sindicación, si las juzga procedentes, con tal que no empañen aquella libertad constitucionalmente consagrada", con el añadido de que la libertad sindical reconocida en el art.28 CE tampoco impide "el papel relevante que a los sindicatos reconoce el art.7 del texto constitucional, como instrumentos para la 'defensa y protección de los intereses económicos y sociales que le son propios', por lo que no atenta contra la libertad sindical el reconocimiento, a los sindicatos libremente creados, libremente organizados y en el seno de los cuales la actividad es asimismo libre, de los derechos de los que deben estar asistidos para el cumplimiento de sus funciones".

de los principales fines y soportes de la representatividad, que desde luego no es vehículo de democratización ni de profundización en la igualdad de las personas y los grupos sociales, sino, mucho más modestamente, una especie de filtro que, aplicado a los actores sociales, puede coadyuvar a la eficaz gestión del sistema de relaciones laborales y de la parte del sistema político con influencia social[27]. Es, a la postre, una opción de "gobierno social" en un sistema de libertades, que sólo será compatible con el marco constitucional cuando respete sus principios cardinales y, en especial, el principio de igualdad y no discriminación, que por otra parte va implícito en la libertad sindical[28]. En consecuencia, los criterios de representatividad serán aceptables desde el punto de vista constitucional siempre que las diferencias que inevitablemente entrañan sean objetivas, razonables y justificadas, a la vista de los fines perseguidos y de los medios utilizados[29]. Puede que nos baste a tal efecto el archiconocido juicio de proporcionalidad: necesidad de la medida, adecuación de la medida y justa graduación en la aplicación de la medida[30]. Por debajo de todo ello late la convicción

27 No iba muy descaminado el TC al decir que "El sistema de pluralismo sindical derivado de la libertad de sindicación (art. 7 y 28.1 de la C.E.) obliga a que a la hora de determinar la presencia de representantes sindicales en organismos insertos en la Administración haya de utilizarse algún criterio que sin ser discriminatorio permita una eficaz defensa de los intereses de los trabajadores que se verían perjudicados por una atomización sindical" (sentencia 53/1982, de 22 de julio).

28 Reiteradamente ha declarado el TC (sentencia 9/1986, de 21 de enero, entre otras muchas) "que las diferencias que las normas legislativas o, en cuanto ello es posible, reglamentarias, establezcan entre distintos sindicatos no son lesivas para la libertad sindical y por tanto no son constitucionalmente inaceptables en la medida en que estén basadas en criterios objetivos y sean razonables y adecuadas al fin perseguido y ha reconocido como criterios objetivos y por tanto constitucionalmente válidos los de la mayor representatividad y la implantación. La objetividad de estos criterios no significa, sin embargo que sean ellos los únicos utilizables con cualquier propósito, del mismo modo que no implica que cualquier regulación apoyada en ellos sea constitucionalmente legítima pues no lo es aquella que utiliza tales criterios para establecer un trato diferente respecto de materias que ninguna relación guardan con ellos".

29 Recuerda la sentencia TC 7/1990 "que los sindicatos pueden recibir determinadas facultades de los poderes públicos y que es posible introducir diferencias entre los Sindicatos para asegurar la efectividad de la actividad que se les encomienda, siempre que estas diferencias se introduzcan con arreglo a criterios objetivos que aseguren que en la selección no se van a introducir diferenciaciones caprichosas y arbitrarias, porque, en tal caso, la diferenciación supondría contradicción del principio de igualdad de trato y quebraría el libre e igual disfrute del derecho reconocido en el art. 28.1 C.E. Y a este respecto, este Tribunal ha reconocido igualmente, que el concepto de mayor representatividad (que es el empleado en el presente caso para justificar la diferencia de trato) así como el de mayor implantación, constituyen criterios objetivos y por tanto constitucionalmente válidos; ahora bien, ello no significa que esos criterios sean los únicos utilizables «con cualquier propósito, del mismo modo que no implica que cualquier regulación apoyada en ellos sea constitucionalmente legítima, pues no lo es aquella que utiliza los criterios para establecer un trato diferente respecto de materias que ninguna relación guardan con ellos» (STC 9/1986, fundamento jurídico 3.º). Finalmente, y como punto de referencia para determinar la corrección del criterio de mayor representatividad como razón para la desigualdad de trato, hemos de recordar que también es reiterada doctrina de este Tribunal (SSTC 184/1987 y 217/1988 y 217/1988, entre otras) que las diferencias de trato entre los sindicatos han de cumplir con los requisitos de objetividad, adecuación, razonabilidad y proporcionalidad, y, además, que incumbe a los órganos públicos demandados en el procedimiento constitucional «la carga de ofrecer la justificación que posea el diferente trato".

30 Según la sentencia TC 188/1995, de 18 diciembre, "resulta evidente que el concepto de mayor representatividad, así como el de mayor implantación, son criterios objetivos y, por tanto, constitu-

(social y política) de que para el desarrollo de determinadas tareas en el sistema de relaciones laborales resulta imprescindible la búsqueda de interlocutores solventes y ampliamente representativos, habida cuenta de que, por su proyección general en la población de referencia, no pueden ser asumidas ni por organizaciones de pequeña o escasa dimensión ni por una "multitud" (una pluralidad excesiva) de organizaciones[31].

En una primera impresión, parecería que la jurisprudencia constitucional llegó a esas mismas conclusiones, aunque también es verdad que sólo ha podido alcanzar ese punto de razonabilidad tras un largo itinerario en el que se han alternado de forma un tanto desordenada declaraciones de orientación bien distinta, y hasta relativamente contradictorias, pues se ha oscilado entre la firme adhesión a la idea de representatividad manejada por el legislador y la imposición de restricciones bastante considerables en la capacidad de decisión de los poderes públicos[32]. Como no podía ser de otro modo, y con la libertad sindical como ineludible telón de fondo, nuestro Tribunal Constitucional ha juzgado el uso de los criterios de representatividad desde el paradigma del principio de igualdad y no discriminación, tanto en su condición de pieza constitucional con sustantividad propia, como en su faceta de componente inseparable de la libertad sindical[33]. También ha tenido en cuenta, justificadamente, la necesidad de hacer practicables determinadas esferas de la política social y del sistema de relaciones laborales, precisamente aquellas que ineludiblemente requieren la participación de un sujeto (o de una conjunción de sujetos) capaz de representar

cionalmente válidos. Pero esto no significa que cualquier regulación apoyada en ellos sea constitucionalmente legítima (por todas, SSTC 9/1986 y 7/1990), pues ha de reunir los restantes requisitos exigibles y, singularmente, el de proporcionalidad. Habiendo subrayado este Tribunal, por ejemplo, la improcedencia de utilizar el criterio de la mayor representatividad como vía para excluir a sindicatos que no son más representativos pero que son fuertes y están implantados en un ámbito concreto (por ejemplo, SSTC 184/1987 y 217/1988). Es razonable que se asegure la presencia en cada concreto ámbito de actuación de los intereses generales y del conjunto de los trabajadores (STC 98/1985); pero también lo es que ello no se haga a costa de impedir la presencia en dicho ámbito de un sindicato que, aun no siendo más representativo, tiene notable presencia en aquél (SSTC 184/1987 y 217/1988)".

31 Vid. R. Escudero Rodríguez, *La representatividad de los sindicatos en el modelo laboral español*, Tecnos, Madrid, 1990, pp.34 ss.

32 Con toma de conciencia respecto de esos vaivenes y con cierto tono crítico respecto de esa dimensión restrictiva, F.Valdés Dal-Ré, La mayor representatividad sindical", VVAA, *Representación y representatividad colectiva en las relaciones laborales. Libro homenaje a Ricardo Escudero Rodríguez*, Bomarzo, 2017, pp.82 ss.

33 Como apunta en su sentencia 7/1990, de 18 de enero, "la doctrina de este Tribunal que reiteradamente ha declarado que en el derecho de libertad sindical está implícita la exigencia de igualdad entre los diferentes sindicatos y la prohibición de injerencia de los poderes públicos a efectos de no alterar con su intervención la libertad e igualdad en el ejercicio de la actividad sindical; por lo que, si se plantea un problema de igualdad, lo que habrá de verse es si la diferencia de trato está o no justificada, en tanto que la función o funciones controvertidas se atribuyen a unos sindicatos con exclusión de los restantes (STC 98/1985), fundamentación jurídica 9.º. Por tanto, la consideración conjunta del derecho de libertad sindical y del principio de igualdad entre organizaciones sindicales, o, si se quiere, la subsunción del segundo en el primero, es un criterio que aparece como forzada consecuencia de lo dicho, y, efectivamente, ha sido el seguido por este Tribunal a partir de su STC 53/1982, de conformidad, por otra parte, con la jurisprudencia del Tribunal Europeo de Derechos Humanos".

al conjunto de la población, o cuando menos a la totalidad de un cierto grupo profesional. Ha sido suficientemente perspicaz, asimismo, como para advertir que las diferencias que con naturalidad arrastra la técnica de la representatividad, particularmente cuando persigue fines estrictamente selectivos, no pueden admitirse si no están encaminadas a un objetivo plausible. Y ha tenido el acierto, en fin, de advertir a todos los interesados (tanto al poder público como a las propias asociaciones) de que la representatividad no puede ser la vía para que los sujetos que a través de la misma gozan de mejor posición jurídica, aprovechen tal condición para obtener ventajas suplementarias en el concierto de la actividad sindical[34].

Tal vez ese pudiera ser el resumen y el actual punto de llegada de nuestra jurisprudencia constitucional sobre la técnica de representatividad. Pero, como dijimos un poco más arriba, el camino ha estado plagado de vueltas y dificultades, por motivos diversos. Es muy probable que ello se deba, a fin de cuentas, al deslumbramiento que produce en el intérprete una técnica aparentemente cargada de favores para el sindicalismo pero que muchas veces, más allá de esa primera impresión de generosidad, encierra en realidad una sofisticada ventaja para determinada clase de sindicatos, con la consiguiente postergación de los restantes. Una técnica que parece alinearse fácilmente con la atribución a los sindicatos de la condición de organizaciones "de relevancia constitucional", defendida desde sus primeros pasos por el propio Tribunal

34 Vid. sentencias TC 7/1990, de 18 de enero, y 32/1990, de 26 de febrero, a propósito de las comisiones provinciales de elecciones sindicales. En la primera de ellas, se advierte de que la "evidente conexión" entre las funciones de dichas comisiones y la condición de sindicato más representativo "la que viene a convertir en lesiva de los derechos reconocidos en los arts. 28.1 y 14 C.E. a la disposición que se impugna", pues tratándose de órganos que imputan resultados electorales a los sindicatos a efectos de medir su representatividad, "no es razonable, ni objetivo, ni tampoco proporcionado a la finalidad y funciones de dichos órganos electorales, que únicamente formen parte de las mismas, y precisamente en proporción a su representatividad, los sindicatos que de conformidad con los últimos resultados electorales disponibles hayan alcanzado la condición de sindicatos más representativos en el ámbito estatal y de la Comunidad Autónoma", pues ello "no garantiza adecuadamente la imparcialidad necesariamente exigible a un órgano de control electoral". Criterio similar defiende el TC en su sentencia 183/1992, de 16 de noviembre, a propósito de la comisión consultiva creada por la Ley 4/1986 para gestionar la distribución de bienes del patrimonio sindical, cuya finalidad de gestión de un patrimonio de todos "no justifica la atribución exclusiva de intervención en tal Comisión de las organizaciones que, con arreglo a la Ley, resultan más representativas, excluyendo, por consiguiente, a las que no reúnen esa condición, siendo así que, como precisamos en la STC 75/1992, al reparto del patrimonio sindical acumulado están llamados todos los sindicatos, sin perjuicio de la preferencia de las organizaciones más representativas, de modo que éstas intervienen en la cesión de bienes en su propio favor, y también en la cesión de bienes de otras organizaciones con las que están en concurrencia... De ahí la posible parcialidad de los integrantes del órgano consultivo y que por ello no sea proporcionado ni razonable el que los sindicatos que no tienen la condición de más representativos, queden absolutamente excluidos del proceso de toma de decisiones que directamente les afectan, y que sólo intervengan organizaciones más representativas, en competencia directa con aquéllas, y a las que el precepto coloca en una situación de ventaja que se añade a las que la propia Ley ya reconoce en cuanto al acceso a ese reparto, lo que supone una dificultad adicional para que los sindicatos que no ostentan la condición de más representativos puedan acceder efectivamente a la cesión de bienes del patrimonio sindical".

Constitucional a partir del artículo 7 CE [35], pero que, más allá de esa vistosa fachada, esconde un trato de favor hacia los grandes sindicatos en detrimento de los pequeños o menos grandes. Una técnica formalmente aséptica, pero particularmente propensa al sesgo y al desequilibrio si no se gradúa y controla adecuadamente. En ese sentido, es posible que el principal factor de entorpecimiento en los análisis de nuestra jurisdicción constitucional haya radicado en su obsesión por "el hecho sindical", que ha actuado como una especie de máxima o *desideratum* y, sobre todo, como un misterioso e inexplicable soporte de la mayor representatividad[36]. Pero deberíamos preguntarnos qué diantres, si se nos permite el tono coloquial, es eso del hecho sindical ¿Qué se quiere sintetizar en esa especie de eslogan? ¿Es el efecto natural de un ejercicio pleno de la libertad sindical o es, más bien, un determinado modo de concebir el sindicalismo en el que las organizaciones sindicales "de clase" merecen un papel estelar, aunque sea a costa del pluralismo sindical o incluso de la misma libertad que en buena lógica debe ser nutriente y sustento del sindicalismo? ¿Es "sindical" tan sólo el "hecho" de los grandes sindicatos, o de que prosperen los grandes sindicatos, o lo es también (o debe serlo también) el "hecho" de cualquier sindicato o de que puedan concurrir pequeños, medianos o todo tipo de sindicatos? Si queremos ser sensatos, el "hecho sindical" no debiera ser otra cosa que una especie de radiografía del sistema sindical realmente existente en un momento dado, como mero resultado de la pura dinámica sindical, de modo que podríamos hablar del "hecho sindical" de nuestros días, o del "hecho sindical" de un determinado periodo del pasado. Por ello, tan "hecho sindical" es la existencia de un sindicato pequeño como la estela de un gran sindicato. Tan importante puede ser la labor de una organización de ámbito re-

35 Vid. G.Barreiro González y J.J.Fernández Dominguez, "El sindicato y su función constitucional", VVAA, *Sindicalismo y democracia*, ob.cit., pp.69 ss.

36 Junto a su originaria recepción en la sentencia TC 98/1985, citemos otro par de ejemplos. El primero de la sentencia TC 188/1995, de 18 de diciembre: "La doctrina de este Tribunal ha admitido, pues, el trato desigual a los sindicatos, entre otras razones, porque la promoción del hecho sindical y la eficaz y efectiva defensa y promoción de los intereses de los trabajadores (art.7 C.E.), finalidades también necesitadas de atención (STC 164/1993), pueden malograrse por una excesiva atomización sindical y la atribución de un carácter absoluto al principio de igualdad de trato (SSTC 98/1985 y 75/1992) y del libre e igual disfrute del derecho reconocidoen el art. 28.1 C.E. (SSTC 53/1982 y 65/1982, 98/1985, 7/1990 y 75/1992). Pero, como se viene diciendo, las diferencias de trato entre los sindicatos han de cumplir con los requisitos de objetividad, adecuación, razonabilidad y proporcionalidad (por todas, STC 7/1990)". El segundo de la sentencia TC 263/1994, de 3 de octubre: "Es doctrina general de este Tribunal, al respecto, el considerar constitucionalmente legitima la atribución de derechos específicos a ciertas organizaciones, en atención al mayor respaldo recibido de los trabajadores a los que representan, cuya finalidad última es la potenciación del hecho sindical, impulsando la intervención y participación de estos grupos en aspectos sustanciales de la dinámica de nuestro sistema de relaciones laborales. No está, pues, en cuestión la institución de la mayor representatividad sindical, cuya legitimidad constitucional ha sido reiteradas veces reconocida desde este Tribunal (por todas, STC 98/1985). El problema que se plantea es, por tanto, de límites, y, según la reiterada doctrina de este Tribunal y de aquellos Tribunales internacionales que interpretan tratados suscritos por España en la materia y que presentan una notable virtualidad hermenéutica de la Constitución (art. 10.2 C.E.), tales límites pueden venir, principalmente del juego de los arts. 14 y 28 C.E., conjuntamente o por separado".

ducido como la de las grandes centrales sindicales, cuando menos para quienes se ven afectados por su actividad sindical.

La sentencia TC 98/1985, de 29 de julio, que se pronunció como se sabe acerca del entonces proyecto de ley orgánica de libertad sindical, es muy ilustrativa del peculiar uso que muchas veces se ha hecho de esa atribulada expresión. Según esa crucial resolución de nuestro TC, el planteamiento jurídico-constitucional del tema (esto es, de la representatividad) no podía prescindir "de dos principios derivados del texto constitucional, cuya compatibilidad es preciso garantizar: en primer lugar, el de libertad sindical e igualdad de trato de los sindicatos, derivado del art.28.1 de la Constitución (en relación con el 14); en segundo, el de promoción del hecho sindical, que enlaza con el art.7 de la Constitución y sería obstaculizado por una defensa a ultranza del primero". Podemos compartir, por supuesto, esa preocupación por preservar la igualdad y esa disposición a indagar a fondo sobre "si la diferencia de trato está justificada". Del mismo modo, es muy loable reconocer, como hace el TC, que "al situar a unos sindicatos en mejor posición para el cumplimiento de las funciones que los trabajadores esperan de ellos", la regla legal "influye también en la libertad individual de sindicación, al facilitar la afiliación a los mismos y dificultarla para los excluidos". Podemos incluso aceptar, aun cuando para ello necesitáramos realmente del auxilio de muchos datos que no conocemos, que "la más eficaz defensa de los intereses de los trabajadores" pudiera verse "perjudicada por una atomización sindical", al margen de que no sepamos con seguridad cuándo puede hablarse con propiedad de tal fenómeno. Demos por sentado, finalmente, que el legislador está facultado para "potenciar la actividad sindical mediante la extensión de un sistema de mayor representatividad". Pero tras todos esos prolegómenos cabía esperar menos condescendencia por parte del intérprete constitucional hacia un texto legal que, por ejemplo, no sólo atribuye representatividad por méritos propios (es decir, por la audiencia electoral obtenida por cada uno de los contendientes), sino también por "irradiación".

Admitir tal fuente de representatividad significa dar por justificada una diferencia de trato que no está vinculada a una determinada necesidad de gestión del sistema de relaciones laborales, sino más bien a una determinada concepción (o situación) del sindicalismo, favorable a la concentración y centralización en organizaciones de clase, con crecientes dificultades para las restantes. Obviamente, la mera alegación de que "la representatividad por afiliación, federación o confederación" no impide "que quienes no pertenezcan a las organizaciones más representativas puedan igualmente alcanzar la representatividad y ejercer las funciones en los concretos ámbitos de ejercicio" no ofrece suficiente fuerza persuasiva como para despejar esos reparos. Y tampoco es especialmente convincente la afirmación de que "la mayor representatividad estatal o comunitaria, que permite irradiarla a las organizaciones afiliadas, arranca de un dato objetivo, que es la voluntad de los trabajadores", un argumento de escasa potencia que, por lo demás, se acerca bastante a la habitual apelación a la audiencia electoral que es común en ciertos ámbitos para justificar (como si fuera un sucedáneo) las bajas tasas de afiliación sindical. Es muy probable que de aquí deriven los mayores obstáculos para los "otros" sindicatos en nuestro actual sistema de representatividad. Nos referimos, claro está, al sesgo que ese tipo de argumentos encierran en favor de las grandes centrales sindicales, las que por su extensión territorial y funcional están en condiciones de alcanzar los niveles más altos de audiencia electoral y desde ahí irradiarla hacia todos sus miembros, con la *vis attractiva* que ello encierra desde el punto de vista de la afiliación individual o colectiva.

5. POSIBLE REPERCUSIÓN DE LA REPRESENTATIVIDAD A ESCALA TERRITORIAL, SECTORIAL Y FUNCIONAL

Dando por sentado que son bastante considerables sus efectos en la conformación general del sistema sindical (orientado hacia la centralización), cabría preguntarse, en ese contexto, si los criterios de representatividad consolidados en nuestro sistema pueden producir asimismo desequilibrios sindicales desde perspectivas más localizadas, y, más concretamente, el punto de vista territorial, sectorial o funcional. Es posible que ocurra, desde luego, especialmente a través del expediente de la "irradiación" de representatividad, pero seguramente son riesgos más relativos, o susceptibles de mayor control, como cabe deducir de la propia jurisprudencia constitucional. Por lo pronto, y por lo que respecta al plano territorial, no parece que la plasmación normativa de la técnica de representatividad suponga ninguna dificultad especial para el sindicalismo de ámbito autonómico, más allá del fenómeno de irradiación al que acabamos de referirnos. En realidad, pocos obstáculos se vislumbran para las organizaciones sindicales de ámbito autonómico, máxime cuando legalmente se dispone que aquellas que accedan a los correspondientes niveles de representatividad gozan de una capacidad representativa suprema, en cuanto que, con menores requisitos, pueden incorporarse, incluso, a espacios de la actividad sindical en el ámbito nacional (en el territorio estatal, para entendernos mejor).

Por lo tanto, el problema territorial de la representatividad puede aparecer más bien en ámbitos geográficos inferiores, de carácter local o provincial, en la medida en que las organizaciones sindicales que ciñan su actividad a esos contornos geográficos van a quedar extramuros de la participación institucional en entidades de ámbito nacional o autonómico, aunque los correspondientes órganos de gestión o de gobierno se estructuren con esa dimensión más localizada, como puede suceder con las entidades gestoras de la seguridad social, la salud o el empleo[37]. En principio, tal consecuencia

37 Vid. sentencia TC 53/1982, de 22 julio, en la que se apunta que "dada la estructura del INEM y la función en él de cada CEP, una de las opciones objetivas y razonables es que éstas tengan una composición reproductora de las del Consejo General y la Comisión Ejecutiva directiva o nacional, de modo tal que en todos los órganos la representatividad de las asociaciones de empresarios o de las organizaciones sindicales se mida en el ámbito nacional, pues esa homogeneidad es coherente con la estructura centralizada y jerárquica del órgano y es razonable considerarla como condición para la mayor eficacia del mismo que preconiza el art. 6 del Convenio de 9 de julio de 1948". Sobre las distintas manifestaciones de la participación institucional en nuestro sistema, L. Mora Cabello de Alba, *La participación institucional del sindicato*, Consejo Económico y Social, Madrid, 2008, pp.80 ss.

parece inevitable y justificada, al menos si se parte de la conveniencia de que la gestión en esas materias responda a unos mismos patrones en todo el espacio al que sirve el organismo de referencia, y siempre con la salvedad de que en órganos locales o regionales con sustantividad propia la representatividad debería medirse a esa escala local o regional, a la que debería ajustarse asimismo la correspondiente selección (es decir, sin interferencias de la "irradiación"). Por motivos similares, aunque a escala bien distinta, puede encontrarse justificación para la exclusión de sindicatos pequeños de la participación en organismos supranacionales, como es el caso de la OIT[38]. A sabiendas, en todo caso, de que los escenarios pueden ser muy variados, y de que, por ello mismo, las situaciones de agravio no pueden descartarse por completo.

En el plano sectorial, la incidencia de los criterios de representatividad puede presentar en hipótesis muy diversas facetas, a las que habría que enfrentarse con los argumentos que hemos tratado de exponer en el párrafo anterior. Esto es: cuanto más se ajuste la medida de representatividad al ámbito funcional de referencia más preservado quedará el principio de igualdad y no discriminación en materia sindical. No parece, de todos modos, que el uso de la técnica de representatividad haya planteado muchos problemas desde ese punto de vista, lo cual no quiere decir que no los haya habido o que no puedan presentarse[39]. Pero tal vez el impacto de la repre-

38 Vid. sentencia TC 65/1982, de 10 noviembre, que concluye sus razonamientos con un pasaje de bastante interés para quien se acerque a nuestro sistema sindical: "La Administración Pública, tras las consultas que ha considerado oportunas, ha designado representantes de las dos Centrales que ha estimado más representativas en el ámbito nacional y ha designado también a un representante del sindicato ELA-STV y no, en cambio, del sindicato gallego, hoy recurrente. El problema planteado se reduce por tanto a decidir si esta última distinción supone una discriminación entre ambas Centrales, dado que tanto la una como la otra obtuvieron más del 15 por 100 de votos en las elecciones sindicales de la Comunidad Autónoma respectiva. Hay que advertir a este respecto que no es función del Tribunal Constitucional examinar la oportunidad del criterio adoptado, ni su mayor o menor adecuación al fin perseguido, ni decir si es el mejor de los posibles que puedan aplicarse. La función del Tribunal Constitucional es solamente resolver si en este caso concreto la decisión de la Administración puede calificarse de arbitraria y discriminatoria, por no estar fundada en unos hechos que expliquen la distinción establecida entre ambas Centrales. De los antecedentes resulta que el sindicato vasco (ELA-STV) obtuvo el primer puesto en las elecciones sindicales de su Comunidad Autónoma, mientras que la Central gallega (ING) recurrente consiguió el tercero en la suya, lo que constituye un elemento diferencial entre ambas que permite calificar la decisión gubernamental como no arbitraria o discriminatoria y conduce, en consecuencia, a la desestimación del recurso, por no haberse producido infracción del art. 14 de la Constitución".

39 Información sobre un caso muy singular, que no entronca directamente con la técnica de representatividad pero que da pistas sobre la contienda entre sindicatos de clase y sindicatos profesionales de un determinado sector, puede extraerse de la sentencia TC 183/2007, de 10 de septiembre. Entre los parámetros de "sector de actividad" y de "empleo público" se encuentra el caso resuelto por la sentencia TC 67/1995, de 9 de mayo, dictada como respuesta a la demanda presentada por el sindicato Confederación General del Trabajo (CGT) y relativa a la empresa pública "Paradores de Turismo de España, S.A.", en la que aparece el siguiente pasaje: Examinada desde esta perspectiva, la conducta de la Sociedad Estatal no incurre en discriminación. Basta para ello tener en cuenta que la representación de las distintas centrales sindicales en el Comité Intercentros, tal como se declara probado en la Sentencia de instancia, venía siendo de seis procedentes de la candidatura de U.G.T., otros seis de CC.OO. y uno de C.G.T. Dada esta correlaci6n en la representatividad de las distintas centrales en dicho Comité Intercentros, y partiendo de nuestros anteriores pronunciamientos sobre la legitimidad

sentatividad sea mayor en el ámbito particular del empleo público. Los niveles más altos de representatividad previstos en la LOLS toman en consideración el conjunto de las relaciones de trabajo, con inclusión del empleo público, y para la acreditación de los niveles de "suficiente" representatividad se toman en consideración ámbitos específicos desde el punto de vista territorial y funcional, uno de los cuales puede ser desde luego el de las relaciones de empleo en las Administraciones públicas, incluso (con los matices correspondientes) en su más estricta dimensión de función pública. Con ese panorama legal, es evidente que las organizaciones sindicales específicamente dedicadas al empleo público nunca podrán alcanzar el sello de "mayor representatividad", y es evidente también que su única defensa frente a las grandes centrales sindicales de clase radica en la exigencia de que el empleo público actúe como espacio con sustantividad propia para la medición y acreditación de "capacidad representativa". Desde la perspectiva de esas organizaciones "sectoriales", el mayor riesgo procede, lógicamente, de aquella nota de irradiación, no de la aplicación ordinaria de las pertinentes tasas de audiencia electoral. En tanto en cuanto se tomen en cuenta exclusivamente los resultados electorales, la competencia sindical en el empleo público no dejará de ser franca, mientras que, si se da validez a la irradiación de representatividad "desde el exterior", o simplemente se agota la selección en las confederaciones sindicales más representativas en cómputo global, el impacto sobre las organizaciones específicas del sector público es notorio. Este es, no por casualidad, el gran desafío del sindicalismo profesional de los empleados públicos, que no deja de ser "otro" sindicalismo. El problema puede agudizarse en sectores concretos del empleo público, en los que la lucha puede entablarse, no sólo con el sindicalismo externo, sino con el sindicalismo del empleo público no sectorializado. En principio, los sindicatos de determinados cuerpos de empleados públicos con régimen jurídico especial (como la policía nacional) no tienen por qué verse afectados por esta liza, de la que no podrán escapar, en cambio, los sindicatos de aquellos sectores que gozan de libertad sindical "común", como en alguna ocasión se ha podido comprobar en el sector de la enseñanza[40], o incluso en el de la policía local[41].

del criterio de la mayor representatividad (entre otras, STC 164/1993), no puede en modo alguno tacharse de arbitraria una opci6n de la citada Sociedad con arreglo a la cual. y sobre la base de atribuir, libre y espontáneamente, dos de 105 diez puestos del Consejo de Administración de P.T.E. a personas que podíamos llamar, genéricamente, de extracción sindical, se atribuyera un puesto a alguien vinculado a cada una de las dos centrales primeramente citadas, con la consiguiente exclusión de la central demandante da amparo. En conclusión, la no incorporación en el Consejo de Administración de la Sociedad Estatal P.T.E. de un miembro procedente de C.G.T. no ha vulnerado tampoco el derecho fundamental de la recurrente a no ser objeto de un trato discriminatorio".

40 Vid. sentencia TC 184/1987, de 18 noviembre, que, en relación con la composición del consejo general de MUFACE, y con ocasión de una reclamación del sindicato ANPE, finalmente estimada, recuerda que el criterio de medición de la representatividad debe guardar adecuación con las funciones y ámbito del órgano en que se llevaría a efecto la participación sindical, que en esos casos la selección no puede justificarse "con invocación de los argumentos expuestos por este Tribunal en su STC 98/1985 sobre la validez de las reglas de la L.O.L.S. que tienden a evitar la atomización sindical y a favorecer la concentración de funciones en pocos sindicatos", y que a los efectos de esta demanda tiene validez la argumentación sostenida en esa misma sentencia "sobre las condiciones adicionales de los sindi-

Finalmente, en el plano funcional, y dando de lado de nuevo a los conocidos efectos de la irradiación, el riesgo más preocupante de postergación de los "otros" puede ubicarse en la actividad de negociación colectiva, terreno en el que las reglas de representatividad condenan terminantemente a la exclusión a los sindicatos que no alcanzan los todopoderosos umbrales del diez por ciento. Es un escenario claro de separación entre los sindicatos con posibilidades de acceder a la legitimación para negociar conforme a esos términos legales y los "otros" sindicatos. De ahí que se haya necesitado de nuevo una delicada labor de corrección en ese sentido, plasmada en la ya asumida distinción entre negociación colectiva "estatutaria" y "extraestatutaria", que parte del indiscutible carácter de elemento esencial que tiene la negociación colectiva dentro de la libertad sindical (derivado de las normas internacionales en la materia, acogido por el art.2 LOLS y refrendado sistemáticamente por la jurisprudencia constitucional), pero que atiende también a un dato que a la postre depende de opciones legislativas, como es el relativo a la naturaleza y eficacia jurídica del convenio colectivo[42]. La construcción que a tal efecto hizo nuestra jurisprudencia, y especialmente la jurisprudencia constitucional, es en verdad difícilmente reprochable, aunque no carezca de sentido sostener, como parte de nuestra doctrina laboralista hizo, que dentro de la remisión que dirige al legislador el artículo 37.1 CE no aparecen ese tipo de distinciones[43]. Cosa distinta es, por supuesto, que se rechace la intervención de un sindicato legitimado en un determinado proceso de negociación colectiva, o que se discutan por cualquier motivo las tasas de representatividad alegadas por las organizaciones sindicales implicadas. Dato a tener en cuenta es, por otra parte, la posibilidad de que el "control" de los procesos de negociación colectiva se erija en una nueva fuente de diferenciación,

catos de ámbito comunitario, en el sentido de que ello persigue la finalidad de evitar las distorsiones que se producirían de atribuir los mismos derechos a sindicatos de distinta representación territorial y que representen a un número muy distinto de trabajadores, según la población laboral de esa respectiva Comunidad Autónoma", con la conclusión de que "a efectos de la participación institucional en cuestión, ni es discriminatorio exigir un mínimo de relevancia...ni lo sería exigir a un sindicato de determinado sector de funcionarios condiciones adicionales acreditativas tanto de su relevancia en ese subsector funcionarial como en relación con el sector funcionarial general, pero con el efecto de atribuirle iguales funciones que a los implantados en este último sector —el de funcionarios en general— o, a lo sumo, de no establecerse esas condiciones adicionales, podría llegarse a una reducción proporcional de la intervención del sindicato implantado en ese subsector; sin embargo, no puede el sólo hecho de su carácter subsectorial (o sectorial, como se quiera decir, hablándose en este último caso de los otros sindicatos como intersectoriales) justificar que se le niegue toda intervención cuando, por el gran número de personas empleadas en ese subsector (o sector), tiene un peso real importante en dicho marco y en el más amplio de la función pública en conjunto". La doctrina se reproduce en la sentencia TC 217/1988, de 21 de noviembre, a propósito de la concesión de crédito horario a representantes de dicha asociación profesional.

41 Sentencia TC 188/1995, de 18 de diciembre, citada también un poco más abajo.

42 En perspectiva constitucional, la tesis puede consultarse, señaladamente, en las sentencias TC 4/1983, de 28 de enero, 12/1983, de 25 febrero, y 73/1984, de 27 de junio.

43 La interpretación por parte del TC del alcance y sentido del art.37.1 CE tiene uno de sus principales exponentes en la sentencia 73/1984, de 27 de junio, a la que volveremos a referirnos un poco más adelante.

no sólo por las restricciones que puedan imponerse a los no firmantes en el plano de su aplicación y seguimiento[44], sino también porque el propio convenio colectivo puede ser una fuente de ventajas para los sindicatos más fuertes o mayormente implantados determinadas con vistas a su acción sindical[45].

6. DISTINTOS GRADOS DE CAPACIDAD REPRESENTATIVA DENTRO DE UN MISMO SISTEMA SINDICAL: LA POSICIÓN LEGAL DE LOS "OTROS" SINDICATOS

Como hemos podido ver, la implantación y aplicación de criterios de representatividad en el sistema español ha supuesto la creación —en parte deliberada, en parte derivada— de una clara jerarquía entre organizaciones sindicales desde el punto de vista de la "capacidad representativa"[46] que se les reconoce legalmente y, en consecuencia, desde el punto de vista de sus posibilidades efectivas de actividad sindical. En la primera fila se encuentran las organizaciones más representativas en sus distintas versiones ("estatal" y autonómica, original o "irradiada"), que pueden estar presentes en la generalidad de las facetas que conforman la actividad sindical y que *de iure*, y también *de facto*, se convierten (se han convertido ya) en interlocutores de los poderes públicos con vistas al diálogo social, además de adquirir la condición de representantes de los "interesados" en las entidades públicas para las que se hubiera previsto la participación institucional. A la segunda categoría quedan adscritos aquellos sindicatos que, sin pertenecer al gremio anterior, consiguen acreditar un mínimo de audiencia electoral (el balsámico "diez por ciento") en un determinado ámbito territorial y funcional, que pueden desarrollar una acción sindical "ordinaria" en esos terrenos pero que no pueden aspirar ni a la participación institucional ni a la concertación política. Y, en el último escalón, aquellos sindicatos que no logran esos mínimos o niveles de suficiencia, y que por lo tanto no pueden acceder a ciertas facetas "cualificadas" de la actividad sindical (como la negociación colectiva "estatutaria"), ni siquiera en ámbitos localizados territorial o funcionalmente.

Si contemplamos el panorama desde la cumbre, esto es, desde la perspectiva de las organizaciones sindicales más representativas y de su enorme poder en el sistema de relaciones laborales, el nombre de "otros" habría de destinarse a todos aquellos que se sitúan en los escalones inferiores de aquella singular clasificación que imaginábamos. Si, en cambio, nos colocásemos en el escenario global de la

44 Vid. sentencia TC 184/1991, de 30 de septiembre, que parte de la sentencia TC 73/1984 y se apoya asimismo en las sentencias TC 9/1986 y 39/1986.

45 Es lo que ocurre en el supuesto de hecho analizado (y convalidado) por la sentencia TC 188/1995, de 18 de diciembre, que acepta la reserva en favor de los grandes sindicatos de la posibilidad de nombrar delegados sindicales, en detrimento de los sindicatos más reducidos desde el punto de vista funcional (y territorial), como era el caso del Sindicato Independiente de la Policía Local de Málaga.

46 Por utilizar la expresión acuñada en el art.6.3 LOLS.

representatividad, sin importarnos las diferencias de grado, la calificación de "otros" habría de reservarse más bien para los últimos de la mencionada escala jerárquica, es decir, los que carecen por completo de la posibilidad de blandir un porcentaje de representatividad que dé acceso a los espacios de actividad sindical intervenidos por la ley. En cualquier caso, si nos atuviéramos exclusivamente a la experiencia jurisdiccional, seguramente tendríamos que llegar a la conclusión de que en el capítulo de "otros" deberían figurar todas aquellas organizaciones sindicales que, bien fuese por su particular parecer, bien fuese por sus condiciones objetivas, aspiran o han aspirado en alguna ocasión al estatus de las más grandes sin conseguirlo o sin haberlo conseguido definitivamente, con los efectos que ello conlleva, o ha conllevado en un momento dado, para sus posibilidades de acción sindical o para sus expectativas de implantación efectiva. La casuística judicial nos pone de relieve, más concretamente, que en esa posición se ha visto afectado con bastante frecuencia el sindicato Unión Sindical Obrera respecto de las dos grandes centrales sindicales de nuestro país, o, tal vez en menor medida, las organizaciones sindicales Confederación Nacional del Trabajo, Confederación General del Trabajo y Confederación Sindical Independiente de Funcionarios en relación con aquellas otras confederaciones, o algún sindicato de carácter profesional o sectorial (como la Asociación Nacional de Profesores de Enseñanza) respecto de unas u otras. Más allá de ese caso, raramente parece haber sido experimentada esa sensación de "marginación" o "exclusión" por parte de sindicatos profesionales o sectoriales no integrados en las grandes confederaciones sindicales.

Ello quiere decir que la pertenencia al grupo de los "otros" puede deberse a diferentes razones, que en hipótesis pudieran concurrir en un mismo supuesto. Es claro, por de pronto, que el distanciamiento de una determinada organización sindical respecto de aquellas otras que ostentan capacidad representativa plena o de nivel máximo puede deberse a la influencia de los criterios legales de representatividad, pero también puede responder a la propia configuración del sindicato, con independencia de que en algún momento dicho sindicato pueda resentirse más de lo esperado de su escasa envergadura real a causa, precisamente, de los dictados del legislador. Pero no debe olvidarse en ningún caso que un sindicato puede tener escasa dimensión o limitada capacidad representativa por el mero designio de sus promotores, o por la pura elección de su ámbito de actuación, al margen de que luego puedan influir en mayor o menor medida esos otros factores externos. También puede suceder que una estructura reducida encierre en verdad una potencia cuasi inconmensurable, como a veces ocurre con ciertos sindicatos "de franja". Por otra parte, la ausencia formal de representatividad también puede deberse a la orientación ideológica o programática elegida por la organización sindical, como ocurre cuando se opta por una estrategia de rechazo integral y sistemático de las exigencias de "integración" impuestas por el legislador. Es el caso, como todos recordarán, de la Confederación Nacional del Trabajo, que desde su "regreso" al sistema sindical español quiso mantener su tradicional postura de distanciamiento de los procedimientos gubernativos o burocráticos, aunque no llegara a renunciar, por ejemplo, a las vías legales de restitución directa o por sustitución del patrimonio sindical histórico[47]. Esa actitud de rechazo le supuso un obstáculo cierto para su eventual acceso a los estadios de la representatividad[48], y, dicho sea de paso, un muro prácticamente insalvable para su "normalización" en el campo de la acción sindical. En verdad, el de la CNT (o CNT-AIT) es un singular ejemplo de la posición institucional (en el sistema) de los sindicatos a los que nos venimos refiriendo con el indefinido "otros", que, como sucede en este caso, muchas veces es una posición decididamente marginal o de contestación sistemática al sistema[49].

La alusión a "otros" sindicatos, por lo tanto, puede significar postergación respecto de los "mayores" pero también puede tener un sentido más liviano, como sucede cuando el sindicato queda alejado de los grandes centros de decisión sindical sencillamente porque esa es su opción desde el punto de vista de la representación profesional. De cualquier modo, la incidencia de los criterios de representatividad no puede laminar por completo la posición jurídica del sindicato, de cualquier sindicato. Ni puede deducirse una consecuencia tan intensa del sistema legal vigente, ni con toda seguridad fue esa la pretensión del legislador, con independencia de que hubiera podido o no hacerlo. Tanto el derecho de libertad sindical reconocido en el artículo 28.1 CE, como la garantía institucional consagrada por el artículo 7 CE (que beneficia a cualquier sindicato, pese a que no sea ésa la virtualidad que habitualmente se le atribuya por los intérpretes), servirían de dique inamovible para una eventual pretensión en ese sentido. Por consiguiente, los "otros" sindicatos, todos y cada uno de los sindicatos, gozan de una posición jurídica que en primer término puede delimitarse a partir de las normas internacionales de referencia y, sobre todo, del Convenio núm.87 aprobado por la OIT en el año 1948 sobre libertad sindical y protección del derecho de sindicación. Así pues, no se trata sólo de que los trabajadores puedan constituir sin autorización previa "las organizaciones que estimen convenientes", sino también de que dichas organizaciones, todas ellas y cualesquiera de ellas, tienen un estatuto básico que por lo pronto incluye el derecho "de redactar sus estatutos y reglamentos administrativos, el de elegir libremente sus representantes, el de organizar su administración y sus actividades y el de formular su programa de acción", junto al de constituir federaciones y confederaciones. Ser titular de la libertad sindical significa también el derecho a que la adquisición de personalidad jurídica no esté sujeta a con-

47 Sobre la restitución del "patrimonio sindical histórico", véase disposición adicional cuarta de la Ley 4/1986, de 8 de enero, y sentencia TC 125/2016, de 7 de julio.

48 Sobre su pretensión de que en la proclamación de resultados electores figurara la decisión de "abstención", finalmente desestimada, véase sentencia TC 23/1983, de 25 de marzo

49 Curiosamente, pese a su conocido ideario ácrata o libertario, la CNT no ha prescindido en absoluto de los recursos jurisdiccionales y procesales del sistema, y buena prueba de ello es el acervo de pronunciamientos del TC dirigidos a esa central sindical: sentencia 292/1983 a propósito de la designación de delegados sindicales; sentencia 168/1996, a propósito de diversas acciones de contenido sindical en la empresa; sentencia 132/2000 a propósito del crédito horario, y sentencia 269/2000 sobre esa misma cuestión.

diciones contrarias a esos postulados, y a que la legislación nacional no menoscabe las garantías previstas en esta norma para la actividad sindical[50].

Además, toda organización sindical, al margen de su peso o representatividad, tiene derecho al "ejercicio de la libertad sindical", que, como se desprende de nuestra LOLS, se traduce eminentemente en el "ejercicio de la actividad sindical en la empresa o fuera de ella, que comprenderá, en todo caso, el derecho a la negociación colectiva, al ejercicio del derecho de huelga, al planteamiento de conflictos individuales y colectivos y a la presentación de candidaturas para la elección de Comités de Empresa y Delegados de Personal, y de los correspondientes órganos de las Administraciones Públicas, en los términos previstos en las normas correspondientes" (art.2.2). De acuerdo con este mismo marco legal, el estatuto jurídico de toda organización sindical se completa con la sujeción a las vías de responsabilidad previstas legalmente (art.5.1 y 2), con la protección de "las cuotas sindicales" mediante la prohibición de su embargo (art.5.3), con la posibilidad de obtener beneficios en forma de "exenciones y bonificaciones fiscales" (art.5.4), y con la facultad de constituir secciones sindicales, a la que van aparejadas las de celebrar reuniones en el contexto de la empresa, recaudar cuotas en ese mismo medio, distribuir información sindical fuera de las horas de trabajo y sin perturbar la actividad normal de la empresa, y recibir la información que le remita su sindicato (art.8.1). El estatuto básico de todo sindicato —que es como decir su "posición institucional"— se completa con el derecho a recabar tutela ante la jurisdicción competente a través del proceso de protección jurisdiccional de los derechos fundamentales de la persona (art.13), y la posibilidad de personarse como coadyuvante de sus afiliados cuando promuevan procesos dirigidos a la tutela de su propia libertad sindical (art.14). Los sindicatos que, sin ser más representativos, acrediten algún nivel legalmente significativo de audiencia electoral, pueden gozar asimismo del derecho a que sus representantes en las comisiones negociadoras de los convenios colectivos disfruten de permisos retribuidos (art.9.2) y del derecho a nombrar en las empresas o centros de trabajo "delegados sindicales" con las garantías y facilidades de los representantes de los trabajadores (art.10).

Las garantías que entroncan directamente con el derecho a la libertad sindical y, en particular, las facultades de reacción frente a comportamientos antisindicales, no son susceptibles de parcelación o graduación. Pertenecen, tal cual, a todo sindicato. Pero en algunos otros aspectos de nuestro régimen sindical puede que encuentren dificultades las organizaciones no representativas, que a veces tienen que contentarse con espacios o resortes de actividad de menor nivel o empaque. Estaríamos hablando de nuevo, aunque desde otra perspectiva, de los "otros" sindicatos. Ocurre así, por ejemplo, en el campo de la acción sindical en la empresa, donde ya hemos visto que todos los sindicatos pueden crear secciones sindicales, pero no todos pueden gozar de la

50 Agréguese a todo ello lo que deriva del Convenio de la OIT núm.98 sobre promoción del derecho a la negociación colectiva y del Convenio núm-135 sobre protección y facilidades de los representantes de los trabajadores, entre ellos los de carácter sindical.

posibilidad de estar representadas por un delegado sindical con el pertinente estatuto legal de garantías y facilidades. La misma exclusión se produce en los procesos de negociación colectiva "estatutaria", en tanto que la legitimación negocial depende en tal supuesto de unos mínimos de representatividad, o en las decisiones de convocatoria de elecciones a miembros de comités de empresa y delegados de personal, reservadas a sindicatos representativos o suficientemente representativos. En fin, el efecto de exclusión (o minoración de nivel) podríamos verlo también en algunas otras facetas de la actividad sindical con más discreto reflejo legal, como es el caso de la posibilidad de disfrutar de la situación de excedencia forzosa por cargo sindical al amparo del artículo 9 LOLS, respecto del que la jurisprudencia constitucional[51], como en aquellos otros aspectos[52], y particularmente en lo que se refiere a la negociación colectiva[53], se ha mostrado bastante conforme con las opciones del legislador.

51 Puede consultarse a tal efecto la sentencia TC 263/1994, de 3 de octubre, en la que, al analizar desde el punto de vista del derecho a la libertad sindical las diferencias entre la excedencia forzosa prevista en el art.9.1 LOLS para los cargos de sindicatos más representativos y la situación ordinaria de excedencia regulada por el art.46.4 ET, las declara aceptables en tanto que "los sindicatos que no ostenten la condición de más representativos no quedan privados de la posibilidad real de desarrollar una acción sindical eficaz, que depende de medios de acción propios que no se ven mermados por la denegación de un privilegio que no incumbe a los medios de acción sindical, sino que opera en el plano interno de la organización. Y tampoco puede decirse que el trabajador que desempeñe cargo sindical en estas organizaciones quede desprovisto de toda tutela o medida promocional de origen legal; las reglas del art. 46 E.T. continúan siéndole de plena aplicación, y garantizan por consiguiente la no extinción del contrato de trabajo, si bien el reingreso queda subordinado a la existencia de vacante".

52 Véanse, por ejemplo, la sentencia TC 4/1983 para la negociación colectiva y la sentencia TC 164/1993, de 18 de mayo, para la promoción de "elecciones sindicales".

53 Los términos de aceptación por parte de la jurisdicción constitucional de las diferencias introducidas por el Estatuto de los Trabajadores en cuanto a la legitimación para negociar convenios colectivos de naturaleza normativa y eficacia general se pueden consultar fundamentalmente en tres sentencias pioneras de nuestro TC: la sentencia 4/1983, de 28 de enero, en la que se hace referencia a esos especiales efectos del convenio estatutario y a la posibilidad de "los no sindicados" de participar en procesos de negociación por otras vías; la sentencia 12/1983, de 22 febrero, en la que se recuerda que la legitimación prevista en el art.87 ET "significa más que representación en sentido propio, un poder *ex lege* de actuar y de afectar a las esferas jurídicas de otros" y se insiste en que tal regla legal "ni directa ni indirectamente obliga a la sindicación o a la afiliación a los sindicatos constituidos", y la sentencia 73/1984, de 27 de junio, para la que "la legítima opción legislativa en favor de un Convenio Colectivo dotado de eficacia personal general, que en todo caso no agota la virtualidad del precepto constitucional, ha conducido a someter la negociación a unas reglas precisas limitadoras de la autonomía de la voluntad, especialmente rigurosas en lo que se refiere a la determinación de los sujetos negociadores", para precisar después que "la legitimación negocial, tal y como aparece regulada en el Estatuto de los Trabajadores, posee un preciso significado que impide valorarla desde la perspectiva del derecho privado, pues el Convenio, que constituye el resultado de la negociación, no es sólo un contrato sino una norma que rige las condiciones de trabajo de los sometidos a su ámbito de aplicación, estén o no sindicados y pertenezcan o no a las organizaciones firmantes. Los requisitos de legitimación traducen el doble significado de constituir una garantía de la representatividad de los participantes y expresar un derecho de los más representativos a participar en las negociaciones, en orden a asegurar la representación de los intereses del conjunto de los trabajadores y empresarios, sin duda porque se piensa que quienes reúnen aquellos requisitos son representativos de un sector de los afectados de forma que las tendencias significativas de éstos van a tener una efectiva participación en la determinación de las condiciones a que han de ajustarse las relaciones de trabajo", lo cual "supone que las reglas relativas a la legitimación constituyen un presupuesto de la negociación

Podría decirse, en resumen, que los "otros" sindicatos son titulares del contenido mínimo o esencial del derecho a la libertad sindical, y que a veces son destinatarios del denominado "contenido adicional" de ese mismo derecho, entendiendo por tal, según empezó a detectar el Tribunal Constitucional, aquel que el legislador —o la negociación colectiva— puede agregar al núcleo constitucional del derecho[54]. A esta faceta del contenido de la libertad sindical pertenecen, por ejemplo, las facultades de los sindicatos de promover elecciones a representantes de los trabajadores en la empresa y los centros de trabajo, o la facultad de presentar candidatos y candidaturas en dichos procesos lectorales[55]. También son manifestaciones del contenido adicional de la libertad sindical muchas de las facilidades que nuestra legislación sindical concede a las organizaciones sindicales para el despliegue de sus actividades, desde la facultad de constituir secciones sindicales a la posibilidad de gozar de permisos o utilizar la institución de la excedencia para compatibilidad la relación de empleo con el cargo sindical[56]. Naturalmente, este contenido adicional puede ser modulado en su alcance y en su titularidad por la norma de origen, de modo que puede ser atribuido a todo sindicato, incluidos los que carezcan de un grado significativo de representatividad, o, por el contrario, quedar reservado a los sindicatos más representativos o suficientemente representativos, siempre que, por las circunstancias concurrentes, ello no revele ánimo discriminatorio o entrañe conducta antisindical. Hecha tal precisión, inmediatamente hay que advertir de que generalmente se trata de beneficios de carácter "selectivo" en los que el sindicato más representativo suele ser el destinatario por antonomasia (como ocurre con muchas de las facilidades que prevé el art.9 LOLS para la acción sindical), pero con la salvedad de que el añadido legal (no tanto el convencional) extiende a veces a cualquier sindicato (como sucede, por ejemplo, con las reglas sobre constitución de secciones sindicales).

7. LA INTERVENCIÓN PROCESAL DEL SINDICATO: EL PRESUPUESTO DE LA REPRESENTACIÓN INSTITUCIONAL Y LA CONDICIÓN BÁSICA DE IMPLANTACIÓN

Al contenido adicional de la libertad sindical también podrían ser adscritas, al menos en principio, las previsiones legales sobre intervención del sindicato en el proce-

colectiva que escapa al poder de disposición de las partes negociadoras que no pueden modificarlas libremente, pues como con razón afirma el Magistrado de instancia, en la negociación inciden derechos de carácter sindical que no pueden ser desconocidos".

54 La doctrina constitucional al respecto, inusitadamente reiterada, puede consultarse en las sentencias TC 104/1987, de 17 de junio, 9/1988, de 25 de enero, 51/1988, de 22 de marzo, 76/2001, de 26 de marzo, 281/2005, de 7 de noviembre, 64/2016, de 11 de abril, o 123/2018, de 12 de noviembre.

55 Para la promoción de elecciones, TC 164/1993, de 18 de mayo; para la presentación de candidaturas, TC 76/2001, de 25 de marzo, y 103/2004, de 2 de junio.

56 Siendo parte de la libertad sindical, "cualquier impedimento u obstaculización al sindicato o a sus miembros" puede ser constitutivo de una violación de la libertad sindical (TC 76/2001, de 25 de marzo, y 103/2004, de 2 de junio).

so, que tienen raíces históricas y que ampliaron notablemente sus contornos tras las bases de procedimiento laboral aprobadas por Ley 7/1989, de 12 de abril[57]. Obviamente, la posibilidad de que los sindicatos —cualesquiera sindicatos— ejerzan acciones judiciales para la defensa de sus derechos e intereses legítimos forma parte del derecho a la tutela judicial efectiva, no susceptible de prohibición ni restricción esencial por parte del legislador para ningún sujeto. Esa es, seguramente, la base para que la actual regulación del orden jurisdiccional social conceda legitimación a los sindicatos "para la defensa de los intereses económicos y sociales que les son propios" y, en su caso, para personarse y ser tenido por parte en dichos procesos (art.17.1 de la Ley 36/2011). También puede ser la razón de que la organización sindical esté habilitada para actuar en determinadas modalidades procesales en las que tiene interés directo, como las que tienen por objeto la constitución de sindicatos o la modificación de sus estatutos (arts.167 ss. LRJS), o de que pueda reaccionar en sede judicial frente a las lesiones que pudiera sufrir en su libertad sindical y, en general, en sus derechos fundamentales (arts.177 ss. LRJS en relación con art.13 LOLS). El derecho a la tutela judicial efectiva es, en fin, el soporte principal para que los sindicatos puedan interponer recursos en los casos legalmente previstos, siempre que resulten afectados por la resolución judicial de referencia (conforme a la regla general del art.17.4 LRJS).

Sin embargo, otras muchas posibilidades de intervención del sindicato en el terreno procesal derivan directamente de la acción del legislador ordinario, por lo que, sin perjuicio de su conexión con la tutela judicial efectiva, pueden catalogarse perfectamente como nuevas facetas del contenido adicional del derecho a la libertad sindical. Tal puede ser el caso de la legitimación de los sindicatos "para accionar en cualquier proceso en el que estén en juego intereses colectivos de los trabajadores" (art.17.1 LRJS), de la facultad de las organizaciones sindicales de actuar en defensa de los derechos e intereses de las personas víctimas de discriminación por razones sexuales (art.17.5 LRJS), de la posibilidad de que la representación sindical en la empresa ostente la representación en juicio de intereses genéricos de un colectivo laboral cuando por razón de la tutela ejercitada la pretensión no afecte de modo directo e individual a trabajadores determinados (art.19.5 LRJS), de la opción abierta por la ley de que sea el sindicato el que promueva el proceso en nombre e interés de los trabajadores (art.20 LRJS), de la legitimación del sindicato para impugnar un despido colectivo (art.124 LRJS), de la legitimación sindical para promover o intervenir en procesos de diverso tipo conectados a la elección de representantes unitarios de los trabajadores (arts.127 ss. LRJS), de la facultad de los sindicatos de promover el proceso de conflicto colectivo para la defensa de los derechos e intereses de una pluralidad de trabajadores indeterminada o de difícil determinación (art.17.1 en relación con art.154 LRJS), de la legitimación activa de los sindicatos y las representaciones sindicales de ámbito empresarial para impugnar un convenio colectivo por los trá-

57 Vid. M.C. Ortiz Lallana, *La intervención del sindicato en el proceso de trabajo*, Consejo Económico y Social, Madrid, 1994, pp.39 ss., 75 ss. y 95 ss.

mites del proceso de conflicto colectivo con fundamento en su ilegalidad (art.165 LRJS), o de la posibilidad de que el sindicato se persone como coadyuvante en los procesos de tutela de la libertad sindical o los derechos fundamentales iniciados por sus afiliados (art.177.2 LRJS en relación con art.14 LOLS).

Todas estas reglas, que cuentan con algún complemento con vistas a la adecuada preparación del proceso[58], tienen como destinatario a cualquier sindicato, con independencia de su envergadura y su grado de representatividad, y sin perjuicio de que en algunos de esos supuestos los sindicatos "representativos" o "más representativos" tengan alguna ventaja particular[59], como una enésima muestra del enorme protagonismo que esa técnica de diferenciación ha llegado a revestir dentro de nuestro sistema. Por lo tanto, se trata de posibilidades de intervención en el proceso que el legislador parece haber conectado a la función representativa propia del sujeto sindical sin más especificaciones, esto es, de "unos" u "otros" sindicatos. En buena medida podría decirse, frente a interpretaciones más sesgadas, que son expresión del papel de contribución "a la defensa y promoción de los intereses económicos y sociales que les son propios" que el artículo 7 de nuestro texto constitucional asigna a "los sindicatos de trabajadores", como si, parafraseando los consabidos textos bíblicos (y algunas denominaciones cinematográficas), todos fuesen hijos de un mismo dios, ni mayor ni menor. Todo sindicato es, a la postre, "representante institucional" de los trabajadores, al margen de su peso o condición.

Como más de uno recordará, esta fórmula de la "representación institucional" aplicada al sindicato fue utilizada por la jurisprudencia constitucional para introducir a las organizaciones sindicales libres en aquellos pasajes legales que, por tener su origen en el periodo previo a la recuperación plena de la libertad sindical, tan sólo se referían a los "representantes" a la hora de determinar los sujetos legitimados para promover, en nombre del grupo de trabajadores, o bien la huelga ("los trabajadores, a través de sus representantes", según el art.3 del RDL 17/1977), o bien el procedimiento de conflicto colectivo ("los representantes de los trabajadores" según el art.18 RDL 17/1977). A diferencia de los órganos unitarios de representación del personal en las empresas y centros de trabajo, los sindicatos de trabajadores no cuentan con una definición precisa e inequívoca ni de su ámbito de representación ni de la clase de vínculo que les conecta a los potenciales representados, más allá de la capacidad repre-

58 Según el art.76.2 LRJS, "e. El juicio podrá también prepararse por petición de quien pretenda iniciar un proceso para la defensa de los intereses colectivos, al objeto de concretar a los integrantes del grupo de afectados cuando, no estando determinados, sean fácilmente determinables", a cuyo efecto "el tribunal adoptará las medidas oportunas para la averiguación de los integrantes del grupo, de acuerdo a las circunstancias del caso y conforme a los datos suministrados por el solicitante, incluyendo el requerimiento al demandado para que colabore en dicha determinación".

59 Por ejemplo, los sindicatos más representativos pueden personarse en cualquier proceso promovido por un trabajador en defensa de su libertad sindical o sus derechos fundamentales, al margen del dato de la afiliación (art.177.2 LRJS en relación con art.14 LOLS), lo mismo que son los sindicatos "representativos" de conformidad con los arts.6 y 7 LOLS los que, junto a los órganos de representación legal o sindical, pueden personarse como parte en el proceso de conflicto colectivo (art.155 LRJS).

sentativa que se deriva por naturaleza del acto de afiliación. Por ello, la posibilidad de que los sindicatos pudieran ejercer acciones de dimensión colectiva para la defensa y promoción de intereses de grupo requería algún soporte conceptual de nuevo cuño, una vez clausurada la etapa del "sindicato vertical". El primer paso para ello fue la proclamación del derecho de las organizaciones sindicales, al amparo de la libertad sindical y del papel asignado por el artículo 7 CE, a desarrollar "las funciones que de ellos es dable esperar, de acuerdo con el carácter democrático del Estado y con las coordenadas que a esta institución hay que reconocer", como apuntó la sentencia TC 11/1981, de 8 de abril, y explicitó la sentencia TC 70/1982, de 29 de noviembre. Para nuestra jurisdicción constitucional, "al lado de la representación que tiene su base en la voluntad individual y aquella otra que deriva directamente de la Ley" puede situarse "la representación institucional, que realiza lo que algunos autores han llamado acertadamente la persona jurídica representativa", siendo así que "existe una representación institucional explícita, cuando la relación institucional se produce de modo voluntario, de manera que la adhesión a una institución comporta una aceptación de su sistema jurídico y, por tanto, de su sistema representativo, y una representación implícita cuando el ordenamiento jurídico confiere a un ente la defensa y gestión de los derechos e intereses de categorías o grupos de personas". En conclusión, atendiendo al ámbito de actuación de los sindicatos de trabajadores considerados como piezas económicas y sociales indispensables para la defensa y promoción de sus intereses (art.7 CE), y dentro del marco del derecho a la libertad sindical (art.28.1 CE), "hay que entender que los sindicatos tienen genéricamente capacidad para representar a los trabajadores", como sostenía tan tempranamente nuestro TC.

Dejando constancia de que en el supuesto examinado por esa importante resolución del TC —la sentencia 70/1982— la facultad para promover conflicto colectivo se ligaba a la "reinterpretación de un convenio colectivo", y de que, por ello mismo, era comprensible que para nuestra jurisdicción constitucional resultara obvio "que quienes pueden intervenir en la negociación de un convenio, deben poder plantear un conflicto sobre el mismo", lo cierto es que esa "capacidad" y ese "poder de representación en términos generales del sindicato" necesitaba de algún apoyo adicional para su efectivo ejercicio, puesto que no parece razonable, en términos de buen funcionamiento del sistema, que cualquier sindicato pueda promover acciones de impacto colectivo en cualesquiera circunstancias. Como advertía el TC en tal asunto, "no basta con la simple condición de entidad sindical para que en cada caso concreto la relación jurídica procesal pueda quedar regularmente trabada". Ha de tratarse, más bien, de un sindicato "al cual pueda reconocérsele una relación directa con lo que es objeto del litigio por su notoria implantación en el centro de trabajo o marco general al que el conflicto se refiera aunque a él no estén afiliados la totalidad de los trabajadores afectados por la resolución". De esa suerte —finalizaba la sentencia 70/1982— "está legitimado para promover el conflicto colectivo de interpretación de un convenio e intervenir en él el mismo sindicato que intervino en su negociación y cualquier otro que por su implantación en el ámbito del conflicto tenga una relación directa con el objeto discutido".

Se estaba barajando, como puede apreciarse, el requisito de "implantación", que en alguna sentencia del propio TC ha comparecido innecesariamente al lado de la representatividad (bien es verdad que tan sólo para aludir a su "objetividad")[60], pero que realmente encierra un significado esencialmente diferente. Aunque no siempre se haya usado con el debido rigor en esa instancia jurisdiccional[61], para nuestra jurisprudencia constitucional la idea de implantación parece conjugar "presencia" con "responsabilidad", siempre en relación con un determinado ámbito o contexto profesional. Conecta con la representatividad en su finalidad de constatación o prueba de capacidad representativa, pero no se traduce en cómputo o acumulación de adhesiones por parte de los posibles representados (por afiliación o por votación), sino, más sencillamente, y más etéreamente, en una verificable aptitud para promover o defender el interés colectivo que parece depender en último extremo de la combinación de cinco ingredientes: a) de la decisión y convicción del propio sindicato acerca de la necesidad de actuar; b) de las posibilidades de recepción y aceptación de sus iniciativas por parte de los potenciales destinatarios; c) de la "correspondencia" entre el ámbito elegido con carácter general por el sindicato para el despliegue de su actividad y el ámbito afectado por la acción efectivamente emprendida; d) del grado de aportación o de distorsión de tales acciones adentro del ámbito funcional y territorial de referencia, y e) en un plano más estrictamente procesal, de la conexión entre la organización que acciona y la pretensión ejercitada, o entre el ámbito del sindicato y el objeto del pleito. En todo caso, la implantación parece haberse convertido finalmente en una condición de ejercicio de determinadas acciones de reivindicación o presión colectiva respecto de la que, paradójicamente, no se imponen exigencias particularmente estrictas. Atendiendo a la experiencia jurisdiccional, podríamos atrevernos a pronosticar que sólo se corre el riesgo de rechazo o inadmisión de una determinada medida o iniciativa en el caso extremo de que el sindicato promotor sea absolutamente insignificante o carezca por completo de presencia en el ámbito afectado. En realidad, tiene cierto sentido que sea así, porque en el fondo se trata de acciones en las que el sindicato debe contar con un amplio margen maniobra para tomar sus decisiones y desarrollar su estrategia, máxime si se trata de sindicatos minoritarios o emergentes que pretenden hacer valer su aptitud para la tutela de los intereses de los trabajadores a través de esa clase de acciones.

Suele decirse que la "implantación" es producto de la jurisprudencia constitucional (TC 11/1981 y 70/1982, básicamente), pero también es verdad que ha tenido

60 No tiene mayor trascendencia que la equiparación entre representatividad e implantación haya aparecido a veces en las alegaciones de las partes (sentencia TC 9/1986, de 21 de enero), o en los argumentos aportados por la Administración responsable de alguna medida diferenciadora (sentencia TC 184/1987, de 18 de noviembre), pero mayor relieve ofrece el hecho de que el TC haya dicho en alguna ocasión que "el concepto de mayor representatividad, así como el de mayor implantación, son criterios objetivos y, por tanto, constitucionalmente válidos" (sentencia TC 188/1995, de 18 diciembre), como si actuaran en un mismo plano dentro de nuestro sistema.

61 Vid. F.Valdés Dal-Ré, La mayor representatividad sindical", VVAA, *Representación y representatividad colectiva en las relaciones laborales. Libro homenaje a Ricardo Escudero Rodríguez*, Bomarzo, 2017, pp.64 ss.

mucha presencia y tradición en la jurisprudencia ordinaria, que al final, y frente a otras posibles opciones interpretativas, parece haberse decidido por el uso de esa doctrina constitucional tanto para reconocer la legitimación de los sindicatos "para accionar en cualquier proceso en el que estén en juego intereses colectivos de los trabajadores", como para hacer sistemáticamente la salvedad de que esa capacidad abstracta que tiene todo sindicato "no autoriza a concluir sin más que es posible a priori que lleven a cabo cualquier actividad en cualquier ámbito, pues tal capacidad no alcanza a transformarlos en guardianes abstractos de la legalidad, cualesquiera que sean las circunstancias en las que ésta pretenda hacerse valer"[62]. De todos modos, y sin despreciar el auxilio que todo ese acervo puede prestar al intérprete, el requisito de implantación constituye hoy en día una singular exigencia legal que actúa como condición general para el ejercicio de acciones procesales (en tanto que sólo los sindicatos "con implantación suficiente en el ámbito del conflicto están legitimados para accionar en cualquier proceso en el que estén en juego intereses colectivos de los trabajadores, siempre que exista un vínculo entre dicho sindicato y el objeto del pleito de que se trate"[63]), y que tiene su primordial campo de operaciones en el proceso de conflicto colectivo (que puede ser activado por el sindicato "siempre que su ámbito de actuación se corresponda o sea más amplio que el del conflicto"[64]), desde el que ha pasado al más moderno proceso de despido colectivo (en el que la impugnación por representantes sindicales se sujeta a que éstos tengan "implantación suficiente" en el ámbito de dicho despido"[65]). Como dijimos, son exigencias y condiciones que pueden tener impacto en las posibilidades de acción sindical, pero que en sí mismas no suponen exclusión de los "otros", a diferencia de los criterios de representatividad. Se mueven más bien en un plano de actividad sindical "abierta" a la competencia.

8. EL CAPÍTULO ESPECIAL DEL ACCESO A RECURSOS FINANCIEROS DE NATURALEZA PÚBLICA

En buena lógica, la financiación de todo sindicato debería proceder exclusivamente, o cuando menos de modo principal, de las aportaciones de sus miembros. Hay que dar por supuesto, naturalmente, que los sindicatos en España cuentan con esta

62 Cfr. Sentencia TS de 20 de marzo de 2012 (rc 71/2010), que cita sentencias TC 210/1994, 101/1996, 7/2001, 24/2001, 84/2001, 215/2001, 153/2007 y 202/2007). La cita de sentencias del TS en las que se analiza el alcance de la implantación con vistas a la admisión o no de la correspondiente iniciativa sindical puede ser muy larga, pero demos algunos datos para quienes puedan tener interés en seguir la casuística: 10 de febrero de 1997 (r.1225/1996); 31 de enero de 2003 (r.1260/2001); 10 de marzo de 2003 (r.33/2002), 4 de marzo de 2005 (r.6076/2003), 16 de diciembre de 2008 (r.124/2007), 12 de mayo de 2009 (r.121/2008), 29 de abril de 2010 (r.128/2009), 6 de junio de 2011 (r.162/2010), 20 de marzo de 2012 (r.71/2010), 2 de julio de 2012 (rcud.2086/2011), 17 de junio de 2015 (r.232/2014), 21 de octubre de 2015 (r.126/2015), 8 de abril de 2016 (r.285/2014), 20 de julio de 2016 (r.323/2014), 14 de febrero de 2017 (r.104/2016) y 493/2017, de 7 junio.

63 Art.17.1 LRJS.

64 Art.154.a) LRJS.

65 Art.124.1 LRJS.

típica vía de financiación, como por lo demás rubrica el artículo 5.3 LOLS al decir que "las cuotas sindicales no podrán ser objeto de embargo". Pero ese mismo texto legal también dispone que "los sindicatos constituidos al amparo de esta Ley podrán beneficiarse de las exenciones y bonificaciones fiscales que legalmente se establezcan" (art.5.4), lo cual no es sólo una previsión de futuro, sino también, y tal vez en mayor medida, una constatación y reafirmación de las prácticas que, en esa dirección o en direcciones próximas, se venían llevando a cabo desde los prolegómenos del actual régimen constitucional. Las organizaciones sindicales venían disfrutando, en efecto, de recursos económicos de origen público, primero a través de cesiones en uso de inmuebles del patrimonio estatal, o poco después mediante subvenciones con cargo a los presupuestos generales del Estado. Obviamente, no tendría mucho sentido hablar de estos temas en estos momentos si no fuese porque a tales vías de financiación no pudieron acceder todas las organizaciones sindicales, al menos al principio. Por consiguiente, la financiación pública de los sindicatos constituyó otro factor de diferenciación entre los grandes y los "otros". Con la aprobación de la LOLS en el año 1985, esa distinción quedó reflejada y consumada, al establecerse en su artículo 6.3.f) que los sindicatos más representativos gozarían de "capacidad representativa a todos los niveles territoriales y funcionales" para, entre otras muchas cosas, "obtener cesiones temporales del uso de inmuebles patrimoniales públicos en los términos que se establezcan legalmente". Esos términos, como hemos tenido ocasión de decir en algún momento, vinieron unos cuantos meses después establecidos por la Ley 4/1986, de 8 de enero, sobre patrimonio sindical histórico y acumulado[66].

Ya hemos podido saber, por lo que dijimos más arriba, que no todas las organizaciones sindicales pudieron acceder por igual a esas fuentes de financiación, y, habiendo tomado nota ya de la muy probable incidencia de esa distinción en las posibilidades de desarrollo de los diferentes sindicatos, lo que interesa aquí poner de relieve es que ese apoyo público de contenido económico muy pronto dio lugar a reacciones por parte de las organizaciones que se sintieron agraviadas, lo cual, a su vez, generó una significativa veta de jurisprudencia constitucional que de alguna manera reorientó la estrategia de los poderes públicos y de la que también pueden extraerse algunos datos relevantes para la delimitación y el conocimiento de la posición institucional de "los otros sindicatos". Las primeras impugnaciones contra las decisiones que venían adoptando los responsables políticos en este terreno tuvieron por objeto la cesión en uso de bienes procedentes del patrimonio sindical acumulado, de lo que se ocupó en su momento la sentencia TC 99/1983, de 16 de noviembre, dictada a partir de una demanda de amparo de la Confederación Nacional del Trabajo en la que se aducía que "por vía de hecho" se estaban cediendo bienes de esa clase "a distintas organizaciones sindicales y profesionales", entre las que figuraban Comisiones Obreras, Unión General de Trabajadores y Unión Sindical Obrera, que, como era de esperar, actuaron como partes en el correspondiente proceso constitucional

66 Desarrollada por RD 1671/1986, de 1 de agosto.

para tratar de que se confirmaran los beneficios que habían obtenido[67]. Aun cuando no se aportaron pruebas tangibles de ello, el TC dio por sentado que "la Administración del Estado ha venido atribuyendo desde el año 1978 a determinadas Centrales Sindicales la cesión en uso y con carácter temporal de locales provenientes de la antigua Organización Sindical", lo cual conllevaba "un favorecimiento de las Centrales beneficiadas en relación con las excluidas, que puede originar una vulneración de la libertad sindical tanto individual, por influir en el ánimo de los trabajadores con respecto a su afiliación, como colectiva, al dotar a determinadas organizaciones de medios de acción que a otras se niegan, e infringir la prohibición de intervención de las autoridades públicas en menoscabo de los derechos derivados de la libertad sindical". Para el TC, se favorecía con tales prácticas "una forma de sindicalismo desigual", con la consiguiente discriminación entre sindicatos y la correlativa lesión de la libertad sindical, no porque supusieran "injerencia alguna" de la Administración, sino por haber causado una diferencia de trato carente de criterio objetivo "que pueda estimarse constitucionalmente válido". Utilizaba buenas razones el TC para evitar distinciones indebidas entre grandes y menos grandes, aunque no toda su argumentación es igualmente convincente. No lo es su apodíctica exclusión de los riesgos de injerencia en este tipo de conductas (pues claramente interfieren en el concierto sindical), ni lo es tampoco su afirmación postrera de que "no resulta posible privar a los sindicatos beneficiarios de medios otorgados para el mejor ejercicio de su actividad sindical en su función constitucional de defensa y promoción de los intereses de los trabajadores", encaminada directamente a evitar la anulación de las prácticas impugnadas e inequívocamente orientada, si la vemos con la perspectiva de nuestros días, a fundamentar la promoción de cierto modelo sindical.

Tras la aprobación de un marco legal específico para la asignación de los bienes del patrimonio sindical acumulado no cesó la contestación a este tipo de prácticas, aun cuando ya se hicieran con el pertinente respaldo legal. En realidad, tras ese cambio en la situación normativa de referencia las impugnaciones fueron dirigidas de manera frontal contra el correspondiente texto legal. Así lo deja ver la sentencia TC 75/1992, de 14 de mayo, que responde a un recurso de inconstitucionalidad interpuesto por el Defensor del Pueblo contra algunos preceptos de la Ley 4/1986, por tres motivos: la utilización de la mayor representatividad para dar preferencia con vistas a la cesión de bienes, que "puede conducir a la verdadera y propia exclusión"; la ausencia de "una afectación finalista estricta de los bienes, "que podían ser dedicados a desenvolver cualquier función propia de todo sindicato, y la "evidente diferencia de

67 La reacción frente a las decisiones de los poderes públicos de cesión de bienes del patrimonio sindical acumulado a ciertas organizaciones sindicales también había llegado en ocasiones a la jurisdicción ordinaria, y en particular al orden jurisdiccional contencioso-administrativo, de lo que son prueba la sentencia de la Audiencia Nacional de 2 de abril de 1980 y la sentencia TS de 3 de octubre de 1980, en respuesta a la demanda interpuesta en su momento por el Sindicato Unitario, la sentencia de la Audiencia Nacional de 16 de octubre de 1982 y la del Tribunal Supremo de 28 de febrero de 1983, en respuesta a demandas presentadas por la central USO, y la sentencia de la AN de 7 de julio de 1984 junto a la sentencia del TS de 7 de noviembre de 1984, en respuesta a demandas de CNT.

trato" entre los sindicatos más representativos beneficiados y los que no lo son. Para el TC, nada podía reprocharse al texto impugnado "desde el solo plano del derecho de libertad sindical", desde el que la cesión de bienes había de contemplarse como "derecho adicional o accesorio, no integrante del contenido esencial de la libertad sindical", Tampoco se trataba de una injerencia, en tanto que la libertad sindical "no prohíbe aquellas acciones públicas que, sin restringir la autonomía del sindicato, pretenden promocionar el hecho sindical o incrementar la fuerza de los sindicatos existentes". El problema, para el TC, radicaba en las diferencias de trato, por los "efectos negativos sobre los sindicatos no beneficiados por la medida legal" advertidos por el Defensor del Pueblo. Para el TC, sin embargo, la medida "tiene una finalidad claramente promocional de un cierto tipo de sindicato, en atención a las especiales funciones que le han sido atribuidas", de modo que "perjudicar a los sindicatos no preferidos" no es "el objetivo primordial de la ley, ni mucho menos fomentar la no afiliación a esos sindicatos". Para el TC, la promoción no se dirige a sindicatos concretos, "porque el criterio tomado como determinante de la cesión la condición de más representativo puede serle atribuido en otro momento a sindicatos distintos de los que ahora lo ostentan". Aunque confiesa que "no le corresponde a este Tribunal asumir el papel del legislador", dice el TC que no es contraria a la libertad sindical "la promoción de un cierto modelo sindical, en que se potencie la existencia de sindicatos fuertes, en contraposición a un sistema de atomización", que puede ser asimismo "una finalidad legítima desde el punto de vista del art. 14 C.E., así como desde el punto de vista del art. 7 C.E.". Reconoce el TC que "la aplicación del criterio de la preferencia, complementado por la regla de la proporcionalidad, puede suponer, en ciertos casos, que por tratarse de bienes inmuebles de carácter limitado de difícil o imposible divisibilidad, los sindicatos menos representativos no lleguen a tener acceso en determinadas circunstancias a esos bienes y derechos", pero ese riesgo no entraña por definición violación de los artículos 14 y 28.1 CE a su entender. La sentencia 75/1992 deja claras muchas cosas respecto de la posición de los sindicatos "menos representativos", pero también es muy ilustrativa de una manera muy concreta de entender nuestro sistema constitucional y legal sobre la libertad sindical. A la postre, se viene a decir que es aceptable la promoción de unos respectos de otros, bajo el presupuesto, muy extendido en nuestra doctrina, pero sumamente discutible, de que el artículo 7 CE se refiere exclusiva o al menos primordialmente a las grandes centrales sindicales.

También es bastante rica la jurisprudencia constitucional acerca de las subvenciones que con cargo a las leyes de presupuestos generales del Estado empezaron a concederse a las organizaciones sindicales (y patronales) desde los primeros años ochenta del siglo pasado, para las que se optó de nuevo, al menos inicialmente, por el criterio de la mayor representatividad[68]. A ello se refirió por primera vez la senten-

68 Las primeras acciones de este tipo que llegaron ante el TC estuvieron dirigidas contra la Ley 44/1981, de 26 de diciembre, de Presupuestos Generales del Estado para 1982, en relación a la partida presupuestaria de 800 millones de pesetas prevista en tal norma para su distribución a las Centrales Sindicales en "proporción a su representatividad", acciones que fueron emprendidas en aquel caso por el sindi-

cia TC 20/1985, de 14 de febrero, para dar respuesta a un recurso de inconstitucionalidad promovido por el Defensor del Pueblo, pero a instancia del sindicato Unión Sindical Obrera, contra determinadas previsiones de las leyes presupuestarias aprobadas en nuestro país para el ejercicio de 1983. Partiendo de que la libertad sindical comprende "el derecho de las organizaciones sindicales a no ser tratadas de forma discriminatoria por los poderes públicos", en aquellos momentos el TC aún sostenía que "la defensa y promoción de los intereses económicos y sociales de los trabajadores se atribuye por la Constitución a todos los Sindicatos, sin distinción", por lo que su restricción a determinados sindicatos había de enjuiciarse con especial cuidado. Siendo así, constató no obstante que "la finalidad de la subvención es tan amplia y puede cumplirse con actividades tan diversas, que no permite sostener que para su consecución, incluso de acuerdo con un parámetro de máxima eficacia (en la hipótesis de que pudiera ser aplicable para justificar la desigualdad de trato en materia de libertades públicas), sea un criterio objetivo y razonable el de atribuirla en exclusiva a las Centrales más representativas mencionadas, como medida proporcionada", sin perder de vista que "la subvención de que se trata incidirá en el orden competitivo entre los Sindicatos, al ir dirigida en exclusiva a los situados en el vértice de los que han obtenido mejores resultados en las elecciones, con lo cual se les situará en una posición superior a los demás para ofrecer mejores servicios a los trabajadores"[69]. Razonablemente, esos argumentos condujeron a la anulación de los pasajes legales de referencia por vulneración de la libertad sindical, con la precisión de que "no es equiparable dar subvenciones a representación institucional prevista en DA 6ª ET, pues ésta ha de limitarse". Es evidente, en efecto, que sólo se puede restringir o seleccionar cuando resulta indispensable para la viabilidad de una determinada regla o para la satisfacción de un determinado objetivo, siempre que estén presididos por la legitimidad. Por lo demás, la tesis fue reiterada en las sentencias TC 26/1985, de 22 de febrero, y 72/1985, de 13 de junio, para reglas de similar contenido insertas en leyes presupuestarias del Estado de los años inmediatamente siguientes.

Con ese sustrato jurisprudencial, la asignación directa de subvenciones a los sindicatos con cargo a los presupuestos generales del Estado ha sido atendida en los años

cato CNT y que, tras su habitual itinerario por la jurisdicción ordinaria, dieron lugar a la sentencia TC 102/1983, de 18 de noviembre, que declaró la nulidad de las resoluciones previas de AN y TS por falta de emplazamiento "personal y no edictal" de las centrales sindicales UGT y CCOO, con la consiguiente indefensión de quienes tenían interés legítimo en el asunto. La sentencia no aborda el fondo de la cuestión, pero es muy ilustrativa de la contienda entre grandes y menos grandes en aquel contexto sindical.

69 Apostilló el magistrado don Francisco Rubio Llorente que "toda medida de este género que incida sobre la actividad de instituciones que, o son titulares de derechos constitucionalmente garantizados, o tienen relevancia constitucional por ser el marco necesario para que los individuos ejerzan los derechos y libertades que la Constitución les asegura, sólo puede adoptarse en virtud de Ley, por exigencia de lo dispuesto en el art. 53.1 de la C.E.", de modo que podría discutirse "si esta Ley ha de ser o no general y si la Ley de Presupuestos puede o no ser considerada como Ley en el sentido implicado por la mencionada reserva", pero no "la necesidad de que sea auténtica Ley, esto es, norma jurídica que delimite supuestos de hecho y señale consecuencias jurídicas" y que no baste para ello "una simple autorización al Gobierno para realizar un gasto".

sucesivos conforme a las siguientes disposiciones reglamentarias: a) la Orden del Ministerio de Trabajo de 25 de marzo de 1997, que asignaba a las subvenciones la finalidad de realizar "actividades de carácter formativo" y otras de alcance similar, y que condicionaba la subvención a la presentación de una solicitud acompañada de certificación acreditativa de la representatividad a partir de la audiencia electoral; b) la Orden de ese mismo Ministerio 1303/2007, de 26 de abril, que dedicaba las subvenciones a "la realización de cualquier tipo de actividad sindical dirigida a la defensa y promoción de los intereses económicos y sociales de los trabajadores" y que de nuevo sujetaba la concesión a la acreditación del grado de representatividad, y c) la Orden IGD/723/2022, de 26 de julio, que dedicó las subvenciones a la financiación de actividades de "formación, capacitación, apoyo y asesoramiento especializado necesarios para el ejercicio de las funciones de negociación, elaboración, implantación, seguimiento y evaluación de planes de igualdad de ámbito estatal o supraautonómico", con mención expresa, como posibles beneficiarios, de "las organizaciones sindicales más representativas de ámbito estatal" y de "las organizaciones sindicales de ámbito estatal que participen en la negociación, elaboración, implantación, seguimiento y evaluación de los planes de igualdad".

9. UNA NOTA FINAL SOBRE LA COMPOSICIÓN REAL DEL SISTEMA SINDICAL ESPAÑOL

Con ocasión de la transición política al actual régimen constitucional comenzó el proceso de legalización de las organizaciones sindicales libres. En aquellos momentos confluían diversas organizaciones e impulsos sindicales de diverso tipo. Tal vez la organización de mayor presencia fuese en aquellos momentos la que acabó convertida en confederación sindical en 1977 a partir de las "comisiones obreras" que fueron germinando durante los años sesenta del siglo pasado como resultado de la conocida práctica del "entrismo" en la organización sindical franquista, consistente en la presentación de candidatos "tapados" a las elecciones de jurados de empresa y enlaces sindicales. Un camino similar había seguido la Unión Sindical Obrera, aunque más influida por corrientes de inspiración católica, que por lo demás tampoco estuvieron ausentes en aquella otra organización más próxima al Partido Comunista del momento. La tercera organización con peso en aquellos años era la renacida Unión General de Trabajadores, menos presente en los tiempos de clandestinidad pero con muy notable potencia al final de la década de los setenta del siglo XX. A todas ellas se unía la Confederación Nacional del Trabajo, de sustrato ácrata o libertario, así como algunas centrales próximas a partidos políticos de extrema izquierda, tales como el Sindicato Unitario o la Confederación Sindical Unitaria de Trabajadores. Y todo ello sin perjuicio de la progresiva formalización de otros muchos sindicatos de ámbito sectorial o de carácter profesional[70].

70 Las fuentes de información de aquella época del sindicalismo español, aun dispersas, son relativamente abundantes. Puede consultarse, por ejemplo, G.García Becedas, "Sindicatos y patronales en el bienio 1978-1979", *Revista de Política Social*, núm.139 (1983), pp.7 ss.

Como en el terreno político, solía hablarse de una "sopa de letras" para poner de manifiesto la considerable pluralidad (y la aparente "atomización") sindical de aquellos años. Pero también en este terreno sindical, como en el político, pronto se puso en marcha un proceso legal y real de concentración y simplificación del panorama organizativo, uno de cuyos mayores resortes fue precisamente la técnica de representatividad[71], que poco a poco condujo a una situación a la que se alude habitualmente con la expresión de "bisindicalismo imperfecto"[72], en tanto que en ella destacan dos grandes centrales sindicales (CCOO y UGT) y, al mismo tiempo, operan otros muchos sindicatos de variada dimensión y condición. Exceptuando lógicamente el muy singular periodo franquista, tal vez haya sucedido siempre así, sin perjuicio de las variaciones que lleva consigo el paso del tiempo y de los inevitables cambios respecto de los protagonistas y de los actores secundarios de unas fases a otras. Sería de mucho interés conocer con cierto detalle la realidad sindical española, pero no es fácil encontrar bases seguras y operativas para una buena relación y clasificación de los sindicatos existentes, menos aún desde que, mediante una decisiones que no cuadran muy bien con los modernos objetivos de transparencia, se dejó de efectuar la proclamación de los resultados obtenidos en las elecciones a comités de empresa y delegados de personal y se dejó de tener información oficial acerca del grado de representatividad de cada organización sindical. No es difícil acceder actualmente al censo español de organizaciones sindicales, que viene ofrecido en términos exhaustivos por la correspondiente oficina del Ministerio de Trabajo a través de su dirección electrónica, pero no es sencillo obtener conclusiones útiles con un acopio de datos tan grueso y abundante cuando se ofrece simplemente un listado de nombres[73]. Ha de contarse, además, con la posibilidad de que alguna de las organizaciones registradas no esté realmente operativa, o de que existan sindicatos que desarrollen efectivamente las actividades que les son típicas y que, no obstante, por alguna razón no hayan llegado a cumplimentar los trámites legal y reglamentariamente previstos para la adquisición de personalidad jurídica y capacidad de obrar[74].

Con esas cautelas, y partiendo más bien de fuentes oficiosas y no especializadas, pero que a unos razonables visos de fiabilidad añaden una notable labor de depura-

71 Vid. R. Escudero Rodríguez, *La representatividad de los sindicatos en el modelo laboral español*, Tecnos, Madrid, 1990, pp.239 ss.

72 Vid. J. Cruz Villalón, "La representatividad sindical y empresarial en las relaciones laborales y en el sistema político español", *AFDUAM*, núm.8 (2004), pp.159 ss.

73 Puede acceder a tales datos a través de la dirección electrónica "Depósito de Estatutos de Organizaciones Sindicales y Empresariales", que permite conocer el número total de organizaciones sindicales y empresariales que constan en los registros públicos en cada momento, con la correspondiente identificación. En la fecha de nuestra consulta la cifra ascendía a 29.571 organizaciones sindicales y empresariales registrada.

74 Recuérdese que según el art.4 LOLS (desarrollado por RD 416/2015, de 29 de mayo), "los sindicatos constituidos al amparo de esta Ley, para adquirir la personalidad jurídica y plena capacidad de obrar, deberán depositar, por medio de sus promotores o dirigentes sus estatutos en la oficina pública establecida al efecto.

ción[75], la relación actualizada de las organizaciones sindicales que efectivamente operan en el sistema español de relaciones laborales podría componerse y sistematizarse en los siguientes grupos: confederaciones sindicales de base general, confederaciones sindicales de ámbito autonómico, sindicatos profesionales o sectoriales, sindicatos profesionales de la función pública, y sindicatos que podríamos calificar de "alternativos", a falta de un epíteto más apropiado. En el primero de esos grupos figuran desde luego confederaciones más representativas (CC.OO. y UGT), pero también alguna otra que en ciertos momentos se han acercado al nivel de la mayor representatividad (como USO), así como las confederaciones de origen ácrata, entre las que habría que situar en principio la Confederación Nacional del Trabajo (CNT) y la resultante de la escisión que sufrió dicha central hace algunas décadas (la Confederación General del Trabajo, CGT). En posición más bien residual aparecen el Sindicato Unitario (SU), Solidaridad, Solidaridad Obrera (SO), y Unión Nacional de Trabajadores (UNT). Probablemente podría decirse que todas estas organizaciones, salvando las dos primeras, pertenecen al capítulo de los "otros" sindicatos, al margen de su tamaño. De hecho, USO, CNT, CGT y SU han pleiteado a veces para impugnar o contrarrestar medidas de los poderes públicos favorecedoras de las más representativas. Y todo ello, obviamente, sin perjuicio de que estas centrales minoritarias aparezcan en ocasiones como firmantes de convenios colectivos, como prueba de su relativa implantación.

En el apartado correspondiente a confederaciones sindicales y sindicatos de ámbito autonómico no parece tan sencilla la adscripción al grupo de los grandes o al grupo de los menos potentes. Algunas de estas centrales tienen innegable protagonismo en su ámbito territorial, donde gozan de la nota de mayor representatividad o se sitúan muy cerca de esa cualidad (como la *Eusko Langileen Alkartasuna*-Solidaridad de los Trabajadores Vascos, ELA-STV, o la *Langile Abertzaleen Batzordeak*, LAB, ambas para el País Vasco). Otras han alcanzado ese mismo nivel en algún momento (como la *Confederación Intersindical Galega*, CIG), que, al igual que ELA-STV, ha participado conjuntamente con las confederaciones sindicales más representativas a escala nacional en labores de concertación o diálogo social. Las restantes, de variada envergadura desde luego, podrían formar parte de los "otros" sindicatos con seguridad, por su distancia respecto de las más consolidadas. Se trata de Coordinadora Obrera Sindical (COS), *Ezker Sindikalaren Konbergentzia* (ESK), Intersindical-Confederació Sindical Catalana, Intersindical Región Murciana (La Intersindical), Intersindical Valenciana, Sindicato Obrero Aragonés (SOA), Sindicato Andaluz de Trabajadores (SAT), Sindicato Médico de la Comunidad Valenciana CESM-CV, Sindicato Independiente de la Comunidad Valenciana (S.I.C.V.), *Sindicato Labrego Galego* (SLG-CC.LL.), Sindicato General de Trabajadores Extremeños (SGTEX), Sindicato Obrero Canario (SOC), y *Unió de Pagesos*.

Entre los sindicatos que hemos catalogado como "profesionales" o "sectoriales" se ubican organizaciones de gran tradición e indudable fuera sindical, como el Sindicato

75 Según datos de *Dyntra Dynamic Transparency Index* ofrecidos en Wikipedia.

Español de Maquinistas y Ayudantes Ferroviarios (SEMAF), o el Sindicato Español de Pilotos de Líneas Aéreas (SEPLA), que podrían adscribirse al apartado de "otros" por no poder competir con las grandes confederaciones sindicales, pero que, dentro de su ámbito profesional, tienen seguramente mayor implantación y mayor peso que dichas organizaciones de clase. Tal vez se les acerquen la Unión Sindical de Controladores Aéreos (USCA) y el Sindicato de Enfermería (SATSE). A partir de ahí podría hablarse de un amplio grupo de sindicatos profesionales o sectoriales con cierto peso pero probablemente con presencia minoritaria, como pudiera ser el caso de la Confederación de Cuadros y Profesionales (CCP), la Confederación de Sindicatos de Trabajadores de la Enseñanza (STEs), *Euskal Herriko Nekazarien Elkartasuna* (EHNE), Confederación Sindical Independiente Fetico, el Sindicato de Circulación Ferroviario (SCF), el Sindicato de Empleados de CaixaBank (SECB),), el Sindicato Ferroviario-Intersindical (SF-I), el Sindicato Independiente de la Energía (SIE), el Sindicato de Ingenieros Técnicos e Ingenieros en Informática (SITIC), el Sindicato de Médicos de Asistencia Pública (SIMAP), el Sindicato de Trabajadores de Comunicaciones (STC), Solidaridad Postal, Técnicos Audiovisuales y Cinematográficos del Estado Español (TACEE), Unión de Pequeños Agricultores y Ganaderos (UPA). Difícil es saber con razonable aproximación la envergadura real de la Organización de Trabajadoras Sexuales (OTRAS).

El grupo de sindicatos profesionales de la función pública es desde luego bastante peculiar, por su acotación funcional pero también por las características de algunos cuerpos de funcionarios. Sin duda el mayor protagonismo corresponde en este caso a la Central Sindical Independiente y de Funcionarios (CSI-F), y quizá también se pueda destacar aquí la Asociación Nacional de Profesionales de la Enseñanza (ANPE), que ha tratado de competir muchas veces con las grandes confederaciones sindicales en lo que se refiere a su sector de actividad. Del resto no puede negarse la potencia del Sindicato de Técnicos del Ministerio de Hacienda (Gestha) o del Sindicato Unificado de Policía (SUP), pero no es fácil contrastar su peso con el resto de los que aparecen en esta lista: Asociación Unificada de Guardias Civiles (AUGC), Agrupación de los Cuerpos de la Administración de Instituciones Penitenciarias (ACAIP), Agrupación reformista de Policías (ARP), Equiparación Ya (ELLA), Jupol (Sindicato Mayoritario del CNP), Jucil (Asociación Mayoritaria de la Guardia Civil), Sindicato Independiente de la Agencia Tributaria (SIAT), Confederación Española de Policía (CEP).

Menor capacidad representatividad tienen con toda seguridad los que hemos calificado como "alternativos": Alternativa Sindical de Trabajadores (AST), *Central Unitaria de Traballadores* (CUT), Comisiones de Base (co.bas) Coordinadora Obrera Sindical (COS), Sindicato de Trabajadores (STR), SOMOS Sindicalistas.

Están aquí los "unos" y alguna parte de los "otros". El paso siguiente sería indagar acerca del espacio real de juego, y las dificultades cotidianas en su caso, de los que, por su dimensión o sus circunstancias, o por las características del sistema, no acceden a los escenarios que habitualmente visitan y transitan las grandes organizaciones sindicales. Pero esa labor la dejamos para mejores y más especializados expertos.

La acción sindical en la empresa de los "otros" sindicatos

Mónica Llano Sánchez
Profesora Titular Derecho del Trabajo y de la Seguridad Social.
Universidad Complutense
ORCID 0000-0003-3326-9404

Union action of "other" unions in the company

SUMARIO:

1. LA ACTIVIDAD SINDICAL EN LA EMPRESA COMO CONTENIDO DE LA LIBERTAD SINDICAL. 2. REPRESENTATIVIDAD, IMPLANTACIÓN Y ACCIÓN SINDICAL EN LA EMPRESA. 3. DOBLE CANAL DE REPRESENTACION Y ACCIÓN SINDICAL A TRAVÉS DEL CANAL UNITARIO 4. LA ORGANIZACIÓN DE LOS OTROS SINDICATOS PARA LA ACCIÓN SINDICAL EN LA EMPRESA: LAS SECCIONES SINDICALES. 4.1. Constitución de secciones sindicales: un derecho de todos los sindicatos. 4.2. Medios de acción sindical y derechos de las secciones de sindicatos implantados y sindicatos ordinarios. 5. LOS DELEGADOS SINDICALES: DELEGADOS SINDICALES EX ART. 10 LOLS Y DELEGADOS INTERNOS. 6. CONCLUSIONES. BIBLIOGRAFÍA.

RESUMEN: Este estudio pretende analizar las diferencias de trato entre organizaciones sindicales en el ámbito de la acción colectiva en la empresa, desigualdades que pueden tener su origen en la regulación legal de la representatividad sindical, pero también en la negociación colectiva y en las decisiones unilaterales del empleador. El objetivo es determinar qué derechos tienen los sindicatos no representativos y las condiciones en las que pueden ejercer la acción sindical en la empresa.

Palabras clave: Libertad sindical, pluralismo sindical, sindicatos minoritarios, representación y acción sindical en la empresa.

ABSTRACT: This study aims to analyze the differences in treatment between union organizations in the field of collective action in the company, inequalities that may have their origin in the legal regulation of union representation, but also in collective bargaining and in the unilateral decisions of the employer. The objective is to determine what rights non-representative unions have and the conditions under which they can exercise union action in the company.

Keywords: Freedom of association, union pluralism, minority unions, representation and union action in the company

1. LA ACTIVIDAD SINDICAL EN LA EMPRESA COMO CONTENIDO DE LA LIBERTAD SINDICAL

La actividad de los sindicatos tiene su fundamento en el derecho a la libertad sindical reconocido en el art. 28 CE. Como es sabido, desde el primer momento el Tribunal Constitucional descartó una interpretación estricta del contenido del art. 28.1 CE, considerando que su texto, que solo se refiere expresamente a la vertiente organizativa de la libertad sindical, no agota el contenido global de este derecho. Para justificar esta interpretación extensiva y determinar el alcance del contenido total de la libertad sindical, el TC ha considerado imprescindible realizar una interpretación sistemática de los arts. 7 y 28 CE a la luz de los textos internacionales ratificados por España, particularmente los convenios nº 87 y 98 OIT[1]. La necesaria remisión al art. 7 CE como precepto que reconoce el derecho de los sindicatos al ejercicio libre de su actividad para la defensa y promoción de los intereses económicos y sociales que le son propios, permite entender que la vertiente funcional o de actividad del sindicato forma parte del contenido de la libertad sindical y se integra por tanto en el art. 28 CE. A partir de dicha interpretación el TC ha entendido que ambas vertientes, organizativa y funcional, conforman el contenido esencial de la libertad sindical, esto es, el contenido mínimo e indisponible necesario para reconocer el derecho[2].

El derecho a la actividad sindical confiere así a los sindicatos un espacio de libertad para llevar a cabo todas aquellas acciones y tareas que sean necesarias para el cumplimiento de la función a la que están llamados desde el propio texto constitucional, con el límite en el necesario "respeto a la Constitución y a la ley", como exige el art. 7 CE. Aunque el derecho a la actividad sindical se configura de una manera amplia, la propia jurisprudencia constitucional se ha ocupado de aclarar el alcance que tiene como contenido de la libertad sindical. El Alto Tribunal ha delimitado, en primer lugar, cuál es la "funcionalidad mínima" que debe reconocerse a cualquier sindicato para que pueda cumplir adecuadamente sus funciones, y que está constituida por todos los derechos reconocidos en el ordenamiento en la vertiente colectiva de la libertad sindical, y en particular, por los derechos constitucionales a la negociación

1 Referencia que debe completarse con el Convenio nº 135 OIT; art. 12 Carta Derechos Fundamentales de la UE; art. 11 Carta Derechos Sociales Fundamentales de los Trabajadores de la UE; art. 11 Convenio Europeo de Derechos Humanos del Consejo de Europa; art. 5 Carta Social Europea del Consejo de Europa; art. 8 Pacto Internacional de Derechos Económicos, Sociales y Culturales ONU.

2 Esta doctrina constitucional, entre otras, en STC 23/1983, 25 marzo; STC 37/1983, 11 mayo; STC 51/1984, 25 abril; STC 213/2002, 11 de noviembre y STC 17/2005, 1 de febrero.

colectiva, huelga y planteamiento de conflictos colectivos. En este sentido, el Alto Tribunal entiende que para definir el ámbito del ejercicio de la libertad sindical es necesario conjugar el art. 28.1° CE, con los arts. 37.1°, 28.2° y 37.2° CE, de tal manera que, aunque estos otros derechos tengan un reconocimiento constitucional autónomo, quedan integrados en el derecho de libertad sindical cuando son ejercitados por un sindicato, y en consecuencia, están cubiertos por los especiales mecanismos de protección del art. 53.2° CE [3].

Pero además de este núcleo mínimo e indisponible del derecho a la libertad sindical, la jurisprudencia del Tribunal Constitucional ha considerado que este derecho fundamental puede abarcar también otras facultades o derechos adicionales, de origen legal o convencional que, aunque no tienen una consagración constitucional autónoma, se integran dentro del propio contenido de la libertad sindical. Estos derechos adicionales deben ser ejercitados en el concreto marco de su regulación, y pueden ser modificados o suprimidos por la norma que los establece, de tal manera que su configuración solo queda sometida al límite de no vulnerar el contenido esencial del derecho de libertad sindical. Una vez que estos derechos y facultades están regulados entran a formar parte del contenido de la libertad sindical y, por tanto, quedan también protegidos por la tutela reforzada del art. 53.2 CE. Este contenido adicional, con sus distintas fuentes de origen, añade al contenido esencial nuevas prerrogativas para los sindicatos, pero también permite articular ventajas complementarias que facilitan el ejercicio efectivo de los derechos y facultades que integran el contenido mínimo e indisponible de la libertad sindical, lo que a su vez puede implicar también para el empresario cargas u obligaciones que en todo caso contribuyen a promocionar la acción del sindicato en la empresa. En relación con el contenido adicional del derecho de libertad sindical, la jurisprudencia constitucional ha admitido la posibilidad de introducir diferencias entre los sindicatos para asegurar la efectividad de la propia actividad que a aquéllos se les encomienda, siempre que dichas diferencias se establezcan con arreglo a criterios objetivos, y sean empleados de modo razonable y proporcionado[4].

La acción sindical también puede integrarse de derechos y facultades adicionales con origen en una asignación unilateral y voluntaria del empresario. En este caso, a diferencia del contenido adicional regulado en fuente legal o convencional, que resulta indisponible para la empresa, el empleador podrá suprimir las mejoras adicionales que previamente haya concedido. Esto no significa, en todo caso, que las decisiones que en este terreno adopte el empresario queden al margen de todo control constitucional, y ello porque la voluntad empresarial queda limitada por el derecho fundamental de libertad sindical en el sentido de verificar en todo caso que dicha supresión no se fundamenta en un motivo antisindical[5].

3 STC 37/1983, 11 mayo; STC 9/1988; STC 25 enero; 127/1989; STC 13 julio y STC 173/1992, 29 octubre.
4 Véase una síntesis de esta doctrina constitucional en STC 70/2000, 13 marzo.
5 STC 269/2000, 13 noviembre; STC 132/2000, 16 mayo.

En consonancia con esta interpretación extensiva del contenido de la libertad sindical efectuada por el Tribunal Constitucional, el art. 2 de la Ley Orgánica de Libertad Sindical (LOLS) contempla la dimensión organizativa de la libertad sindical, y también su dimensión funcional; en este sentido declara que la libertad sindical comprende el derecho a la actividad sindical (2.1 d)), y reconoce que las organizaciones sindicales, en el ejercicio de la libertad sindical, tienen derecho a desarrollar actividades dentro y fuera de la empresa (art. 2.2 d). En definitiva, como no podía ser de otra manera, la ley orgánica que desarrolla el art. 28 CE preserva el derecho de cualquier sindicato a organizarse en los lugares de trabajo y a desarrollar en ellos actividad sindical, por cuanto ello constituye contenido esencial del derecho fundamental a la libertad sindical.

El art. 2.2 d) LOLS expresa que el ejercicio de la acción sindical fuera y dentro de la empresa comprende, en todo caso, "el derecho a la negociación colectiva, el ejercicio del derecho de huelga, al planteamiento de conflictos individuales y colectivos y a la presentación de candidaturas para la elección de Comités de Empresa o Delegados de Personal y de los correspondientes órganos de las Administraciones Públicas, en los términos previstos en las normas correspondientes". En todo caso, la acción sindical descrita en este art. 2.2 d) LOLS no incluye todas las posibles actuaciones del sindicato, ya que hay otras formas de actividad sindical previstas expresamente en nuestro ordenamiento jurídico, de tal manera que el precepto lo que hace es mencionar de forma no exhaustiva las actividades más habituales reconocidas a todos los sindicatos. Entre otras formas de actividad sindical, las más significativas consisten en la actuación del sindicato en la empresa o centro de trabajo a través de secciones sindicales (art. 8.1 LOLS), y la posibilidad de recabar la tutela de la libertad sindical ante la jurisdicción competente (art. 13 LOLS)[6].

La doble dimensión, organizativa y funcional, que integra el contenido del derecho de libertad sindical, queda bien reflejada en la institución de la sección sindical a través de la cual se ha de canalizar la actividad de los sindicatos en la empresa, de acuerdo con el diseño de los arts. 8 y 10 LOLS. El Tribunal Constitucional ha considerado que se trata de "instancias organizativas internas del sindicato" y en este sentido constituyen una manifestación de las facultades de autoorganización del sindicato garantizadas por el art. 28 CE; pero, además, también actúan como "representación externa", lo que les conecta con la actividad sindical como medio necesario para lograr los fines propios del sindicato[7]. Por ello, tanto la creación de secciones sindicales, como la designación por ellas de representantes o portavoces, integran el contenido esencial de la libertad sindical, aunque ello no implica que todas ellas deban beneficiarse en todo caso de ventajas o prerrogativas establecidas por el legislador para promocionar la actividad sindical en la empresa. En efecto, como se verá, el derecho que tienen determinadas secciones sindicales a disfrutar de ciertas facultades

6 Art. 53.2 CE y arts. 177 y ss. Ley 36/2011, reguladora de la Jurisdicción Social.
7 Entre otras, SSTC 173/1992, 29 octubre y 292/1993, 18 octubre.

y medios instrumentales que facilitan el ejercicio de la acción sindical en la empresa, especialmente el derecho a designar delegados sindicales con un estatuto especial, no emanan de la norma suprema de nuestro ordenamiento, lo que significa que se configuran como contenido adicional y por tanto deben disfrutarse respetando su regulación desde la ley o el convenio colectivo. Ahora bien, en la medida en que esta regulación infraconstitucional forma parte del contenido adicional de la libertad sindical, queda protegida por la tutela reforzada que el art. 53.2 CE dispensa al derecho de libertad sindical, de tal manera que los actos contrarios a esos derechos o facultades adicionales pueden calificarse como vulneradores del derecho fundamental[8].

2. REPRESENTATIVIDAD, IMPLANTACIÓN Y ACCION SINDICAL EN LA EMPRESA

La definición que ofrece la LOLS de la actividad sindical está muy condicionada por los preceptos que regulan la representatividad sindical. En este sentido, el Título III de esta ley establece la posición jurídica de los distintos sindicatos según la representatividad que cada uno de ellos acredite, reconociendo a los sindicatos más representativos una "singular posición jurídica" a efectos tanto de participación institucional como de acción sindical.

El recurso al criterio de la representatividad, medida en función de la audiencia electoral, ha sido legitimado por el Tribunal Constitucional como factor objetivo y constitucionalmente válido para amparar el tratamiento desigual entre unos y otros sindicatos, y ello considerando que la representatividad se basa en un dato objetivo cual es la voluntad de los trabajadores expresada en las elecciones a órganos de representación del personal. Ahora bien, el Alto Tribunal entiende que tal criterio deba estar sujeto a límites derivados del juego conjunto de los arts. 14 y 28.1 CE[9]. En este sentido, la doctrina constitucional ha precisado que el recurso a este parámetro para establecer un trato diferente entre sindicatos debe estar debidamente justificado y cumplir con los requisitos de objetividad, adecuación, razonabilidad y proporcionalidad, de tal manera que las diferencias que no se ajusten a estos requisitos deben considerarse constitucionalmente ilegítimas por discriminatorias[10].

Además, la jurisprudencia constitucional ha considerado que la valoración de la representatividad exige atender a otros principios derivados del texto constitucional, como el de la "promoción del hecho sindical", que el tribunal conecta con el art. 7 CE, y ello para explicar que la representatividad sindical contribuye a evitar que la función institucional de las organizaciones sindicales pueda quedar frustrada por una excesiva "atomización sindical" y por la atribución de un carácter absoluto del principio de

8 STC 61/1989,3 abril; STC 30/1992, 18 marzo; STC 164/1993, 18 mayo; STC 1/1994, 17 enero; STC 145/1999,22 julio; STC 70/2000, 13 marzo; STC 24/2005, 14 febrero; STC 200/2006, 3 julio, entre otras.

9 SSTC 98/1985, 29 julio; STC 188/1995, 18 de diciembre, entre otras.

10 Entre otras, SSTC 20/1985, 184/1987, 217/1988, 77199 y 188/1995

igualdad de trato. De acuerdo con esta doctrina, la igualdad de trato y la promoción del hecho sindical han sido los dos grandes ejes sobre los que ha pivotado el juicio de constitucionalidad de la representatividad sindical. En definitiva, para el Alto Tribunal la técnica de la representatividad es perfectamente compatible con la libertad sindical y con el principio de igualdad y, por tanto, no implica en sí misma lesión de esos derechos constitucionales, aunque, como se ha visto, su funcionamiento en el sistema de relaciones laborales requiere el juego de ciertos límites[11].

Este modelo de representatividad sindical regulado en la LOLS, y avalado por la jurisprudencia constitucional, ha constituido uno de los pilares básicos del sistema de relaciones laborales de nuestro país durante casi cuatro décadas, y sin duda ha cumplido y cumple funciones importantes, muy singularmente en el terreno de la negociación colectiva de eficacia general. En todo caso, la regulación de la representatividad sindical ha sido objeto de valoraciones críticas, que ya se pusieron de manifiesto en la década de los ochenta, y que siguen presentes en la actualidad, si es que no se han acentuado con el transcurso del tiempo, y ello en buena medida porque el contexto político y, sobre todo, la realidad productiva y laboral en la que se mueve dicho sistema ha cambiado extraordinariamente en las últimas décadas[12].

Por lo que aquí interesa, no puede ignorarse que el uso de la técnica de la representatividad implica algunos riesgos de distorsión de la concurrencia de los distintos sindicatos en un régimen de pluralidad sindical, y además plantea disfunciones en relación con el alcance real de la representación de las organizaciones privilegiadas por el legislador. En efecto, como tendremos oportunidad de advertir, los sindicatos en la cumbre tienen un importante control sobre las llamadas elecciones sindicales de las que depende la obtención de la representatividad sindical y, además, una vez que la organización sindical ha conseguido la condición de más representativa, todo el sistema legal se orienta a reforzar y consolidar esa posición privilegiada, lo que a su vez dificulta la emergencia y la acción sindical de otras organizaciones sindicales. La interlocución en el diálogo social y la representación institucional de los sindicatos más representativos son instrumentos que permiten reforzar su protagonismo en la sociedad, y ello por mucho que algunos excesos y errores, conectados con su rol político y su gestión corporativa, hayan deteriorado su imagen en los últimos años. Además, desde la ley estos sindicatos obtienen ventajas que facilitan la acción sindical en la empresa, y su control sobre la negociación colectiva de eficacia general

11 García Murcia, J.: "La actividad sindical y los criterios de representatividad sindical (I y II)", *Relaciones Laborales*, Tomo II-1987, págs. 160-193.

12 Algunas de las primeras valoraciones críticas las mantuvieron, entre otros, Martín Valverde, A: "La acción sindical en la empresa en la Ley Orgánica de Libertad Sindical" y Suárez González, F: "Visión crítica de la Ley Orgánica de Libertad Sindical" ambos artículos en *Revista de la Facultad de Derecho de la Universidad Complutense*, nº 7, 1985. También García Murcia, J.: *Organizaciones sindicales y empresariales más representativas*, MTSS, 1987. Con posterioridad, cabe destacar, entre otros, los estudios monográficos de Escudero Rodríguez, R.: *La representatividad de los sindicatos*, Tecnos, Madrid, 1990; Navarro Nieto, F.: *La representatividad sindical*, MTSS 1993; Álvarez Cuesta, H.: *Puntos críticos y alternativa a las elecciones sindicales y a la mayor representatividad*, Ed. Comares, Granada, 2006.

facilita la obtención de nuevos beneficios y facilidades para la acción sindical en este ámbito, lo que conduce a tratamientos diferenciados entre sindicatos no siempre justificados. Por otra parte, las organizaciones más representativas potenciadas desde la ley, y autocalificadas de "clase", actúan sobre la base de la agrupación y cohesión del conjunto de los trabajadores, con una pretensión de representación del interés general o global de los trabajadores, si bien la realidad refleja que no siempre son capaces de integrar la diversidad de intereses de los diferentes colectivos de trabajadores en una realidad económica y social cada vez más heterogénea y cambiante. Como ya se advirtió hace tiempo, el riesgo de que los sindicatos no atiendan adecuadamente a la fragmentación de los intereses colectivos es especialmente evidente en un sistema como el español, en el que se otorga al sindicato una "sobredosis" de representatividad institucional[13].

La regulación de la mayor representatividad no impide el pluralismo sindical, pero tampoco lo fomenta, como dice la Exposición de Motivos de la LOLS. La realidad refleja que el sistema de libertad sindical funciona, permitiendo la pluralidad sindical, aunque probablemente no en su máximo grado. Las grandes centrales sindicales mantienen su hegemonía desde hace décadas, aunque no puede negarse el creciente protagonismo de otros sindicatos sectoriales, profesionales, de grupo o franja que pretenden ganar campo de acción sindical dentro y fuera de la empresa frente a los mayoritarios[14], sin ignorar la aparición también en los últimos años de nuevos sindicatos que tienen vocación de defensa de clase[15]. Se trata de organizaciones sindicales independientes, en el sentido de que optan por organizarse sin adscripción alguna a las grandes centrales sindicales, y que no solo no pueden alcanzar la condición de más representativos a nivel estatal, sino que además muchos de ellos ni siquiera pueden llegar a obtener la condición de "relativamente representativos" y, en todo caso, son sindicatos que tienen que realizar grandes esfuerzos para ser reconocidos como interlocutores válidos, sobre todo, pero no solo, a efectos de negociación colectiva. Estas otras organizaciones sindicales independientes, que con frecuencia representan una huida del sindicalismo de clase dominante, pueden encontrar mayores obstáculos legales para su proyección dentro del sistema, derivados de la compleja y sesgada conexión de la técnica de representatividad sindical con el sistema de representación unitaria en la empresa y de una superior capacidad de acción dentro y fuera de la empresa de los sindicatos ya consolidados como más representativos.

13 Rodríguez-Piñero y Bravo Ferrer, M.: "Nueva realidad social y sindicalismo", *RL* Tomo II (1989), pág. 42.

14 Sobre el auge de los sindicatos corporativos y la fragmentación de los sindicatos minoritarios vid., Jodar P.; ,Alós P.; Beneyto, P.; Vidal, S.; "La representación sindical en España: cobertura y límites", en *Cuadernos de Relaciones Laborales* 36 (1) 2018, pág. 15-38.

15 Sirvan de ejemplo, la creación en 2014 del sindicato "Somos Sindicalistas" y en 2020 el "Sindicato para la Defensa de la Solidaridad con los Trabajadores de España", que utiliza la denominación de "Solidaridad". Se trata de sindicatos generales, que aspiran a representar a todos los trabajadores a nivel nacional, y que se definen como independientes, aunque han sido promovidos por partidos políticos, y en ambos casos son muy críticos con los dos sindicatos más representativos a nivel nacional.

El juego de la técnica de la representatividad como factor diferencial de los sindicatos, y la situación de hegemonía de los más representativos frente a los restantes, ha generado conflictos que han sido resueltos por los tribunales competentes y que, en no pocos casos, han llegado hasta el Tribunal Constitucional como tendremos oportunidad de analizar en este estudio[16]. Con frecuencia se trata de demandas que han sido presentadas por sindicatos minoritarios que se han considerado perjudicados en el desarrollo de su actividad sindical por el juego del sistema legal que atribuye derechos en función del criterio de la representación, o por entender que determinadas regulaciones convencionales o decisiones empresariales implicaban tratamientos diferenciados entre sindicatos que no estaban debidamente justificados. Pero más recientemente, también se han planteado nuevas estrategias político-sindicales que reflejan la disconformidad de los sindicatos ordinarios con el sistema de representatividad sindical vigente; en este sentido, es bien significativa la creación en 2019 de la "Plataforma Sindical Plural", integrada por un buen número de sindicatos profesionales e independientes del país, que se han unido para reivindicar frente al poder político una reforma de la normativa vigente que, en su opinión, debe permitir recuperar el pluralismo sindical y el libre juego de las fuerzas sindicales por el que apostaba la Constitución, y en particular para reclamar que la representación institucional ante los poderes públicos no se articule exclusivamente sobre el modelo sindical vigente dominado por las grandes centrales sindicales[17].

Si descendemos al concreto terreno de la acción sindical en la empresa, no puede ignorarse que el impacto de la noción de la mayor representatividad sindical está atenuado en el Titulo IV de la LOLS[18], y ello por varias razones. Primero porque el legislador está obligado a respetar el derecho a la acción sindical de todos los sindicatos como contenido esencial del derecho de libertad sindical, de tal manera que como bien ha dicho el Tribunal Constitucional, no puede privar a ningún sindicato de las prerrogativas o medios de acción que sean indispensables para que la organización sindical pueda cumplir la función institucional reconocida por el art. 7 CE[19]. Por ello, el art. 8.1 LOLS no solo garantiza a los afiliados a cualquier sindicato la posibilidad de constituir secciones sindicales en el ámbito de la empresa o centro de trabajo como manifestación de su derecho a la autoorganización, sino que además delimita un espacio básico en el que la libertad sindical puede desenvolverse dentro de la organización empresarial, garantizando el derecho de reunión, recepción y distribución

16 El Tribunal Constitucional ha tenido muy en cuenta en sus sentencias las valoraciones del Comité de Libertad Sindical y del TEDH que han sido utilizados como elemento interpretativo de nuestro ordenamiento interno de acuerdo con el art. 10.2 CE. Vid. al respecto, García Murcia, J.: "Criterios de representatividad, igualdad de trato y libertad sindical: notas para un balance de jurisprudencia constitucional", *Revista Española de Derecho Constitucional*, nº 50, 1997, págs. 192 y ss.

17 Esta Plataforma está integrada por sindicatos como USO, SATSE, FETICO, ANPE, CCP, GESHTA, CSL, PSP. Vid. sobre la misma en https://www.plataformasindicalplural.es/.

18 Lujan Alcaraz, J.: *La acción sindical en la empresa*, Consejo Económico y Social España, 2003, págs.88-91.

19 STC 188/1995, 18 diciembre.

de información sindical y recaudación de cuotas. En todo caso, se trata de un núcleo básico de actividad que tiene un carácter residual si es comparado con la extensa relación de competencias y ventajas reconocidas por el legislador a las grandes organizaciones sindicales, ventajas que se convierten en auténticos privilegios cuando la organización es representativa pero no tiene representación real en la empresa.

Pero, además, dicha norma acoge un criterio complementario basado en la *implantación* del sindicato en la empresa, que de alguna manera permite atemperar el extraordinario impacto que tiene el criterio de la representatividad sindical en el juego de la acción sindical. En todo caso, se trata de un criterio selectivo distinto, que ha sido manejado por el Tribunal Constitucional y que, a diferencia del criterio general y exterior de representatividad, que estima indirectamente la representatividad a partir de la audiencia electoral del sindicato en el conjunto del sistema de relaciones laborales, este otro criterio opera en un ámbito específico[20]. La jurisprudencia constitucional ha entendido que el criterio de la implantación también es objetivo y constitucionalmente válido, por lo que es legítimo que el legislador recurra a dicho parámetro para establecer diferenciaciones entre los sindicatos en relación con los derechos que forman parte del contenido adicional del derecho de libertad sindical[21]. En todo caso, el criterio de la implantación, como la mayor representatividad, no puede ser utilizado con cualquier finalidad, y el recurso a dicho criterio para establecer un trato diferente entre sindicatos debe estar adecuadamente justificado y cumplir con los requisitos de objetividad, adecuación, razonabilidad, y proporcionalidad[22].

Por lo que se refiere a la acción sindical en la empresa, el criterio de implantación que utiliza la LOLS se traduce en que el sindicato "tenga presencia en los comités y en los órganos de representación que se establezcan en la Administraciones públicas o cuenten con delegados de personal" (arts. 8.2. y 10.1 LOLS). El Alto Tribunal ha entendido que el art. 10 LOLS se ajusta al texto constitucional cuando limita a las secciones sindicales con presencia en el comité de empresa la posibilidad de designar delegado sindical dotado con especiales prerrogativas de acción sindical en la empresa, así como la posibilidad de que la negociación colectiva pueda mejorar el mínimo legal de delegados sindicales a elegir por las secciones sindicales condicionando dicho privilegio al grado de implantación obtenido por cada sindicato en los órganos de representación unitario. El argumento principal es, una vez más, que este derecho forma parte del contenido adicional de la libertad sindical, y puesto que

20 En todo caso este criterio no siempre se ha utilizado con el mismo sentido, pues unas veces está referido a la audiencia electoral, pero rebajada respecto del nivel exigido por la ley para la mayor representatividad (STC 70/1982, 29 noviembre, entre otras), mientras que en otras se utiliza como criterio alternativo a la representatividad, haciendo referencia al nivel de afiliación o a la actividad desarrollada por el sindicato (STC 184/1987, 18 noviembre). En cualquier caso, no debe confundirse con el criterio de representatividad para reconocer la legitimidad para negociar convenios colectivos de eficacia general o para la representación institucional (STC 215/2001, 29 octubre). Un estudio más detenido de este criterio en Agut García, C.: *La sección sindical,* Bomarzo, Albacete, 2004, págs. 34 y ss.

21 STC 188/ 1995, 18 diciembre.

22 STC 9/1986, 21 enero.

permite seguir reconociendo el contenido esencial del derecho fundamental, debe respetarse su configuración legal [23].

En consonancia con este doble parámetro de medición, la LOLS permite distinguir entre distintos niveles o tipos de secciones sindicales en función de las prerrogativas y derechos atribuidos por el legislador. En primer lugar, puede decirse que todas las secciones sindicales, con independencia de cuál sea la representatividad del sindicato al que pertenezcan y su implantación en la empresa, tienen reconocidos los derechos básicos de actividad sindical en la empresa previstos en el art. 8.1 LOLS, esto es, derecho a la libre constitución como sección y derecho a celebrar reuniones, recaudar cuotas y recibir y distribuir información sindical. Se trata de funciones que se limitan al ámbito asociativo y al círculo limitado de los afiliados.

Por su parte, a las secciones sindicales de sindicatos más representativos se les facilita la actividad en la empresa con otros derechos reconocidos en el art. 8.2 LOLS, como son el derecho a disponer de tablón de anuncios en el centro de trabajo, a negociar convenios colectivos en los términos establecidos en la legislación específica, y a disponer de un local adecuado para desarrollar sus actividades en empresas o centros de trabajo con más de 250 trabajadores. Estas secciones van a realizar actividad sindical en el ámbito asociativo, pero también algunas de sus prerrogativas pueden proyectarse más allá de la esfera de sus afiliados, como así queda reflejado en el citado precepto cuando se refiere al tablón de anuncios como medio para facilitar información dirigida a los afiliados al sindicato, y también a los trabajadores en general, y especialmente cuando se remite a la negociación colectiva de eficacia general. Por otra parte, la acción sindical en la empresa reconocida en la LOLS a los sindicatos más representativos no se agota en la sección sindical. El art. 9.1º. c) LOLS reconoce a los cargos electivos de los sindicatos más representativos el derecho a "la asistencia y el acceso a los centros de trabajo para participar en actividades propias de su sindicato o del conjunto de los trabajadores". Se trata de una facultad que puede ejercerse previa comunicación al empresario y sin interrumpir el normal desarrollo del proceso productivo, pero sin que se exija una implantación mínima en el centro de trabajo en el que se pretenda acceder.

Por último, el art. 8.2 y 10.1 LOLS, se refieren a las secciones sindicales de sindicatos que cuentan con presencia en los órganos de representación unitaria, con independencia de que tengan o no la condición de más representativos. Estas secciones sindicales gozan de los derechos básicos de cualquier sección sindical, además de las prerrogativas del art. 8.2 LOLS. De esta manera, las secciones que en todo caso tienen implantación en la empresa quedan equiparadas a las secciones sindicales de sindicatos más representativos, salvo en lo que se refiere a la prerrogativa ex art. 9.1º c) LOLS. Pero, además, la exigencia de que la sección tenga presencia en los órganos de representación unitaria justifica una nueva ventaja, la más importante de todas,

23 STC 145/1999, 22 julio.

cual es el derecho a designar delegados sindicales como portavoces de la sección dotados de especiales garantías y prerrogativas. En la medida en que ello supone cargas y obligaciones para la empresa, el legislador condiciona el derecho a contar con portavoz privilegiado a la exigencia de que la sección esté constituida en empresas o centros de trabajo de más de 250 trabajadores.

Como puede advertirse, la implantación es un criterio que por un lado condiciona el disfrute de ciertos derechos (designación de delegado sindical), pero por otra parte permite que los sindicatos que no tengan la consideración de más representativos puedan también disfrutar de una serie de facilidades y ventajas en la empresa que están reconocidas a las organizaciones más representativas. Con ello el contraste entre sindicatos más representativos y aquellos que no tienen tal condición queda algo más matizado en el ámbito de la empresa. De acuerdo con la doctrina del Tribunal Constitucional[24], el régimen de privilegios de las secciones de sindicatos más representativos no puede considerarse desproporcionado por cuanto el resto de las secciones sindicales con presencia en los órganos de representación tienen garantizado el acceso a las mismas ventajas. Sin embargo, no está justificada la diferente posición que existe entre las secciones sindicales de sindicatos que tienen en común la falta de presencia en los órganos de representación unitaria, pero que en unos casos son representativos (directamente o por irradiación), en cuyo caso pueden disfrutar de las ventajas legales, y en otros son sindicatos ordinarios que quedarán excluidos de los beneficios legales.

El Tribunal Constitucional[25] ha considerado que el criterio de la irradiación no plantea problemas de constitucionalidad, y ello por varias razones; primero porque no es el único criterio de medición, de modo que no impide que los sindicatos que no pertenezcan a las organizaciones más representativas puedan también alcanzar la representatividad y ejercer las funciones en los concretos ámbitos de ejercicio de las mismas; segundo porque la irradiación arranca de un dato objetivo como es la voluntad de los trabajadores; y por último, se justifica en todo caso por la opción del legislador de potenciar a las organizaciones que tengan amplia base territorial y funcional y puedan así asegurar en cada ámbito de actuación los intereses generales de los trabajadores. Sin embargo, el Alto Tribunal parece obviar las claras diferencias entre sindicatos que implica este criterio de irradiación, pues unos sindicatos tienen una doble vía para alcanzar la representatividad, bien sea la audiencia electoral o la irradiación, mientras que los otros solo pueden obtenerla en las urnas; además no puede invocarse la voluntad de los trabajadores cuando no se obtiene la representatividad precisamente por falta de votos; y en todo caso, la opción de política promocional del legislador puede explicar, pero no justificar las diferencias[26]. El Tribunal

24 STS 188/1995, 18 diciembre.
25 STC 98/1985, 29 de julio.
26 García Murcia, J.: "Criterios de representatividad, igualdad de trato y libertad sindical: notas para un balance de jurisprudencia constitucional", Revista Española de Derecho Constitucional, Año 17, nº 50,

Constitucional ha intentado moderar el criterio de representatividad por irradiación, aclarando que el sindicato más representativo por irradiación limita sus facultades al ámbito territorial y funcional concreto en el que posea implantación, aun cuando no alcancen la representatividad mínima exigida por la ley. Ahora bien, como se ha dicho con razón, con este criterio corrector no queda del todo eliminado el riesgo de disociar la representación legal de la representatividad real, y ello en la medida en que no se han precisado qué criterios objetivos se deben manejar para su medición, por lo que dependerá en cada caso de la apreciación judicial sobre el supuesto en conflicto[27]. En todo caso, como ha aclarado el Tribunal Supremo, solo es posible que se despliegue la irradiación de la representatividad cuando concurren los requisitos de los arts. 6.2 y 7.1 LOLS[28].

En definitiva, debe advertirse que las secciones sindicales de sindicatos más representativos (que no se olvide, pueden serlo por simple irradiación), cuentan en la empresa con medios más potentes que las secciones sindicales ordinarias, como el tablón de anuncios, el local adecuado e incluso el derecho de los cargos de su sindicato al acceso a los centros de trabajo. Todos ellos son instrumentos que facilitan en general las labores de reclutamiento de afiliados y proselitismo en los centros de trabajo, y en particular, constituyen una ventaja para afrontar los procesos electorales que tienen por objeto elegir a los órganos de representación unitaria, de cuyos resultados, como es sabido, depende la condición de mayor representatividad. El recurso al criterio de la representatividad para repartir el espacio de juego de la acción sindical en la empresa acaba actuando en cierta medida como instrumento que permite afianzar la posición privilegiada adquirida por el sindicato representativo, y reduce las posibilidades de ganar mayor peso dentro del sistema de aquellas otras organizaciones que no gozan de tal condición privilegiada. Esos otros sindicatos al mismo tiempo estarán en peor situación de partida para obtener ventajas que pueda atribuir la negociación colectiva a las representaciones sindicales en la empresa, y que son negociados precisamente por quienes pueden no tener interés en repartir beneficios sino más bien acapararlos desde esa posición privilegiada.

3. DOBLE CANAL DE REPRESENTACIÓN Y ACCIÓN SINDICAL A TRAVÉS DEL CANAL UNITARIO

El modelo de acción sindical en la empresa está también condicionado por la existencia de un modelo dual de representación de los trabajadores en la empresa: la representación sindical y la representación electiva o unitaria. Como es sabido, ambos canales de representación están fuertemente conectados, existiendo un importante

mayo-agosto 1997, págs. 199-200.

27 Álvarez Cuesta, H.: *Puntos críticos y alternativa a las elecciones sindicales y a la mayor representatividad*, cit., pág. 93.

28 STS (sal. Contencioso) 15 junio 2021 (rec. 1207/2020).

grado de interacción entre los sindicatos y los órganos electivos de representación, y ello desde el momento en que toda la construcción del sistema sindical desde la LOLS está cimentada en la necesidad de que el sindicato cuente con representantes en el órgano unitario[29].

Así, por un lado, el especial protagonismo del sindicato dentro del sistema dual de representación en la empresa se explica por la doble funcionalidad atribuida a las elecciones a órganos de representación unitaria, pues no solo sirven para elegir a los delegados de personal y comités de empresa, sino también para determinar cuáles son los sindicatos más representativos o suficientemente representativos. Pero, además, como se verá después, la conexión institucional entre la representación unitaria y sindical explica que la acción sindical en la empresa alcance su mayor grado de eficacia cuando el sindicato se puede apoyar en la representación unitaria. La situación de desigualdad que existe entre las organizaciones sindicales, en función de que gocen o no de representatividad, puede advertirse muy claramente desde esta doble perspectiva.

Las elecciones a órganos de representación unitaria constituyen en buena medida el punto de partida de toda la construcción del sistema sindical, un sistema cuya ordenación legal promueve el protagonismo de los sindicatos, y especialmente favorece y sustenta a las grandes centrales sindicales. En este sentido, es relevante el hecho de que la promoción de las elecciones quede reservada a las organizaciones sindicales más representativas y a las que tengan una representación real o implantación mínima de un diez por ciento de representantes en la empresa. El Tribunal Constitucional ha aceptado la constitucionalidad de este criterio selectivo[30], con el argumento de que es una facultad integrada en el contenido adicional del derecho de libertad sindical, que deja abierta la facultad de promoción a los sindicatos con implantación, y que en todo caso no perjudica el derecho del resto de los sindicatos a participar en las elecciones mediante la presentación de candidaturas. En todo caso, el Alto Tribunal no llega a justificar adecuadamente la legitimación para la promoción de las elecciones de los sindicatos más representativos cuando no tienen implantación real en la empresa. El hecho cierto es que este sistema de promoción de las elecciones repercute sobre el pluralismo sindical por cuanto la promoción de las elecciones constituye la llave para acceder al sistema de representatividad, del que dependen una parte considerable de las facultades que integran la acción sindical, y con él se priva a los sindicatos más pequeños o minoritarios de una facultad esencial que les permitiría incidir en el mapa de la representatividad sindical consolidado desde hace décadas. También se advierte una situación desigual entre sindicatos a la hora de desarrollar las acciones de campaña electoral, pues son los sindicatos

29 Un estudio sobre esa conexión, entre otros, Álvarez de la Rosa, M.: *La organización del sindicato en los lugares de trabajo*, Civitas, Madrid, 1991; Sáez Lara, C: *Representación y acción sindical en la empresa*, MTSS, Madrid, 1992; Nieto Rojas, P: *Las representaciones de los trabajadores en la empresa*, Lex Nova, Valladolid, 2015.

30 Entre otras, SSTC 51/1988; 22 marzo, 9/71988, 25 enero; 98/1985, 29 julio; 57/1989, 16 marzo.

mayoritarios, y promotores, los que cuentan otra vez con mejor posición de partida, ya que disponen de mayores medios, dentro y fuera de la empresa, para captar votantes. Además, las reglas sobre cómputo y atribución de resultados, con numerosas exigencias, dificultan la existencia de un excesivo pluralismo en el órgano unitario, y complican la consolidación dentro del sistema de representatividad y representación a los sindicatos minoritarios y emergentes[31].

Por otra parte, el sistema electoral plantea algunas disfunciones, entre otras, que la regulación del centro de trabajo como unidad electoral, y su estricta interpretación y aplicación jurisprudencial, hace que el canal de representación unitaria no pueda adaptarse a los cambios que se están produciendo en las organizaciones empresariales, en las formas de trabajo y en el colectivo de los trabajadores que deben ser representados[32]. En este sentido, el sistema no permite cubrir adecuadamente al conjunto de trabajadores asalariados, pues no todos los trabajadores, ni todos los afiliados a un sindicato, van a participar en las elecciones a órganos de representación unitaria. Así la gran mayoría de las empresas españolas no puede celebrar elecciones por el reducido tamaño de nuestro tejido productivo, realidad ésta agravada por los crecientes fenómenos de descentralización productiva y fragmentación de las empresas, y por la aparición de nuevas formas de empresa al margen del centro de trabajo clásico y la expansión del trabajo a distancia, sin olvidar otras formas complejas de organización empresarial como los grupos de empresas y empresas red, circunstancias todas ellas que conllevan a su vez la dispersión, fragmentación y diversificación del mundo del trabajo[33]. El legislador hasta ahora no ha querido abordar reformas legales completas para adaptar esta normativa a las nuevas realidades[34], quizá porque las reformas en esta materia pueden afectar al sistema de representatividad sindical, del que además depende otro pilar básico de nuestro sistema de relaciones laborales como es la negociación colectiva de eficacia general. La solución al problema no pasa, creo, por desmontar el sistema de representación y representatividad, sino que exige hacer las oportunas adaptaciones que permitan

31 Álvarez Cuesta, H.: *Puntos críticos y alternativa a las elecciones sindicales y a la mayor representatividad*, cit.; 19-44.

32 Sobre el alejamiento del Título II ET de la realidad empresarial y su desbordamiento por la regulación legal de otras instancias de *representación* de los trabajadores impulsadas desde el Derecho Comunitario vid. AAVV (Dir. Valdés Dal-Ré y Molero Marañón): *La representación de los trabajadores en las nuevas organizaciones de empresa*, Fundación Largo Caballero, Madrid, 2010.

33 Álvarez Alonso, D.: *Representación y participación de los trabajadores en la empresa*, Tirant lo blanch, Valencia, 2020, págs. 105 y ss.

34 Desde hace años la doctrina científica está formulando propuestas de cambio que giran en torno a varias cuestiones: superación del centro de trabajo como unidad electoral; mayor apertura a la negociación colectiva en el marco del Título II ET; y la posible redistribución o reconsideración de las funciones atribuidas al doble canal de representación. El debate sobre estas cuestiones trasciende con mucho al objeto de este estudio. Para un análisis de algunas de las principales propuestas de reforma me remito, entre otros, al monográfico AAVV (Dir. Cruz Villalón, Menéndez Calvo, Nogueira Guastavino): *Representación y representatividad colectiva en las relaciones laborales. Libro Homenaje a Ricardo Escudero Rodríguez*, ed. Bomarzo, Albacete, 2017.

un mejor funcionamiento del modelo. En cualquier caso, el resultado final es que la opción conservadora del legislador favorece el mantenimiento del *statu quo* de los sindicatos que desde hace décadas son hegemónicos en el sistema sindical español, y que mantienen su posición dominante en el terreno de la acción sindical dentro y fuera de la empresa.

La ordenación legal de la representatividad sindical y de la actividad sindical en la empresa prevista en la LOLS empuja a las organizaciones sindicales a hacer de los órganos de representación unitaria una vía importante y muchas veces preferente para canalizar su actividad en la empresa, una acción que por este cauce puede ampliarse a funciones de participación y no solo de reivindicación y conflicto, y con posibilidad de proyectarse sobre todo el personal de la empresa. La infiltración del sindicato en la representación electa permite la designación de delegados sindicales con prerrogativas de participación en el comité de empresa, pero también la sindicalización indirecta de los delegados de prevención y comité de seguridad y salud[35], o la presencia en los órganos de representación y participación de sociedades y empresas multinacionales europeas[36]. Además, este medio de acción sindical puede proporcionar, de forma limitada e individualizada, la protección especial que la Constitución garantiza a la libertad sindical[37].

En todo caso, no puede ignorarse que al igual que sucede con las grandes centrales sindicales, los sindicatos ordinarios también tienen estrategias sindicales diversas en relación con la acción sindical en la empresa a través de los representantes unitarios. Así, algunas de estas organizaciones, por razones tácticas, optan decididamente por el protagonismo directo de las secciones sindicales como estructuras de representación más flexibles, pero sin renunciar a la acción sindical a través del órgano de representación unitaria del personal. Las normas internas de algunas de ellas ponen de manifiesto ese especial protagonismo de la representación sindical cuando, por ejemplo, se asigna a las secciones sindicales la función de dirección o control de la actividad de los órganos unitarios[38]. En otros casos, sin embargo, el sindicato ordinario promueve la acción sindical en la empresa al margen de los órganos electivos, que son rechazados por estar controlados por los sindicatos mayoritarios, de tal manera que su estrategia para promover la afiliación y ganar protagonismo frente a las grandes organizaciones es, precisamente, promocionar las alternativas asamblearias y las secciones sindicales como vías que permiten una participación

35 Ley 31/1995, 8 noviembre, de Prevención de Riesgos Laborales (arts. 34 y ss.)

36 Gordo González, L.: *La representación de los trabajadores en las empresas transnacionales*, ed. Tirant lo blanch, Valencia, 2019, págs. 151 y ss.

37 Aunque la tutela ex art. 53 CE se reserva a los sujetos sindicales, el Tribunal Constitucional la ha extendido al representante unitario cuando interviene en actividades organizadas o promovidas por el sindicato, pero no al órgano unitario de representación como tal, que no tiene reconocimiento constitucional. Vid STC 134/1994, 9 mayo; STC 95/1996, 29 mayo.

38 En este sentido, por ejemplo, los Reglamentos para constituir secciones sindicales del sindicato SPDSTE.

más democrática y directa de los afiliados en la toma de decisiones y porque, a su entender, facilitan una mayor cercanía a las aspiraciones y necesidades reales del trabajador[39].

Pero con independencia de las diversas y complejas estrategias sindicales, el hecho cierto es que para poder gozar de beneficios que faciliten la acción sindical en la empresa, especialmente en lo que se refiere a la designación de delegados sindicales, el sindicato debe asegurar su penetración en los órganos de representación unitaria. Los sindicatos que no tengan presencia en los órganos electivos, en principio no pueden plantearse la estrategia de la doble acción (participación y reivindicación) canalizada a través de la representación unitaria, y deben actuar exclusivamente a través de la sección sindical que puedan constituir en la empresa o centro de trabajo, limitando su acción sindical a la esfera de sus afiliados y dentro del núcleo mínimo o más residual de actividad que les queda a las organizaciones que no son representativas.

En aquellas empresas con problemas para aplicar el régimen jurídico de la representación unitaria, o que por su reducido tamaño quedan al margen del proceso electoral, las secciones sindicales se configuran como única alternativa de representación institucional, de tal manera que este flanco abierto puede ser aprovechado por los sindicatos ordinarios para penetrar en dichas empresas. Sin embargo, las singularidades en determinados sectores, o sin más, la reducida plantilla y la escasa afiliación sindical son circunstancias que pueden complicar su constitución, sin ignorar, como se verá después, que los estatutos de algunos sindicatos establecen requisitos para constituir secciones sindicales que no son siempre de fácil cumplimiento en empresas de dimensión reducida. Además, estas pequeñas unidades productivas no resultan especialmente atractivas para los sindicatos, particularmente en el caso de microempresas, ya que en ellas no ponen en juego la posible obtención de representantes unitarios que computen a efectos de representatividad. Con todo, si los sindicatos cuentan con afiliados podrán constituirse secciones sindicales pertenecientes a todo tipo de sindicatos, pero nuevamente serán las secciones de sindicatos más representativos, ahora sin implantación en el órgano electivo, las que cuenten con algunas ventajas adicionales como el tablón de anuncios. Y en cualquier caso la constitución de la sección sindical no podrá reemplazar plenamente a la representación unitaria, por cuanto la representación electiva determina y condiciona en buena medida sus competencias[40]. En definitiva, la acción sindical en la empresa y la batalla sindical por la representatividad tiene su campo de juego preferente en las medianas

39 Estrategia típica de la CNT que rechaza la participación en las elecciones sindicales. Algunas organizaciones que se crean por escisión de esta organización lo hacen precisamente por discrepar de esta estrategia; así la CGT sí participa en las elecciones sindicales y SO deja libertad a las secciones sindicales para decidir si participan o no en aquéllas.

40 Gómez Abelleira, F.: "La representación de los trabajadores en pequeñas empresas", en AAVV (Coord. Mercader Uguina): *Las relaciones laborales en las pequeñas y medianas empresas: problemas actuales y perspectivas de futuro,* Tirant lo blanch, Valencia, 2015, págs. 179 y ss.

y grandes empresas. Y en este ámbito los sindicatos ordinarios juegan en desventaja con los sindicatos más representativos.

Para los sindicatos pequeños o emergentes es evidente que el primer paso para escalar posiciones dentro del sistema sindical es conseguir afiliados para crear secciones sindicales en las empresas, teniendo en cuenta que deben competir con las organizaciones ya consagradas en la cima que cuentan con mayores medios y facilidades para la acción sindical dentro y fuera de la empresa, y ello por mucho que ahora las nuevas tecnologías faciliten la información y comunicación en todas las organizaciones sindicales. Una vez que el sindicato tenga estructura en la empresa, debe estar en condiciones de presentar candidatura en las elecciones para intentar obtener implantación en los órganos de representación unitaria, lo que le permitirá extender el radio de acción dentro de la organización empresarial, pero siempre concurriendo a las elecciones con menos recursos y compitiendo con los sindicatos representativos que tienen una amplia capacidad de intervención y control sobre el proceso electoral, sin ignorar que, cuanto mayor sea la unidad electoral, se requerirán más votos para obtener un representante. Por último, si el sindicato aspira a llegar a la cúspide del sistema, con todas las ventajas en el terreno de la acción sindical, dentro y fuera de la empresa, tendrá que luchar por conseguir los índices de audiencia electoral que exige la LOLS, algo muy complicado cuando no existe vinculación con las grandes confederaciones más representativas.

4. LA ORGANIZACIÓN DE LOS OTROS SINDICATOS PARA LA ACCIÓN SINDICAL EN LA EMPRESA: LAS SECCIONES SINDICALES

4.1. Constitución de secciones sindicales: un derecho de todos los sindicatos

El derecho a constituir secciones sindicales, como contenido esencial de la libertad sindical, se reconoce a "los trabajadores afiliados a un sindicato" (art. 8.1 LOLS), con el único condicionante de que se haga "de conformidad con lo establecido en los Estatutos del Sindicato"[41]. De esta manera todo sindicato con afiliados en la empresa puede disponer de secciones sindicales, sin que se exija requisito alguno. Esto significa que cualquier sindicato que esté debidamente constituido puede formar sección sindical, con independencia de que no ostente la condición de más representativo, ni tenga presencia en los órganos de representación unitaria, y además podrá hacerlo en cualquiera tipo de empresa y cualquiera que sea el volumen de la plantilla. El derecho a constituir secciones sindicales se reconoce así a todo tipo de sindicatos,

41 Para que la sección sindical pueda asumir sus competencias tiene que estar correctamente constituida según lo dispuesto en los estatutos del sindicato. En este sentido, la STS 19 febrero 2020 (rec. 169/2018), niega la legitimidad de la sección para negociar un convenio colectivo al no estar constituida de acuerdo con las previsiones estatutarias del sindicato.

sean de clase o sindicatos de ámbito funcional específico, de empresa o de grupo o cuadros, de tal manera que la sección puede agrupar a todos los trabajadores de la empresa afiliados al sindicato, pero también es posible que aglutine solo a aquellos que pertenezcan a un colectivo con determinada identidad profesional.

El art. 8.1 a) LOLS permite la constitución de secciones únicamente cuando los trabajadores están afiliados a sindicatos que gocen de personalidad jurídica y plena capacidad de obrar por haber depositado sus estatutos (art. 4 LOLS). Las asociaciones o agrupaciones de trabajadores que no se hayan constituido de acuerdo con los procedimientos previstos en la LOLS, no podrían ejercer la actividad sindical que legalmente se reconoce a las "organizaciones sindicales" y, por tanto, no podrán constituir las secciones sindicales reguladas en dicha norma, sin perjuicio de que los trabajadores integrados en esas asociaciones puedan ejercer la libertad sindical en la dimensión individual prevista en el art. 2.1 LOLS. Lo que pretende la LOLS con su ordenación es organizar e institucionalizar la acción sindical en la empresa, promocionando una concreta forma de organización permanente de los trabajadores. Ello no impide que puedan existir otros sujetos colectivos[42], pero en ningún caso van a disfrutar de la posición jurídica privilegiada reservada a los sindicatos legalmente constituidos, y por tanto esas otras asociaciones, agrupaciones o representaciones no podrán ejercer las facultades, derechos y garantías previstas en la LOLS.

La institucionalización del sindicato y su acción en el ámbito empresarial tiene como consecuencia que quedan fuera del campo de la acción sindical ordenada por la LOLS otras formas de organización de los trabajadores cada vez más presentes en el tejido empresarial reducido, fragmentado o deslocalizado, resultante de los procesos de descentralización productiva y de la economía digitalizada. En estos ámbitos aparecen cada vez con más frecuencia colectivos de personas trabajadoras, emergentes o infrarrepresentados, que no encuentran acomodo en las grandes centrales sindicales. Se trata de grupos o franjas que tienden a movilizarse y a exteriorizar el conflicto con la ayuda mediática que les brindan las nuevas formas de comunicación tecnológica, aunque la falta de recursos y la fragmentación o dispersión del propio colectivo complica la creación de nuevos sindicatos, y en todo caso, la acción sindical en la empresa debe emerger en un contexto normativo que tiende a favorecer a las organizaciones sindicales que ya gozan del estatus privilegiado dentro del sistema. Los grandes sindicatos comienzan a reaccionar frente a este fenómeno de huida del sindicalismo de clase, incrementando su presencia en las redes sociales, y tratando de integrar a estos colectivos utilizando distintas vías. Por un lado, desde su posición institucional, los sindicatos mayoritarios utilizan la negociación colectiva de eficacia general y el diálogo social, con resultados que no siempre satisfacen las aspiraciones de parte de estos colectivos. Pero también intentan promover la creación

42 En este sentido, la STS 21 diciembre 2021, rec.143/2020, admite canales de representación en la empresa distintos de los previstos legalmente, pero sin que en ningún caso supongan desconocer o suplir en sus funciones a los órganos legales de representación.

de secciones sindicales como vía flexible para institucionalizar su acción sindical en la empresa y procurar una mayor cercanía a los sujetos representados, terreno este mucho más complicado porque exige la afiliación previa de unos trabajadores que tienden a rechazar a las grandes centrales sindicales[43].

Para facilitar la acción sindical a los sindicatos emergentes u ordinarios podría plantearse la posibilidad de crear agrupaciones o coaliciones transitorias de trabajadores afiliados a diversos sindicatos con la finalidad de poder acogerse a la regulación y protección que la ley dispensa a las secciones sindicales, y ello teniendo en cuenta que el legislador admite las coaliciones de dos o más sindicatos legalmente constituidos para presentar candidaturas a las elecciones de representantes unitarios (art. 69.3 ET). En estos casos, la titularidad de los derechos y garantías de la acción sindical correspondería a la coalición y no a los sindicatos aisladamente considerados, y sería necesario que la coalición se mantenga durante todo el mandato de los representantes unitarios, ya que en caso contrario perdería la representatividad obtenida y, en consecuencia, las prerrogativas de acción sindical. En cualquier caso, esta posible interpretación analógica exige forzar la interpretación literal del art. 8.1 b) LOLS, que dice literalmente que el derecho a constituir secciones sindicales se reconoce a los "afiliados a un sindicato", aunque sí puede haber identidad de razón con las previsiones del art. 69.3 ET[44].

La libertad para constituir secciones sindicales corresponde a los trabajadores afiliados al sindicato y no al sindicato[45], de tal manera que son ellos los que deciden si quieren constituirla, y en su caso, en qué ámbito. El único límite que prevé la ley en relación con la libertad de los afiliados es que actúen de conformidad con los estatutos del sindicato. Los estatutos sindicales no pueden impedir a sus afiliados la constitución de secciones sindicales, pero sí pueden establecer su papel dentro de la organización interna del sindicato, sus competencias, requisitos formales y procedimientos para su constitución. Algunos estatutos de sindicatos minoritarios no hacen

43 Sirvan como ejemplos el caso de las camareras de pisos en las contratas de la industria hotelera (*kellys*) y los *riders* o repartidores que trabajan para plataformas digitales. Las camareras de pisos empleadas en contratas, con escasos recursos y muchas dificultades, empezaron a visibilizar sus problemas primero con un grupo de *whatsapp*, después en redes sociales, y finalmente han conseguido crear una asociación independiente con una importante actividad mediática y cierta presencia en las empresas, aunque el colectivo no actúa de forma homogénea en todo el territorio nacional, ya que muchas de ellas practican una estrategia de afiliación múltiple que les lleva a integrarse en las federaciones de servicios de grandes centrales (CCOO, USO), como vía para poder tener presencia sindical institucionalizada en la empresa. Por su parte, los *Riders* han constituido una plataforma ("Riders X Derechos"), con una actividad mediática considerable en las redes sociales; sin embargo, han sido los sindicatos mayoritarios los que han actuado como interlocutores con el Gobierno para negociar el contenido de la "Ley Riders" y también a través de la negociación colectiva han integrado a este colectivo en el V ALEPH (Acuerdo Laboral Estatal para el sector de Hostelería).

44 Defiende esta interpretación Roqueta Buj, R.: "Art. 8", en AAV (Dir. Pérez de los Cobos): *Ley Orgánica de Libertad sindical. Comentada y con jurisprudencia*, ed. La Ley , Madrid, pág. 472-473.

45 STS 292/1993,18 octubre.

mención alguna a la constitución de secciones sindicales[46], pero dicha ausencia de regulación en los estatutos y normas reglamentarias internas no impediría la constitución de las secciones sindicales, pues el derecho a la actividad sindical reconocido en el art. 2 LOLS no la condiciona a ningún requisito[47]. En líneas generales los sindicatos ordinarios facilitan la constitución de las secciones sindicales, aunque algunos estatutos sindicales reflejan que existe interés por parte de las confederaciones en vigilar los reglamentos de las secciones sindicales[48]; en algún caso se va algo más allá y se pretende controlar la constitución misma de la sección, exigiendo que la iniciativa de los trabajadores quede sometida a autorización de los órganos superiores, o que sean estos los que tomen en su caso la iniciativa, pero con la exigencia de que sea aprobada por la mayoría de los afiliados[49]. Excepcionalmente, los estatutos de sindicatos no representativos exigen un número mínimo de afiliados para la válida constitución de la sección sindical, imponiendo así un requisito que no está previsto por la normativa vigente, que se limita a hablar en plural de los "trabajadores afiliados al sindicato"[50]. En el caso de un sindicato minoritario que tenga un solo afiliado en la empresa o centro de trabajo, no parece que tenga sentido la constitución de sección sindical, pues faltaría la dimensión colectiva en la que se inserta esta institución, aunque dicho trabajador, en el ejercicio de su libertad sindical, tiene derecho a la actividad sindical (art. 2.1 d) LOLS)[51]. Cuando no constituya sección sindical por no alcanzar el número mínimo de miembros exigido en los estatutos, dichos trabajadores pueden ejercer los derechos del art. 8.1 LOLS, esto es, pueden reunirse, recaudar cuotas y distribuir y recibir información sindical.

En lo que se refiere al ámbito en el que puede constituirse la sección sindical, los arts. 8.1 y 10 LOLS se refieren a la empresa o centro de trabajo, opción que en principio no se ejercita a priori por los estatutos del sindicato, sino que queda a la decisión de los trabajadores, dependiendo de las circunstancias que concurran en cada organización. La opción decidida libremente sobre la unidad de referencia para la constitución de la sección sindical no tiene por qué guardar paralelismo con el criterio seguido en su caso para la elección de los órganos unitarios de representación[52]. En el caso de que la

46 Por ejemplo, Estatutos del Sindicato de Artistas Líricos de España, de la Unión de Actores y Actrices o Sindicato de Futbolistas ON.

47 Albiol Montesinos, I.: *El sindicato en la empresa*, ed. Deusto, Bilbao, 1990, pág. 136.

48 Por ejemplo, en los estatutos del sindicato ANPE se exige que el reglamento aprobado por cada sección sindical sea sometido al Comité Ejecutivo Estatal. En los estatutos de USO, sin embargo, se exige a las secciones que se ajusten al Reglamento Marco aprobado por el Consejo Confederal y a lo establecido por su correspondiente federación.

49 El reglamento de secciones sindicales de SPDSTE establece que la sección sindical podrá constituirse "a solicitud de los afiliados de una empresa o centro de trabajo y deberá contar con la autorización expresa del Secretario General del Sindicato", o "por iniciativa de la Asamblea General aprobada por la mayoría de los afiliados".

50 Por ejemplo, los estatutos del sindicato Solidaridad Obrera (SO), exige un mínimo de tres afiliados.

51 Luján Alcaraz, J.: *La acción sindical en la empresa*, cit., pág.179.

52 Esta doctrina ya está consolidada a partir de la STS 18 julio 2014 (rec. 91/2013), seguida por otras muchas, y recientemente confirmada por la STS 9 febrero 2022 (rec. 91/2019).

empresa se dedique a actividades correspondientes a diversos sectores, dicha diversidad productiva no debe reflejarse necesariamente en la organización de las secciones sindicales[53]. En todo caso, el hecho de que las secciones puedan constituirse a nivel de empresa o centro de trabajo es una facultad alternativa, pero no acumulativa, al menos en lo que se refiere a la duplicidad de cargas y obligaciones para el empresario[54]. En esta misma línea, el ejercicio de la libertad de autoorganización del sindicato permite constituir estructuras sindicales de coordinación, a nivel intercentros o representaciones sindicales más allá de la empresa, como las secciones de grupo de empresas, sin que ello pueda suponer, salvo previsión convencional, un incremento de las cargas que deba soportar el empresario en el reconocimiento de derechos y prerrogativas legales de las secciones sindicales. En este sentido, las secciones sindicales de grupo o supraempresariales, previstas en los estatutos sindicales, siempre que tengan la cobertura de un convenio colectivo, son estructuras sindicales más flexibles que pueden ser de interés para los sindicatos ordinarios, con menor implantación a nivel de empresa o centro, ya que les permiten cómputos de trabajadores afiliados en plantilla a nivel de grupo, con la posibilidad de disfrutar de las ventajas que los arts. 8 y 10 LOLS reservan a las secciones de empresa o centro de trabajo u otras ventajas adicionales cuando así esté previsto en la norma convencional[55].

Desde esa misma libertad de autoorganización, y como posible solución para afrontar la fragmentación de los intereses colectivos, sería admisible que los afiliados al mismo sindicato en la empresa o centro de trabajo decidieran constituir varias secciones sindicales atendiendo al grupo profesional u otras características o intereses de distintos colectivos de trabajadores. Ahora bien, en este caso sería necesario un cómputo unitario por sindicato, como si solo tuviese una sección sindical, al menos a efectos de designar delegados sindicales o el disfrute de local en la empresa, y ello por cuanto la representatividad se atribuye al sindicato y no a las secciones sindicales. Esta estrategia de duplicar las secciones sindicales permitiría dar un mayor protagonismo a determinados grupos profesionales que con frecuencia se consideran infrarrepresentados, aunque lo decisivo sería que dichos colectivos estuvieran integrados en un específico colegio electoral previsto por convenio, pues de esta forma podría determinarse si la sección sindical ha obtenido algún miembro en el órgano de representación unitaria. En todo caso, esta opción no supondría para el sindicato un incremento del número de delegados sindicales y del resto de las ventajas que se le puedan atribuir a la sección del sindicato representativo o con implantación [56].

53 STS 9 febrero 2022 (rec. 91/2019).

54 STS 9 diciembre 2020, rec. 92/2019.

55 Esteban Lejarreta, R.: "La elección de delegados sindicales en empresas multicentro y el papel de la negociación colectiva en la adaptación promocional de su ámbito de elección", en AAVV (Dir. Solá Monells y Esteban Lejarreta): *La representación laboral en las empresas dispersas y en red*, Ed. Comares, Granada,2021, pags. 145 y ss.

56 Roqueta Buj, R: "Art. 8", cit., pág. 472.

En definitiva, al no quedar supeditada la constitución de secciones sindicales al tamaño de la empresa o centro de trabajo, ni quedar sujeta a requisito alguno de representatividad o implantación, se permite la presencia de todo sindicato en cualquier lugar de trabajo. En todo caso, como se verá después, esta flexibilidad para diseñar la estructura de la representación sindical en la empresa según el art. 8.1 a) LOLS, queda matizada en parte por el necesario cumplimiento de los requisitos legales que condicionan el disfrute de los derechos y garantías de acción sindical que regulan los arts. 8 y 10 LOLS.

4.2. Medios de acción sindical y derechos de las secciones de sindicatos implantados y sindicatos ordinarios

Como se ha visto, la conexión institucional entre la representación sindical y la representación unitaria explica que la acción sindical en la empresa alcance su mayor grado de eficacia cuando el sindicato se puede apoyar en la representación unitaria. Y ello por cuanto los derechos más importantes se reservan a las secciones sindicales que tienen presencia en el órgano de representación unitaria, como sucede con el derecho a designar delegados sindicales, pero también señaladamente la negociación de convenios de empresa de eficacia general, la negociación de Planes de Igualdad y la participación en los procesos de consultas en medidas laborales de carácter colectivo, pues en estos casos la legitimación de las secciones sindicales queda condicionada a que las mismas en su conjunto sumen la mayoría de los miembros del comité. Por el contrario, si la sección sindical se ha constituido en empresas en las que no existe representación electiva, o cuando existiendo, no obstante, la representación sindical no cuenta con presencia en la misma, ello puede suponer una limitación considerable para el funcionamiento de la sección sindical. En estos casos es evidente que hay que garantizar al sindicato el núcleo mínimo e indisponible de la libertad sindical que le permita cumplir adecuadamente sus funciones, y que está constituido, como ya se ha dicho, por el derecho a la negociación colectiva (art. 37. CE), el derecho de huelga (art. 28.1 CE), y el derecho a adoptar medidas de conflicto colectivo (art. 37. 2 CE). Pero esta funcionalidad mínima garantizada a todo sindicato tiene también sus limitaciones, pues para ejercitar estas atribuciones es necesario que el sindicato tenga implantación en el ámbito en que aquellas pretenden proyectarse.

En efecto, la capacidad de actuación de la sección sindical de un sindicato que no es más representativo y que no dispone de presencia en el órgano electivo de representación queda limitada a la negociación colectiva de eficacia limitada (a sus afiliados)[57], y también podrá intentar actuar como representante de los trabajadores en convenios franja dentro de la empresa, de acuerdo con las previsiones del art. 87.1 ET. En relación con el derecho de huelga, cualquier sindicato, sea o no más representativo, y tenga o no presencia en los órganos de representación del personal, tienen

57 STC 98/1985, de 29 julio y 108/1989, 8 junio

facultad para adoptar acuerdos de declaración de huelga (art. 3.2 a) RDLRT), con la única exigencia de que dicho sindicato "tenga implantación en el ámbito laboral al que se extiende la huelga"[58], requisito que quedaría cubierto cuando el sindicato tenga constituida sección sindical en la empresa, aunque también se ha entendido que en el caso de que el sindicato no tenga afiliados en la empresa podría quedar legitimado desde el momento en que sea elegido por los trabajadores para realizar la convocatoria de la huelga[59]. La legitimidad corresponderá al sindicato, pero también a las secciones sindicales, y las posibles diferencias que puedan existir entre ellos, tendrán que resolverse internamente, con respeto a las previsiones de los Estatutos del sindicato, pero sin que la decisión adoptada por la sección sindical sin conformidad con los Estatutos pueda quedar sin efecto. Estas secciones sindicales pueden ejercer el derecho a adoptar medidas de conflicto colectivo (art. 37 CE), y a incoar procedimientos de conflicto colectivo, siempre que acrediten implantación suficiente en el ámbito del conflicto[60], sin ignorar que este requisito viene siendo interpretado con cierto rigor por la jurisprudencia del Tribunal Supremo, en unos términos que no benefician a los sindicatos pequeños o minoritarios: en este sentido, se ha entendido que no hay implantación cuando no existe sección sindical y el sindicato no cuenta con miembro alguno en el órgano electivo de representación, o cuando está constituida la sección, pero no consta ni el número ni alcance del porcentaje de afiliación, o cuando solo cuenta con el 0.3% entre los trabajadores afectados en la empresa[61].

Por lo demás, estas secciones sindicales podrán desarrollar todas aquellas actividades y prerrogativas sindicales que no exijan una representatividad específica ni presencia en los órganos de representación unitaria, como pueden ser, entre otras, la de proponer o confeccionar candidaturas a las elecciones para elegir representantes unitarios. En efecto, todos los sindicatos, con independencia de su peso representativo en la empresa, pueden presentar candidaturas, de acuerdo con el ámbito funcional y territorial que tenga la organización según sus estatutos. En el caso de elección para el comité de empresa, el sindicato debe estar en condiciones de presentar una lista con tantos candidatos como puestos a cubrir, algo que puede ser complicado si la organización cuenta con pocos afiliados, pudiendo en todo caso incluir también personas no afiliadas; una fórmula que puede ayudar a los sindicatos con poca implantación es la de presentar candidatura en coalición con otros sindicatos (art. 69.3 ET), lo que le puede facilitar la confección de la lista y la obtención del mínimo del 5% de votos por cada colegio para la atribución de representantes en el comité de empresa.

58 STC 11/1981, 4 abril, FJ 11°

59 En este sentido, con cita de la STS 2 febrero 1987, Thibault Aranda, J., y Gil Plana, J.: "Ámbito subjetivo del derecho de huelga", en AAVV (Dir. Pérez de los Cobos, Coord. Monreal Bringsvaerd): *Real Decreto-Ley 17/1977, 4 marzo, sobre Relaciones de Trabajo*, La Ley, Madrid, 2014, pág. 162.

60 STC 70/1982,29 noviembre y 37/1983,11 mayo

61 Una síntesis de esta jurisprudencia en STS 11 marzo 2020, rec. 160/2018 y STS 3 marzo 2021, rec. 178/2019.

Por lo que se refiere a los derechos o facultades adicionales que el empresario debe otorgar a las secciones sindicales para facilitar el adecuado desarrollo de sus funciones de representación y defensa de los trabajadores, ya se dijo que el art. 8 LOLS establece algunas distinciones en función de la representatividad e implantación que tenga cada una de ellas. La actividad sindical de cualquier sección sindical válidamente constituida, con independencia de la representatividad del sindicato y su implantación en la empresa o centro de trabajo, se facilita con el reconocimiento de tres derechos ex art. 8.1 LOLS: el derecho de reunión, el de información activa y pasiva y recaudación de cuotas, además del derecho a solicitar al empresario el descuento en nómina de la cuota de los afiliados (art. 11.2 LOLS), que en modo alguno puede quedar condicionado por convenio a la exigencia de cierta implantación del sindicato. Sin embargo, solo las secciones sindicales de los sindicatos más representativos y de los que tengan presencia en los órganos de representación unitaria podrán, también, disponer de dos medios materiales e instrumentales que facilitan el ejercicio de aquellos derechos, a saber: disponer de un tablón de anuncios y utilizar un local facilitado por la empresa, si bien este último derecho queda supeditado a que la empresa o centro de trabajo tenga más de 250 trabajadores (art. 8.2 a) y c) LOLS).

La obligación empresarial de proporcionar un tablón de anuncios es un instrumento que facilita el derecho a la información sindical como elemento esencial del derecho de libertad sindical[62], pero constituye un contenido adicional de la libertad sindical que supone una obligación o carga para la empresa, y por ello el legislador ha optado por el reconocimiento de tal prerrogativa con criterios selectivos. Ahora bien, no tiene mucho sentido reconocer esta ventaja solo a determinadas secciones sindicales, al menos en los términos fijados por el legislador, puesto que puede haber un injustificado trato desigual entre las secciones de sindicatos más representativos, sin implantación en la representación unitaria empresa, y las secciones de sindicatos ordinarios sin presencia en los órganos de representación unitaria. Como ha matizado el Tribunal Supremo, para poder disfrutar de esta prerrogativa es necesario que el sindicato tenga suficiente implantación, y por ello si el sindicato CGT constituye sección sindical de empresa, pero solo está implantado en uno de los diez centros de la empresa, únicamente puede tener derecho al tablón de anuncios en el centro donde acredite representación[63].

La previsión legal sobre el derecho al tablón de anuncios ha quedado muy desfasada para atender la realidad actual dominada por las tecnologías de la información y comunicación. Como ha reconocido el Tribunal Constitucional, este instrumento previsto en la ley no es el único medio para comunicarse con los trabajadores, pues se pueden utilizar otros mecanismos para transmitir información, siempre que se desarrollen fuera de las horas de trabajo y no perturben la actividad normal de la empre-

62 STC 281/2005, 7 noviembre.
63 STS 2 marzo 2016, rec. 141/2014

sa[64]. En este sentido, es evidente que en la actualidad los medios telemáticos y las redes sociales incrementan las posibilidades de la acción sindical de todos los sindicatos, y pueden actuar en la práctica como alternativa al anticuado tablón de anuncios y a la distribución física de la información sindical. Los problemas se plantean porque las organizaciones sindicales aspiran a canalizar su acción sindical a través de la red corporativa empresarial (intranet corporativa, correo electrónico), pues ello les facilita la circulación de información en el interior de la empresa y el proselitismo sindical, sin tener que asumir los costes y problemas técnicos derivados de la implantación y mantenimiento de estas herramientas. Esta pretensión suscita conflictos que giran en torno a diversas cuestiones, entre otras, y por lo que aquí interesa, si el uso sindical de las herramientas telemáticas corporativas es una obligación que deba asumir la empresa y si puede utilizarse criterios selectivos a la hora de reconocer el derecho al uso de estas herramientas. Como es sabido, el Tribunal Constitucional tuvo la oportunidad de pronunciarse sobre el uso sindical de los sistemas de comunicación electrónica en la empresa, particularmente del correo electrónico[65]. El Alto Tribunal ha entendido que no existe una obligación de la empresa de crear una estructura informática de comunicación para facilitar la acción sindical cuando dichos instrumentos no están implantados en la organización o cuando por el tipo empresa o actividad empresarial resulte inoperante el tablón de anuncios físico (empresas sin centro de trabajo físico, por ejemplo), salvo que exista una previsión convencional que pueda generar dicha obligación. Sin embargo, ha considerado que el empresario debe permitir el uso sindical del sistema de correo electrónico corporativo cuando ya existe en la empresa, siempre que se utilice para transmitir información sindical y laboral, no perturbe el uso de este instrumento para la finalidad productiva que justificó su implantación, y sin que la utilización de esta herramienta pueda suponer gravámenes adicionales para el empleador En todo caso, de la doctrina constitucional no puede deducirse en modo alguno que exista un derecho incondicionado y de proyección general al uso sindical de los instrumentos empresariales de comunicación digital preexistentes, y mucho menos que tal derecho forme parte del contenido esencial de la libertad sindical[66]. La utilización de estos instrumentos de titularidad empresarial forma parte, en su caso, del contenido adicional del derecho de libertad sindical, y ante la inexistencia de una regulación legal específica, es la negociación colectiva la que está regulando en qué términos puede ejercitarse tal derecho.

64 STC 94/1995, 19 junio. El tribunal consideró que existe el legítimo derecho de la sección sindical, que tiene derecho a tablón y dispone del local, a utilizar otros medios de información y comunicación, como la recogida de firmas en las horas de comida y en las puertas de acceso del personal, actuación a la que se oponía la empresa.

65 STC 281/2005, 7 noviembre.

66 Un repaso a las distintas posiciones doctrinales en torno a esta doctrina constitucional en Valle Muñoz, F.: "El uso sindical de los sistemas de comunicación electrónica para transmitir información de interés laboral en la empresa", en AAVV (Coord. Moreno Gené y Romero Burillo): *Los nuevos escenarios laborales de la innovación tecnológica*, Tirant lo blanch, Valencia, 2023, págs. 399 y ss.

El Tribunal Supremo ha manejado los criterios de enjuiciamiento y ponderación contenidos en el pronunciamiento del TC, aunque ha dejado claro que esta materia se mueve en el terreno del contenido adicional del derecho. El TS ha entendido que no lesiona la libertad sindical la negativa de la empresa a la solicitud de un sindicato de implantar un sistema de comunicación electrónica que no existía en la empresa[67], o cuando ya existiendo la instalación del sistema electrónico para uso exclusivo de los empleados, su uso sindical masivo supone un riesgo de colapso y su adaptación implica un coste adicional para la empresa[68], debiendo prevalecer en caso de conflicto el correcto funcionamiento de la herramienta para los fines productivos[69], por lo que a estos efectos se admite que la empresa puede condicionar y limitar el uso sindical de las herramientas informáticas[70]. Pero además el Tribunal Supremo se ha pronunciado sobre el tratamiento diferenciado entre sindicatos a la hora de reconocer el uso de los medios electrónicos. En este sentido, ha sentenciado que es posible que el convenio establezca diferencias, siempre que ello responda a criterios objetivos y razonables que impidan la arbitrariedad. El TS acepta que se pueda manejar el criterio de la representatividad para establecer tratamientos diferenciados, pero con acierto ha entendido que no es posible que dicho criterio pueda imponerse en detrimento del derecho de las secciones que tengan una importante implantación en la empresa[71]. Además, admitido el uso del correo a todos los sindicatos en la empresa, no es posible negar este derecho a un sindicato ordinario que tiene implantación en la empresa, alegando sin más que se están introduciendo cambios en los sistemas informáticos, sin prueba alguna de que tal circunstancia impida el disfrute de esta ventaja a ese concreto sindicato[72]. Tampoco es posible negar el derecho al acceso a una sección sindical alegando que es la primera y única sección que lo ha solicitado, sin probar perjuicio alguno de la empresa para atender tal solicitud[73]. La inexistencia de implantación del sindicato ordinario en los órganos de representación unitaria podría eventualmente justificar una negativa empresarial al uso del sistema de comunicación preexistente, pero la empresa tiene la carga de probar los motivos económicos o productivos que puedan justificar esa negativa, cuando ese mismo derecho se ha reconocido a otros sindicatos que están en la misma situación[74]. En aplicación de esta doctrina, se ha entendido que constituye una lesión de la libertad sindical establecer un filtro para impedir que el sindicato USO pueda enviar correos masivos, algo permitido al resto de los sindicatos, con la única justificación de que no está legitimado para la negociación colectiva, y ello por cuanto esta circunstancia

67 STS 17 mayo 2012 (rec.202/2011)
68 STS 22 junio 2011 (rec 153/2010); STS 21 febrero 2019 (rec. 214/2017).
69 STS 3 mayo de 2011 (rec. 114/210)
70 STS 16 de febrero de 2010 (rec.57/2009)
71 STS 25 abril 2005 (rec. 85/2003).
72 STS 23 julio 2008 (rec. 97/2007)
73 STS 14 julio 2016 (rec.199/2015)
74 STS 21 febrero 2019 (rec. 214/20179)

en modo alguno puede condicionar la transmisión de la información que constituye parte de la acción sindical que integra la libertad sindical[75].

El art. 8.2 c) LOLS reconoce el derecho a utilizar un local de la empresa o centro de trabajo a las secciones sindicales de sindicatos más representativos y los que tengan presencia en los órganos de representación del personal, siempre que cuenten con más de 250 trabajadores. Por tanto, este derecho al uso permanente del local para desarrollar actividades sindicales no existe *ex lege* para todas las secciones sindicales y en todos los centros de trabajo. Nuevamente el legislador, dentro de la política promocional, y como contenido adicional del derecho de libertad sindical, reconoce una ventaja al sindicato más representativo que no siempre estará justificada objetivamente, en la medida en que el disfrute de este derecho no queda condicionado a la exigencia de una implantación mínima en la empresa del sindicato privilegiado. Esta regulación, sin embargo, permite negar el derecho al local a aquellas secciones sindicales de sindicatos ordinarios, con un considerable número de afiliados en la empresa, pero que no están presentes en el comité de empresa porque voluntariamente no se han presentado a las elecciones o se ha constituido con posterioridad al proceso electoral[76]. Con todo, las secciones sindicales no privilegiadas por el art. 8.2 c) LOLS, aunque puedan tener menos facilidades y menor capacidad operativa para desarrollar la actividad sindical en la empresa, no verían vulnerado su derecho a la libertad sindical siempre que se garantice que puedan disfrutar de un eventual uso de locales de la empresa para ejercitar el derecho de reunión reconocido en el art. 8.1 b) LOLS, previa notificación al empresario.

El art. 8.2 LOLS es un precepto de derecho necesario relativo que puede ser mejorado por convenio colectivo, de tal manera que la norma convencional puede ampliar el derecho legal, flexibilizando los requisitos exigibles para acceder al local; sin embargo, el convenio no puede establecer requisitos adicionales para poder disfrutar del derecho, como exigir una determinada representatividad o implantación, ya que con ello se puede impedir el disfrute del derecho, muy especialmente a las secciones de sindicatos ordinarios a los que la ley solo exige presencia en el comité de empresa, pero no un nivel mínimo de implantación. Una vez reconocido el derecho a todas las secciones de sindicatos que cumplan los requisitos legales, sí pueden establecerse diferencias justificadas entre las secciones privilegiadas a la hora de concretar los términos del ejercicio del derecho; así, por ejemplo, se puede reservar el uso exclusivo del local para las secciones sindicales con especial implantación, frente al uso compartido de las demás o reservarles a las primeras los locales de mayor tamaño[77]. Cuestión distinta es que a una sección sindical constituida a nivel de empresa se le

75 Vid. STSJ Castilla-La Mancha 13 abril 2022 (AS 2022, 1079).

76 Torrents Margalef, J.: *El local de los representantes de los trabajadores*, Universidad Complutense, Madrid, 2016, págs. 202-203.

77 STS 25 septiembre 2000 (rec. 4487/1999), admitiendo la proporcionalidad según los resultados electorales a efectos de reparto de las instalaciones de la empresa.

pueda exigir el cumplimiento de los requisitos de plantilla y presencia en el comité a nivel de centro de trabajo, de tal manera que solo se le reconozca el derecho al uso del local en el centro de trabajo donde esté implantada, y no en todos los centros de trabajo[78]. El convenio también puede establecer mejoras para las secciones de los otros sindicatos, extendiendo el derecho al uso del local a todas las secciones sindicales existentes en la empresa, aunque no tengan representación en el comité, siempre que con ello no queden perjudicadas las secciones privilegiadas por la ley.

La remisión que el art. 8.2 LOLS hace a la negociación colectiva permite que la norma convencional regule otro tipo de derechos o ventajas adicionales para facilitar la acción sindical en la empresa. Ahora bien, los sindicatos mayoritarios no pueden utilizar la negociación colectiva para reconfigurar las reglas de legitimación para negociar un convenio colectivo de empresa, expulsando de la comisión negociadora a un sindicato minoritario que, teniendo audiencia electoral, está legitimado ex art. 87.1 y 88 ET[79]. Además, este campo abierto a la negociación colectiva no puede ser excusa para que los sindicatos firmantes obtengan, sin justificación objetiva y razonable, ventajas o privilegios en detrimento de otros sindicatos no signatarios[80]. Esta reserva de beneficios en favor de los sindicatos firmantes del convenio vulnera la libertad sindical, tanto si el convenio es estatutario, como si se ha firmado al margen del Título III del Estatuto de los Trabajadores, ya que lo decisivo no es tanto si existe o no eficacia *erga omnes* que pueda impedir la reserva solo para algunos sindicatos, como la situación de desventaja en la que quedan los sindicatos no firmantes[81]. En este sentido, la jurisprudencia constitucional y ordinaria ha considerado que, en líneas generales, no es posible reservar el disfrute de ayudas económicas por razón de la representatividad o por el hecho de haber protagonizado la negociación y firma del convenio, si bien hay pronunciamientos que excepcionan esta tendencia general, por cuanto consideran que existe justificación objetiva y razonable en aquellas cláusulas convencionales que prevén ayudas para los sindicatos firmantes del convenio estatutario dirigidas a subvencionar determinadas actuaciones desarrollas en el ámbito de la administración del convenio[82].

78 STS 2 marzo 2016 (rec. 141/2014).

79 STS 12 abril 2023 (rec. 4/2021) relativa a la negociación del XV convenio colectivo de Repsol Química S.A, con una mesa negociadora limitada a 10 miembros que dejaba fuera al sindicato USO.

80 En este sentido, SAN 78/2023, 12 junio, con cita d STS 14 enero 2021 (rec. 146/19) y STS 11 octubre 1994 (rec.1319/1993). La sentencia de la AN declara la nulidad de una cláusula del convenio de empresas de enseñanza privada concertada que excluye del derecho a acumular el crédito horario a los representantes de sindicatos que no han contado con la legitimidad para negociar dicho convenio colectivo.

81 La STS 11 julio 2012 (rec. 38/2011), consideró que vulneraba la libertad sindical una cláusula de un convenio extraestatutario que permitía la adhesión de los no afiliados, pero condicionada a que la solicitud se realizara a través de las organizaciones firmantes, lo que se entendió como una injerencia de los sindicatos firmantes en la libertad de los trabajadores para adherirse o no, pero también de los sindicatos a los que puedan estar afiliados en cuanto que quedan en peor situación que los que lo suscribieron.

82 Goerlich Peset, J.Mª.: "Libertad sindical negativa y mejora de las condiciones laborales de los afiliados: un panorama jurisprudencial", en AAVV (Dir. Soto Rioja): *Representación y libertad sindical. Límites a la libertad sindical negativa, la mayor representatividad y su necesaria revisión*, UGT, 2015 pág. 126 y ss.

La autonomía colectiva solo podrá regular de forma diferenciada el contenido adicional de los derechos sindicales respetando la igualdad de trato entre organizaciones sindicales, de tal manera que las diferencias deben estar justificadas de forma objetiva y razonable, y respetando en todo caso el contenido esencial y el adicional previstos en la normativa legal. En este sentido, aunque la LOLS y su interpretación por el Tribunal Constitucional permiten la regulación de diferencias en función del criterio de la representatividad, siempre que sean objetivas, razonables y proporcionadas, el Tribunal Supremo, con acierto, tiende a ser más exigente con el criterio de razonabilidad, considerando que el criterio de la representatividad no siempre justifica las diferencias de trato previstas en el convenio colectivo, y su utilización a estos efectos puede constituir una vulneración del principio de igualdad integrado en la libertad sindical[83]. En el ámbito de las ventajas y derechos para la acción sindical en la empresa, sin ninguna duda el criterio de la implantación puede ser el más adecuado; así, por ejemplo, resulta razonable y proporcionada la cláusula convencional que amplía el derecho a convocar asambleas a los sindicatos con un grado mínimo de implantación en la empresa, bastando la presencia del sindicato en cualquiera de los comités de los diferentes ámbitos territoriales de la empresa[84]. No puede ignorarse en todo caso que también puede resultar abusivo el recurso convencional al criterio de implantación cuando no permite justificar objetivamente diferencias entre los distintos sindicatos[85].

Pero más allá de la cláusula que contiene la LOLS y que habilita al desarrollo convencional de otros derechos, el empresario también puede reconocer derechos o facilidades adicionales a las secciones sindicales, mejorando así lo previsto en la ley y el convenio colectivo, de tal manera que con ello puede llegar a introducir diferencias entre las distintas organizaciones sindicales. La doctrina constitucional no ha sido del todo clara a la hora de pronunciarse sobre si esas ventajas adicionales conforman o no contenido adicional del derecho de libertad sindical[86]. No obstante, en algunos pronunciamientos el Tribunal Constitucional ha reconocido que en los casos

El autor advierte una inflexión de la línea interpretativa general, tanto en la jurisprudencia constitucional como en la ordinaria, al admitirse por el TC subvenciones instrumentales a la acción institucional de los sindicatos más representativos (STC 14/2001, 27 junio) y por el TS las ayudas para subvencionar la administración del convenio encomendada a los sindicatos más representativos en cuanto partes firmantes (STS 23 abril 2013, rec. 19/2012).

83 Carrizosa Prieto, E.: *Derechos de libertad sindical y principio de igualdad,* Consejo Andaluz de Relaciones Laborales, Sevilla, 2009, pág. 316, con cita de la STS 23 noviembre 1993, que considera que vulnera el derecho de libertad sindical las previsiones de un convenio que reserva determinadas ventajas en la empresa para los sindicatos más representativos a nivel estatal, sin tener en cuenta su implantación real en la organización.

84 STS 16 febrero 2006 (rec. 177/2004).

85 STS 15 julio 2005 (rec. 187/2003), que considera lesiva de la libertad sindical una cláusula de convenio que reserva a los sindicatos con mayor implantación (15% de representantes unitarios) una serie de fondos dirigidos a facilitar en general la actividad sindical, y que son negados al resto de los sindicatos.

86 Carrizosa Prieto, E: *Derechos de libertad sindical,* cit., pág. 192. Como señala la autora, en algún pronunciamiento del TC se ha rechazado que estas medidas formen parte del contenido adicional del

de concesión empresarial de ventajas adicionales, tanto el objeto sobre el que recaen estas decisiones como los sujetos beneficiarios de las mismas, determinan que este tipo de decisión quede sometida a las exigencias constitucionales del respeto al derecho a la igualdad de trato entre sindicatos y sus representantes, quedando vedada la posibilidad de que estas decisiones privadas puedan utilizarse para introducir discriminaciones y conductas antisindicales[87]. En este sentido, el empresario podría decidir unilateralmente reconocer el derecho a compartir tablón de anuncios o el derecho al uso permanente del local a secciones que no sean de sindicatos más representativos y que no tengan presencia en los comités de empresa, siempre que con ello no quede mermada la capacidad y medios de acción de las secciones sindicales que ya tienen reconocido este derecho por norma legal o convencional. El reconocimiento de derechos o ventajas a una determinada sección sindical de un sindicato ordinario, más allá de las previsiones legales o convencionales, debe justificarse de forma razonable cuando otras secciones de su misma condición quedan excluidas de tales beneficios, y el tratamiento diferenciado solo podría constituir una conducta de injerencia ex art. 13.2 LOLS cuando quede claramente constatado el propósito de control al que hace referencia la ley[88]. En definitiva, para evaluar la posible antisindicalidad de los derechos y ventajas adicionales y diferenciadas concedidas por la empresa será necesario analizar las circunstancias de cada caso concreto, el tipo de ventajas de que se trate y las consecuencias que se derivan de las concesiones diferenciadas[89].

5. LOS DELEGADOS SINDICALES: DELEGADOS SINDICALES EX ART. 10 LOLS Y DELEGADOS INTERNOS

El art. 10.1 LOLS establece que las secciones sindicales estarán representadas a todos los efectos por delegados sindicales elegidos por y entre sus afiliados en la empresa o en el centro de trabajo. Ahora bien, este derecho a nombrar portavoces o representantes de la sección queda supeditado al cumplimiento de dos requisitos, a saber: que la empresa o centro de trabajo tenga una plantilla de más de 250 trabajadores, y que el sindicato tenga presencia en los órganos de representación unitaria del personal, con independencia de que sea o no más representativo. Por su parte, el art. 10.2 LOLS establece el número de delegados sindicales que cada sección puede designar de acuerdo con una escala que maneja dos criterios: el número de votos obtenido por el sindicato en las elecciones a comité de empresa y número de trabajadores en plantilla. Este número de delegados puede ampliarse por acuerdo o

derecho de libertad sindical la (SSTC 132/2000, 16 mayo), mientras que en alguna otra se admite su configuración como contenido adicional (STC 281/2005, 7 noviembre).

87 STC 132/2000, 16 mayo.

88 Sobre esta posibilidad de compartir el local véase STSJ Murcia 23 abril 1999 (AS 1999, 1544), citada por Luján Alcaraz, J.: *La acción sindical en la empresa*, cit., pág. 253. El autor entiende que la admisión de este tipo de decisión empresarial es criticable por considerar que puede encubrir el propósito de apoyar a sindicatos que acaban siendo controlados por la empresa.

89 Del Rey Guanter, S.: "La conducta antisindical del empresario", *Relaciones Laborales,* T-1 (1987), pág. 277.

negociación colectiva. Finalmente, el art. 10.3 LOLS reconoce una serie de garantías y derechos a los delegados sindicales cuando estos no formen parte del comité de empresa, que también pueden mejorarse por convenio colectivo. Así estos delegados van a ser titulares de una representación institucional, en paralelo con el comité de empresa, que permite reforzar nuevamente el derecho de información que tiene el sindicato, pues estos delegados tienen acceso a la misma información y documentación que el comité de empresa, y pueden ejercitar funciones de participación en la empresa con la asistencia, con voz pero sin voto, a las reuniones del comité de empresa y del comité de seguridad y salud. Estos derechos podrán ejercitarse con las garantías reconocidas a los miembros del comité de empresa por el art. 68 ET.

Como ya se advirtió, el tratamiento diferenciado que ofrece el legislador en punto a la designación de los delegados sindicales no se apoya ya en la mayor representatividad del sindicato sino en la implantación sindical en los órganos de representación unitaria, lo que permite justificar de forma más objetiva y razonable las diferencias entre sindicatos a la hora de reconocer derechos de acción sindical en el ámbito de la empresa. Con todo, nuevamente el legislador institucionaliza una figura sindical con perspectiva macro, pues los dos condicionantes legales para designar delegados sindicales se configuran pensando en los sindicatos más potentes, aquellos que tienen un mayor número de afiliados, que son los que tienen mayor presencia en las grandes empresas. Quedan fuera de la previsión legal los sindicatos ordinarios, y los pequeños o incipientes, que no han conseguido infiltrarse en los comités de empresa de organizaciones de grandes dimensiones. Además, las pequeñas empresas, la gran mayoría en el tejido productivo de nuestro país, quedan sin la posibilidad de designar delegados sindicales, de tal manera que será la sección sindical la única institución que permita desarrollar la actividad sindical en la empresa, de acuerdo con las previsiones de la ley. En definitiva, pues, las prerrogativas adicionales en materia de información y participación que pueden ejercerse a través de los delegados sindicales permiten de nuevo colocar a los sindicatos ya afianzados dentro del sistema en una posición privilegiada o reforzada frente a los otros sindicatos, aquellos que pueden tener dificultades o imposibilidad de llegar a penetrar en el órgano de representación unitaria.

La jurisprudencia del Tribunal Constitucional ha aclarado que la exigencia de que el sindicato esté presente en los órganos de representación unitaria para poder designar delegados no supone en modo alguno que el sindicato pierda su condición de tal ni que tampoco se vean reducidos "los derechos que por tal cualidad le corresponden por formar parte del contenido esencial de la libertad sindical"[90]. Además, el Alto Tribunal ha tenido que pronunciarse sobre si la exigencia de un determinado número de trabajadores en plantilla para poder designar delegados sindicales es o no contrario a la libertad sindical. El TC entendió que el hecho de que determinadas secciones sindicales no puedan designar delegados sindicales ex art. 10 LOLS, no impide en

90 STC 84/1989, 10 mayo.

modo alguno el ejercicio de los derechos de los arts. 8 y 9 LOLS por sus respectivos titulares. A su entender ni siquiera queda afectada la negociación colectiva, pues la que pueda desarrollarse, de acuerdo con la legislación específica, no corresponde a los delegados sindicales sino a las secciones sindicales, de tal manera que la falta de delegado sindical en determinadas secciones solo implica la imposibilidad de acceder a los derechos previstos en el art. 10.3 LOLS. El tribunal considera que la previsión legal no vulnera la libertad sindical, pues las ventajas y prerrogativas de los delegados ex art. 10 LOLS dirigidas a promocionar la actividad sindical en los lugares de trabajo no forman parte del contenido esencial sino del contenido adicional de la libertad sindical, por lo que su configuración depende de la voluntad del legislador[91].

La exigencia de la concurrencia de los dos requisitos para nombrar delegados sindicales ex art. 10 LOLS ha sido interpretada por la jurisprudencia del Tribunal Supremo con criterios flexibles de tal manera que, como reconoce el propio tribunal, la LOLS se aplica en el sentido más favorable posible para el reconocimiento del derecho fundamental a la libertad sindical. Como se verá, las interpretaciones del TS tienden a relativizar la conexión entre la representación sindical y la representación unitaria[92], lo que permite evitar que la vinculación entre ambos canales de representación y participación dificulte excesivamente el funcionamiento y la operatividad de las representaciones sindicales, especialmente en el caso de los sindicatos minoritarios. En primer lugar, y por lo que se refiere a la unidad de referencia para la designación del delegado sindical, la jurisprudencia ha sufrido ciertos vaivenes a la hora de valorar si la elección entre la empresa o centro de trabajo debe estar o no en función del criterio seguido para las elección de los órganos de representación unitaria, si bien finalmente ha admitido, en jurisprudencia ya consolidada, que corresponde al sindicato, en el ejercicio de su libertad de autoorganización, la elección del ámbito de constitución de la sección sindical, y también el de la designación de los delegados sindicales. De esta manera, es el sindicato, de acuerdo con su situación en cada empresa, el que determina cuál es la unidad organizativa de referencia en la que va a constatar la concurrencia de los requisitos legales para designar a los delegados sindicales, determinar su número y concretar el crédito horario que les corresponde en cada caso. Entiende así el Tribunal Supremo que la opción que ofrece el art. 10.1 LOLS entre nombrar delegados sindicales a nivel de empresa o centro de trabajo corresponde al sindicato como titular de la libertad sindical; por ello si se ha optado por el nivel de empresa, ese mismo ámbito es el que debe tenerse en cuenta para determinar su derecho a designar delegado sindical al amparo del art. 10.1 LOLS, y en la medida en que el ámbito en que se organice el sindicato sea más o menos amplio

91 STC 173/1992, 29 octubre.

92 Un análisis de los últimos pronunciamientos del TS sobre designación de delegados sindicales, con una valoración crítica por lo que se considera una excesiva desvinculación entre ambos canales de representación en Sánchez- Urán Azaña Y., y Fuentes García-Romero de Tejada, C.: "En torno a los criterios flexibles para la designación de delegados sindicales: ¿Una cuestión cerrada?, *Revista de Estudios Jurídico Laborales y de Seguridad Social,* nº 4, 2022, págs. 130 y ss.

también lo serán las magnitudes de referencia que deben tenerse en cuenta a efectos de medir su implantación y el ámbito en la que se deben desarrollar sus funciones[93]. En este sentido, y por lo que se refiere al alcance de las competencias del delegado sindical, se ha reconocido que, si la sección sindical se ha constituido a nivel de empresa, los delegados sindicales tendrán derecho a acceder a la información en todos los centros de trabajo, con independencia de que en ellos se haya constituido o no representación unitaria[94].

En esta línea de interpretación flexible, el TS ha considerado también que cuando el art. 10.1 LOLS hace referencia a los "centros de trabajo" puede interpretarse que el precepto está admitiendo no solo tenerlos en cuenta individualmente sino también de forma agrupada. En algunos casos el TS ha admitido esa agrupación de centros de trabajo teniendo en cuenta que se han constituido las secciones por centros agrupados de forma paralela a como se ha constituido el órgano de representación unitaria. El único límite que impone el TS es que dicha agrupación de centros responda a razones objetivas y sin que tal opción pueda comportar un abuso de derecho o consecuencias contrarias a los intereses económicos y sociales de los trabajadores cuya defensa compete al sindicato. Así se ha considerado que es razonable agrupar centros de trabajo a efectos de constituir secciones sindicales y nombrar delegados sindicales cundo se han constituido comités de empresa conjuntos[95], o cuando el sindicato es más representativo a nivel de Comunidad Autónoma y la empresa tiene centros de trabajo en dicho ámbito territorial[96]. En estos casos, el TS parece que justifica la razonabilidad de la agrupación de centros de trabajo en el hecho de que exista alguna conexión con la constitución de los órganos de representación unitaria. Sin embargo, el mismo tribunal ha aclarado que esto no significa que el sindicato deba organizar la sección sindical de la misma forma en que haya quedado configurado el comité de empresa, sino que el hecho de que ambas representaciones sean iguales en su configuración es solo una opción que se puede contemplar en el ejercicio de la libertad de autoorganización sindical; por ello el tribunal también ha admitido que en una empresa donde no existen comités de empresa conjuntos, un sindicato pueda agrupar centros de trabajo, y para ello es suficiente con que acredite que con este criterio de agrupación puede constituir la sección sindical al alcanzar los requisitos legalmente establecidos[97]. Por otra parte, si está previsto en convenio es posible de-

93 STS 9 febrero 2022 (rec. 91/2019). También aclara la sentencia que la diversa actividad productiva de la empresa no tiene que reflejarse en la designación de delegados, de tal manera que hay que entender vulnerada la libertad sindical del sindicato CGT cuando una empresa dedicada a actividad de Contac Center y agencia de publicidad no reconoce un tercer delegado sindical por considerar que solo era representativo en el área de Contac Center, donde no trabajaban más de 2000 trabajadores, aunque sumando las dos actividades la empresa cuenta con más de 2000 trabajadores y el sindicato había obtenido más del 10% de los votos.

94 STS 9 enero 2020 (rec.100/2018).

95 SSTS 21 junio 2016, rec. 182/2015; 24 octubre/2017, rec.100/2016.

96 STS 23 marzo 2021 rec. 133/2019

97 STS 14 febrero 2020, rec. 130/2018.

signar delegados sindicales más allá del centro de trabajo o empresa, por ejemplo, los delegados de grupo de empresa, y ello por cuanto la llamada a la negociación colectiva que hace el art. 10.2 LOLS en punto al número de delegados sindicales también permite regular ámbitos más flexibles para la designación de los delegados sindicales[98].

En relación con la exigencia de que el sindicato esté presente en los órganos de representación unitaria, el Tribunal Supremo ha admitido que puesto que el tenor literal del art. 10.1 LOLS no exige que dicha presencia se constate en todos los órganos de representación constituidos o en todos los centros de trabajo, ni requiere una determina cantidad de representantes sindicales elegidos, sería suficiente que el sindicato tenga presencia al menos en alguno de ellos; en todo caso, y por razones de coherencia, el ámbito en el que debe medirse la audiencia electoral debe ser el mismo que se ha tenido en cuenta para determinar la dimensión de la plantilla[99]. En definitiva, para poder nombrar al menos un delegado sindical, además de cumplir con el requisito de la plantilla mínima en la empresa o centro de trabajo, la sección sindical debe pertenecer a un sindicato que al menos cuente con un representante en alguno de los comités de empresa o delegados de personal que puedan estar constituidos en la empresa de acuerdo con las últimas elecciones celebradas, y para ello será necesario que el sindicato, sea o no representativo, haya obtenido al menos el 5% de los votos por cada colegio electoral (art. 71.2.b) ET).

La posibilidad prevista en el art. 10.2 LOLS de ampliar el número de delegados sindicales, por acuerdo o negociación colectiva, se está interpretando y aplicando en la práctica con flexibilidad, de tal manera que en el diseño convencional de la mejora pueden quedar afectados distintos factores: el convenio puede ampliar el número de delegados por cada tramo; reducir el número de trabajadores por debajo de los 250 en el inicio del tramo o reducir trabajadores para la superación de cada tramo; reducir el porcentaje a partir del cual cabe la designación del delegado o, por último, también sería admisible la aplicación conjunta de todas las posibilidades[100]. Este tipo de mejoras, en definitiva, pueden ampliar el número de delegados de las secciones legalmente privilegiadas, pero también puede ampliar el número de sindicatos con derecho a nombrar delegado sindical con las ventajas ex art. 10 LOLS. En todo caso, el convenio colectivo debe manejar criterios para la atribución de derechos que no supongan discriminaciones entre los diferentes sindicatos. En este sentido, la exigencia al sindicato de requisitos adicionales para el disfrute de la mejora puede resultar una cuestión litigiosa por generar suspicacias entre sindicatos. Así, por ejemplo, un

98 Vid. Esteban Lejarreta: "La representación..." cit. pág. 146 (con cita de STS 16 septiembre 2010, rec. 31/2009, sobre delegados de grupo de empresa) y pág. 154 (con cita STS 30 septiembre 2020, rec. 2772/2018, referida a la posibilidad del convenio de fijar otros ámbitos para designación de los delegados sindicales).

99 SSTS 25 enero 2018 rec. 30/2017; 8 febrero 2018, rec. 274/2016; 14 febrero 2020, rec. 130/2018; 23 marzo 2021, rec. 133/2019; 9 febrero 2022, rec.91/2019; STS 9 febrero 2022 (rec.91/2019).

100 Agut García, C.: *El Delegado Sindical*, ed. Bomarzo, Albacete, 2006, pág. 46.

sindicato impugna un convenio colectivo que establece el régimen de mejora para centros de trabajo a nivel provincial con más de 20 trabajadores, con posibilidad de elegir delegados sindicales siempre que se cumplan tres requisitos adicionales: que la central sindical cuente con más del 15% de los representantes unitarios en el ámbito geográfico y funcional del convenio; que cuente con más del 25% de los representantes unitarios en la provincia en que se nombre el delegado sindical, y que cuente a su vez en el centro de trabajo con más del 25% de la afiliación. El sindicato recurrente considera que estos requisitos pueden impedir y obstaculizar la actuación de un sindicato minoritario frente al sindicato mayoritario en el sector. El Tribunal Supremo entiende, sin embargo, que este régimen es una clara mejora del régimen legal, que se basa en unos criterios asépticos y objetivos para determinar la representatividad, de tal manera que considera que el sistema de medición, que se aplica por igual a todos los sindicatos, en modo alguno es desproporcionado, irrazonable o injustificado, ni hay elementos de juicio que permitan considerar que se pretenda perjudicar con ello a un determinado sindicato o limitar la actuación sindical de los sindicatos minoritarios[101].

La regulación de un estatuto especial para el delegado sindical ex art. 10 LOLS, no impide que cualquier sección sindical, en el ejercicio de su libertad de autoorganización —y por tanto amparada en el derecho fundamental de libertad sindical— pueda designar a los llamados en la práctica sindical "delegados internos" o "delegado-portavoz" que pueden actuar como portavoces o representantes de la sección, incluso cuando la sección ya tenga designados delegados sindicales de conformidad con la LOLS[102]. Esta figura está prevista en la negociación colectiva, y ha sido reconocida por el TS que ha considerado que, en base a la LOLS, existen dos tipos de delegados sindicales, según posean o no las atribuciones previstas en la LOLS[103]. La empresa no tiene obligación de reconocer a estos delegados internos, pues solo está obligada a hacerlo respecto de los delegados que cumplan los requisitos del art. 10 LOLS y debe hacerlo a los efectos de permitir el ejercicio de los derechos y garantías previstos en dicho precepto[104]. Dichos delegados internos no podrán beneficiarse de los derechos y garantías establecidas en el art. 10.3 LOLS, pues suponen cargas y obligaciones para el empresario que solo debe soportar si concurren los requisitos exigidos por el legislador[105]. En todo caso, estos delegados internos gozan de la protección que les corresponde por el hecho de formar parte de un sindicato, y en consecuencia desarrollar la actividad sindical en el marco del derecho fundamental a la libertad sindical. Por tanto, aunque la sección sindical no pueda designar delegados con prerrogativas

101 STS 29 septiembre 2020 (rec. 187/2018).

102 El delegado interno o portavoz forma parte del contenido esencial de la libertad sindical, mientras que el Delgado Sindical ex art. 10 LOLS constituye contenido adicional. Vid. Sala Franco, T.: "Artículo 10", en AAVV (Dir. Pérez de los Cobos): *Ley Orgánica de Libertad Sindical. Comentada y con jurisprudencia,* ed. La Ley, Madrid, 2010, págs. 577-600.

103 SSTS 15 marzo 2004 (rec. 116/2003) y 26 junio 2008 (rec. 18/2007).

104 STC 84/1989, 10 mayo.

105 STS 2 marzo 2016 (rec. 141/2014).

legales ello no impide que se puedan disfrutar de los derechos previstos en el art. 8 y 9 LOLS por sus respectivos titulares[106]. En este sentido, el Tribunal Constitucional otorgó el amparo solicitado por un delegado interno del sindicato CNT que fue sancionado por la empresa por difundir información de su sindicato. Este sindicato rechaza en la práctica la participación en las elecciones sindicales, por lo que no puede contar con delegados ex art. 10 LOLS, pero el alto tribunal entendió que dicho portavoz sí puede ejercitar los derechos del art. 8.1 LOLS, y además queda protegido con la garantía de indemnidad con ocasión del ejercicio de sus funciones sindicales ordinarias[107]. Los delegados internos también están protegidos en el ejercicio de otros derechos que forman parte del contenido esencial de la libertad sindical, y en este sentido se ha reconocido por el TS que un delegado sindical de USO, nombrado al margen del art. 10 LOLS, está legitimado para promover un conflicto colectivo en nombre de la sección sindical a la que representa[108].

Los portavoces de las secciones nombrados al margen de los requerimientos del art. 10 LOLS pueden disfrutar, en virtud de pacto o convenio colectivo, de las ventajas y prerrogativas previstas en el art. 10 LOLS. Y ello porque el art. 10.2 LOLS permite que el convenio pueda ampliar el derecho a la designación de delegados sindicales a otros sindicatos distintos a los previstos en el precepto legal, teniendo en cuenta para ello criterios como la implantación o el número de afiliados. De la misma manera, el art. 10.3 LOLS admite que la negociación colectiva pueda mejorar la atribución de garantías y derechos que dicho precepto configura como mínimos de derecho necesario. En definitiva, este campo abierto a la negociación colectiva permite extender, total o parcialmente, el estatuto especial del delegado sindical a otros sindicatos con poca o ninguna implantación en el comité de empresa; se trata de mejoras que excepcionalmente pueden favorecer a los sindicatos más representativos que en determinada empresa no tienen presencia en el comité de empresa[109], pero también a los sindicatos ordinarios que, teniendo afiliados en la empresa, pueden tener dificultades para conseguir la infiltración en el órgano de representación unitaria.

Finalmente, hay que admitir también la posibilidad de una mejora de los derechos y garantías del art. 10 LOLS en virtud una decisión unilateral de la empresa. En todo caso, la actitud permisiva del empresario respecto de derechos concedidos a delegados internos y la pretensión de que estos se acaben convirtiendo en derechos adquiridos es una cuestión que ha sido objeto de controversias. Para el Tribunal Supremo, los actos de liberalidad o tolerancia por parte de la empresa en materia de acción sindical, y la negativa posterior a reconocer los derechos anejos a la condición de delegado sindical, no pueden constituirse en derecho adquirido cuando no quede

106 STC 173/1992, 29 octubre.
107 STC 201/1999, 8 noviembre.
108 STS 21 marzo 1995 (rec. 1328/1994).
109 STS 18 mayo 1992 (rec. 1359/1991), que reconoce a la Federación Estatal de Hostelería UGT el derecho previsto en convenio colectivo de Paradores de Turismo a disponer de delegado sindical en los centros de trabajo en los que se acredite tener al menos el 10% del total de afiliados.

acreditada la voluntad inequívoca de la empresa de conceder tales derechos[110]. Por su parte, el Tribunal Constitucional ha considerado que el contenido adicional del derecho de libertad sindical no se integra por aquellas facultades o garantías libremente reconocidas por el empresario a los sindicatos o a sus representantes, y que incrementen las que legal y convencionalmente les corresponda, por lo que el empresario podrá suprimir las mejoras previamente concedidas. Ello no implica que dichas decisiones empresariales sean ajenas a todo control constitucional, pues la voluntad empresarial de mejorar los derechos sindicales también se encuentra limitada por el art. 28 CE, de tal manera que la supresión de la mejora tendrá su límite en que no se constate un motivo antisindical[111]. En este sentido, el Alto Tribunal consideró que no procedía conceder el amparo al delegado de una sección sindical de CNT, sin presencia en el comité de empresa, por la supresión del crédito horario que previamente se le había reconocido, pues no se había constatado conducta antisindical de la empresa en ningún momento. Sin embargo, el mismo tribunal sentenció que no se puede suprimir el disfrute de los derechos del art. 10 LOLS por el delegado sindical interno del sindicato CNT, sin presencia en el órgano unitario de representación, por la negativa de dicho delegado a proporcionar información de afiliación sindical de otros empleados pertenecientes a la sección sindical, y ello por cuanto el empresario no puede imponer al delegado una conducta lesiva de otro derecho fundamental como es la libertad ideológica del art. 16 CE[112]. Además, el Tribunal Constitucional insiste en que hay que poner en conexión el art. 28 CE con el art. 14 CE, de tal manera que las decisiones empresariales sobre mejoras de los derechos sindicales deben respetar la igualdad de trato entre los sindicatos, sin que estas concesiones graciosas pueden encubrir conductas antisindicales dirigidas a controlar al sindicato o a neutralizar la acción sindical de los sindicatos con verdadera implantación en la empresa[113].

6. CONCLUSIONES

La construcción de la jurisprudencia del Tribunal Constitucional sobre el contenido adicional de la libertad sindical, unida al juego combinado de los arts. 7, 14 y 28.1 CE, ha permitido al Alto Tribunal considerar ajustado al texto constitucional el criterio de la representatividad sindical como una opción de política legislativa que permite un trato diferenciado entre sindicatos. En este estudio se ha valorado críticamente el recurso al criterio de la mayor representatividad sindical para repartir el espacio de juego de la acción sindical en la empresa, y ello por mucho que dicho criterio se haya matizado con el criterio de implantación en la empresa a la hora de atribuir los derechos y facultades de los arts. 8.2 y 10.1 LOLS. En el terreno concreto de la acción sindical en la empresa, en la medida en que no está en juego el interés general de

110 STS 5 septiembre de 2006, rec.1643/2005.
111 STC 132/2000, 16 mayo y STC 269/2000, 13 noviembre.
112 STC 292/1993, 18 octubre.
113 SSTC 53/1982, 22 julio, 98/1985, 29 julio,217/1988, 21 septiembre.

los trabajadores sino solo el de aquellos que trabajan en la empresa, debería existir en todo caso correspondencia entre el ámbito en el que se mide la representatividad y la esfera en la que se desempeñan las funciones representativas. Si es necesario utilizar un criterio selectivo para atribuir derechos adicionales que faciliten la acción sindical en la empresa, lo más razonable es manejar exclusivamente el criterio de implantación, que puede medirse por la presencia del sindicato en el órgano unitario de representación, pero también por otros parámetros algo más complejos como la existencia en la empresa de trabajadores afiliados al sindicato. Por otra parte, la ordenación legal de los derechos que facilitan la acción sindical en la empresa, con tratamiento desigual entre sindicatos, se muestra desfasada para atender la nueva realidad tecnológica. Ante la falta de un adecuado marco legal, es deseable que la negociación colectiva ordene el uso sindical de los medios informáticos y tecnológicos, y que lo haga de acuerdo con criterios técnicos neutrales que impidan la desigualdad no justificada entre sindicatos. A estos efectos, si es necesario establecer criterios selectivos se puede recurrir a la implantación en la empresa, prescindiendo del criterio de la mayor representatividad legal para evitar el riesgo de tratamientos desiguales sin justificación. Por otra parte, teniendo en cuenta la tendencia a crear secciones sindicales de ámbito superior al centro de trabajo y los problemas que se plantean para determinar el alcance de sus facultades, es conveniente que la ordenación convencional determine si la sección sindical multicentro puede disfrutar de estos medios tecnológicos para distribuir información sindical en todos los centros de trabajo o solo en aquellos en los que tenga implantación.

La construcción del sistema sindical desde la LOLS y en particular la acción sindical en la empresa está basada en buena medida en la necesidad de que el sindicato cuente con representantes en el órgano unitario, pero al mismo tiempo el Título II ET dificulta o imposibilita la constitución de la representación unitaria en una buena parte del tejido empresarial. Ello produce un debilitamiento de todo el modelo de representación y representatividad sindical que además sustenta la negociación colectiva de eficacia general, pieza clave en la ordenación de las relaciones laborales de nuestro país. Por ello es necesario que el legislador actualice el desfasado marco normativo que regula el canal unitario de representación para atender a una realidad empresarial cada vez más diversa y compleja. La configuración legal de la unidad electoral en términos de mayor amplitud y flexibilidad permitiría una más amplia cobertura del órgano que está llamado a representar a todos los trabajadores en la empresa y que cumple funciones relevantes, particularmente en el campo de la participación. Además, con ello se evitaría al menos en parte que la inexistencia del órgano electo impida que las secciones sindicales puedan disfrutar de los derechos y facultades adicionales que facilitan la acción colectiva en la empresa, muy especialmente en el terreno creciente de la negociación colectiva estatutaria. En todo caso, dicha reforma puede tener impacto sobre el cómputo de la representatividad sindical regulado en la LOLS, pues cuanto mayor dimensión tenga la unidad electoral se exigirán un mayor número de votos. Este efecto indirecto puede perjudicar especialmente, aunque no solo, a los sindicatos incipientes o minoritarios que aspiran a mejorar posiciones dentro del sistema de la representatividad sindical, y ello teniendo en cuenta que el actual sistema de cómputo otorga una mayor prevalencia de los resultados electorales en unidades reducidas frente a las de mayores dimensiones. La posibilidad de que la audiencia electoral se mida por el número de votos y no de representantes, como ha propuesto un sector de la doctrina científica, no llegaría a resolver del todo el desequilibrio entre pymes y grandes empresas que provoca el actual sistema. La medición por voto permitiría otorgar mayor peso a las elecciones en las grandes empresas, ámbito en el que juegan con ventaja los grandes sindicatos ya consolidados en el sistema, y en todo caso exigiría a todos los sindicatos un mayor esfuerzo para conseguir el mayor número de votos en las organizaciones pequeñas.

Cuestión también abierta al debate es en qué medida es conveniente abrir el campo de la negociación colectiva estatutaria para facilitar las necesarias adaptaciones en la delimitación de la unidad base de la representación unitaria. Si esta importante materia queda en manos exclusivamente de las confederaciones mayoritarias se corre el riesgo de que los negociadores traten de influir indirectamente en la cuantificación de la representatividad, diseñando las unidades en atención a sus propias expectativas de voto, de modo que, por esta vía, una vez más, el sistema podría contribuir a reforzar la posición de los sindicatos que ya son representativos frente a los demás. En este sentido, de cara a una eventual reforma, no sería oportuno que el legislador permitiese que los actos de promoción de elecciones y los acuerdos de sindicatos representativos para la promoción generalizada puedan determinar los ámbitos y unidades electorales vinculadas a dicha promoción. Por otra parte, si el legislador decide en el futuro dejar un mayor margen a la autonomía colectiva en esta materia lo más razonable sería facilitar la negociación de empresa con todas las organizaciones sindicales que tengan implantación en ella, con posible intervención de la negociación sectorial para aportar fórmulas de cobertura a las empresas que deban abrir un primer proceso electoral o que en todo caso no puedan cerrar un acuerdo.

Frente a los problemas de rigidez que plantea la norma estatutaria para constituir órganos de representación unitaria, la LOLS permite la constitución de secciones sindicales en cualquier unidad productiva, con independencia del tamaño de la empresa y de la representatividad del sindicato. Esta mayor capacidad de la representación sindical para adaptarse a los diferentes entornos empresariales ha quedado reforzada además por la jurisprudencia del Tribunal Supremo que, en la búsqueda de interpretaciones favorables a la defensa de la libertad sindical, ha admitido interpretaciones flexibles que facilitan la acción en la empresa de los sindicatos que tengan implantación, aunque no sean representativos; así, entre otros, se ha confirmado el criterio de la libertad de elección del ámbito para designar delegados sindicales con independencia de la estructuración de los órganos de representación unitaria, y se ha aceptado un criterio de implantación débil para acreditar el requisito de la presencia del sindicato en el órgano de representación unitario. La jurisprudencia tiende a una interpretación amplia y dúctil a la hora de determinar el alcance de las garantías, como el crédito horario, y las competencias a ejercer por los delegados sindicales cuando se constituye la representación sindical a nivel empresarial y no de centro, salvo en lo que se refiere a prerrogativas como el local y tablón de anuncios, cuyo disfrute queda condicionado al cumplimiento de los requisitos legales a nivel de centro de trabajo.

Como se ha visto, la negociación colectiva contribuye de diversas maneras a reforzar y promocionar la representación sindical en la empresa, y particularmente la figura del delegado sindical. Ahora bien, es necesario que los convenios dejen bien claro cuándo están mejorando el régimen del delegado sindical ex art. 10 LOLS y cuando proceden a mejorar el estatuto de los portavoces o delegados internos designados por las secciones sindicales. Y para ello no es suficiente con utilizar la terminología adecuada que permita distinguir ambas figuras, sino que además es necesario delimitar correctamente el territorio de mejora convencional en cada caso. La mejora del régimen legal del delegado sindical privilegiado exige respetar la concurrencia de los dos requisitos previstos en la LOLS, pero el tratamiento convencional de los mismos solo debe ser admisible si permite potenciar la figura; en este sentido, para facilitar la designación del delegado sindical privilegiado es posible rebajar el umbral de la plantilla exigido por ley, pero es cuestionable que a cambio pueda exigirse un determinado nivel de audiencia electoral. Debe advertirse que la exigencia convencional de este tipo de requisito adicional puede favorecer a los sindicatos mayoritarios, pues ellos tienen mayores garantías de asegurarse una audiencia suficiente en empresas de menos de 250 trabajadores, pero perjudica a los minoritarios a los que se les está exigiendo un determinado nivel de audiencia cuando la ley solo requiere que hayan obtenido algún puesto en el órgano unitario. Por otra parte, si se pretende mejorar convencionalmente la figura del delegado interno de las secciones de sindicatos no representativos y no implantados, lo razonable es que el convenio se mueva al margen de los requisitos de la LOLS, exigiendo la constitución previa de la sección sindical y en su caso un determinado nivel de afiliación, y ello como presupuesto previo para reconocer todas o algunas de las prerrogativas que el art. 10 LOLS atribuye a los delegados sindicales.

Las posibilidades abiertas a la negociación colectiva para mejorar el régimen legal de la acción sindical en la empresa no pueden ser excusa para que los sindicatos mayoritarios firmantes del convenio obtengan ventajas o privilegios en detrimento de los sindicatos no firmantes, una tentación que, como demuestra la jurisprudencia, es relativamente frecuente. Estas prácticas convencionales alteran la situación de igualdad exigible para garantizar la concurrencia de organizaciones sindicales en un sistema de libertad y pluralidad sindical, y evidencian la necesidad de un control riguroso de los convenios colectivos. La autonomía colectiva solo podrá regular las mejoras sobre el contenido adicional de los derechos de acción sindical en la empresa respetando la igualdad de trato entre organizaciones sindicales, así como el contenido esencial y el adicional previsto en la ley. Cualquier diferencia debe estar justificada de forma objetiva y razonable, y si es necesario utilizar criterios selectivos, el de implantación, en sus distintas versiones, es el más ajustado para operar en el ámbito de la empresa.

Las diferencias de trato entre sindicatos también pueden tener su origen en decisiones empresariales, terreno este que puede ser particularmente propicio para que se produzcan conductas lesivas de la libertad sindical. Los actos de liberalidad del empresario en materia de acción sindical deben ser respetuosos con la exigencia de igualdad de trato entre sindicatos, de tal manera que los tratamientos diferenciados deben responder a criterios objetivos, razonables y proporcionados, y en todo caso, no pueden encubrir conductas antisindicales como el "amarillismo" o la neutralización de la acción sindical de los sindicatos promocionados desde la ley o el convenio, o la de aquellos que en todo caso tienen verdadera implantación en la empresa.

BIBLIOGRAFÍA

AAVV (Coord. CRUZ VILLALÓN, MENÉNDEZ CALVO, NOGUEIRA GUASTAVINO): *Representación y representatividad colectiva en las relaciones laborales. Libro homenaje a Ricardo Escudero Rodríguez*, ed. Bomarzo, Albacete, 2017.

AAVV (Dir. VALDÉS DAL-RÉ y MOLERO MARAÑÓN): *La representación de los trabajadores en las nuevas organizaciones de empresa*, Fundación Largo Caballero, Madrid, 2010.

AGUT GARCÍA, C (2006).: *El Delegado Sindical*, ed. Bomarzo, Albacete.

AGUT GARCÍA, C (2004).: *La sección sindical,* Bomarzo, Albacete.

ALBIOL MONTESINOS, I (1990).: *El sindicato en la empresa*, ed. Deusto, Bilbao.

ÁLVAREZ ALONSO, D (2020).: *Representación y participación de los trabajadores en la empresa*, Tirant lo blanch, Valencia.

ÁLVAREZ DE LA ROSA, M (1991).: *La organización del sindicato en los lugares de trabajo*, Civitas, Madrid.

ÁLVAREZ CUESTA, H (2006).: *Puntos críticos y alternativa a las elecciones sindicales y a la mayor representatividad*, Ed. Comares, Granada.

CARRIZOSA PRIETO, E (2009).: *Derechos de libertad sindical y principio de igualdad*, Consejo Andaluz de Relaciones Laborales, Sevilla.

DEL REY GUANTER, S.: "La conducta antisindical del empresario", *Relaciones Laborales,* T-1 (1987).

ESCUDERO RODRÍGUEZ, R (1990).: *La representatividad de los sindicatos*, Tecnos, Madrid.

ESTEBAN LEJARRETA, R.: "La elección de delegados sindicales en empresas multicentro y el papel de la negociación colectiva en la adaptación promocional de su ámbito de elección", en AAVV (Dir. SOLÁ MONELLS Y ESTEBAN LEJARRETA): *La representación laboral en las empresas dispersas y en red*, Ed. Comares, Granada, 2021.

GARCÍA MURCIA, J. (1987): *Organizaciones sindicales y empresariales más representativas*, MTSS.

GARCIA MURCIA, J.: "La actividad sindical y los criterios de representatividad sindical (I y II)", *Relaciones Laborales*, Tomo II-1987.

GARCIA MURCIA, J.: "Criterios de representatividad, igualdad de trato y libertad sindical: notas para un balance de jurisprudencia constitucional", *Revista Española de Derecho Constitucional*, nº 50, 1997.

GOERLICH PESET, J.Mª.: "Libertad sindical negativa y mejora de las condiciones laborales de los afiliados: un panorama jurisprudencial", en AAVV (Dir. SOTO RIOJA): *Representación y libertad sindical*. Límites a la libertad sindical negativa, la mayor representatividad sindical y su necesaria revisión, UGT, 2015.

GÓMEZ ABELLEIRA, F.J.: "La representación de los trabajadores en pequeñas empresas", en AAVV (Coord. MERCADER UGUINA): *Las relaciones laborales en las pequeñas y medianas empresas: problemas actuales y perspectivas de futuro,* Tirant lo blanch, Valencia, 2015.

GORDO GONZÁLEZ, L (2019).: *La representación de los trabajadores en las empresas transnacionales*, ed. Tirant lo blanch, Valencia.

JODAR, P.; ALÓS, P.; BENEYTO, P.; VIDAL, S.; "La representación sindical en España: cobertura y límites", en *Cuadernos de Relaciones Laborales* 36 (1) 2018.

LUJÁN ALCARAZ, J. (2003).: *La acción sindical en la empresa*, Consejo Económico y Social España.

MARTIN VALVERDE, A: "La acción sindical en la empresa en la Ley Orgánica de Libertad Sindical" *Revista de la Facultad de Derecho de la Universidad Complutense*, nº 7, 1985.

NAVARRO NIETO, F. (1993): *La representatividad sindical*, MTSS.

NIETO ROJAS, P: *Las representaciones de los trabajadores en la empresa*, Lex Nova, Valladolid, 2015.

RODRÍGUEZ-PIÑERO, M.: "Nueva realidad social y sindicalismo", *RL* Tomo II (1989).

ROQUETA BUJ, R: "Art. 8", AAVV (Dir. PÉREZ DE LOS COBOS, Coord. THIBAULT ARANDA): *Ley Orgánica de Libertad Sindical. Comentada y con jurisprudencia*, La Ley, Madrid, 2010.

SAEZ LARA, C. (1992).: *Representación y acción sindical en la empresa*, MTSS, Madrid.

SALA FRANCO, T.: "Artículo 10", en AAVV (Dir. PÉREZ DE LOS COBOS, Coord. THIBAULT ARANDA): *Ley Orgánica de Libertad Sindical. Comentada y con jurisprudencia,* ed. La Ley, Madrid, 2010.

SÁCHEZ-URÁN AZAÑA, Y. y FUENTES GARCÍA-ROMERO DE TEJADA, C.: "En torno a los criterios flexibles para la designación de delegados sindicales: ¿Una cuestión cerrada?, *Revista de Estudios Jurídico Laborales y de Seguridad Social,* nº 4, 2022.

SUÁREZ GONZÁLEZ, F: "Visión crítica de la Ley Orgánica de Libertad Sindical" *Revista de la Facultad de Derecho de la Universidad Complutense*, nº 7, 1985.

THIBAULT ARANDA, J., y GIL PLANA, J.: "Ámbito subjetivo del derecho de huelga", en AAVV (Dir. PÉREZ DE LOS COBOS, Coord. MONREAL BRINGSVAERD): *Real Decreto-Ley 17/1977, 4 marzo, sobre Relaciones de Trabajo*, La Ley, Madrid, 2014.

TORRENTS MARGALEF, J.: *El local de los representantes de los trabajadores*, Tesis Doctoral, Universidad Complutense, 2016.

VALLE MUÑOZ, F.: "El uso sindical de los sistemas de comunicación electrónica para transmitir información de interés laboral en la empresa", en AAVV (Coord. MORENO GENÉ, ROMERO BURILLO): *Los nuevos escenarios laborales de la innovación tecnológica*, Tirant lo blanch, Valencia, 2023.

Los "otros" sindicatos en la negociación colectiva

José María Goerlich Peset
Catedrático de Derecho del Trabajo y de la Seguridad Social
Universitat de València

The "other" unions in collective bargaining

SUMARIO:

1. CONSIDERACIONES PRELIMINARES. 2. REPRESENTATIVIDAD Y NEGOCIACIÓN COLECTIVA: 2.1. La génesis del modelo: sindicatos no representativos y negociación extraestatutaria; 2.2. La diversificación: sindicatos más representativos y simplemente representativos. 3. AUDIENCIA ELECTORAL Y EXPULSIÓN DEL SISTEMA DE NEGOCIACIÓN. 4. LA PARTICIPACIÓN DE LOS «OTROS SINDICATOS» EN LA NEGOCIACIÓN ESTATUTARIA: 4.1. El acceso a la negociación colectiva supraempresarial; 4.2. Comisión negociadora y principio de proporcionalidad; 4.3. Negociación de empresa y relajación de las exigencias de representatividad. 5. LA SELECCIÓN DE LA UNIDAD DE NEGOCIACIÓN. 6. LAS ALTERNATIVAS Y SU PAULATINO CONTROL POR LAS ORGANIZACIONES MÁS REPRESENTATIVAS. 7. DIFERENCIAS DE TRATAMIENTO DERIVADAS DEL CONVENIO COLECTIVO. 8. REFLEXIONES FINALES. BIBLIOGRAFÍA CITAD.A

RESUMEN: Nuestro sistema legal de negociación colectiva se basa en un convenio de eficacia general que se adquiere directamente, sin necesidad de una intervención administrativa posterior. En este contexto, la noción de representatividad está intensamente presente en la regulación de negociación y convenios colectivos. Se describen las principales normas implicadas y se analiza la forma en que salvaguardan las expectativas de las organizaciones sindicales que no ostentan la condición de más representativas.

Palabras clave: negociación colectiva, convenio colectivo, representatividad sindical, libertad sindical, igualdad

ABSTRACT: Our legal system of collective bargaining is based on an agreement of general effectiveness that is acquired directly, without the need for subsequent administrative intervention. In this context, the notion of representativeness is intensely present in the settlement of collective bargaining and collective agreements. The main rules involved are described and the way in which they safeguard the expectations of trade union organizations that do not hold the most representative status is analyzed.

Ke words: collective bargaining, collective agreement, trade union representativeness, freedom of association, equality.

1. CONSIDERACIONES PRELIMINARES

El análisis de la posición de los «otros sindicatos» ante la negociación colectiva implica adentrarse en un mundo lleno de matices. Sabemos, desde luego, que la de negociar convenios colectivos es una de las facultades inherentes a la libertad sindical. Se trata de una idea que se ha afirmado tanto en el terreno de la protección internacional de la libertad sindical como en nuestro derecho interno. Pero en ambos planos se entiende también que la promoción de la negociación colectiva mediante un marco de normas estatales adecuado puede implicar legítimamente el condicionamiento de las facultades negociadoras a criterios relacionados con la representatividad de los participantes. Su utilización para la selección de los interlocutores abre la posibilidad de que las organizaciones que no alcancen la exigida vean menoscabadas sus posibilidades de acción sindical. Con ello, se abre un primer conflicto, determinar si esta función de la representatividad es o no adecuada a las exigencias de la libertad sindical, que ha de resolverse valorando si las restricciones tienen un fundamento objetivo y razonable y ponderando la proporcionalidad de las ventajas que reporta sobre los efectos adversos que produce.

En el caso español, la cuestión presenta aspectos problemáticos adicionales que se relacionan con diferentes factores. El primero es la forma en que se determina la representatividad. Al respecto, por lo que se refiere a los sindicatos, nuestro modelo descansa exclusivamente en la audiencia electoral. El hecho de que se adquiera la condición de organización representativa a efectos de negociar en función de los resultados obtenidos en las llamadas elecciones sindicales hace aparecer un primer grupo de «otros sindicatos».

En cuanto al segundo, en el modelo diseñado por la Ley Orgánica 11/1985, 2 agosto, de Libertad Sindical (LOLS) la representatividad se diversifica. Sus arts. 6 y 7 no se limitan a contraponer los sindicatos representativos con los que no lo son, sino que introducen una graduación dentro de aquéllos entre los que son más representativos y los simplemente representativos. Los primeros operan a nivel estatal o autonómico, aunque también irradian su condición en los ámbitos territoriales y funcionales más restringidos; los segundos, en ámbitos territoriales y funcionales específicos en los que hayan obtenido la audiencia electoral necesaria. Estas últimas organizaciones también han de ser consideradas como «otros sindicatos», dado que la comentada graduación despliega efectos importantes en la ordenación de la negociación colectiva. En efecto, las tres reformas que, desde 1980, se han introducido en el Título III del Estatuto de los Trabajadores (ET), en buena medida para solventar las dificultades que los criterios de selección de interlocutores plantean a la dinámica de la negociación, han tendido a incrementar la relevancia de las organizaciones más representativas en el funcionamiento del sistema.

Por último, aunque no por ello menos importante, el modelo legal de negociación y convenio colectivos no deja de influir sobre las facultades negociadoras de los «otros sindicatos». La opción por la eficacia normativa y general desde su firma obliga al legislador a establecer una serie de criterios de ordenación de las relaciones entre unidades de negociación a los que los negociadores difícilmente pueden escapar. Es cierto que las restricciones derivadas de estos principios se proyectan formalmente sobre todos ellos, sean más o simplemente representativos. Pero, como consecuencia de la evolución normativa a la que he hecho referencia, las organizaciones del primer tipo ostentan ventajas adicionales. No cabe descartar, por otra parte, que la singular posición en la que se encuentran pueda ser aprovechada también para ahondar en ellas incrementando las garantías o facilidades que les corresponden por su mayor papel en el desarrollo de la contratación colectiva.

La resultante de todo ello es un complejo panorama. Las consideraciones que siguen intentan ordenarlo. Para ello, empiezo por reconstruir con algo más de detalle los elementos normativos que componen el modelo (2). Con posterioridad, se analizan las consecuencias sobre las organizaciones sindicales del criterio utilizado para medir la representatividad, que supone en determinados casos la expulsión del sistema legal (3). A continuación, se discute la posición de los «otros sindicatos» en la negociación colectiva estatutaria, con referencia separada a las garantías de sus expectativas en el procedimiento de negociación (4) y sus posibilidades respecto de la ordenación de su estructura (5). Se considera después la evolución que ha experimentado la reconstrucción de la negociación extraestatutaria, habitualmente concebida como válvula de escape de las diferentes restricciones derivadas del título III ET (6). Las reflexiones finales vienen, por último, precedidas por algunas consideraciones sobre la utilización de la negociación para ahondar la brecha entre las organizaciones más representativas y las demás (7).

2. REPRESENTATIVIDAD Y NEGOCIACIÓN COLECTIVA

2.1. La génesis del modelo: sindicatos no representativos y negociación extraestatutaria

Desde su primera versión, el Estatuto de los Trabajadores ha basado la regulación de la negociación colectiva en la idea de representatividad sindical. Aun cuando en el momento de su aprobación por la Ley 8/1980, de 10 de marzo, no existía un tratamiento general de la noción, se utilizaba profusamente en su articulado, a diferentes efectos y, entre ellos, en relación con el acceso a los procesos de negociación colectiva. Varios preceptos, en efecto, auspiciaban consultas previas con las organizaciones sindicales y empresariales más representativas para la concreción reglamentaria de las nuevas previsiones legales (cfr. arts. 6.2, 17.3 *in fine*, 27.1, 34.5 disp. final 4ª). Por su parte la disposición adicional 6ª establecía un criterio general de determinación de la representatividad "a efectos de ostentar representación institucional en defensa de intereses generales de los trabajadores o de los empresarios ante la Administración pública", afirmándose que gozaban "de esta capacidad representativa las organizaciones sindicales con el diez por ciento o más de los miembros de los comités de empresa y delegados de personal y las asociaciones empresariales con el diez por ciento o más de las empresas y trabajadores en el ámbito estatal", o del quince por ciento, en el caso de organizaciones de ámbito autonómico.

Por supuesto, la idea de representatividad jugaba un papel decisivo en la configuración de la negociación colectiva. Varios artículos se referían a las organizaciones sindicales o empresariales más representativas para atribuirles específicas prerrogativas en relación con la determinación de la estructura de la negociación (art. 83.2 ET-1980) de participación en el procedimiento de extensión del convenio colectivo (art. 92.2 ET-1980) o para la derogación formal de las ordenanzas laborales (disp. trans. 2ª ET-1980). Pero, sobre todo, es claro que, incluso sin existir referencia expresa a ella, la noción estaba implícita detrás de los requisitos de acceso al procedimiento de negociación de los convenios colectivos y para su aprobación (arts. 87 y 88 ET-1980). En efecto, por lo que se refiere a la negociación supraempresarial, para determinar lo que ahora conocemos como legitimación inicial se utilizaban en el art. 87.2 ET-1980 los mismos porcentajes de audiencia electoral o de afiliación que se recogían en la aludida disposición adicional 6ª; y después, para alcanzar la legitimación, se exigía que las organizaciones concurrentes reunieran la mayoría absoluta de ambos criterios (art. 88.1 ET-1980). Por su parte, en el ámbito empresarial o inferior, se admitía a "las representaciones sindícales si las hubiere" si bien se requería que "tales representaciones sindicales, en su conjunto, (sumasen) la mayoría de los miembros del comité" (art. 87.1 ET-1980).

La relevancia de la representatividad en la negociación colectiva se relaciona, desde luego, con la continuidad del paradigma de convenio colectivo que se había consolidado durante el franquismo. Pero la eficacia normativa y general que lo caracterizaba descansaba sobre el peculiar modelo sindical de la dictadura, basado en la existencia de una única organización, de naturaleza pública y de afiliación obligatoria para empresarios y trabajadores (cfr. decl. XIII Fuero del Trabajo; Ley Sindical 2/1971, de 17 de febrero). La desaparición de esta organización durante la Transición dificultaba el mantenimiento de este modelo de convenio, como puede advertirse en la reforma de la Ley 38/1973, de 19 de diciembre, de Convenios Colectivos Sindicales de Trabajo que introdujo el Real Decreto-Ley 17/1977, de 4 de marzo, sobre relaciones de trabajo (RDLRT). En efecto, la última ley franquista de convenios colectivos establecía claramente esta eficacia normativa y general. Su art. 6 establecía al respecto que "los Convenios Colectivos Sindicales tienen fuerza normativa y obligarán a la totalidad de los empresarios, trabajadores y técnicos comprendidos en el ámbito de los mismos por el plazo pactado". El RDLRT, publicado cuando la organización sindical franquista ya estaba siendo desmantelada (Real Decreto-ley 19/1976, de 8 de octubre, sobre creación, organización y funciones de la Administración Institucional de Servicios Socio-Profesionales) y días antes de que se publicara la Ley 19/1977, de 1 de abril, sobre regulación del derecho de asociación sindical, tuvo que dar nueva redacción a este artículo, añadiendo un significativo calificativo para delimitar la eficacia personal de los convenios colectivos: "los convenios Colectivos tienen fuerza normativa y obligan, por todo el tiempo de su vigencia, y con exclusión de cualquier otro, a la totalidad de los empresarios y trabajadores *representados* comprendidos dentro de su ámbito de aplicación" (al respecto, Borrajo Dacruz, 1980, p. 15 ss.).

Frente a este planteamiento, el Estatuto de los Trabajadores regresó al modelo que había sido tradicional. El art. 82.3 ET-1980, cuyo texto sigue en vigor hoy en día, estableció en este sentido que "los convenios colectivos regulados por esta Ley obligan a todos los empresarios y trabajadores incluidos dentro de su ámbito de aplicación y durante todo el tiempo de su vigencia", en un claro trasunto de la previsión original del art. 6 Ley 38/1973. Este cambio de orientación, en relación con la fugaz experiencia derivada de la aprobación del RDLDT, tiene como explicación inmediata la suscripción del Acuerdo Básico Interconfederal, en el que CEOE y UGT pactaron las grandes líneas del diseño del sistema de negociación colectiva (Valdés Dal-Ré, 1997, p. 34). En una perspectiva más profunda, probablemente hayan pesado en la opción factores como el intento de restringir los márgenes de intervención de la autoridad laboral en relación con los convenios y el de incrementar la eficacia de la negociación colectiva. La apuesta por un convenio colectivo de eficacia general permitía, en este último sentido, alcanzar una tasa de cobertura muy superior a la que hubiera resultado de la eficacia limitada a empresarios y trabajadores efectivamente representados. Por otro lado, el hecho de que aquella se adquiriera *ab initio* de forma directa, sobre la base del principio de representatividad, posibilitaba restringir al máximo la intervención administrativa, seguramente mirada con desconfianza tras la experiencia de elevado intervencionismo que había caracterizado la negociación en el marco de la organización sindical vertical.

Por supuesto, la opción no estaba exenta de problemas tanto desde un punto de vista práctico como desde otro teórico, de mucho mayor alcance (por todos Sala Franco, 1981). En el primer plano, se destacaron desde el primer momento las dificultades que podía suponer alcanzar los diferentes requisitos establecidos para la aprobación del convenio colectivo. En una cuestión que se sigue planteando hoy día, podían aparecer dificultades estructurales para reunir los requisitos en determinados sectores. Pero, incluso existiendo, cabía pronosticar dificultades para alcanzar las mayorías configuradas por los arts. 88 y 89 ET-1980. Por lo que se refiere a los aspectos teóricos, el modelo estatutario suscitó desde el primer momento un debate sobre su adecuación a la Constitución. En efecto, el Título III ET no permitía el acceso a la negociación de las organizaciones sindicales (o empresariales) que no reunieran los requisitos mínimos de representatividad. Y ello podría contravenir tanto el derecho fundamental a la libertad sindical del art. 28.1 CE como la amplia legitimación que el art. 37.1 CE admitía para el ejercicio del derecho a la negociación colectiva —reconocida de forma genérica a "los representantes de los trabajadores y empresarios"—. Para evitar este problema, se teorizó la necesaria existencia de un sistema paralelo al de las previsiones legales, el de la negociación colectiva extraestatutaria, que vendría incluso reconocida implícitamente en el Estatuto por las referencias a los convenios colectivos "regulados por esta Ley" (art. 82.3 ET-1980) o "a que se refiere esta Ley" (art. 90.1 ET-1980). Al quedar abierto a las organizaciones que no reunieran los requisitos de representatividad establecidos, permitiría salvar la constitucionalidad de las restricciones derivadas de los arts. 87, 88 y 89 ET. Eso sí, los acuerdos alcanzados con estos sindicatos no tendrían la eficacia privilegiada propia de los convenios estatutarios: aparte otros aspectos, únicamente dispondrían de una eficacia personal limitada a los sujetos efectivamente representados. Volveré luego sobre este tema.

2.2. La diversificación: sindicatos más representativos y simplemente representativos

En 1985, la Ley Orgánica de Libertad Sindical incidió sobre este estado de cosas. Por un lado, dio carta de naturaleza a la situación comentada en el apartado anterior; y, por otro,-introdujo una ulterior diferenciación entre las organizaciones sindicales en función de su representatividad. En cuanto a la primera idea, se deduce fácilmente de la contraposición entre el (genérico) "derecho a la negociación colectiva" reconocido a toda organización sindical por el art. 2.2.d) y el (más específico) derecho a "la negociación colectiva, en los términos previstos en el Estatuto de los Trabajadores" al que se refiere el art. 6.3.b), y que corresponde a las organizaciones sindicales más representativas de carácter estatal (art. 6.2) y autonómico (art. 7.1) así como a aquellas otras que, "aun no teniendo la consideración de más representativas hayan obtenido, en un ámbito territorial y funcional específico, el 10 por 100 o más de delegados de personal y miembros de comité de empresa y de los correspondientes órganos de las Administraciones públicas" (art. 7.2). Es bastante obvio que el primer precepto se refiere a la negociación extraestatutaria mientras que el segundo, como se refleja en su literalidad, reserva la de eficacia general a las organizaciones representativas.

Pero, para estas, se introdujo una nueva diferenciación entre las más representativas, a nivel estatal o autonómico, y las simplemente representativas, llamada a influir en la previa regulación de la legitimación para negociar. La LOLS, en efecto, imponía la necesidad de reformar las reglas del art. 87 ET para adaptarlas a la introducción de la llamada irradiación de la representatividad. Este mecanismo implica que las organizaciones más representativas lo son tanto en el nivel confederal (arts. 6.2.a] y 7.1.a] LOLS) como en cada uno de los niveles en los que estén presentes. De este modo, tienen también la consideración de más representativos, "los sindicatos o entes sindicales, afiliados, federados o confederados a una organización sindical... que tenga la consideración de más representativa" sea en el ámbito estatal (art. 6.2.b]) sea en el autonómico (art. 7.1.a] LOLS). A la postre, la irradiación supone, como indicó el preámbulo de la Ley 32/1984, 2 agosto, que la incorporó al texto del Estatuto, "la legitimación de las organizaciones sindicales más representativas sin necesidad de acreditar una audiencia específica en el ámbito del convenio". De este modo, "los entes sindicales afiliados, federados o confederados" a sindicatos más representativos de ámbito estatal o autonómico se incorporaron al listado de legitimados para participar en la negociación supraempresarial (letras a] y b] del art. 87.2 ET] junto con los que contaran con una representatividad efectiva del 10 %, en el ámbito geográfico y funcional del convenio (art. 87.2.c] ET).

La irradiación de la representatividad, así como como la concreción de su alcance en la negociación colectiva fueron cuestionadas ante el Tribunal Constitucional. Por lo que se refiere a la primera, la argumentación se centraba en la "desmesurada capacidad representativa" que asignaba a los entes federados, que resultaba "ajena al único criterio que puede utilizarse para ello: la real implantación". En definitiva, la irradiación implicaría "distorsiones... en el ejercicio de cada una de las funciones o prerrogativas" de los sindicatos más representativos. La STC 98/1985, 29 julio, descartó sin embargo la inconstitucionalidad del criterio puesto que ni afectaría a las posibilidades de otras organizaciones de alcanzar la suficiente representatividad para "ejercer las funciones en los concretos ámbitos de ejercicio" ni puede afirmarse que sea un criterio que no cuenta con suficiente justificación toda vez que asegura "la presencia en cada concreto ámbito de actuación de los intereses generales de los trabajadores frente a una posible atomización sindical" en línea con la previa jurisprudencia constitucional. Posteriormente, la STC 57/1989, 16 marzo, se ocupó de la posible inconstitucionalidad de la reforma del art. 87 ET por la Ley 32/1984, que se había denunciado sobre la base de que introduciría una "dosis de inseguridad jurídica que ha de reputarse contraria al art. 9.3 C.E., especialmente a la hora de constituir la comisión de negociación de los convenios colectivos, pues, al otorgarse a los órganos sindicales más representativos a nivel estatal o de Comunidad Autónoma la legitimación para negociar sin necesidad de acreditar una audiencia específica en el ámbito del convenio, se produce una situación equívoca o la posibilidad de una interpretación alternativa que resulta igualmente rechazable". El TC no negó la existencia del problema; pero excluyó la inconstitucionalidad en base a la legítima finalidad perseguida por la irradiación y, en todo caso, por su falta de trascendencia constitucional. Se descarta en este último sentido que, "en la configuración jurídica de esa legitimación (por irradiación), constituya un elemento de inseguridad jurídica la constitución de la comisión negociadora, cuestión esta última cuya problemática, en su caso, debe ser resuelta, como así se viene haciendo, por la jurisprudencia de los Tribunales ordinarios".

Por lo demás, la promoción de las facultades en la negociación colectiva de las organizaciones más representativas ha tenido un impulso adicional con la reforma del Título III introducida por el RDL 7/2011, 10 junio. A la búsqueda de solventar los problemas estructurales que afectan a la determinación de la representatividad basado, del lado de los trabajadores, en la audiencia electoral, y del empresarial, en la afiliación, se introdujeron normas dirigidas a facilitar los procesos negociadores en los ámbitos en que se produjeran. La nueva redacción de los arts. 87 y 88 ET, aparte otros aspectos, pretendía, según el preámbulo, avanzar "en el objetivo de la reforma de extender la negociación colectiva hacia mayores niveles de cobertura". A estos efectos, se procede a una integración de los defectos estructurales de la representatividad mediante la encomienda a las organizaciones más representativas a nivel estatal o autonómico de la legitimación inicial y plena. En el primer sentido, y por lo que se refiere a las organizaciones empresariales, el art. 87.3 ET, además de desbordar el estricto criterio de la afiliación existente con anterior, previene ahora que, a falta de asociaciones empresariales legitimadas conforme a las reglas generales, puedan acceder al procedimiento negociador las organizaciones estatales o autonómicas que acrediten suficiente representatividad en tales ámbitos. En cuanto al segundo, el nuevo art. 88.2 ET posibilita en los casos de problemas estructurales, tanto del lado laboral, porque "no existan órganos de representación de los trabajadores", como empresarial, por no existir "asociaciones empresariales que cuenten con la suficiente representatividad", que la comisión negociadora quede válidamente constituida con la concurrencia de las organizaciones más representativas de ámbito estatal o autonómico.

3. AUDIENCIA ELECTORAL Y EXPULSIÓN DEL SISTEMA DE NEGOCIACIÓN

Las exigencias de representatividad para acceder a la negociación colectiva estatutaria producen, como se ha apuntado, un primer grupo de «otros sindicatos» que, incluso contando con una intensa implantación en un determinado ámbito, no pueden acreditar su representatividad por la vía legalmente establecida. El criterio exclusivo que utiliza nuestro ordenamiento, la audiencia electoral, hace aparecer diferentes insuficiencias en el momento de acreditar la representatividad que impiden acceder al sistema legal de negociación colectiva. Alguna de ellas puede ser fácilmente orilladas puesto que su carácter voluntario excluye todo perfil problemático. En este sentido, es, desde luego, una opción legítima la de no contrastar la propia representatividad en la medida en que una determinada organización sindical apueste únicamente en su programa de acción por medidas de acción directa. Mas sabemos que los efectos negativos que este tipo de decisiones puedan proyectar sobre ella no contravienen la libertad sindical. En este sentido, la STC 84/1989, 10 mayo, indicó que, una vez "reiteradamente declarado compatible con la CE" el criterio de la audiencia electoral para la medición de representatividad, "si un Sindicato se autoexcluye de la participación en los órganos de representación, lo que desde luego es perfectamente legítimo y no se le puede impedir (STC 23/1983, de 25 de marzo), ello significa que queda igualmente autoexcluido de las consecuencias que la audiencia en dichos órganos lleva aparejadas (STC 37/1983, de 11 de mayo)". Aunque el supuesto resuelto era diferente al que nos ocupa, no parece difícil extenderle la doctrina.

En todo caso, la sujeción de la negociación colectiva al criterio de la audiencia electoral presenta otros efectos negativos sobre el acceso a la negociación que no pueden justificarse sobre la base de la voluntariedad. Al margen las ya indicadas dificultades para cumplimentar las exigencias de representatividad establecidas en los arts. 87, 88 y 89 ET, cabe detectar otras disfunciones (para más detalles, Lahera Forteza, 2021, p. 31 ss.) entre las que me gustaría destacar dos. La primera se relaciona con la propia estructura de la representación unitaria. Habida cuenta su vinculación con el volumen de empleo existente en los centros de trabajo, es perfectamente concebible que existan sectores completos en los que no puedan elegirse los órganos correspondientes. En cuanto a la segunda, incluso en casos en que las elecciones a los mismos se desarrollen con normalidad, el modo en el que se organizan los procesos electorales puede impedir el contraste de la representatividad de las organizaciones que participan. Recuérdese, en este sentido, que, como regla general, únicamente es posible diferenciar resultados en los comités y solo cabe hacerlo entre "técnicos y administrativos" y "especialistas y no cualificados" (cfr. art. 71.1 ET). Las disfunciones estructurales del primer tipo implican que no pueda existir negociación colectiva al amparo del título III ET; las funcionales del segundo tipo, dificultan la constitución de determinadas unidades de negociación, en concreto las relacionadas con franja de trabajadores.

Este tipo de insuficiencias podría haberse solventado mediante la búsqueda interpretativa de sistemas alternativos de medición de la representatividad. Sin embargo, la claridad de los criterios legales lo han dificultado. Es cierto que en algún caso los Tribunales han evitado discutir la eficacia general del convenio, a pesar del evidente incumplimiento de los requisitos estatutarios de representatividad del lado sindical (cfr. STS 16 enero 1986, ECLI:ES:TS:1986:62, en relación con convenio colectivo de notarías). Pero no lo es menos que ello se ha debido en gran medida al hecho de que no había existido una discusión de este aspecto previa a registro y publicación; y, sobre todo, que la pretensión de impugnación presentaba algunas incoherencias. De hecho, cuando la cuestión se ha planteado directa y frontalmente, la respuesta jurisprudencial ha sido clara: resulta imposible buscar una fuente de representatividad alternativa a la legalmente elegida.

La STS 4 junio 1999, Rº 3755/1998, en relación con el Convenio Colectivo Nacional Taurino, ha sido bien explícita en el sentido de que los criterios estatutarios "para regular la eficacia general de la negociación colectiva" son "materias sometidas al rango del «derecho necesario absoluto»". Sobre la base de esta idea, ha rechazado la eficacia general del indicado convenio que, en instancia, había sido reconocida sobre la base de que la afiliación de la organización firmante alcanzaba al 95 % de los trabajadores incluidos en el ámbito funcional. En esta misma línea, la posterior STS 20 diciembre 2004, Rº 9/2004, enjuició un convenio provincial para empleados de fincas urbanas y descartó que una organización sindical pudiera quedar legitimada para acceder a la negociación sobre la base de la afiliación. En fin, en el ámbito de la negociación empresarial, cabe traer a colación la STS 7 octubre 2004, Rº 189/2003, que rechaza la pretensión de participar en la negociación empresarial de representación sindical ausente de los órganos de representación unitaria, a pesar de reconocerse la afiliación mayoritaria de los trabajadores afectados.

De este modo, solo en caso de que la Ley establezca un sistema alternativo, puede ser considerada su utilización a efectos de que el convenio adquiera eficacia general. Tal ha ocurrido con los convenios de franja de ámbito empresarial o inferior —es decir, los "dirigidos a un grupo de trabajadores con perfil profesional específico" que serán negociados por "las secciones sindicales que hayan sido designadas mayoritariamente por sus representados a través de votación personal, libre, directa y secreta" (art. 87.1.IV ET)—. Sin embargo, este tipo de convenios permanece confinado en el terreno de la negociación extraestatutaria si referidos a unidades supraempresariales, como sucede, por ejemplo, con los aprobados en el deporte profesional. Y lo mismo cabe decir de los que se negocian en sectores cuyos centros de trabajo no alcanzan los umbrales establecidos en el Título II ET para la elección de delegados de personal.

4. LA PARTICIPACIÓN DE LOS «OTROS SINDICATOS» EN LA NEGOCIACIÓN ESTATUTARIA

Si no se producen las disfunciones que se han comentado en el apartado anterior, resulta posible la aplicación de las reglas de los arts. 87 ss. ET, que establecen sucesivos umbrales de representatividad para la aprobación del convenio de eficacia general. Aunque responden a una filosofía común, las reglas que se establecen son diferentes para la negociación empresarial y la supraempresarial. Ello hace conveniente examinarlas por separado, puesto que, aunque han sufrido un proceso de cierta convergencia interpretativa, mantienen ciertas diferencias.

4.1. El acceso a la negociación colectiva supraempresarial

El art. 87.2 ET garantiza la presencia en la comisión negociadora, aparte de "las organizaciones sindicales afiliadas, federadas o confederadas" a los sindicatos más representativos de ámbito estatal o autonómico, de "los sindicatos que cuenten con un mínimo del diez por ciento de los miembros de los comités de empresa o delegados de personal en el ámbito geográfico y funcional al que se refiera el convenio" (apartado c]). Alcanzar este mínimo de audiencia electoral es clave: si se alcanza, el «otro sindicato» será considerado simplemente representativo (art. 7.2 LOLS) y tendrá garantizada su presencia en el proceso de negociación puesto que, conforme al art. 87.5 ET, "todo sindicato, federación o confederación sindical, y toda asociación empresarial que reúna el requisito de legitimación, tendrá derecho a formar parte de la comisión negociadora"; por el contrario, si no lo alcanza, no será en absoluto representativo y no podrá participar en él.

Desde el primer momento, la exclusión de las organizaciones que no alcanzan este mínimo se ha reputado ajustada al derecho a la libertad sindical. Como es sabido, la primera jurisprudencia constitucional (STC 70/1982, 29 noviembre) adoptó una visión amplia de la libertad sindical, que no se agota como podría desprenderse de la literalidad del art. 28.1 CE en "el derecho de los individuos a fundar sindicatos y a afiliarse a los de su elección" sino que incluye también "el derecho a que los sindicatos fundados... realicen las funciones que de ellos es dable esperar, de acuerdo con el carácter democrático del Estado y con las coordenadas que a esta institución hay que reconocer", lo que sin duda establece una relación inescindible entre negociación colectiva y libertad sindical. Sin embargo, también desde los primeros pronunciamientos aceptó que este derecho pudiera ser condicionado por la representatividad habida cuenta la particular eficacia que el Estatuto de los Trabajadores atribuye al convenio colectivo. En palabras de la STC 4/1983, 28 enero, "el valor normativo del convenio colectivo y de su fuerza vinculante, con una eficacia erga omnes, ha movido al legislador a sujetar su validez a unos presupuestos cuya intensidad va más allá de los límites generales a la autonomía negocial del derecho privado" sin que por ello se produzca lesión de la libertad sindical. En definitiva, la STC 98/1985, 29 julio, al resolver el recurso previo frente a la LOLS, insistió en que el Título III ET da vida a "un específico supuesto de negociación, dotada de eficacia general y aplicable por tanto a todos los trabajadores y empresarios incluidos dentro de su ámbito, pertenezcan o no a las organizaciones pactantes" de lo que resulta "la necesidad lógica de reconocer la legitimación a quienes representen cualificadamente los intereses del grupo afectado, los que justifican la limitación a quienes ostentan una mínima representatividad" Por eso, "el no reconocimiento de la legitimación para negociar convenios colectivos de ámbito superior a la empresa a los sindicatos no mencionados en el art. 87.2 de la LET no viola los arts. 7, 28.1 y 37 C.E." (STC 57/1989, 16 marzo). A la postre, el planteamiento se ha convertido en un lugar común en la jurisprudencia ordinaria (entre otras, SSTS 14 junio 1999, Rº 3871/1998, o 27 febrero 2001, Rº 609/2000).

Esta primera jurisprudencia, en todo caso, ha convalidado los planteamientos más restrictivos en relación con la aplicación del porcentaje de acceso. Rechazó, de entrada, que cupiera atribuir legitimación inicial a una coalición espontánea de representantes unitarios (STC 4/1983, 28 enero); y, poco después, que fuera computable a estos efectos la cesión de la representación por independientes electos en el ámbito de que se trate (STC 12/1983, 22 febrero). Con posterioridad, la doctrina legal del TS ha permanecido fiel a este planteamiento, descartando la cesión de porcentajes de representatividad de unas organizaciones a otras (por ejemplo, STS 20 diciembre 2004, Rº 9/2004). De este modo, solo las coaliciones sindicales preexistentes y que se hayan formalizado en los previos procesos electorales han de ser contabilizadas para valorar la exigencia de representatividad del art. 87.2.c) ET (STS 13 julio 2010, Rº. 17/2009). Asimismo se ha excluido que quepa argüir la tolerada presencia de una determinada organización en procesos negociadores anteriores para justificar el derecho de acceso a la negociación de otros convenios (STS 631/2021, 16 junio).

La interpretación estricta, por otro lado, se ha extendido a los criterios para calcular la simple representatividad. En este sentido, la exigencia del art. 87.2.c) ET de que se alcance el "diez por ciento de los miembros de los comités de empresa o delegados de personal en el ámbito geográfico y funcional al que se refiera el convenio" se ha aplicado sin matices, sin tomar en consideración el alcance real del convenio. De este modo, no se permite descontar los resultados electorales correspondientes a los territorios (STS 1 octubre 1998, Rº 3114/1997) o empresas con convenio propio (por ejemplo, STS 368/2021, 7 abril) lo que podría parecer razonable habida cuenta de que siempre es posible que durante la vigencia del convenio territorial se produzca un cambio de unidad; pero tampoco los que pudieran corresponder a trabajadores que, por la razón que sea, no quedarán afectados por el convenio, lo que no resulta tan obvio. La STS 548/2017, 21 junio, en este sentido, ha rechazado la propuesta interpretativa de "excluir del cómputo el número de representantes que, teóricamente, corresponden a los electores que luego no están incluidos en el ámbito de aplicación del convenio colectivo que se negocia, cual serán los médicos-residentes con relación laboral especial".

Por último, puede ser relevante a los efectos que aquí interesan la doctrina en relación con la operativa de la garantía del art. 87.5 ET. El precepto impone la presencia de todas las organizaciones legitimadas en el proceso negociador; y sabemos que, en caso de incumplimiento, el proceso negociador y, por ende, el convenio resultante será nulo. Sin embargo, es importante recordar que, de su literalidad, no deriva la necesidad de un específico llamamiento a las organizaciones legitimadas. La jurisprudencia lo ha declarado en varias ocasiones, sobre la base de que la existencia de este derecho a ser llamados al inicio de las negociaciones no puede deducirse de ella: "si el legislador hubiera querido que ese fuera su contenido habría tenido que establecer quién de los partícipes en la negociación debía de hacer ese llamamiento y cómo" lo que no se ha producido (STS 25 noviembre 2014, Rº 63/2014, con cita de otras anteriores). Es verdad que este criterio interpretativo no posibilita el recurso a la negociación clandestina para orillar las expectativas de los «otros sindicatos» —ni de los más representativos— puesto que la interpretación jurisprudencial exige en salvaguarda del derecho del art. 87.5 ET que "quede acreditado que todos los interesados han tenido conocimiento de dicha negociación..., puesto que la falta de ese requisito equivaldría a una forma tácita de hacer ineficaz aquel derecho". Con todo, la operatividad de esta idea requiere una tempestiva actuación por parte del interesado, puesto que, de existir tal conocimiento, tendrá que exigir de inmediato su participación en el proceso de negociación, sin que sea admisible después discutir sus resultados.

4.2. Comisión negociadora y principio de proporcionalidad

La versión original del Estatuto no establecía reglas concretas en relación con la distribución de los componentes de la comisión negociadora entre las organizaciones concurrentes (art. 88.1) ni clarificaba cómo había de computarse "el voto favorable del sesenta por ciento de cada una de las dos representaciones" que se requería para la aprobación del convenio (art. 89.3 ET-1980). En este contexto, la irrupción de la mayor representatividad por irradiación como consecuencia de la aprobación de la LOLS y la reforma estatutaria de 1984 no podía dejar de plantear problemas interpretativos que podían afectar a la posición de los sindicatos simplemente representativos en el proceso negociador.

En efecto, como se señaló por los comentaristas tempranos de las nuevas reglas (Rodríguez Sañudo, 1985, pp. 172–173), el hecho de que la reforma introducida en el ET por la Ley 32/1984 no hubiera afectado a las reglas de sus arts. 88 y 89 abría interrogantes sobre la manera en la que los nuevos sujetos legitimados, las organizaciones federadas o confederadas afiliadas a los sindicatos más representativos, habían de intervenir. En concreto se suscitaba, de un lado, si la sola presencia de estas organizaciones conducía a considerar que la comisión se había constituido válidamente, con independencia de la representatividad que ostentasen en el ámbito correspondiente; y, de otro, si a efectos de distribución de componentes del ente negociador y de la adopción de acuerdos en él, las organizaciones irradiadas ostentaban la representatividad de la irradiante o únicamente la que acreditasen en el ámbito en el que se estaba negociando. Obviamente la respuesta a estas dos cuestiones podía tener un impacto trascendente sobre los procesos negociadores en la medida en que podía incrementar el poder de los entes representativos por irradiación frente a la representatividad real ostentada por los sindicatos simplemente representativos.

Sin embargo, la respuesta a ambas cuestiones ha sido lo suficientemente matizada como para preservar la integridad de sus expectativas. De un lado, la doctrina ha venido entendiendo que la sola presencia de las organizaciones más representativas no era suficiente para alcanzar la mayoría absoluta requerida por el art. 88 ET. Esta, que se refiere según la jurisprudencia al conjunto del sector y no solo a la representatividad ostentada por los legitimados *ex* art. 87 ET (cfr. (SSTS 22 noviembre 2005, Rº 26/2004, y 25 septiembre 2007, Rº 136/2006), no se alcanzaría con la sola presencia de los sindicatos más representativos por irradiación (Solans Latre, 2004, p. 206 ss.). Este criterio viene claramente confirmado por la STS 475/2021, 4 mayo, que ha interpretado de forma estricta la regla del art. 88.2.II ET, introducida por el RDL 7/2011.

De otro lado, y por lo que se refiere al cómputo de la representatividad por irradiación, la doctrina judicial se ha mostrado, desde el principio, contraria a una interpretación en relación con la distribución de puestos y valoración de mayorías en la comisión negociadora que pudiera afectar de forma injustificada a la real representatividad ostentada por las organizaciones legitimadas (Solans Latre, 2004, p. 205). Y en esta misma línea se ha movido la jurisprudencia del TS que, de un lado, ha partido de la base de la distribución proporcional de los puestos en la comisión negociadora (por ejemplo, STS 23 noviembre 1993, Rº 1789/1991; con posterioridad, y con todo lujo de detalles, STS 11 abril 2011, Rº 151/2010); y, de otro, ha ido solventando los problemas relacionados con la toma de decisiones en cada una de sus representaciones aplicando este mismo principio no solo sobre las personas que las componen sino también, cuando resulta razonable, sobre la representatividad ostentada (cfr. SSTS 22 febrero 1999, Rº 4964/1997, 17 enero 2006, Rº 11/2005, 3 junio 2008, Rº 3490/2006, 22 diciembre 2008, Rº 89/2006, o STS 23 enero 2012, Rº 220/2010).

Por lo demás, esta conclusión ha acabado por ser expresamente consagrada en el propio ET. En efecto, uno de los preceptos reformados por la Ley 11/1994 fue precisamente el art. 88.1 ET. Aunque las modificaciones miraban fundamentalmente a la flexibilización de los requisitos para la aprobación de convenios de eficacia general, se aprovechó para consagrar explícitamente la distribución proporcional de la participación de los organizaciones sindicales y empresariales en las comisiones de negociación de los supraempresariales. De este modo, las modificadas reglas de quórum establecidas en el segundo párrafo del art. 88.1 ET habían de ser interpretadas, "sin perjuicio del derecho de todos los sujetos legitimados a participar en ella en proporción a su representatividad". Por lo demás, la posterior modificación del precepto por acción del RDL 7/2011 no parece haber variado este estado de cosas, a pesar de que la referencia a la proporcionalidad del art. 88.1 ET no es exactamente igual a la que se hace después, en el último párrafo del apartado 2, en el que aquella se asocia expresamente al "ámbito territorial de la negociación". Se trata, por lo demás, de una solución que parece razonable y, si se me apura, necesaria. Se ha señalado, en este sentido, que existe una clara conexión entre el juego del principio de proporcionalidad y la libertad sindical (Lleó Casanova, 2006, p. 343). En efecto, de no aplicarse, la representatividad irradiada implicaría el aplastamiento de las facultades negociadoras de los sindicatos simplemente representativos, condenados a ser convidados de piedra en el procedimiento. Cabría pensar, en consecuencia, que cualquier otra interpretación a la apuntada excedería el requisito de proporcionalidad que se requiere para aceptar las prerrogativas de la mayor representatividad.

Las expectativas de los otros sindicatos vienen, por lo demás, salvaguardadas por el modo en que se computa la mayoría necesaria para entender aprobado el convenio. Desde 1994, el art. 89.3 ET, establece que "los acuerdos de la comisión requerirán, en cualquier caso, el voto favorable de la mayoría de cada una de las dos representaciones". De acuerdo con la jurisprudencia, este no se refiere al sector sino a las organizaciones presentes (STS 14 febrero 1996, Rº 3173/1994; véase también STS 5 noviembre 2002, Rº 11/2002), lo que complementa el juego del principio de proporcionalidad y garantiza que las decisiones se adoptan conforme a la representatividad efectivamente ostentada. Con posterioridad se ha indicado que resulta imposible alterar por acuerdo entre las partes la mayoría requerida para la aprobación del convenio (cfr. STS 28 septiembre 2015, Rº 277/2014).

4.3. Negociación de empresa y relajación de las exigencias de representatividad

Las normas que regulan la negociación colectiva en el ámbito empresarial o inferior parecen responder a una lógica parcialmente diferente. En efecto, si atendemos a las previsiones del Estatuto de los Trabajadores, observamos que no está presente, al menos de forma literal, la lógica de la representatividad. En una regla que, en lo sustancial, ha estado vigente desde 1980, el art. 87.1 ET se consagra un requisito mayoritario para la negociación por las secciones sindicales. El precepto afirma, en este sentido, que, "para negociar en los convenios de empresa y de ámbito inferior", están legitimadas, aparte los órganos de la representación unitaria, "las secciones sindicales... que, en su conjunto, sumen la mayoría de los miembros del comité".

Este principio mayoritario es, desde luego, diferente al criterio de representatividad que atraviesa la regulación de la negociación supraempresarial. Por supuesto, lo normal será que la mayoría requerida resulte en la mayor parte de los casos de la concurrencia de las grandes centrales representativas. Mas es claro que esto no habrá de ser así no todos los casos. Cabe pensar en supuestos en los que, en función de la audiencia electoral en el ámbito de que se trate, la mayoría la ostente una sola sección, pertenezca o no a una organización más representativa, o derive de un acuerdo en el que participen secciones de los otros sindicatos, en exclusiva o en relación con alguna de los más representativos.

Sin embargo, las previsiones que establece el art. 8.2 LOLS que, a la postre, han acabado por mediatizar el alcance de la regla del art. 87.1 ET. Este precepto reconoce determinados derechos a "las Secciones Sindicales de los sindicatos más representativos y de los que tengan representación en los comités de empresa y en los órganos de representación que se establezcan en las Administraciones públicas o cuenten con delegados de personal", entre los que se incluye el derecho "a la negociación colectiva, en los términos establecidos en su legislación específica" [letra b)]. Esta remisión admite diferentes lecturas. Cabría, por ejemplo, encajarla en la categoría de las reglas carentes de utilidad puesto que, al remitir al reenviar a la "legislación específica" en materia de negociación, simplemente supondría la reafirmación del criterio mayoritario del art. 87.1 ET. No es esta, sin embargo, la interpretación que se ha consolidado. Antes incluso de la aprobación de la LOLS ya se había entendido que las secciones aludidas en el precepto eran las que habían obtenido resultados positivos en las elecciones a la representación unitaria (Nores Torres & Rodríguez Pastor, 2006, p. 125 ss.). De este modo el art. 8.2.b) LOLS esta regla implica la garantía de la presencia en los procesos de la negociación colectiva en el ámbito empresarial de las secciones sindicales pertenecientes tanto a las organizaciones más representativas como a las que tengan representantes en los órganos de la representación unitaria. Como afirma la reciente STS 267/2023, de 12 de abril, "cuando negocian las secciones sindicales entran en juego las previsiones del artículo 8.2.b) LOLS", conforme a las cuales "el derecho a intervenir en la negociación de convenios colectivos ajustados al Estatuto de los Trabajadores (eficacia general, fuerza normativa, etc.) se reserva a las organizaciones integradas en sindicatos más representativos o en sindicatos que tengan representación en los comités de empresa o cuenten con delegados de personal".

Así interpretado, el precepto limita los efectos que literalmente parecen corresponder al principio mayoritario del art. 87.1 ET. Este solo actuaría, en la fase preliminar, en el momento de la selección de interlocutores de la parte social; y, al final de la negociación, para valorar la adquisición de la eficacia general por el convenio de empresa. No sería aplicable, sin embargo, en el momento de la determinación de la composición de la comisión negociadora, a la que necesariamente deberían tener acceso tanto las secciones de las organizaciones más representativas como las de los sindicatos que tengan representantes en los órganos unitarios. De este modo, la regla del art. 87.5 ET, aunque literalmente referida únicamente a "sindicato, federación o confederación sindical", se proyectaría también sobre las representaciones sindicales en la empresa (por ejemplo, SSTS 18 enero 1993, Rº 1682/1991, y 7 marzo 2002, Rº 1220/2001). Con ello el derecho a participar en la negociación del convenio de empresa de los «otros sindicatos» resulta ser notablemente más amplio que en el caso de los de ámbito supraempresarial.

La evolución interpretativa, por otro lado, ha llevado al límite este criterio. No se trata solo de que resulta contrario al derecho fundamental del art. 28.1 CE dejar al margen de la negociación a quien ostenta suficiente representatividad para participar en ella. Más allá de ello, se ha impuesto un criterio extensivo de la interpretación de esta noción, que pone en cuestión la discrecionalidad de los partes para determinar las características del órgano negociador e impone, salvo excepciones, la presencia en él de todas las secciones sindicales aludidas en el art. 8.2.b) LOLS, conforme al principio de proporcionalidad, incluso si ello supone intervenir en las decisiones de las partes respecto al número de componentes del banco social de la comisión negociadora. Aunque esta afirmación ha sido controvertida en nuestra experiencia jurisprudencial, ha sido consagrada en la jurisprudencia más reciente. Históricamente, el TC había rechazado que su composición pudiera ser alterado de forma caprichosa, si con ello se producía la exclusión irrazonable de algún sujeto representativo. En el supuesto resuelto por la STC 137/1991, 20 junio, se habían reducido los bancos negociadores a diez miembros, en lugar de los doce que permitía entonces el art. 88.3 ET-1980, con el resultado de que se garantizaba una mayoría del entonces exigido 60 % exigido (art. 89.3 ET-1980) para una determinada representación sindical. Como ello no se correspondía con la representatividad efectivamente ostentada en el ámbito de la empresa, el Tribunal Constitucional estimó el recurso de amparo interpuesto por la sección minoritaria, reconociéndole el derecho a formar parte de la comisión negociadora "en proporción a su representatividad en la empresa". Con posterioridad, la cuestión ha sido polémica en la jurisprudencia ordinaria que, a veces, ha aceptado las decisiones adoptadas, aunque pudieran producir ciertos perjuicios para las opciones minoritarias (por ejemplo, STS 5 diciembre 2000, Rº 4374/1999); y lo ha rechazado en otras ocasiones (por ejemplo, STS 8 octubre 2009, Rº 161/2007). La reciente STS 267/2023, 12 abril, parece zanjar definitivamente la cuestión. Y lo hace en el sentido de entender que se ha de garantizar la presencia de todas las secciones contempladas en el art. 8.2.b) LOLS, sin que quepa reducir la dimensión del órgano negociador para excluir a alguna de ellas. En principio, la distribución ha de hacerse conforme a la representatividad efectivamente ostentada —en la línea que se ha sostenido en 19 noviembre 2010, Rº 63/2010—. El TS es consciente de los problemas que puede suscitar el ajuste aritmético de la proporcionalidad dada la limitación establecida en el art. 88.4 ET. Sin embargo, considera que no han de afectar a la garantía de la presencia efectiva en la comisión negociadora puesto que siempre pueden solucionarse mediante el recurso al voto ponderado.

A la postre, pues, en el ámbito de la negociación de empresa —cuyas reglas inspiran las dedicadas a las consultas en relación con la reestructuración empresarial—, la posición de las secciones de los sindicatos que no son más representativos alcanza una protección superior a la que estas organizaciones tienen en la negociación supraempresarial. Con todo, la doble legitimación del art. 87.1 ET puede también ponerla en riesgo si las secciones mayoritarias no optan por abrir la vía sindical. La negociación a través de los órganos de la representación unitaria, cuyo funcionamiento colegiado se rige por un principio mayoritario puede conducir a una situación diferente.

5. LA SELECCIÓN DE LA UNIDAD DE NEGOCIACIÓN

El análisis de la posición del sindicato simplemente representativo en la negociación colectiva estatutaria no puede cerrarse sin estudiar sus posibles actuaciones en relación con la dinámica estructural de la negociación. En este terreno, cabe pensar en dos aspectos diferentes, el primero relacionado con su posible entrada en unidad de negociación en la que previamente no estaba presente y, el segundo, con sus facultades de separación de la estructura preexistente.

La primera cuestión tiene una respuesta sencilla una vez que el Tribunal Supremo ha clarificado quienes son los sujetos legitimados para denunciar un convenio colectivo y poner en marcha el procedimiento para su renovación. La STS 1035/2016, 2 diciembre, ha interpretado, en efecto, que la denuncia del convenio vigente puede ser formulada por quienes ostentan legitimación inicial para negociar. De este modo, se garantiza la posibilidad de forzar la revisión a las organizaciones que pudieran haber adquirido la condición de simplemente representativas durante la vigencia del convenio anterior.

Sus expectativas son menos claras si lo que se pretende es alterar el *statu quo* preexistente. Cabe pensar en este segundo terreno que este tipo de organizaciones pueden tener interés en hacerse un hueco en la situación preexistente para hacer valer la representatividad ostentada "en un ámbito territorial y funcional específico", en los términos del art.7.2 LOLS. En efecto, hay que presumir su interés en que la negociación colectiva se desarrolle precisamente en este ámbito (un subsector funcional, una determinada demarcación territorial) y no en otros más amplios para los que no disponga del porcentaje requerido de audiencia electoral. Sin embargo, no existe una específica tutela para esta expectativa. Antes al contrario, el juego de las diferentes reglas que conducen a la determinación de la unidad negocial aparecen como una intrincada maraña de obstáculos que será difícil de salvar.

En primer lugar, el conjunto de reglas y principios que favorecen la estabilidad contractual dificultan las pretensiones de ajuste de las unidades de negociación a la representatividad ostentada por el «otro sindicato» que estamos considerando. La prohibición general de concurrencia del art. 84.1 ET restringe las posibilidades de formularlas durante la vigencia, inicial o prorrogada, de un convenio colectivo de ámbito superior. Ciertamente, a la vista de la jurisprudencia (STS 958/2021, 5 octubre), nada parece impedir que se aprovecha la denuncia del convenio para intentar abrir las negociaciones en una unidad funcional o territorial menor. Sin embargo, aparte de que en este caso la denuncia no estaría al alcance del «otro sindicato», nada garantiza que el intento culmine con éxito.

Desde luego, no existe, ni puede existir, un derecho a elegir con libertad la unidad de negociación del que sea titular ninguna organización sindical ni patronal. Ciertamente, existe un principio de la libertad en su determinación, pero sujeto al consenso. La regla del art. 83.1 ET es muy clara al respecto puesto que "los convenios colectivos tendrán el ámbito de aplicación que las partes acuerden". Incluso suponiendo que la representatividad ostentada en el concreto fuera suficiente no solo para acceder al proceso negociador (art. 87.2) sino también para constituir la mesa negociadora (art. 88.2 ET), no existen mecanismos que tutelen específicamente el interés que estamos analizando: ni siquiera el deber de negociar lo ampararía si la contraparte está comprometida en negociaciones de un nivel diferente —cfr. STS 6 febrero 2013, Rº 1/2012, y más recientemente, STS 665/2022, 13 julio—. Y ello sin contar con otros criterios que pudieran ser opuestos adicionalmente, relacionados con la idea que ocasionalmente recoge la jurisprudencia de que las nuevas unidades de negociación sean apropiadas y adecuadas —por ejemplo, STS 30 diciembre 2015, Rº 255/2014—.

Por último, es posible que toda pretensión en este terreno quede laminada por las previsiones contenidas en acuerdos interprofesionales o convenios sectoriales, de ámbito estatal o autonómico. Recuérdese que, conforme al art. 82.3 ET, este tipo de acuerdos y convenios pueden establecer "cláusulas sobre la estructura de la negociación colectiva, fijando, en su caso, las reglas que han de resolver los conflictos de concurrencia entre convenios de distinto ámbito". Siempre que queden a salvo las reglas del art. 84.2 ET en materia de prioridad aplicativa de los convenios de empresa, ello supone que, en aras a una adecuada articulación, en determinados niveles puedan restringirse o cercenarse las posibilidades de negociación colectiva. De este modo, podría resultar imposible negociar en unidades en las que determinadas organizaciones fueran simplemente representativas.

Cabe pensar, por ello, si la conexión entre las reglas del art. 83.2 ET y la mayor representatividad hace aparecer un supuesto de desproporción entre las facultades que se asignan a las organizaciones más representativas y la libertad sindical de las que lo son simplemente. Lo bien cierto es, sin embargo, que las facultades de unas y otras en este terreno parecen equiparadas. Es verdad que la redacción original del Estatuto, una vez aprobada la LOLS, podía llevar a la conclusión de que únicamente las primeras podían participar en la estructura de la negociación. En efecto, hasta 2011, los sujetos negociadores, tanto de los acuerdos interconfederales como de los convenios colectivos en los cabía establecer reglas sobre estructura de la negociación eran únicamente "las organizaciones sindicales y asociaciones patronales más representativas, de carácter estatal o de Comunidad Autónoma", lo que parecía supone que siempre quedaban al margen de esta facultad a los sujetos que no tuvieran tal condición (por ejemplo, STS 9 julio 1998, Rº. 3201/1997). Sin embargo, a partir del RDL 7/2011, el art. 83.2 ET diferencia claramente los acuerdos interprofesionales, a los que, lógicamente, solo pueden acceder aquellas organizaciones, de los "convenios o acuerdos colectivos sectoriales, de ámbito estatal o autonómico", a cuya negociación pueden acceder "por aquellos sindicatos y asociaciones empresariales que cuenten con la legitimación necesaria, de conformidad con lo establecido en la presente Ley". Se abre, pues, claramente la posibilidad de que también los «otros sindicatos» accedan a la determinación de la estructura negocial de un sector concreto, siempre que ostente la representatividad requerida conforme a las reglas del art. 87 ET.

El conjunto de reglas legales sobre estructura de la negociación implica, pues, importantes restricciones. Y no solo para los sindicatos simplemente representativos; también las organizaciones más representativas encuentran límites a sus posibilidades negociadoras derivados, por ejemplo, de la prohibición de concurrencia (art. 84.1 ET). No parece, sin embargo, que estas restricciones puedan ser consideradas contrarias a la libertad sindical en ninguno de los dos casos. La opción legislativa en favor de la eficacia normativa y general de los convenios desde el momento de su aprobación hace prácticamente imprescindible que el legislador establezca criterios para solucionar las situaciones de concurrencia. Como ha señalado la STC 8/2015, de 22 enero, recogiendo precedentes anteriores, el derecho a la negociación colectiva es "«un derecho esencialmente de configuración legal» (STC 85/2001, de 26 de marzo, FJ 5), siendo la ley la que ha de concretar y desarrollar, tanto su contenido como los presupuestos para su ejercicio (STC 208/1993, de 28 de junio, FJ 3)". De este modo, "en «la configuración legal del ejercicio del derecho a negociar» (STC 224/2000, de 2 de octubre, FJ 4), el legislador goza de un amplio margen de libertad para delimitar, como derecho necesario, aspectos de la estructura, contenido, alcance y límites de la negociación colectiva, en razón de la superior posición que ocupa la ley en la jerarquía normativa". Por todo ello, "la Ley «puede desplegar una virtualidad limitadora de la negociación colectiva y puede, igualmente, de forma excepcional reservarse para sí determinadas materias que quedan excluidas, por tanto, de la contratación colectiva» (STC 59/1985, de 30 de abril, FJ 3)".

6. LAS ALTERNATIVAS Y SU PAULATINO CONTROL POR LAS ORGANIZACIONES MÁS REPRESENTATIVAS

Las diferentes dificultades de acceso de los «otros sindicatos» a la negociación de convenios en el marco del Título III se encuentran en la base de la reconstrucción de la negociación colectiva llamada extraestatutaria. Desde sus primeras teorizaciones fue señalado su carácter de "válvula de escape" frente a las restricciones derivadas de los criterios de representatividad establecidos en aquel y las posibles consecuencias derivadas de ellos (Sala Franco, 1981, p. 8). No es posible reconstruir ahora el intenso debate teórico que en estas cuatro décadas ha existido sobre este tipo de convenios colectivos. Las diferentes aproximaciones tanto en relación con el fundamento de este segundo canal de negociación como respecto del régimen jurídico aplicable a sus resultados pueden consultarse en la doctrina especializada (por ejemplo, García Rubio & Goerlich Peset, 2006; Goerlich Peset, 2014; Duque González,

2018). A los efectos que ahora interesan basta reseñar como el modelo dual de negociación colectiva cuenta con un firme respaldo tanto de la jurisprudencia ordinaria como de la constitucional; y que, sin embargo, la evolución normativa e interpretativa no permite considerar que constituya una verdadera alternativa en relación con las restricciones que justifican su existencia.

Por lo que se refiere a la primera afirmación, valen como ejemplo las afirmaciones de la STS 1 julio 1991, Rº 86/1991, que entiende que un pacto o acuerdo extraestatutario se integra en "una especie o modalidad de negociación colectiva, que tiene su asiento y que está reconocida por el artículo 37.1 de la Constitución, aunque carente de una regulación garantizadora y específica por ley, pues la aprobatoria del Estatuto regula la dinámica del convenio colectivo ajustado a las prevenciones contenidas en dicha Ley". De este modo, como afirma la posterior STS 22 enero 1994, Rº 2380/1992, "dentro de las distintas formas de negociación colectiva, amparados en el art. 37.1 CE y artículos 3.1.b) y 4.1.c) del ET, tanto se comprende lo que revistan formas de Convenio Estatutario, como de pacto extraestatutario; otra cosa, es la limitación de sus efectos, en el primer caso regulado en el Título III del ET, de carácter general o «erga omnes» y en el segundo, dado su naturaleza contractual en los arts. 1254 y siguiente del CC, con eficacia limitada en cuanto a sus efectos a aquellas partes representadas y a la voluntad negociadora de éstas". Por su parte, la STC 121/2001, 4 junio, ha indicado que los "tales pactos (los convenios extraestatuarios), que se encuentran amparados por el art. 37 CE, en cuanto garantiza el derecho a la negociación colectiva entre los representantes de los trabajadores y los empresarios, carecen de eficacia personal erga omnes, y poseen una obligatoriedad personal limitada, relativa o reducida, en el sentido en que aquéllos circunscriben su fuerza vinculante a los trabajadores y empresarios representados por las partes signatarias. Se rigen, por tanto, por la regla general del Derecho común de la contratación, a tenor de la cual los contratos producen efectos sólo entre las partes que los otorgan (art. 1257 del Código Civil)".

La aproximación doctrinal tradicional ha hecho hincapié en la negociación extraestatutaria como "cauce alternativo" para la superación de las rigideces del Título III (Sala Franco, 1981, p. 8). En esta línea se ha movido una parte de la teorización de su eficacia jurídica: la inclusión del convenio extraestatutario en bajo la cobertura de la "fuerza vinculante" aludida en el art. 37.1 CE, sea por la vía de la eficacia normativa (Sala Franco, 1981) sea mediante el recurso a la eficacia real (Valdés Dal-Ré, 1988), ha permitido eludir los problemas que hubiera planteado su reconstrucción mediante las nociones generales del derecho de contratos. En esta línea, por más que la jurisprudencia haya insistido en la aplicabilidad del derecho común a los convenios no estatutarios, lo cierto es que los trata como verdaderas normas: los aplica de forma automática e imperativa (por ejemplo, SSTS 6 mayo 2015, Rº 167/2014, o 275/2016, 7 abril) o excluye que cristalicen en condiciones más beneficiosas (SSTS 11 mayo 2009, Rº 2509/2008, o más recientemente, 229/2023, 29 marzo), efectos poco claros desde la perspectiva de aquél. De este modo, la diferencia más relevante entre convenios estatutarios y extraestatutarios se centra en la eficacia personal limitada de estos últimos. Pero incluso en este terreno, se ha consolidado la interpretación de su carácter abierto de modo que su extensión subjetiva puede basarse en la adhesión.

Aunque "la extensión de los convenios de eficacia limitada más allá del círculo personal de quienes lo suscribieron, no puede hacerse, ciertamente, por procedimientos o vías que no cuenten con la voluntad de quienes en él no participaron, ... la adhesión de éstos, como adhesión libre, no puede ser en ningún caso cuestionada, ni necesita para ejercerse que el convenio mismo la prevea". Esta idea, contenida en la STC 108/1989, 8 junio, ha permitido a la jurisprudencia ordinaria reconstruir el convenio extraestatutario como acuerdo abierto, susceptible por tanto de adhesión individualmente por los trabajadores no afiliados a las organizaciones firmantes. Y ello tanto si se prevé expresamente (por ejemplo, STS 8 junio, Rº 2070/1997), como si no se dice nada al respecto (STS 19 febrero 2008, Rº 50/2007); e igualmente se ha aceptado la adhesión tácita (STS 22 diciembre 2010, Rº 43/2010, con cita de otras anteriores).

A pesar de todo lo anterior, la negociación extraestatutaria no es una verdadera alternativa frente a las restricciones que derivan del Título III. Como anuncié, la evolución normativa e interpretativa ha situado a la contratación extraestatutario en un nivel claramente inferior. Desde 1994, en efecto, sabemos que la capacidad de resistencia del convenio irregular es muy inferior a la propia de los negociados en el marco del Estatuto. Mientras que estos solo pueden ser inaplicados con sujeción a los más exigentes requisitos causales y procedimentales del art. 82.3, los acuerdos extraestatutarios sucumben frente al poder empresarial de introducir modificaciones sustanciales con base en el art. 41 ET. Y a pesar de que ambos "son producto del ejercicio del derecho a la negociación colectiva laboral entre representantes de los trabajadores y empresarios, reconocido en el art. 37.1 CE, siendo predicable de unos y otros, por lo tanto, la «fuerza vinculante» a la que ese precepto constitucional también se refiere", se ha considerado adecuado al texto constitucional este diferente tratamiento (STC 8/2015, 22 enero).

Por su parte, la jurisprudencia ordinaria ha trazado un marco de clara supeditación de la negociación extraestatutaria a la estatutaria, tanto por lo que se refiere a su contenido como en relación con las relaciones entre ambas. Si, en el primer sentido, se ha vetado que el convenio irregular, en atención al carácter limitado de su eficacia personal, pueda incluir contenidos de alcance necesariamente general (por ejemplo, SSTS 21 febrero 2006, Rº 88/2004, u 11 julio 2012, Rº 38/2011), son varias las manifestaciones de la resistencia de los convenios estatutarios frente a los de eficacia limitada. En este último sentido, es taxativa la doctrina establecida por la STS 1064/2021, 27 octubre, en cuya virtud "es claro que un pacto de eficacia limitada no puede prevalecer ni contradecir los derechos fundamentales, ni las disposiciones de un convenio colectivo estatutario, por razones de jerarquía". Y ello incluso en los casos en los que haya pasado a situación de ultraactividad (STS 1057/2016, 4 octubre).

La negociación basada en la representatividad fundada en la audiencia electoral se impone, pues, a la implantación basada en otros criterios. Y el círculo lo cierra de forma definitiva, tras la reforma de 2011, la regla del art. 88.2.II ET que posibilita que la negociación en los "sectores en los que no existan órganos de representación de los trabajadores" quede en manos de "las organizaciones sindicales que ostenten la condición de más representativas en el ámbito estatal o de comunidad autónoma". La utilización de esta posibilidad, solo aplicable, conforme a la doctrina de la STS 475/2021, 4 mayo, en casos de absoluta inexistencia de aquellos, dificultaría el desarrollo de la negociación extraestatutaria en este tipo de sectores.

Por lo demás, la citada sentencia tiene la ventaja de clarificar que sigue existiendo espacio para la otra alternativa a la negociación estatutaria: el recurso a la extensión del art. 92.2 ET. Tras el refuerzo en 2011 del papel de las organizaciones más representativas en la constitución de la mesa negociadora, se había discutido si este precepto había quedado derogado por haber perdido completamente su utilidad (para detalles, Goerlich Peset, 2016). La estricta lectura de la "orfandad representativa" requerida que ha realizado la STS 475/2021 abre un claro espacio para el procedimiento de extensión que podría utilizarse en aquellos sectores en los que existan representantes electos pero sea imposible cumplir la regla del art. 88.1.I ET. Pero también en este segundo terreno de reflexión nos encontramos con significativas diferencias de trato a favor de las organizaciones más representativas: si bien una organización simplemente representativa podrá iniciar el procedimiento (cfr. art. 92.2.III), aquellas ostentaran una clara posición de privilegio en la tramitación (arg. *ex* arts. 6 y 7 Real Decreto 718/2005, de 20 de junio, por el que se aprueba el procedimiento de extensión de convenios colectivos).

7. DIFERENCIAS DE TRATAMIENTO DERIVADAS DEL CONVENIO COLECTIVO

Por último, aunque no por ello menos importante, es necesario reflexionar sobre la posibilidad de que se aproveche el convenio colectivo para introducir diferenciaciones respecto de la acción sindical de los «otros sindicatos». Cabe pensar, de un lado, en la temática de negociación continua y administración del convenio y, de otro, de las específicas cláusulas de apoyo a la acción sindical. La injustificada subordinación de las organizaciones menos representativos en cualquier de estos terrenos puede tener como efecto la ruptura de las condiciones de igualdad entre organizaciones que requiere la pluralidad sindical. Por eso, en cualquier de ambos terrenos, la jurisprudencia, tanto constitucional como la ordinaria, las vienen mirando con cierta cautela.

Por lo que se refiere a la primera cuestión, hay que recordar la diferenciación entre negociación y administración del convenio, firmemente asentada en la jurisprudencia desde hace cuatro décadas. Elaborada a raíz de la STC 73/1984, 27 junio, llega a fecha bien reciente. De acuerdo con la STS 946/2022, 30 noviembre, que cita otras muchas, "en las comisiones negociadoras no es dable excluir a ningún sindicato con legitimación negocial aun cuando no haya firmado el convenio; en cambio, en las comisiones de mera administración, su composición puede responder a la composición de la comisión negociadora y firmante del convenio". Se ha reconocido igualmente que la incorporación de organizaciones a las comisiones con funciones negociadoras pueda producirse de forma sobrevenida, durante la vigencia del convenio (arg. *ex* STS 763/2021, 7 julio). De este modo, este aspecto se hace sensible a las variaciones que puedan producirse en los resultados electorales pues se posibilita el acceso a las organizaciones que hayan adquirido de forma sobrevenida la condición de simplemente representativas —o su salida, si la pierden (STS 20 mayo 2010, Rº 9/2009)—.

En relación, en segundo lugar, con la reserva de ventajas referidas a la acción sindical, el discurso es algo más complicado pues no parece existir un hilo conductor común para los pronunciamientos judiciales que las han examinado (al respecto, Goerlich Peset, 2015; Ferradans Caramés, 2016). Se ha descartado, de entrada, la posibilidad de que el convenio establezca subvenciones para los sindicatos con cargo a las empresas que firman el convenio si se asocian a la representatividad sindical o haber protagonizado negociación y firma del convenio colectivo. Es doctrina consolidada, que arranca de antiguos pronunciamientos del TC (sentencias 20/1985, 14 febrero, y 26/1985, 22 febrero), y que se encuentra sólidamente asentada en la jurisprudencia ordinaria. Esta ha excluido que quepa establecerlas sobre la base de la representatividad (SSTS 15 julio 2005, Rº 178/2003, 15 noviembre 2005, Rº 90/2004 y 9 diciembre 2005, Rº 183/2003), en atención a la condición de organizaciones firmantes (STS 21 abril 2010, Rº 167/2009) o de ambas circunstancias (STS 10 junio 2003, Rº 67/2002). Ello no obstante, del mismo modo que la jurisprudencia constitucional de 1985 en relación con las subvenciones sindicales de carácter genérico se ha orillado mediante la atribución de ayudas específicamente instrumentales a la acción institucional de las organizaciones más representativas (cfr. STC 147/2001, 27 junio, y STS cont. 23 junio 2104, Rº 3457/2012, con cita de otras muchas), se ha admitido la validez de este tipo de asignaciones cuando compensan las específicas actuaciones desarrolladas por los sindicatos firmantes del convenio en el terreno de su «administración» (STS 23 abril 2013, Rº 19/2012).

La incertidumbre se advierte también en las diferenciaciones que se establecen en las posibilidades de acción sindical. Se ha rechazado, por ejemplo, el establecimiento de un régimen específico de asignación de «liberados», más favorable, a las organizaciones firmantes, puesto que este tipo de apoyos trunca la necesaria igualdad entre sindicatos (STS 18 septiembre 2007, Rº 82/2005). Sin embargo, sí cabría utilizar la representatividad como criterio de asignación de este tipo de ventajas (SSTS 4 julio 2006, Rº 63/2005). Más recientemente se ha reconocido esta misma idea en relación con la designación de delegados sindicales (STS 810/2020, 29 septiembre). Por otro lado, la asignación de ventajas específicas a los afiliados a las organizaciones firmantes, si bien ha sido aceptada en algún pronunciamiento (cfr. STS 3 julio 1994, Rº 1039/1993) ha sido mirada de forma restrictiva. El reconocimiento de horas retribuidas para la acción sindical individual en el convenio de una gran empresa ha sido declarado dos veces contrario a la no discriminación por razones sindicales, primero cuando se asoció a la pertenencia a las organizaciones más representativas (STS 18 enero 1995, Rº 4147/1992) y, después, cuando se vinculó a la pertenencia a organizaciones presentes en el comité intercentros, habida cuenta los límites numéricos que este tiene (STS 11 octubre 1999, Rº 4524/1998). Solo se aceptó esta cláusula cuando los beneficiarios eran las personas afiliadas a los sindicatos con presencia en la representación unitaria (STS 16 febrero 2006, Rº 177/2004).

8. REFLEXIONES FINALES

Unas rápidas conclusiones de lo que acabamos de ver tendrían que hacer hincapié, en primer lugar, en la general adecuación de nuestro sistema a las exigencias de libertad y pluralidad sindicales. Es cierto, por supuesto, que descansa en gran medida sobre exigencias de representatividad lo que restringe las facultades negociadoras de los «otros sindicatos». Pero la justificación de esta restricción parece suficiente para excluir que, con carácter general, se lesione ningún derecho fundamental. Habida cuenta que se opta por un convenio de eficacia general, sin intermediación administrativa alguna, condicionar la participación en los procesos de negociación a las organizaciones que ostenten representación suficiente de los afectados es una decisión razonable. Por otro lado, las ventajas que se obtienen en punto al alcance subjetivo de los convenios compensan con creces los inconvenientes, vinculados a la exclusión de la negociación de las organizaciones minoritarias.

Las concretas reglas establecidas en el título III rara vez desbordan este canon de proporcionalidad. Si nos fijamos en los aspectos relacionados con la estructura de la negociación, observamos que solo se reservan a las organizaciones más representativas los acuerdos interconfederales que puedan establecerla, cosa que parece harto improbable a la vista de los suscritos en las últimas décadas. Cuando la fijación se realiza mediante convenios sectoriales, se garantiza la presencia de los sindicatos simplemente representativos si lo son en el ámbito de que se trate. En cuanto a las reglas sobre legitimación, únicamente podría discutirse si el porcentaje que se viene utilizando desde 1980 es o no adecuado o si podría reducirse, compensando las dificultades que puedan resultar de la presencia de más organizaciones en la mesa negociadora mediante el juego del voto ponderado —como se ha hecho con la negociación de empresa—. Creo, sin embargo, a estas alturas es claro que se trata de una decisión que depende estrictamente del criterio discrecional del legislador. Por su parte, las restantes reglas de legitimación complementaria y quórum decisorio no parecen objetables habida cuenta la finalidad que persigue y, sobre todo, la valoración que se impone de la efectiva representatividad ostentada en el ámbito de negociación. Únicamente se advierte riesgo de ruptura de este criterio en la negociación de empresa, cuando esta se desarrolla por la representación unitaria. Acaso sería interesante repensar si sigue teniendo sentido asignarle competencias en la negociación colectiva.

En fin, el criterio que se utiliza para la determinación de la representatividad, la audiencia electoral, es objetivo y, en línea de principio, accesible para todas las organizaciones. Además, sin entrar a valorar su impacto en la consistencia numérica de nuestros sindicatos, parece difícil su sustitución por otro diferente que no genere problemas interpretativos permanentes. No puede alcanzarse otra conclusión a la vista de los problemas que plantea la aplicación del criterio de afiliación —como puede comprobarse en relación con los múltiples problemas que se plantean en torno a la legitimación empresarial (véanse, entre otros, Roqueta Buj, 2010, 2020; Valdés Dal-Ré, 2010)—. Otra cosa es que haya de excluir cualquier otro sistema de valoración de la efectiva implantación de los sindicatos. Seguramente cabría pensar en la existencia de otros criterios de potenciar la negociación colectiva en aquellos sectores en los que no existen órganos de representación unitaria o para aquellas unidades en las que, aun existiendo, no sirvan para verificar la efectiva representatividad. Podría considerarse a estos efectos una actuación normativa sobre el art. 92.2 ET que posibilite que se consideren otros criterios para acreditar la efectiva representatividad de los firmantes. Lo que no estoy seguro que sea razonable es insistir, como ahora se hace, en la irradiación de la representatividad, haciéndola prevalecer sobre otros criterios como ahora parece posibilitar el art. 88.2 ET.

BIBLIOGRAFÍA CITADA

BORRAJO DACRUZ, E. (1980). La obligatoriedad general de los convenios colectivos de trabajo en el nuevo derecho español. *Revista de Política Social*, *126*, 5–42.

DUQUE GONZÁLEZ, M. (2018). *La fuerza vinculante del convenio colectivo: la negociación colectiva en Europa: Reino Unido, Alemania, Francia y España*. Thomson Reuters Aranzadi.

FERRADANS CARAMÉS, C. (2016). Análisis jurisprudencial de cláusulas de ventajas reservadas pactadas en la negociación colectiva. *Revista de Derecho Social*, *75*, 195–220.

GARCÍA RUBIO, M. A., & GOERLICH PESET, J. M. (2006). Fundamento y naturaleza de los convenios extraestatutarios, en F. Pérez de los Cobos & J. M. Goerlich (Eds.), *El régimen jurídico de la negociación colectiva en España: estudios en homenaje al profesor Sala Franco* (pp. 583–620).

GOERLICH PESET, J. M. (2014). La negociación colectiva en la Constitución: una mirada crítica. *Revista Del Ministerio de Empleo y Seguridad Social: Revista Del Ministerio de Trabajo, Migraciones y Seguridad Social*, *108*, 253–274.

GOERLICH PESET, J. M. (2015). Libertad sindical negativa y mejora de las condiciones laborales de los afiliados: Un panorama jurisprudencial. *Derecho de Las Relaciones Laborales*, *7*, 731–742.

Goerlich Peset, J. M. (2016). La legitimación por representación y la vigencia de la extensión de convenios, en *Legitimación negocial* (pp. 111–136). Madrid, Ministerio de Empleo y Seguridad Social. Subdirección General de Información Administrativa y Publicaciones, D.L. 2016.

LAHERA FORTEZA, J. (2021). *La reforma de la negociación colectiva*. Tirant lo Blanch.

LLEÓ CASANOVA, B. (2006). La composición, la designación de componentes y la adopción de acuerdos en la comisión negociadora del convenio colectivo, en F. Pérez de los Cobos Orihuel & J. M. Goerlich Peset (Eds.), *El régimen jurídico de la negociación colectiva en España: estudios en homenaje al profesor Sala Franco* (pp. 317–366). Tirant lo Blanch.

NORES TORRES, L. E., & RODRÍGUEZ PASTOR, G. E. (2006). Las partes contratantes del convenio colectivo estatutario, en F. Pérez de los Cobos Orihuel & J. M. Goerlich Peset (Eds.), *El régimen jurídico de la negociación colectiva en España: estudios en homenaje al profesor Sala Franco* (pp. 111–158). Tirant lo Blanch.

RODRÍGUEZ SAÑUDO, F. (1985). La legitimación para negociar convenios colectivos. El artículo 87 (reformado) del Estatuto de los Trabajadores, en M. Rodríguez-Piñero (Ed.), *Comentarios a la nueva legislación laboral* (pp. 167–174). Tecnos.

ROQUETA BUJ, R. (2010). Convenios colectivos supraempresariales: la representación empresarial, en Á. Blasco Pellicer (Ed.), *El empresario laboral: estudios jurídicos en homenaje al Profesor Camps Ruiz con motivo de su jubilación* (pp. 531–548). Tirant lo Blanch.

ROQUETA BUJ, R. (2020). Representatividad empresarial y negociación colectiva sectorial. *Revista Española de Derecho Del Trabajo*, *229*, 43–67.

SALA FRANCO, T. (1981). *Los convenios colectivos extraestatutarios*. Instituto de estudios sociales.

SOLANS LATRE, M. Á. (2004). *El ejercicio de la legitimación para negociar convenios colectivos*. Ministerio de Trabajo y Asuntos Sociales.

VALDÉS DAL-RÉ, F. (1988). *Configuración y eficacia de los convenios colectivos extraestatutarios*. ACARL.

VALDÉS DAL-RÉ, F. (1997). La legislación laboral negociada entre la conversación social y el diálogo social., en F. Valdés Dal-Ré (Ed.), *La reforma pactada de las legislación laboral y de seguridad social* (pp. 27–48). Lex Nova.

VALDÉS DAL-RÉ, F. (2010). La legitimación empresarial para negociar convenios estatutarios, en Á. Blasco Pellicer (Ed.), *El empresario laboral: estudios jurídicos en homanaje al Profesor Camps Ruiz con motivo de su jubilación* (pp. 477–500). Tirant lo Blanch.

Los "otros" sindicatos ante el derecho de huelga

Erik Monreal Bringsvaerd
Catedrático de Derecho del Trabajo y de la Seguridad Social.
Universidad de las Islas Baleares.

The other unions in view of the rigth to strike

SUMARIO:

I. INTRODUCCIÓN. II. IDENTIDAD DE POSICIONES DE TODOS LOS SINDICATOS ANTE EL DERECHO DE HUELGA. III. LA FUERZA DE LOS OTROS SINDICATOS EN LA GUERRA ECONÓMICA CONTRA LA EMPRESA. 1. Sindicatos estratégicos y huelgas convocadas por otros sindicatos en sectores estratégicos. En especial, huelgas en servicios esenciales y en el sector del ocio. 2. Las huelgas de los sindicatos no estratégicos. 2.1. Huelgas en contextos de complejidad empresarial. 2.2. Huelgas en contextos particularmente adversos para el desarrollo de funciones representativas: Los artistas profesionales y las contratas con empresas pequeñas y muy pequeñas. 2.3. Los nuevos movimientos sindicales y sus acciones de conflicto. IV. LA IMPLANTACIÓN COMO CRITERIO DE DIFERENCIACIÓN SINDICAL EN MATERIA DE HUELGA. 1. Sentido y alcance del criterio de la implantación. 2. Implantación sindical en servicios esenciales para la comunidad. 3. Disfunciones del criterio de la implantación. 3.1. Implantación y huelgas socioeconómicas. 3.2. Implantación y comité de huelga. 3.2.1 Implantación y capacidad para designar el comité de huelga. 3.2.2. Implantación y huelgas y comités de huelga múltiples en la misma empresa. 3.3. Implantación y pactos de fin de huelga. 3.3.1. La insuficiencia del art. 8.2 RDLRT. 3.3.2. Pactos de fin de huelga en escenarios de huelgas múltiples.

RESUMEN: Estudio realizado con base en la jurisprudencia y doctrina judicial de la última década sobre las particularidades que presenta el ejercicio del derecho de huelga por parte de los otros sindicatos. La intención es indagar en las opciones que les abre el vigente régimen legal; también detectar la existencia de tendencias que pudieran servir de guía a una necesaria ley orgánica reguladora del derecho de huelga; así como, en su caso, detectar también eventuales puntos de fricción en el vigente régimen legal que estarían aconsejando la adopción de específicas respuestas normativas para acomodar el ejercicio del derecho a convocar huelgas de los otros sindicatos a la condición de representatividad de la que efectivamente disfrutan. Los hilos conductores del análisis conciernen a la clasificación de los otros sindicatos por referencia a la posición de fuerza que tienen en las huelgas contra a la empresa y a la implantación como criterio de diferenciación sindical en materia de huelga.

Palabras clave: Huelga, sindicato estratégico, implantación, huelga general, comité de huelga.

ABSTRACT: Study carried out based on jurisprudence and judicial doctrine of the last decade on the particularities of the exercise of the right to strike by other unions. The intention is to investigate the options that the current legal regime opens up to them; also detect the existence of trends that could serve as a guide to a necessary organic law regulating the right to strike; as well as, where appropriate, also detect possible points of friction in the current legal regime that would advise the adoption of specific regulatory responses to accommodate the exercise of the right to call strikes by other unions to the condition of representativeness that they actually enjoy. The guiding threads of the analysis concern the classification of other unions by reference to the position of strength they have in strikes against the company and the implantation as a criterion of union differentiation in terms of strikes.

Keywords: Strike, strategic unión, implantation, general strike, strike comittee

I. INTRODUCCIÓN

Todo sistema de relaciones laborales requiere, para ser democrático, no ser autoritario y proteger a las minorías sindicales[1]. Y nadie pone en duda que nuestro ordenamiento sindical cumple con este estándar y se sitúa a caballo entre el "*organicismo unitario y la anarquía pluralista*"[2]. Sobre esta base, esclarecer cuál es la posición de los 'otros sindicatos' ante el derecho de huelga impone determinar cuáles son esos otros sindicatos. Respuesta que puede obtenerse por contraste, entendiendo que los otros sindicatos son todos aquellos que no alcanzan el plus de representatividad que exigen los arts. 6 y 7 LOLS para alcanzar la condición de sindicato estatal o autonómico más representativo o la condición de sindicato suficientemente representativo; otros sindicatos, o "*sindicatos testimoniales*"[3], que vendrían a integrar, *ex lege*, un cuarto tipo de sindicato u organización sindical[4].

1 Vid., BORRAJO DACRUZ, E.: 'Los convenios colectivos en el nuevo marco de relaciones laborales (Una introducción al Estatuto de los Trabajadores)', RES, núm. 1, 1979, págs. 56-57.

2 Vid., SAGARDOY, J. A. y DURÁN, F.: *El Proyecto de Ley orgánica de libertad sindical*, Instituto de estudios económicos, Madrid, 1984, pág. 38.

3 Vid., DE LA VILLA GIL, L. E.: 'Los grados de protección sindical en la Ley Orgánica de Libertad Sindical', Revista de la Facultad de Derecho de la Universidad Complutense, núm. 7, 1985, pág. 87.

4 Vid., RODRÍGUEZ-SAÑUDO GUTIÉRREZ, F.: 'La representatividad sindical', en AA.VV., *Comentarios a la Ley de Libertad Sindical. Ley Orgánica 11/1985, de 2 de agosto, de Libertad Sindical*, (RODRÍGUEZ-PIÑERO, M., coord.), Madrid, 1986, pág. 205.

Pero ni los sindicatos minoritarios son tan minoritarios ni los sindicatos mayoritarios son los únicos que convocan huelgas. Ambas evidencias tienen la misma explicación, puesto que no alcanzar el plus de representatividad que requieren los arts. 6 y 7 LOLS para obtener la condición de sindicato más representativo o suficientemente representativo no relega a los otros sindicatos al mundo testimonial. Esto sucede porque el doble canal representativo de los trabajadores en la empresa, el sistema de elecciones sindicales y la función de representación institucional que la LOLS hace recaer sobre los sindicatos mayoritarios son piezas del grupo normativo de nuestro ordenamiento sindical cuyo ensamblaje hace que, en la práctica, sea muy normal que existan ámbitos de actividad donde los sindicatos mayoritarios ejercen formalmente su poder de representación pero sin contar con trabajadores afiliados y/o simpatizantes que les voten en las elecciones sindicales.

II. IDENTIDAD DE POSICIONES DE TODOS LOS SINDICATOS ANTE EL DERECHO DE HUELGA

El derecho a convocar huelgas como forma de exteriorizar conflictos de intereses, a formular las correspondientes reivindicaciones, a dar publicidad a la huelga, a negociar su finalización y a adoptar la decisión de darla por finalizada constituye un medio de acción de todos los sindicatos cuyo ejercicio, según puede leerse en la STConst. 51/1988 respecto de los derechos de actividad ligados al art. 28.1 CE, contribuye de forma primordial "*al desenvolvimiento de la actividad a que el sindicato es llamado por el art. 7 CE*". Por eso el art. 2.2.d) LOLS establece que el ejercicio de la actividad sindical comprende en todo caso el ejercicio del derecho de huelga. Lo que supone que todos los sindicatos, también los minoritarios, disfrutan en materia de huelga de un régimen de identidad de posiciones y de un "*significativo potencial de influencia práctica*"[5]. Impresión que se confirma a la luz de nuestra deficiente regulación legal del derecho de huelga, puesto que en el RD-Ley 17/1977, sobre Relaciones de Trabajo (RDLRT), brilla por su ausencia cualquier alusión al sindicato o al hecho sindical.

No sucede lo mismo en el plano de la huelga que en el plano de la "*participación institucional*" y de la "*acción sindical*" de los arts. 6 y 7 LOLS, donde no existe identidad de posiciones sindicales[6]. De hecho, podría incluso decirse que la selección legal entre sindicatos, mediante la técnica de la representatividad, a efectos de desarrollar actividad sindical macro, o a escala política[7], provoca el efecto de desplazar la acción

5 En los términos de CRUZ VILLALÓN, J.: 'La representatividad sindical y empresarial en las relaciones laborales y en el sistema político español', AFDUAM, núm. 8, 2004, pág. 167.

6 Vid., RODRÍGUEZ-PIÑERO y BRAVO-FERRER, M.: 'Capacidad convencional y representación sindical', en AA.VV., *Representación y representatividad colectiva en las relaciones laborales: Libro homenaje a Ricardo Escudero Rodríguez*, (CRUZ VILLALÓN, J., MENÉNDEZ CALVO Mª. R. y NOGUEIRA GUSTAVINO, M., coords.), 2017, pág. 57.

7 Vid., GARCÍA MURCIA, J.: 'El hecho sindical. La mayor representatividad. Asociacionismo profesional y empresarial. Balance y propuestas de reforma', RTSS, núm. 429, 2018, pág. 68.

de los otros sindicatos hacia el flanco del conflicto[8]. Cabría, así, afirmar que los otros sindicatos difícilmente entran, con carácter general, en el juego del "*maridaje con el Estado*"[9], propio del "*sindicalismo político*"[10], y que se dedican más bien a practicar un "*sindicalismo económico*", aquel que, contando en la medida de lo posible con buenos índices de sindicación, mide fuerzas con la empresa en la "*guerra económica mediante la huelga*"[11]; es decir, un "*sindicalismo de confrontación*" más que de "*colaboración*"[12].

La jurisprudencia de la última década pone de manifiesto que los otros sindicatos se mueven con soltura en el terreno de la huelga. Existen ejemplos de huelgas convocadas por sindicatos de clase[13], también de ámbito autonómico[14], incluidos los sindicatos anarco-sindicalistas[15]; también huelgas convocadas por sindicatos sectoriales y/o profesionales[16], de ámbito autonómico[17] y empresarial[18]; así como huelgas

8 Vid., sobre el "*papel más reivindicativo en concretos contextos productivos*" de los otros sindicatos, MENÉNDEZ SEBASTIÁN, Mª. P.: 'El modelo sindical español o el arte de perpetuar lo transitorio. Un balance impostergable en su cuadragésimo aniversario', Revista Jurídica de Castilla y León, núm. 44, 2018, pág. 123.

9 Tomo la expresión de BORRAJO DACRUZ, E.: 'Los convenios colectivos en el nuevo marco de relaciones laborales (Una introducción al Estatuto de los Trabajadores)', cit., págs. 39-40.

10 Tomo este concepto y el de 'sindicalismo económico' de ALONSO OLEA, M.: 'Las ideologías del sindicalismo', Revista de Estudios Políticos, núm. 82, 1955, pág. 21.

11 *Ibidem*, pág. 43.

12 Tomo estas dos acepciones de sindicalismo de "*colaboración*" y de "*confrontación*" de GOÑI SEÍN, J. L.: 'Rol institucional y atribuciones de facto de los sindicatos implantados y minoritarios', en AA.VV., *Representación y representatividad colectiva en las relaciones laborales: Libro homenaje a Ricardo Escudero Rodríguez*, (CRUZ VILLALÓN, J., MENÉNDEZ CALVO Mª. R. y NOGUEIRA GUSTAVINO, M., coords.), 2017, pág. 287.

13 Por ejemplo; el sindicato Comisión de trabajadores asamblearios (STS 11.02.2014 —rec. 83/2013—); la CGT (STS 23.02.2015 —rec. 255/2013—); el sindicato Unión sindical obrera (STS 25.04.2019 —rec. 236/2017—); el Sindicato de trabajadores por la unidad de clase (STSJ Comunidad valenciana 14.11.2008 —rec. 3333/2008—); el sindicato Solidaridad y unidad de los trabajadores (STSJ Cataluña 18.12.2018 —rec. 5414/2018—).

14 Por ejemplo, en Cataluña, el sindicato Intersindical-CSC (STS 15.01.2020 —rec. 166/2018—); en Galicia, el sindicato Central unitaria de trabajadores (STSJ Galicia 29.01.2016 —rec. 4620/2015—); en Andalucía, el Sindicato andaluz de trabajadores (STSJ Andalucía —Sevilla— 3ª 27.02.2019 —rec. 336/2018—); en Aragón, el sindicato Intersindical de trabajadores de Aragón y el sindicato Colectivo unitario de trabajadores (STSJ Aragón 26.02.2020 —rec. 51/2020—); en Asturias, el sindicato Corriente sindical de izquierda (STSJ Asturias 21.07.2020 —proceso en primera instancia 6/2020—).

15 Por ejemplo la CNT (STS 20.07.2016 —rec. 22/2016—); el sindicato Solidaridad obrera (STSJ Madrid 23.03.2015 —rec. 610/2014—); el Sindicato de oficios varios de la CNT (STSJ Andalucía —Sevilla— 16.07.2019 —rec. 1808/2019—).

16 Por ejemplo el Sindicato federal ferroviario de la CGT (STS 11.10.2011 —rec. 200/2010—); el Sindicato de circulación ferroviario (STS 3ª 28.09.2012 —rec. 6887/2010—); el sindicato Alternativa sindical de trabajadores (STS 23.01.2017 —rec. 60/2016—); el Sindicato de trabajadores de comunicaciones (STS 03.02.2021 —rec. 36/2019—); el Sindicato de la elevación (STSJ Andalucía (Granada) 26.11.2020 —rec. 1055/2020—).

17 Por ejemplo, el Sindicato cántabro de asalariados del transporte (STSJ Cantabria 11.11.2014 —rec. 671/2014—); el Sindicato de trabajadores de seguridad de Cataluña (STSJ Cataluña 15.06.2015 —rec. 2070/2015—); el Sindicato de sanidad de Barcelona de la CGT (STSJ Cataluña 26.01.2016 —rec. 4484/2015—); el sindicato Unión independiente de trabajadores, que representa a los gremios madrileños de seguridad, limpieza, transporte, auxiliar y hostelería (STSJ Madrid 31.05.2019 —rec. 1273/2019—).

18 Por ejemplo, el Sindicato federal de Correos y telégrafos de la CGT (STS 08.07.2020 —rec. 13/2019—); el Sindicato independiente profesional de Correos (STSJ Andalucía —Granada— 13.02.2020 —rec.

convocadas por sindicatos de franja constituidos a nivel nacional[19], autonómico[20] y de empresa[21].

Este estudio toma como presupuesto el dato normativo referido a que, no existiendo un "*estatuto de las minorías sindicales*"[22], los otros sindicatos pueden convocar huelgas en identidad de posición con los sindicatos mayoritarios. Siendo la posición de los otros sindicatos ante la huelga esencialmente idéntica a la de los sindicatos mayoritarios, incluso a veces sucede, y es el supuesto de la STS 13.07.2017[23], que los sindicatos minoritarios intentan sacar rédito de las huelgas convocadas por los mayoritarios, por ejemplo la CGT demandando a INDRA BPO SERVICIOS, VODAFONE ONO Y VODAFONE ESPAÑA por despido colectivo nulo, por vulneración del derecho de huelga, en un caso donde la huelga para presionar durante la negociación del ERE la había convocado CCOO[24].

Los hilos conductores de este estudio vienen marcados por dos aspectos conectados con el dato normativo más arriba referenciado pero que no es posible encontrar ni en el art. 2.2.d) LOLS ni en el RDLRT. Por un lado, teniendo en cuenta que los sindicatos corporativos obtienen sus mejores resultados electorales en las empresas de grandes dimensiones[25], no parece problemático admitir que la fuerza del sindicato en la guerra económica contra la empresa depende de dos variables. Una es el índice de afiliación y/o de simpatizantes del sindicato, mientras que la otra tiene que ver con la "*singularidad posicional*"[26] del propio sindicato, verdadera fuente de poder "*estruc-*

1220/2019—); el sindicato de trabajadores portuarios del puerto de Bilbao KAIA-BES (STSJ País vasco 31.05.2022 —rec. 912/2022—).

19 Por ejemplo la Asociación española de técnicos de mantenimiento de aeronaves (STS 14.02.1990 —RJ 1990/1088—); el Sindicato español de maquinistas y ayudantes ferroviarios (STS 03.04.1991 —rec. 897/90—); el Sindicato de tripulantes auxiliares de vuelo de líneas aéreas (STS 17.02.2014 —rec. 53/2013—); el Sindicato de médicos de Cataluña (STS 03.11.2021 —rec. 22/2020—); el Sindicato independiente de tripulantes de cabina de pasajeros (STS 13.04.2023 —rec. 217/2021—); la Asociación de futbolistas españoles (Auto AN 14.05.2015 —procdto. 131/2015—).

20 Por ejemplo, la Unión de actores y actrices de la Comunidad de Madrid (STSJ Madrid 26.06.2014 —rec. 66/2014—); el sindicato Unión de enfermeros de Cataluña (STSJ Cataluña 19.04.2021 —rec. 19/2021—).

21 Por ejemplo, el Sindicato de conductores de Metro de Madrid (STSJ Madrid 23.03.2015 —rec. 610/2014—); el Sindicato de trabajadores de telecomunicaciones en la empresa Eulen (STSJ Cataluña 30.03.2016 —proceso primera instancia 57/2015—); la Asociación de vigilantes de seguridad del aeropuerto de Barcelona (STSJ Cataluña 30.03.2016 —rec. 419/2016—).

22 Vid., SAGARDOY, J. A. y DURÁN, F.: *El Proyecto de Ley orgánica de libertad sindical*, cit., pág. 27.

23 Rec. 25/2017.

24 Supuesto finalmente fue resuelto favorablemente al ERE por considerar el TS, entre otras cosas, que "*el sindicato convocante de la huelga (CCOO) no considera que se haya vulnerado ese derecho, como tampoco lo entienden así los otros dos con mayor presencia (UGT y USO)*"

25 Según señalan JÓDAR, P., ALÓS, R. BENEYTO, P. y VIDAL, S.: 'La representación sindical en España: Cobertura y límites', Cuadernos de Relaciones Laborales, núm. 36 (1), 2018, págs. 29-30, apuntando además que conforme aumenta la plantilla de una empresa merma la posibilidad de que una opción sindical obtenga por sí sola mayoría en el órgano de representación unitaria.

26 Vid., NOGUEIRA GUASTAVINO, M.: 'El sindicato profesional y de franja en el marco del cybersindicalismo global', en AA.VV., *La representación de los trabajadores en las nuevas organizaciones de empresa*, (VALDÉS DA-RÉ, F. y MOLERO MARAÑON, Mª. L.), Madrid, 2010, pág. 172.

tural" de los sindicatos[27]. Por otro lado, aunque el dato normativo conduce a donde conduce, el reconocimiento del derecho constitucional y legal de todos los sindicatos a convocar huelgas está constitucionalmente matizado mediante el criterio de la implantación, con el sentido y alcance que se verá y con las importantes disfunciones que este criterio puede originar, precisamente, a propósito de las huelgas de los otros sindicatos.

La exclusión del análisis de las huelgas convocadas tanto por los sindicatos mayoritarios como por la representación unitaria se justifica en que esta investigación no es un estudio integral del régimen jurídico de la huelga. Más bien se trata de un estudio de las particularidades que presenta el ejercicio de este derecho por parte de los otros sindicatos. La intención es indagar en las opciones que abre el vigente régimen legal a estos sindicatos para desarrollar su acción en este terreno; también detectar la existencia de tendencias estructurales que pudieran servir de guía al legislador cuando se decida a aprobar una ley orgánica reguladora del derecho de huelga; así como, en su caso, detectar también eventuales puntos de fricción en el vigente régimen legal que estarían aconsejando la adopción de específicas respuestas normativas para acomodar el ejercicio del derecho a convocar huelgas de estos otros sindicatos a la condición de representatividad de la que efectivamente disfrutan en nuestro sistema de relaciones laborales.

Y señalar, por último, con respecto a la exclusión de las huelgas convocadas por la representación unitaria, que estas huelgas tienen la particularidad de que a menudo son huelgas sindicalizadas, por así decirlo, no siendo infrecuente que, pese a su convocatoria formal por la representación unitaria, sean luego los otros sindicatos representados en dicho órgano quienes demanden por vulneración de su derecho de huelga. Así, por ejemplo, en la STS 03.10.2018[28] la huelga la convoca el comité de empresa pero quien demanda por vulneración del derecho de huelga es la CGT[29]. En la misma línea, a la STSJ Cataluña 30.06.2006[30], relativa a una huelga convocada por un comité de empresa donde la CGT está representada con carácter minoritario, no le plantea ningún problema reconocer a CGT una indemnización por daño moral correspondiente a la vulneración de su derecho de huelga, que también había sido convocada en esa ocasión por el comité de empresa.

27 Vid., explicando que una fuente de poder de los sindicatos es estructural porque deriva "*de la posición que ocupan los trabajadores que están organizados en un sindicato*", CALLEJA JIMÉNEZ, J. P.: 'Estrategias para la recuperación del poder sindical en España', Lan Harremanak, núm. 35, 2016, pág. 249.

28 Rec. 3365/2016.

29 Aunque no consta en los hechos probados que CGT tuviese representantes en ese comité de empresa, es de suponer que sí los tenía pues, de otro modo, no se entendería que el TS apreciase que las empresas afectadas por la huelga "*vulneraron el derecho de huelga del sindicato demandante*", no del comité de empresa convocante, reconociendo al sindicato seis mil euros de indemnización por los daños causados.

30 Rec. 773/2005.

III. LA FUERZA DE LOS OTROS SINDICATOS EN LA GUERRA ECONÓMICA CONTRA LA EMPRESA

La fuerza de los sindicatos en la huelga depende o está condicionada, además de por su base afiliativa y/o de simpatizantes, por la posición que el sindicato ocupa dentro del sector o del ámbito de la producción donde el sindicato se desenvuelve y donde la empresa, entidad u organización productiva desarrolla su actividad.

Atendiendo a esta última variable, o variable posicional, entre los otros sindicatos que convocan huelgas cabría distinguir entre sindicatos de carácter estratégico y sindicatos no estratégicos. Los sindicatos estratégicos serían aquellos que se desenvuelven en el sector servicios, cuyas huelgas tienen la capacidad de afectar directamente a terceros ajenos al conflicto laboral. Los sindicatos no estratégicos serían sindicatos que no disfrutan de singularidad posicional alguna y cuyas huelgas discurren normalmente dentro del estricto marco de la relación entre el sindicato y la empresa, sin afectación directa a intereses de terceros ajenos al conflicto laboral. Pudiendo también haber, claro es, sindicatos que no son estratégicos que convocan huelgas en sectores que sí son estratégicos.

1. Sindicatos estratégicos y huelgas convocadas por otros sindicatos en sectores estratégicos. En especial, huelgas en servicios esenciales y en el sector del ocio

A mayor posicionamiento estratégico del sindicato mayor puede ser su capacidad de conseguir mediante la huelga aquello que reivindica. El art. 28.2 CE evidencia esta lógica cuando establece que en las huelgas hay que "*asegurar el mantenimiento de los servicios esenciales de la comunidad*". Es decir, que la presión que pueden ejercer los sindicatos, particularmente los otros sindicatos estratégicos, cuando sus huelgas afectan a derechos fundamentales de los ciudadanos no puede llegar al punto de implicar que se utiliza a los ciudadanos como rehenes de las reivindicaciones sindicales frente a la empresa.

La garantía constitucional del mantenimiento del servicio esencial en caso de huelga es clara. Como clara es también la realidad, tozuda en demostrar que, incluso garantizándose el mantenimiento del servicio esencial en caso de huelga, hay veces que las guerras económicas de sindicatos estratégicos como el SEPLA estarían ganadas de antemano de no contar con otros mecanismos excepcionales para apaciguar el conflicto cuando este se encona, particularmente el arbitraje obligatorio[31]

31 Es el caso del arbitraje obligatorio a instancia del Gobierno que se llevó cabo en el año 2012 en el marco de la huelga convocada por el SEPLA con motivo de la cesión de actividad de IBERIA OPERADORA en la nueva compañía IBERIA EXPRESS y otras cuestiones relacionadas con la negociación del convenio de los pilotos. El laudo con el que se cerró aquella huelga fue parcialmente anulado por la STS 04.04.2014 (rec. 184/2013), a instancia de IBERIA EXPRESS, por afectar a una tercera empresa —IBERIA EXPRESS— no implicada en la huelga y que no fue ni parte ni objeto del arbitraje.

que admite la STConst. 11/1981 en "*tan excepcionales casos*" como los del art. 10.1 RDLRT.

La SAN 10.05.2005[32] fue clara cuando estableció que un sindicato de franja como el Sindicato de Circulación Ferroviario puede convocar huelgas que, pese a su incidencia estratégica y por perjudiciales que resulten para la empresa y los ciudadanos, no son huelgas estratégicas en los términos del art. 7.2 RDLRT[33]. Lo que no pueden hacer estos sindicatos estratégicos, sin embargo, es valerse de su singular posición y fuerza en la guerra económica y maniobrar intencionalmente durante el desarrollo de la huelga para agravar sus efectos dañosos, por ejemplo, y entre otras formas[34], según la STS 11.10.2011[35], desconvocando parcialmente una huelga intermitente de los maquinistas de RENFE avisando a RENFE cuando no hay tiempo para organizar de nuevo el servicio.

La raya, con todo, que marca la frontera entre huelgas lícitas y abusivas de los sindicatos estratégicos es muy difusa, aspecto que subraya la citada SAN 10.05.2005 a propósito de una huelga intermitente[36]. De hecho, la SAN 07.01.2003[37] entiende que el que un sindicato ferroviario escoja la modalidad de una huelga intermitente a llevar a cabo en "*días de actividad económica presumiblemente superior a la normal*"[38] no representa "*especial dolo de los huelguistas*". En este confuso contexto resultaría, en mi opinión, adecuado, a efectos de proporcionar seguridad jurídica, que una futura regulación orgánica del derecho de huelga se ocupe expresamente del problema que

32 Rec. 194/2004. Esta sentencia está confirmada por STS 10.11.2016 (rec. 130/2005).

33 Señala la AN que el citado sindicato "*tiene naturaleza de los denominados <de franja>*", y que "*si cierto es que determinados sectores laborales (controladores aéreos, pilotos de líneas aéreas, prácticas de puestos o trabajadores de circulación ferroviaria) a través de sindicatos <franja> pueden alterar significativamente toda la actividad empresarial, tampoco puede derivarse de tal potencialidad la proscripción de sindicatos de tal naturaleza, cuya actuación perjudicial a terceros (no empresario) alcanza medidas de reconducción a los términos adecuados del ejercicio del derecho por vía de fijación de los servicios mínimos necesarios*"

34 Vid., STS 13.12.2022 rec. 13/2021), en supuesto donde CORREOS Y TELÉGRAFOS, SA demanda a SFC-CGT por huelga ilegal y el TS aprecia dicha ilegalidad porque "*la organización sindical convocante promueve que los trabajadores y funcionarios afectados por la convocatoria bajo la cobertura del ejercicio del derecho de huelga eludan el cumplimiento de sus obligaciones derivadas del contrato de trabajo, favoreciendo que los trabajadores la utilicen estratégicamente los sábados, vísperas de festivos, puentes, al regreso de vacaciones, tras la finalización periodos de IT*".

35 Rec. 200/2010.

36 Explica la AN en esta sentencia, que declaró legal una huelga intermitente convocada por el Sindicato de circulación ferroviario, que "*la actuación de los demandados se desarrolló (ante la inexistencia de una normativa orgánica, cuya necesidad es evidente), dentro de los límites que la jurisprudencia constitucional ha perfilado, bien que próximo a un ejercicio patológico del derecho. La naturaleza constitucional intrínseca de este hace precisa la probanza de la injustificación de la decisión de ejercitar el derecho de forma intencionadamente buscada de dañar más allá al empleador de lo que intrínsecamente es inherente a la huelga*".

37 Procdto. 124/2002.

38 Consta en los hechos que la AN declara probados que hay comunicaciones internas del sindicato donde se refiere, con respecto a la convocatoria de huelga, que "*es el momento de iniciar el proceso, teniendo en cuentas las fechas claves de Semana Santa, el escenario debe ser una movilización larga en el tiempo y medida en intensidad para desgastarnos lo menos posible con la mayor incidencia*".

en las huelgas en servicios esenciales para la comunidad supone el ejercicio y desarrollo de determinadas modalidades de huelga como las intermitentes.

Además de huelgas que provocan lesividad social, en términos de afectación a derechos fundamentales de los ciudadanos, la experiencia demuestra que también existen otros sindicatos cuyas huelgas, sin ser lesivas para terceros por no afectar a sus derechos fundamentales, sí que pueden sin embargo ser generadoras de decepción, frustración o desasosiego social. Con el añadido de que, en una sociedad de consumo, las expectativas sociales que proporciona el sector del ocio y el entretenimiento suelen ir muy ligadas a importantes intereses mediático-financieros. El caso lo ejemplifica bien la huelga de futbolistas de primera división convocada por la Asociación de Futbolistas Españoles (AFE) cuando faltaban dos jornadas para finalizar el campeonato de 2015.

El derecho de huelga quedó en ese caso "*en fuera de juego*"[39] porque el auto de la AN de 14.05.2015[40] acogió la medida cautelar de suspensión de esa huelga solicitada por la Liga Nacional de Fútbol Profesional en su demanda sobre ilegalidad de esa huelga[41]. Tampoco es dudoso que este supuesto pone de manifiesto que, en las huelgas de los sindicatos estratégicos, puede resultar necesario echar mano de remedios o soluciones excepcionales para evitar efectos desproporcionados. El problema es que debe tratarse de soluciones que no desfiguren el contenido esencial del derecho de huelga. Por eso creo que este auto de la AN se hubiera podido valorar mejor con la cobertura de una ley orgánica de huelga que expresamente reconociese y regulase la posibilidad de suspender cautelarmente determinadas huelgas de sindicatos estratégicos y/o en sectores o actividades estratégicas. Creo, en este sentido, que una futura regulación del derecho de huelga podría tratar este aspecto adoptando como referente la idea de que, en caso de huelga, a mayor fuerza estructural derivada de la naturaleza estratégica del sindicato más amplio puede ser el repertorio de medidas legales tendentes a equilibrar los intereses de todas las partes en conflicto, incluidos los terceros ajenos a la huelga.

También puede pasar que un sindicato no estratégico convoque huelga en un sector estratégico. Es lo que sucedió con la huelga convocada por el sindicato Alternativa Sindical de Trabajadores (AST) contra TELEFÓNICA DE ESPAÑA, SAU y sus

39 Vid., LAHERA FORTEZA, J.: 'La huelga del fútbol en fuera de juego (Auto de la Sala de lo Social de la Audiencia Nacional 14 mayo 2015)', Derecho de las Relaciones Laborales, núm. 3, 2015.

40 Procdto. 131/2015.

41 Con argumentos más que discutibles acoge la AN la suspensión cautelar del derecho de huelga de los futbolistas profesionales, sin exigir la cobertura de una ley orgánica para introducir una limitación de esta naturaleza al derecho de huelga y señalando al respecto que "*la tutela cautelar forma parte de la tutela judicial efectiva, asegurada por el art. 24.1 CE, de manera que, si el ejercicio del derecho de huelga quedara blindado absolutamente, aunque concurrieran indicios sólidos de ilicitud de la huelga, se lesionaría claramente el derecho a la tutela judicial efectiva*" de la LNFP. El indicio sólido de ilicitud de la huelga que aprecia la AN, también más que discutible, radicaba en que la huelga convocada por la AFE podía tener naturaleza novatoria.

empresas contratistas reclamando mejoras para los técnicos de instalación y mantenimiento de las infraestructuras de TELEFÓNICA. Esta concreta huelga ofrece un claro ejemplo de lo que puede suceder cuando falla una de las dos variables que condicionan la fuerza del sindicato en la guerra económica. Es un ejemplo triste, porque la huelga conlleva un sacrificio salarial que, si la huelga es inútil, es también inútil para los huelguistas.

Tras *"87 días de huelga en Madrid y 77 días en todo el Estado"* que, según AST, tuvieron *"a nuestros hogares empobrecidos y a nuestra familias acudiendo a los Bancos de Alimentos"*, el caso de esta huelga fue resuelto por la STS 23.01.2017[42] en el sentido de declarar, frente a la demanda de AST por vulneración del derecho de huelga, que TELEFÓNICA no tenía la obligación de negociar el fin de la huelga con el comité de huelga de AST porque TELEFÓNICA no es el empresario real de los técnicos de instalación y mantenimiento de sus infraestructuras en nómina de sus empresas contratistas y subcontratistas.

El problema de este caso no es, a mi juicio, que la actual regulación del derecho de huelga no está pensada para nuevas realidades empresariales como las contratas y subcontratas[43]; el problema es más bien que, en este caso concreto, AST no tenía base afiliativa y/o simpatizante en TELEFÓNICA. Como se verá en el siguiente epígrafe, para que un sindicato pueda convocar huelgas el TC exige que tenga implantación en el ámbito del conflicto. Si AST hubiera tenido implantación en TELEFÓNICA sí que hubiera podido convocar contra ella la huelga, además de contra sus empresas contratistas, y negociar con todas ellas el fin de la huelga pactando mejoras para los técnicos de instalación y mantenimiento. Que fue precisamente lo que sucedió más adelante, ya con la participación de los sindicatos mayoritarios. Así, según puede leerse en la citada sentencia, con posterioridad a esta huelga fallida de AST los sindicatos mayoritarios convocaron otras huelgas en ese ámbito de actividad que no se llegaron a realizar porque se alcanzó un pacto de fin de huelga donde se acordó que las condiciones de trabajo *"de aplicación en todo el subsector de la telefonía serán las recogidas en los diferentes convenios colectivos provinciales de la industria del metal"*.

2. Las huelgas de los sindicatos no estratégicos

Junto a los sindicatos estratégicos obviamente también hay otros sindicatos que no disfrutan de singularidad posicional alguna. A efectos expositivos, resulta adecuado abrir dos apartados, respectivamente referidos a las huelgas que estos otros sindicatos llevan a cabo en contextos de complejidad empresarial así como en determinados escenarios especialmente adversos para el desarrollo de funciones representativas. Finaliza el epígrafe con una reflexión sobre la posición de fuerza de los

42 Rec. 60/2016.

43 Vid., GOERLICH PESET, J. Mª.: 'Ejercicio del derecho de huelga en el contexto de la descentralización productiva', XXVII Congreso AEDTSS, 2018, edición digital, pág. 3.

otros sindicatos y los nuevos movimientos sindicales en las huelgas y otras acciones de conflicto convocadas en defensa de los derechos de los trabajadores atípicos.

2.1. Huelgas en contextos de complejidad empresarial

Aunque las huelgas que convocan estos otros sindicatos carecen de la repercusión mediática de las de los sindicatos estratégicos, los supuestos que acceden a los repertorios de jurisprudencia ponen de manifiesto que usualmente se trata de huelgas en marcos de complejidad empresarial representados por grandes empresas contratistas y grupos de empresas. Tal fue el caso de una huelga convocada por el Sindicato de Trabajadores de Comunicaciones en las empresas del Grupo ERICSSON en el marco de un expediente del art. 44 ET[44]. Supuesto resuelto por la STS 03.02.2021[45] declarando que las prácticas de esquirolaje del Grupo ERICCSON despachando "*a una contrata no habitual*" encargos correspondientes a una de las empresas afectadas por la huelga vulneraron el derecho de huelga del citado sindicato.

Pudiendo señalarse, con carácter particular, que la CGT es un sindicato particularmente activo convocando huelgas contra grandes contratistas o en grupos de empresas. FERROVIAL SERVICIOS, SA, por ejemplo, fue la contratista contra la que este sindicato convocó huelga reclamando, entre otras cosas, condiciones laborales dignas en las contratas de atención telefónica 112 y 061 en Andalucía. La STS 22.09.2020[46] apreció que dicha huelga no fue ilegal, corrigiendo a la sentencia de instancia, porque cumplía con los requisitos de comunicación del art. 3.3 RDLRT. De igual modo, en la STS 23.02.2015[47] el TS dice no saber si la huelga en la empresa PRINTERMAN INDUSTRIAS GRÁFICAS SA la convocó la representación unitaria o el Sindicato de Oficios Varios del Corredor de Henares de Guadalajara, federado a la CGT. La huelga se convoca reclamando, entre otras cosas, el pago de atrasos. Por su parte, de forma coetánea a la convocatoria de huelga, la empresa pone en marcha un ERE que culmina con el despido de la totalidad de los trabajadores de esa empresa, despido que, como es razonable, anula el TS por constituir una "*reacción represiva a la huelga*"[48].

44 Dicha huelga perseguía el objetivo de la apertura de un proceso de negociación, en el seno de ese grupo, para "*la protección de los trabajadores afectados y de sus condiciones laborales*", así como "*unas buenas condiciones de salida en caso de despido*".

45 Rec. 36/2019.

46 Rec. 185/2018.

47 Rec. 255/2013.

48 Explica el TS que "*la medida extintiva no constituye más que la respuesta a la declaración de huelga (...) desprovista de otro fin conocido que el de sancionar el ejercicio por la parte actora de su derecho fundamental de huelga, vaciándole de su contenido esencial como medio de presión constitucionalmente garantizado (...) con la decisión colectiva ahora impugnada [la empresa efectuó] una medida de retorsión lesiva del derecho de huelga efectuándola sin real lapso de tiempo intermedio, al día siguiente del comienzo de la huelga declarada, incluso con más claridad en este caso porque (...) la reacción empresarial aquí no permite siquiera discriminar a ningún trabajador por su pertenencia a un sindicato concreto, puesto que,*

Lo importante de esta sentencia es que al TS no le plantea problema no saber quién convocó la huelga, pues entiende que lo decisivo es que fue seguida por toda la plantilla y que no es necesario que exista coincidencia entre el sujeto convocante de la huelga y la parte demandante en la impugnación de un despido colectivo. Pero no solo eso. Además, la maniobra de la sección sindical de CGT en PRINTERMAN, demandando por vulneración del derecho de huelga, conduce a descubrir un grupo de empresas "*que tienen una única dirección y un funcionamiento unitario*"[49]. Otra sentencia interesante, en fin, también relativa a la CGT es la STS 03.10.2018[50], que corrobora que, si la empresa vulnera el derecho de huelga durante el proceso de negociación de un ERE, en este caso en una empresa del Grupo ZETA, el resultado es que se priva a los trabajadores de ese elemento de presión en la negociación y ello aboca a la nulidad del ERE[51].

2.2. Huelgas en contextos particularmente adversos para el desarrollo de funciones representativas: Los artistas profesionales y las contratas con empresas pequeñas y muy pequeñas

Las carencias del sistema de elecciones sindicales del Título II ET, bien identificadas[52], son también las del sistema de medición de la representatividad de los sindicatos[53]. Carencias que hacen que los sindicatos que quieren ser mayoritarios se esfuercen en implantarse en las grandes empresas[54], o que los que ya son mayoritarios se

desde el principio, se despide a la totalidad de la plantilla, afiliados o no, por el simple hecho de participar en la huelga".

49 Con declaración de responsabilidad solidaria para todas las empresas del Grupo por la lesión del derecho de huelga que conlleva el despido colectivo instado por una de las empresas del Grupo.

50 Rec. 3365/2016.

51 La huelga se convocó en la empresa GRÁFICAS DE PRENSA DIARIA, SA, que es una empresa del Grupo ZETA encargada de la impresión de las publicaciones de las empresas de ese Grupo. La huelga la convocó el comité de empresa de esa empresa. Sin embargo, la lesión del derecho de huelga que supuso que las empresas de ese Grupo recurriesen a una empresa externa para la impresión de sus publicaciones la denunció la CGT. Y el resultado fue que, existiendo "*especial vinculación*" entre todas las empresas del Grupo ZETA, el TS apreció que las empresas demandadas "*vulneraron el derecho de huelga del sindicato demandante*". Maniobra del Grupo que además contaminó, provocando su anulación, el ERE que una empresa de ese Grupo estaba llevando a cabo.

52 Vid., FERNÁNDEZ LÓPEZ, Mª. F.: 'Sobre la representación sindical en las pequeñas y microempresas en el marco de la legislación española', en AA.VV., *Representación y libertad sindical. Presente y futuro*, Madrid, 2008, págs. 58-64. También, LAHERA FORTEZA, J: 'Crisis de la representatividad sindical: Propuestas de reforma', Revista de Relaciones Laborales y Derecho del Empleo, vol. 4, núm. 2, 2016, edición digital, págs. 6-7.

53 Vid., ALAMEDA CASTILLO, Mª. T.: 'Los criterios de determinación de la representatividad sindical', en AA.VV., *Representación y representatividad colectiva en las relaciones laborales: Libro homenaje a Ricardo Escudero Rodríguez*, (CRUZ VILLALÓN, J., MENÉNDEZ CALVO Mª. R. y NOGUEIRA GUSTAVINO, M., coords.), 2017, pág. 262.

54 Vid., DE LA FLOR FERNÁNDEZ, Mª. L.: 'La representación de los trabajadores en la micro y pequeña empresa', en AA.VV., *Representación y representatividad colectiva en las relaciones laborales: Libro homenaje a Ricardo Escudero Rodríguez*, (CRUZ VILLALÓN, J., MENÉNDEZ CALVO Mª. R. y NOGUEIRA GUSTAVINO, M., coords.), 2017, pág. 392.

esfuercen en consolidar su estatus porque es ahí, en las grandes empresas, donde los sindicatos consiguen la audiencia electoral que les permite acceder a subvenciones y recibir poder institucional[55]. Como aspecto negativo, esta dinámica provoca un efecto de "*vacío de representación unitaria*" en las microempresas[56], que a su vez conlleva la existencia de "*zonas oscuras del mercado de trabajo español*", desindicalizadas o prácticamente desindicalizadas especialmente en los sectores agrario y de la construcción y en diversas ramas de servicios como el comercio o la hostelería[57].

Es probable que las carencias del sistema legal de representación de los trabajadores en nuestras empresas pequeñas y muy pequeñas explique en parte que no haya muchas sentencias que resuelvan específicos supuestos de huelgas convocadas por los otros sindicatos. Pero las pocas sentencias que hay permiten entrever que los otros sindicatos pueden llegar también mediante la huelga al corazón de estas empresas para, de algún modo, acabar ejerciendo auténticas funciones de representación. Lo que demuestran huelgas desarrolladas en dos contextos particularmente adversos para los sindicatos como los que representan el colectivo de los artistas profesionales y el caso de las contratas con empresas pequeñas y muy pequeñas.

La STSJ Madrid 26.06.2014[58] tiene que ver con una huelga convocada por el sindicato Unión de Actores y Actrices de la Comunidad de Madrid (UAACM) aprovechando el marco que suponía la huelga general ibérica auspiciada por la Confederación Europea de Sindicatos, convocada en España como huelga general de 24 horas por las centrales mayoritarias para el 14.11.2012.

La huelga del UAACM, convocada para ese mismo día, provocó un escenario conflictivo entre el comité de huelga y la empresa STAGES ENTERTAINMENT ESPAÑA, SL, con función programada en el Teatro LOPE DE VEGA de Madrid, porque la empresa se negó a permitir que el comité de huelga accediese al Teatro a informar a los actores sobre los motivos de la huelga. Y lo importante es que el Tribunal madrileño confirma que la negativa de la empresa a permitir el acceso al Teatro al comité de huelga truncó la labor de información y concienciación que el comité de huelga quería llevar a cabo[59]. Concluye el Tribunal que era exigible esa "*prestación colaborativa*

55 Vid., ROCA MARTÍNEZ, B.: 'Representación y poder sindical. Elementos para el debate', Análisis, Estudios núm. 2-2, 2012, pág. 14.

56 Vid., MERCADER UGUINA, J. R.: 'Doble canal de representación en la empresa: ¿Reparto de roles o solapamiento de funciones', en AA.VV., *Representación y representatividad colectiva en las relaciones laborales: Libro homenaje a Ricardo Escudero Rodríguez*, (CRUZ VILLALÓN, J., MENÉNDEZ CALVO Mª. R. y NOGUEIRA GUSTAVINO, M., coords.), 2017, pág. 231.

57 Vid., BENEYTO, P. J.: 'Fortalezas y debilidades del sistema español de representación sindical', en AA.VV, *Sindicalismo, trabajo y democracia*, núm. 16, 2011, pág. 230.

58 Rec. 66/2014.

59 Según el Tribunal, "*La actividad del llamado piquete de huelguistas con sus funciones de información, propaganda y persuasión a los demás trabajadores para que se sumen a la huelga o disuasión a los que han optado por continuar el trabajo, integra el contenido del derecho reconocido en el art. 28 de la Constitución Española (STC 137/97) y forma parte del derecho de libertad sindical, no de su contenido esencial mínimo e indisponible, sino de su contenido adicional —incorporado por la ley estatal (STC 39/86, 61/89 y*

empresarial" como consecuencia de que "*la falta de representación laboral en el centro*" presuponía que la información sindical que quería hacer llegar el comité de huelga, "*de seducción de los trabajadores del centro, a la acción conjunta para dotarla de mayor fuerza reivindicativa, no se había producido*"[60]. De alguna manera, este comité de huelga de artistas suplió, en ese caso concreto, por la puerta de atrás y de forma parcial, el grave déficit de representación unitaria y sindical que existe en estos escenarios.

La impresión generalizada, por otra parte, es que, en España, muchas pymes y micropymes viven como contratistas de otras empresas. Evidentemente, en estas pequeñas empresas contratistas también existen grandísimas dificultades de representación. Lo que se pone bien de manifiesto en la STSJ Cataluña 27.07.2022[61].

Este supuesto tiene que ver con la prestación de servicios de márquetin promocional[62] en la Casa Batlló del Paseo de Gracia de Barcelona, propiedad de la mercantil CASA BATLLO SLU, por parte de la contratista STAFF PREMIUM SL[63]. La sección sindical en Casa Batlló del Sindicato Unitario de Trabajadores (SUT) convocó huelga en ese centro de trabajo que fue secundada por la práctica totalidad de la plantilla y que resultó muy nociva para los intereses de CASA BATLLO SLU[64]; resultando además que el litigio se resolvió con la declaración de que existieron prácticas de esquirolaje vulneradoras del derecho de huelga del SUT. Adicionalmente, la sentencia destaca porque, apreciando que un trabajador de CASA BATLLO SLU —el conserje de Casa Batlló— realizó durante la huelga algunas funciones correspondientes a los trabajadores de STAFF PREMIUM, condenó solidariamente a CASA BATLLO por vulnerar el derecho de huelga del SUT. Lo que vendría a poner de manifiesto que, también en las microcontratas, las maniobras de la empresa contratante durante la huelga en la contratista pueden lesionar el derecho de huelga del sindicato convocante. El SUT, por lo demás, también ha convocado huelgas de estas mismas características en el

127/89)– al implicar una imposición de cargas al empresario, o sea una actividad de prestación a cargo de este, el derecho al acceso a los centros de trabajo para participar en actividades propias del sindicato o del conjunto de los trabajadores. Recuerda la STS de 14/03/95 que se trata de una facultad que se otorga a personas ajenas a la empresa pero que no supone una libertad incondicionada de acceso y permanencia de los cargos en los centros de trabajo".

60 Elocuente es este Tribunal cuando explica que "*El Comité pretendía informar y seducir obviamente a un conjunto de trabajadores desconectados con la actividad sindical, circunstancia que en absoluto puede calificar de superflua la reivindicación del Comité, de contacto directo, personal, con los trabajadores*".

61 Rec. 2751/2022.

62 Tal y como en el correspondiente contrato de prestación de servicios entre ambas empresas se denomina a la actividad de los trabajadores subcontratados de realizar los servicios de control de acceso, colas, cobro de entradas, entrega de audio guías, asistencia y orientación a los visitantes, control de salas, control de vending y venta en la tienda interior que hay en Casa Batlló.

63 Empresa que en ese momento contaba con una plantilla de 22 trabajadores en activo y 18 más en situación de ERTE-COVID.

64 Accede el Tribunal a la solicitud de inclusión de un nuevo hecho probado con el siguiente texto: "*Como consecuencia del ejercicio del derecho a la huelga de los trabajadores, Casa Batlló, S. L. U. sufrió durante el mes de octubre de 2020 numerosas cancelaciones de visitas y tuvo que hacer frente a la devolución del importe de los tickets de los visitantes que no podían acceder a la Casa Batlló. De igual modo, la tienda se mantuvo cerrada durante todo el período de huelga*".

Museo Picasso que han dado lugar a sendas sentencias del TSJ de Cataluña que, en ambos casos, declaran vulnerado su derecho de huelga[65].

2.3. *Los nuevos movimientos sindicales y sus acciones de conflicto*

Lo que se viene dando en llamar "*nuevos movimientos sindicales*"[66], "*sindicalismo gig*"[67] o "*neosindicalismo*"[68] constituye un *totum revolutum* entre sindicatos y otros colectivos en el mundo del trabajo organizados a través de internet que concierne a la acción de "*nuevas formas organización de la representación colectiva*"[69] de los "*trabajadores con dificultades de representación*"[70].

Si algo demuestra esta mezcolanza "*entre las formas de los movimientos sociales y las formas del sindicalismo*"[71] es que los sindicatos de los arts. 6 y 7 LOLS llegan con dificultades a los trabajadores atípicos, que cada vez son más típicos[72], categoría donde es usual incluir, como efecto de la "*cuarta revolución tecnológica*"[73], a los "*trabajadores de plataformas*"[74]. Organizaciones como Las Kellis (LK), Riders por Derechos (RXD), La Marea Azul, el Sindicato de Manteros o Mensakas dan cuenta de todo ello y permiten vislumbrar una tendencia impulsada "*por la base, desde abajo*", a través de

65 En la STSJ Cataluña 18.12.2018 (rec. 5414/2018) el SUT centro de trabajo Museo Picasso demanda a MAGMA SERVEIS CULTURALS por fijación unilateral de servicios de seguridad y mantenimiento durante la huelga. En instancia se estima la demanda y en suplicación se confirma dicha resolución. Por otro lado, en la STSJ Cataluña 09.05.2022 (rec. 6770/2021) el SUT demanda a EXPERTUS MULTISERVICIOS por esquirolaje, reconociendo el Tribunal que se produce una vulneración del derecho de huelga de este sindicato que a su vez genera daños morales "*como consecuencia de las prácticas empresariales contrarias a los derechos de huelga y libertad sindical, que han provocado una merma de credibilidad y confianza del Sindicato ante sus afiliados y trabajadores afines, por la ineficacia del sacrificio salarial que implica la huelga debida la actuación ilegal de la empresa*".

66 Vid., MORAL MARTÍN, D. y BRUNET I ICART, I.: 'La necesidad de la revitalización sindical: una oportunidad para otras propuestas organizativas', CIRIEC, núm. 101, 2021, pág. 236.

67 Vid., KÖHLER, H.: 'Sindicalismo 'Gig' o la acción colectiva en la economía de las plataformas', Cuadernos de Relaciones Laborales, núm. 40 (2), 2022.

68 Vid., CABOT, J.: 'Bienvenidas al neosindicalismo de Las Kellis, Jornaleras, Manteros, Mensakas...', disponible en https://www.goteo.org/blog , 2021.

69 Vid., MARTÍN ARTILES, A. y PASTOR MARTÍNEZ, A.: 'Nuevas formas de representación colectiva. Reacción a la digitalización', Cuadernos de Relaciones Laborales, núm. 40 (2), 2022, pág. 345.

70 Vid., BARRANCO, O.: 'Innovar para representar: Trabajadores con dificultades de representación', Cuadernos de Relaciones Laborales, núm. 40 (1), 2022, edición digital, pág. 12.

71 Vid., FERNÁNDEZ-TRUJILLO MOARES, F.: 'Resistencia, sindicalismo y conflicto en el ámbito de las plataformas de reparto y mensajería', Cuadernos de Relaciones Laborales, núm. 40 (1), 2022, pág. 149.

72 Vid., HYMAN, R.: 'El futuro de las relaciones laborales en tiempos de pandemia', Cuadernos de Relaciones Laborales, núm. 40 (2), 2022, pág. 252.

73 Vid., GOERLICH PESET, J. Mª. y FITA ORTEGA, F.: 'Sindicalismo y acción sindical en el siglo XXI: Crisis económica y transformación del modelo productivo', Arxius, núm. 36-37, 2017, pág. 42.

74 Vid., ROCHA SÁNCHEZ, F.: 'La acción colectiva en las plataformas digitales', VientoSur, núm. 173, 2020, pág. 33.

los propios trabajadores mediante estos "*proto-sindicatos*" para defender estos intereses que no defienden los sindicatos mayoritarios[75].

Hablando de los sindicatos mayoritarios, la STSJ Cataluña 16.06.2020[76] confirma la nulidad de varios despidos de riders por ejercer su derecho a "*huelga de desconexión*"[77]. Sentencia que permite apreciar que, en el caso de la empresa ROOFOODS SPAIN SL, que opera con la marca DELIVEROO, fue un sindicato minoritario, la Intersindical Alternativa de Cataluña (IAC), quien tomó la iniciativa de prestar apoyo a estas organizaciones de trabajadores atípicos. La maniobra consistió en agrupar dentro de la IAC, mediante la plataforma RXD, a los repartidores que denunciaban sus condiciones de trabajo para posteriormente constituir la sección sindical de la IAC en ROOFOOODS. Y la IAC convocó huelgas en DELIVEROO, la primera para el 02.07.2017 y la segunda para el 08 y 09.07.2017, cuyo desenlace recoge en parte esta sentencia.

Al hilo de esta sentencia, una valoración del papel de los sindicatos mayoritarios en estos escenarios indicaría, a mi juicio, que han movido pieza tarde y mal. Aprovechando el revuelo mediático provocado por la irrupción de RXD y la inteligente actuación de la IAC, la acción política desarrollada posteriormente por los sindicatos mayoritarios fue el germen de la Ley Rider que recoge la DA 23ª ET. Lo que también puede haber sucedido con el colectivo LK y la modificación del régimen del convenio aplicable en las contratas[78] —art. 42.6 ET—. Solo por referirme a la primera Ley, mi impresión es que se trata de una Ley poco eficaz, porque simplemente establece una presunción de laboralidad, utilizando un lenguaje tecnológico[79], que admite prueba en contrario y que deja las cosas prácticamente igual que antes. Los sindicatos mayoritarios, a mi juicio, no aprovecharon el potencial de la plataforma RXD para construir con la patronal un acuerdo coherente sobre el trabajo en plataformas. De hecho, y a mayor abundamiento, lo que ha provocado esta maniobra de los sindicatos mayoritarios en este subsector del reparto a domicilio es un vuelco en el modelo de negocio de estas empresas, algo que no sé si fue calculado por los sindicatos mayoritarios pero que era probable que se produjese[80].

75 Vid., MARTÍN ARTILES, A. y PASTOR MARTÍNEZ, A.: 'Nuevas formas de representación colectiva. Reacción a la digitalización', cit., pág. 345.

76 Rec. 5997/2019.

77 Vid., detallando distintos tipos de huelga de esta naturaleza desarrolladas contra GLOVO, RUÍZ SAURA, J. E.: 'Huelga y nuevas tecnologías: la encrucijada de un derecho fundamental', Temas Laborales, núm. 167/2023, pág. 185.

78 Vid., MORAL MARTÍN, D. y BRUNET I ICART, I.: 'La necesidad de la revitalización sindical...', cit., pág. 233.

79 Vid., señalando que aquí el legislador "*se ha fijado sobre todo en los aspectos técnicos de los poderes que hacen de este un trabajo subordinado*", RODRÍGUEZ-PIÑERO ROYO, M.: 'La presunción de existencia del contrato de trabajo', en AA.VV., *Estudios de Derecho del Trabajo y de la Seguridad Social. Homenaje al profesor Santiago González Ortega*, (BARCELÓN COBEDO, S., CARRERO DOMÍNGUEZ, C. y DE SOTO RIOJA, S., coords.), Consejo andaluz de relaciones laborales, 2022, pág. 103

80 Las empresas de reparto ahora pueden tener miedo a contratar a los riders como autónomos o como TRADE —ese puede ser un efecto sociológico de la Ley Rider—, pero estas empresas encuentran aho-

IV. LA IMPLANTACIÓN COMO CRITERIO DE DIFERENCIACIÓN SINDICAL EN MATERIA DE HUELGA

No sería exacto afirmar que cualquier sindicato puede convocar huelgas por aplicación directa del art. 2.2.d) LOLS. Aunque la ley no utiliza la técnica de la representatividad para seleccionar sindicatos a este efecto, la permisividad de nuestra legislación para convocar huelgas fue matizada por la STConst. 11/1981, que requiere, razonablemente[81], que el sindicato esté implantado en el ámbito del conflicto[82].

1. Sentido y alcance del criterio de la implantación

En la STConst. 11/1981, el TC marca la pauta en cuanto a la capacidad para convocar huelgas de los sindicatos. Sin embargo, también constituye el punto final de su teorización acerca de este requisito aplicado específicamente a la capacidad para convocar huelgas. En la práctica, la implantación se mide, sobre todo, por el número de afiliados[83]. Además, según la STConst. 184/1987, indicativos de la implantación pueden ser *"otros datos reveladores de la audiencia o prestigio"* del sindicato, como su capacidad de convocatoria y movilización de trabajadores afiliados y no afiliados[84].

Para convocar huelgas y para promover conflictos colectivos se exige a las organizaciones sindicales tener implantación en el ámbito del conflicto. Sin embargo, esta exigencia es menos rigurosa en el caso de la huelga. Lo cual no deja de ser expresión de la *"singular preeminencia por su más intensa protección"*, en los términos de la STConst. 33/2011, del derecho de huelga en relación con el derecho a adoptar medidas de conflicto colectivo. La STS 20.07.2022[85] permite apreciar esta idea. Aquí razona el TS, para acabar reconociendo legitimación a CGT para accionar en conflicto colec-

ra en las contratas con empresas de riders esa misma fuerza de trabajo, vid., al respecto, poniendo de manifiesto lo complicado de aplicar el art. 43 ET a la externalización en el ámbito de las plataformas de reparto, JURADO SEGOVIA, Á.: 'En torno a la externalización de actividades empresariales y la posible cesión ilegal de trabajadores en el ámbito de las plataformas digitales', Labos, vol. 3, núm. 2, 2022, págs. 23-50.

81 Vid., afirmando que el sindicato que realmente existe no es el creado a través del depósito de sus estatutos, sino el implantado en un ámbito determinado, CASAS BAAMONDE, Mª. E.: 'Jurisprudencia constitucional y representatividad sindical', Relaciones Laborales núm. 19-20, 1990, pág.68.

82 La STConst. 11/1981 es determinante cuando establece que *"si bien la titularidad del derecho de huelga les pertenece a los trabajadores, el derecho puede ser ejercitado por las organizaciones sindicales con implantación en el ámbito laboral al que se extiende la huelga"*.

83 Vid., GARCÍA MURCIA, J.: 'Criterios de representatividad, igualdad de trato y libertad sindical: Notas para un balance de jurisprudencia constitucional', REDC, núm. 50, 1997, pág. 211.

84 En relación con este criterio de la capacidad de movilización del sindicato para medir su implantación, la STS 08.11.2017 (rec. 40/2017) ofrece un interesante ejemplo de cómo un escaso seguimiento de las huelgas puede ser indicio de inexistencia de implantación que conduce a negar legitimación al sindicato, en ese caso la CNT, para accionar en vía judicial.

85 Rec. 678/2022.

tivo en un ámbito funcional y territorial donde acredita un 1,73% de implantación[86], en el sentido de que "*Aunque es evidente su estrecha conexión, pudiera sostenerse una distinta exigencia respecto la legitimación para convocar una huelga y para promover un conflicto colectivo*". Tesis, por lo demás, refrendada por la STS 04.07.2023[87] sin dar por buena la alegación de la patronal referida a que "*CGT solo tiene el 1% de la representación legal*" en el sector de ayuda a domicilio de Andalucía.

Puede concluirse, por consiguiente, que "*la Ley no distingue en si el Sindicato convocante de la huelga es mayoritario o minoritario para reconocer a los trabajadores su derecho fundamental a la huelga en mayor o menor medida*"[88]. Lo que hace que, como regla general, cualquier sindicato con implantación pueda convocar huelgas; aunque sea un sindicato minoritario en un comité de empresa y ese comité firme un escrito donde manifieste retirarse de la huelga convocada por el sindicato en cuestión[89].

2. Implantación sindical en servicios esenciales para la comunidad

De la huelga en los servicios esenciales para la comunidad poco hay que decir, y esto ya lo decía nuestra doctrina científica hace veinte años[90], que no se haya dicho ya. Incluso se ha dicho que la convocatoria de huelga en servicios esenciales para la comunidad debería ser unitaria o mayoritaria porque no se explica bien que un sindicato minoritario convoque huelgas que tienen una repercusión superior a la que deberían tener por el juego de los servicios mínimos[91].

Creo, sin embargo, que lleva razón la importante STS 03.04.1991[92] cuando estableció que la facultad inherente a la libertad de gestión externa de todos los sindicatos consistente en convocar huelgas "*no puede verse constreñida por la singular posición que, en la producción, ostentan los trabajadores afectados, pues ello supondría*

86 En esta sentencia FERROVIAL SERVICIOS destacaba que la implantación de CGT en toda Andalucía se cifra en el 1,73%, mientras que en el ámbito del conflicto llega al 6,25%, contando solo un representante de los 16 existentes. Y el TS entiende que "*aquí hay un sindicato con implantación en todo el territorio sobre el que proyecta sus efectos el conflicto colectivo; que tiene constituida sección sindical a nivel de empresa; y que cuenta con presencia en los órganos de representación unitaria* (...) *si solo se contabiliza uno de los dos representantes* (...), *la implantación de la CGT sería del 6,25%. Si se tienen en cuenta los dos, claro está, el porcentaje se duplica y alcanza el 12,50 %. Y si se toman en cuenta los dos representantes y su incidencia en la representación unitaria de Andalucía Occidental esa presencia se eleva de manera muy significativa*".

87 Rec. 224/2021.

88 Vid., STSJ Cataluña 19.09.2002 (rec. 3929/2002).

89 Vid., STSJ Andalucía (Málaga) 01.03.2017 (rec. 2271/2016).

90 Vid., DE LA VILLA GIL, L. E.: 'Huelga, servicios esenciales y servicios mínimos', en AA.VV., *Derecho vivo del Trabajo y Constitución. Estudios en homenaje al Profesor Doctor Fernando Suárez González*, (BORRAJO DACRUZ, E., RAMÍREZ MARTÍNEZ, J. M. y SALA FRANCO, T., coords.), Madrid, 2004, pág. 271.

91 Vid., DURÁN LÓPEZ, F.: 'Derecho de huelga: ¿todo cambia menos los viejos esquemas laborales?', Garrigues, Newsletter laboral, https://www.garrigues.com/es_ES/noticia/derecho-de-huelga-todo-cambia-menos-los-viejos-esquemas-laborales, entrada 08.05.2019.

92 Rec. 897/90.

negar al Sindicato minoritario la facultad de convocar la huelga e impedir el derecho subjetivo de huelga a ciertos colectivos de trabajadores". Mi impresión es que acompasar el ejercicio del derecho fundamental de huelga con la naturaleza esencial de un servicio para la comunidad no puede hacerse exclusivamente exigiendo un plus de representatividad a los sindicatos minoritarios para convocar huelgas. El principio de igualdad de trato entre sindicatos a efectos de convocar huelgas —art. 14 CE— no permitiría, creo, efectuar esta diferenciación. Las limitaciones al ejercicio colectivo del derecho de huelga en los servicios esenciales para la comunidad, por decirlo de otro modo, deberían vincular o afectar en la misma medida a los sindicatos mayoritarios y a los minoritarios.

3. Disfunciones del criterio de la implantación

Las condiciones para medir la implantación del sindicato a efectos de convocar huelgas es asunto que permanece en *"zonas de penumbra"*[93]. De la misma forma que el criterio de la audiencia electoral puede provocar una disociación entre la representatividad del sindicato y la efectiva representación de los trabajadores incluidos en su círculo de influencia, la indefinición del criterio de la implantación para convocar huelgas también puede provocar un similar efecto de distanciamiento entre la huelga convocada y la capacidad del sindicato para gestionarla.

El anterior aspecto se pone de manifiesto de forma particularmente problemática en tres escenarios: 1ª) Huelgas generales o socio-económicas; 2º) Capacidad del sindicato para convocar huelgas y para designar el comité de huelga; y, 3º) Formalización y eficacia de los pactos de fin de huelga.

3.1. Implantación y huelgas socio-económicas

La STSJ Cataluña 02.05.2018[94] y la STS 15.01.2020[95], a propósito de la huelga catalana llevada a cabo en el marco del *procés* tras la declaración unilateral de independencia de octubre de 2017, invitan a reflexionar. Sentencias que distan, a mi juicio, de representar ejemplos de un derecho de huelga judicialmente acorralado[96], o bajo sospecha[97], en la medida en que establecieron que dicha huelga se ajustó a la

93 En general, crítico con este criterio, VALDÉS DAL-RÉ, F.: 'La mayor representatividad sindical', en AA. VV., *Representación y representatividad colectiva en las relaciones laborales: Libro homenaje a Ricardo Escudero Rodríguez*, (CRUZ VILLALÓN, J., MENÉNDEZ CALVO Mª. R. y NOGUEIRA GUSTAVINO, M., coords.), 2017, pág. 64.

94 Rec. 50/2017.

95 Rec. 166/2018.

96 Vid., GONZÁLEZ ORTEGA, S.: 'El derecho de huelga: Un derecho fundamental acorralado', RTSS, núm. 418, 2018, pág. 20.

97 Vid., BAYLOS GRAU, A.: '¿La huelga en libertad vigilada? Controles institucionales al derecho de huelga', Ponencia presentada en el seminario *Autoridad y democracia en la empresa*, Fundación 1º de mayo, UIMP, Santander, 1989, pág. 25.

legalidad, pese a que fue "*convocada formalmente por sindicatos minoritarios sobre la base de las indicaciones de la formación política CUP*"[98].

No es cuestión de estas páginas valorar si la huelga del *procés* convocada por el sindicato catalán nacionalista Intersindical-CSC fue una huelga política[99]. Tampoco lo es valorar que se trató más de una huelga ciudadana impulsada desde fuera del movimiento sindical que de una huelga estrictamente socio-laboral impulsada desde dentro del sindicato; por mucho que detrás de esta huelga hubiese un sindicato minoritario, esta huelga funcionó como enganche de la protesta ciudadana con el espacio de la producción[100]. Lo que sí hay que valorar es que hay autores que opinan que la STSJ Cataluña 02.05.2018, confirmada por la STS 15.01.2020, proporcionó elementos de reflexión sobre el concepto de implantación del sindicato como requisito de procedibilidad de la acción colectiva en la convocatoria de huelga[101]. Para el TS, un 0,4% de implantación en el ámbito del conflicto le basta a la Intersindical-CSC para convocar huelgas[102], lo mismo que antes había dicho el Tribunal catalán[103].

Sin embargo, es evidente que ninguna de esas dos sentencias reflexionó acerca del requisito de la implantación sindical aplicado específicamente a la capacidad para convocar huelgas generales, de naturaleza socio-económica. La STS 15.01.2020 se mantuvo en el plano de que la implantación exigida al sindicato para convocar huelgas es menos rigurosa que la que se le exige para impugnar un despido colectivo[104], mientras que, antes, la STSJ Cataluña 02.05.2018 no había ido mucho más allá[105]. A

98 Vid., MUNTANER, S.: 'Paro cívico y huelga general', Según Antonio Baylos..., entrada de 03.10.2017, https://baylos.blogspot.com/2017/10/paro-civico-y-huelga-general.html.

99 La federación empresarial recurrente argumentaba acerca de una "*simbiosis necesaria entre sindicato y Comités de Defensa de la República (CDR), para que bajo una aparente huelga general se puedan organizar <paros de país> de exclusivo carácter político*".

100 Vid., razonando en estos términos a propósito de huelgas ciudadanas como las feministas del 8M, BAYLOS GRAU, A.: 'Replanteamientos y novedades en la regulación jurídica de la huelga', RDS, núm. 82, 2018, pág. 176.

101 *Ibidem*, pág. 181.

102 Señala el TS que "*Teniendo en cuenta que el sindicato convocante de la huelga tiene implantación en el ámbito del conflicto, 0 48% (...) forzoso es concluir que está legitimado para convocar una huelga y, por lo tanto, ostentaba dicha legitimación para la convocatoria de huelga*".

103 Según este Tribunal, este 0,4% de representatividad, "*qué duda cabe, supone que el sindicato tiene implantación, por pequeña que esta sea, a los efectos de gozar de legitimación para convocar la huelga*".

104 Afirma el TS que "*A la vista de la regulación legal y la interpretación jurisprudencial de la misma forzoso es concluir que, mientras la facultad de convocatoria de huelga, como contenido de la libertad sindical, corresponde a las organizaciones sindicales, sin exigencia de que ostenten la cualidad de sindicatos más representativos —artículo 2.2 de la LOLS— siendo suficiente con que tengan implantación en el ámbito laboral al que la huelga se extienda, —STC 11/1981— el ejercicio de otras facultades está reservado únicamente a los sindicatos que ostenten la condición de más representativos, a tenor de los artículos 6 y 7 de la LO 1/1985, no exigiéndose, por tanto, ostentar la condición de sindicato más representativo para tener facultad para convocar una huelga*". Y recalca el TS que la STConst. 11/1981 habla de implantación en el ámbito del conflicto, "*sin que se exija que el sindicato tenga implantación suficiente, a diferencia de lo que sucede con la legitimación de los representantes sindicales para impugnar un despido colectivo, tal y como aparece regulado en el artículo 124. 1 LRJS*".

105 Apuntó el Tribunal catalán que el principio de igualdad de trato entre sindicatos hace que sea obligado entender que el concepto de implantación sindical "*comprende a los sindicatos que en el ámbito de la*

mi juicio, tanto en la instancia como ante el TS se hubiera debido plantear, por parte de la patronal recurrente, que es legítimo y no atenta al derecho de huelga exigir un plus de implantación a los sindicatos minoritarios para poder convocar huelgas generales o socio-económicas, por varios motivos: 1º) Porque en estos casos la huelga se utiliza como elemento de presión en escenarios de conflicto que desbordan los confines estrictamente laborales; 2ª) Porque no está en la mano de las empresas afectadas por la huelga satisfacer las demandas de los huelguistas; y, 3º) Porque en estas huelgas existe el riesgo de que se desborden los límites de la propia representatividad del sindicato minoritario convocante de la huelga.

Cabría sugerir que, cuando la huelga, por ser una huelga general, pueda producir efectos más allá del círculo de trabajadores representados, las organizaciones sindicales convocantes cuenten con capacidad representativa contrastada. Desaprovechó, sin embargo, el TS esta ocasión para elaborar una construcción de esta naturaleza. Así que, siendo improbable que un conflicto de estas características llegue al TC, porque aplicando sin matices el requisito de la mínima implantación a la capacidad para convocar huelgas socio-económicas es difícil que los sindicatos demanden por vulneración de su derecho a convocar huelgas, solo queda permanecer a la espera de que la necesaria reforma de nuestra ley de huelga se ocupe del problema de la legitimación requerida a los sindicatos para poder convocar huelgas generales, de naturaleza socio-económica, si es que tras la reforma de la ley de huelga la huelga socio-económica sigue siendo una huelga legal.

3.2. Implantación y comité de huelga

Los problemas que suscita el criterio de la implantación en relación con el comité de huelga conciernen a la capacidad sindical para designar este comité y a la situación de coexistencia de comités de huelga múltiples en una misma empresa.

3.2.1. Implantación y capacidad para designar el comité de huelga

De acuerdo con el art. 5.1º RDLRT, en las huelgas de ámbito empresarial el comité de huelga debe quedar integrado por trabajadores de la empresa o del centro de trabajo[106]. Sin embargo, la STSJ Madrid 16.11.2015[107] deja abierta la posibilidad de que esto no se cumpla cuando la implantación del sindicato en la

huelga cuenten con afiliados, con audiencia electoral o con presencia real y efectiva cualquiera que sea su importancia numérica", puesto que *"Tratándose de un requisito para ejercitar una de las facultades integrantes del contenido esencial del derecho de huelga, su interpretación ha de ser forzosamente favorable al ejercicio del derecho, por lo que los sindicatos minoritarios en un determinado ámbito no pueden ser excluidos, cuando la ley no lo hace"*.

106 Según la STSJ Castilla-La Mancha 05.06.2015 (rec. 33/2015), *"la composición del comité con trabajadores del centro en huelga garantiza una adecuada legitimación en la posterior gestión de la huelga"*.

107 Rec. 663/2015.

empresa o centro de trabajo, bastándole para convocar huelgas, no le alcance sin embargo para completar un comité de empresa eficiente[108]. A mi juicio, que la huelga sea un derecho fundamental cuyo régimen jurídico no puede ser objeto de interpretación restrictiva no autoriza, sin embargo, a suplir desde fuera de la ley el déficit de representatividad del sindicato que convoca una huelga. Más bien, lo que sucede cuando un sindicato implantado convoca huelga pero no moviliza trabajadores para formar un comité de huelga eficiente —porque aceptar integrar este comité no es obligatorio[109]— es un supuesto de huelga fallida, para desprestigio del sindicato convocante.

Por otro lado, en el caso de las huelgas de ámbito supraempresarial, la distancia que a veces existe entre la implantación como concepto jurídico indeterminado que legitima a todos los sindicatos para convocar huelgas y su efectiva representatividad, medida en términos de capacidad para designar el comité de huelga, se constata en algunos escenarios de huelgas generales, estatales y/o autonómicas, convocadas por sindicatos minoritarios, estatales y/o autonómicos. El caso a examinar es el de las huelgas feministas del 8M convocadas tanto por la CNT como por otras centrales minoritarias como, por ejemplo, y se trata de un supuesto resuelto por la STSJ Aragón 26.02.2020[110], la Confederación Intersindical de Trabajadores de Aragón y el Sindicato Colectivo Unitario de Trabajadores. Con la particularidad de que las huelgas de esos sindicatos minoritarios concurrían con la convocatoria de huelga por el mismo motivo 8M efectuada por las grandes centrales de nuestro país.

La tesis de la STSJ Andalucía (Sevilla) 16.07.2019[111], coincidente con la del Tribunal maño en la citada sentencia, viene a ser que, en supuestos de huelgas generales[112], los sindicatos —en el caso de la sentencia sevillana, el Sindicato de Oficios Varios de la CNT— con implantación en las empresas afectadas por la huelga pero sin presencia en el comité de empresa —en el caso de la citada sentencia, la empresa AUTOBUSES DE CÓRDOBA, SA—, no tienen derecho a constituir comité de huelga

108 Señala el Tribunal madrileño que el art. 5.1 RDLRT es aplicable, no siendo posible *"exonerar al sindicato convocante de la mencionada regla, pues goza de una implantación suficiente en la empresa (...) y no acredita que no pudiera completar un comité de huelga eficiente con sus afiliados que prestan servicios en el centro de trabajo"*.

109 Vi., CRISTÓBAL RONCERO, Mª. R.: 'Artículo 5. El comité de huelga', en AA.VV., *Real Decreto-Ley 17/1977, de 4 de marzo, sobre Relaciones de Trabajo (Régimen legal y jurisprudencial de la huelga, el cierre patronal y el conflicto colectivo de trabajo)*, (PÉREZ DE LOS COBOS, F., dtor. y MONREAL BRINGSVAERD, E., coord.), Madrid, 2011, pág. 331.

110 Rec. 51/2020.

111 Rec. 1808/2019.

112 En el supuesto que resuelve esta sentencia, CNT designó para la huelga 8M un comité de huelga estatal y un comité de huelga autonómico en cada Comunidad autónoma. En Andalucía, el comité de huelga estaba constituido por 12 personas, entre ellas el secretario general del Sindicato de oficios varios de la CNT en Córdoba, quien, en uso de las facultades conferidas al comité de huelga de Andalucía, delegó la negociación de los servicios mínimos y otras atribuciones del comité de huelga de Andalucía en la empresa AUTOCARES DE CÓRDOBA SA en favor de 3 trabajadores de esa empresa.

propio o independiente en esas empresas[113]. En su caso, los sindicatos minoritarios implantados pero sin presencia en el comité de empresa podrán participar en las gestiones de la huelga integrando el comité de huelga que constituyen las centrales con presencia en el comité de empresa convocantes de su propia huelga general[114].

Parece, por consiguiente, que se puede afirmar que, en las huelgas generales convocadas separadamente por centrales sindicales mayoritarias y minoritarias, con designación "*en cascada*" de los comités de huelga[115], las centrales minoritarias podrán constituir comité de huelga propio o independiente en las empresas afectadas por la

113 El debate lo centra el Tribunal sevillano cuando explica que "*Lo que en realidad pretende el Sindicato en su recurso que la sentencia vaya más allá de lo solicitado en la demanda, que se le reconozca el derecho a un comité de huelga <delegado>, figura jurídica que no existe en el Real Decreto Ley 17/1977, que regula el derecho de huelga, y que carece de justificación, ya que al ser una huelga convocada por la CNT a nivel nacional, tiene que tener un comité de huelga nacional, o como mucho comités de huelga a nivel autonómico o provincial, lo que no pueden pretender es tener comités de huelga en todas las empresas, y menos un comité de huelga por delegación, como se pretende en el recurso, a fin de poder negociar con la empresa separadamente, cuando este sindicato no tiene representación en el comité de empresa*". Se remite el Tribunal a la STS 25.04.2019, que transcribe, para acabar estableciendo que "*En este caso aunque la huelga convocada por la CNT para el 8 de marzo de 2.018 fuera de 24 horas, y la convocada por los Sindicatos UGT y CCOO fuera parcial (2 horas por turno), el objetivo era el mismo, la eliminación de la discriminación laboral de la mujer trabajadora, siendo negociados los servicios mínimos con la representación legal de los trabajadores, de la que se excluyó indebidamente a los representante del sindicato CNT como reconoce la sentencia, pero lo que no se puede pretender en el recurso es que se reconozca el derecho del sindicato a un comité de huelga en la empresa y a que se negocien con sus representantes de forma singularizada, y mucho menos cuando actúan por delegación como en este caso*".

114 Según el Tribunal sevillano, figurando como hecho probado que "*Actualmente CNT tiene trabajadores afiliados a su sindicato en la empresa demandada pero no tiene representación en el comité de empresa*", no es problemático que la empresa negocie los servicios de seguridad y mantenimiento con el comité de huelga designado por las centrales mayoritarias y que incluso designe como trabajadores encargados de ejecutar esos servicios a los trabajadores de esa empresa a su vez facultados por la CNT para integrar el comité de huelga en esa empresa; la falta de representatividad del sindicato minoritario en esa empresa, medida en términos de ausencia de afiliados en el comité de empresa, hace, en efecto, que no pueda considerarse vulnerado su derecho de huelga por no permitírsele constituir comité de huelga propio o independiente en esa empresa.

115 En los hechos que la STSJ Comunidad valenciana 28.04.2020 (rec. 458/2020) da por probados se explica el funcionamiento de este mecanismo de los "*comités de huelga en cascada*": "*la Convocatoria de Huelga General de la Confederación Nacional de Trabajo estableció un mecanismo que consistía en: <Se establece un Comité de Huelga de carácter estatal formado por 12 personas. Debido al ámbito general de la huelga y la negociación descentralizada de los servicios mínimos, que haría imposible la negociación desde un único CH central, se reiteran comités de huelga en cascada en las diferentes CCAA, estableciéndose además de forma expresa la posibilidad de delegación para facilitar la asistencia a la negociación de los diferentes servicios mínimos en toso ellos>. En cambio, resulta que los sindicatos (integrantes del Comité de Empresa) CCOO y UGT, de forma pública y notoria informaron a la ministra de Empleo y Seguridad Social en fecha 19 de febrero de 2018, que habían acordado que el Comité de Huelga de ámbito estatal optaba por lo siguiente: <VII. A los efectos procedentes, se comunica que el Comité de Huelga durante la realización de la huelga convocada estará compuesta por los siguientes miembros: Este Comité delega expresamente en las estructuras sindicales y en los representantes de los trabajadores que en cada caso se designen a efectos de negociar los servicios mínimos y otras cuestiones operativas relacionadas con la huelga>*. En estas condiciones, señala el Tribunal que "*Entendemos que, en el caso de estos sindicatos, no resulta necesario una nueva declaración en cada caso para nombrar un comité de huelga, puesto que el Comité de Huelga Estatal de CCOO y UGT ya había realizado dicha labor señalando a los representantes de los trabajadores y estructuras sindicales de cada ámbito como integrantes del Comité de Huelga*".

huelga cuando, acreditando implantación, tengan presencia en el comité de empresa. Cuando las centrales minoritarias convocantes de huelga general tengan implantación pero no presencia en el órgano de representación unitaria, podrán tener derecho a integrar el comité de huelga de las centrales mayoritarias, pero no a designar su propio comité. Finalmente, si la central minoritaria disfruta de mínima implantación en el territorio pero carece de implantación en una empresa o centro de trabajo, sin afiliados y sin presencia en el comité de empresa, en tal caso, y este viene a ser el sentido de la STSJ Comunidad valenciana 28.04.2020[116], ese sindicato, que en el caso resuelto por el Tribunal valenciano es la CNT, ni siquiera tiene derecho a formar parte del comité de huelga designado en esa empresa o centro de trabajo por las centrales mayoritarias[117].

3.2.2. Implantación y huelgas y comités de huelga múltiples en la misma empresa

La amplísima capacidad reconocida a todo sindicato para convocar huelgas puede traducirse en situaciones como la resuelta por la STConst. 130/2021, confirmatoria de la STS 25.04.2019[118], cuyo supuesto viene dado por cinco huelgas con el mismo objeto y duración convocadas en la misma empresa —FERROVIAL SERVICIOS, SA— por cinco sindicatos —CCOO, UGT, CGT, SF y USO—[119].

La idea de base del TC es que, con carácter general, en estos casos de pluralidad de convocatorias de huelga en la misma empresa —usuales en el transporte ferroviario[120] y aéreo[121]—, la empresa tiene que negociar con los diferentes comités de huelga creados a resultas de las distintas convocatorias. Lo cual implica considerar que este tipo de huelgas, como regla general, no son fraudulentas, en el sentido del

116 Rec. 458/2020.

117 Según el Tribunal valenciano, *"la negociación de los servicios mínimos por la empresa demandada con la representación legal y unitaria de los trabajadores de la empresa, y no con el llamado "Comité de Huelga" de CNT, no significa que se excluyera indebidamente a los representantes de este sindicato, como considera la sentencia, porque tal sindicato no formaba parte del Comité de Empresa y porque el mismo no ha acreditado la existencia trabajadores afiliados al repetido sindicato en la empresa, como tampoco participantes en la huelga"*.

118 Rec. 236/2017. En esta sentencia el TS afirma que *"el derecho de los sindicatos a la huelga que les reconoce el art. 2-2-d) de la Ley Orgánica de la Libertad Sindical (LOLS) tiene carácter constitucional y no puede ser limitado en función de la mayor o menor representatividad del sindicato convocante"*.

119 Las huelgas se convocan en esta empresa en el marco de la negociación por el comité intercentros de FERROVIAL de un convenio de franja aplicable al personal de restauración y atención a bordo de los trenes de RENFE, con quien RENFE tiene suscrito un contrato de prestación de *Servicios para la Atención a Bordo* de sus pasajeros.

120 Vid., p.e., STS 11.10.2011 (rec. 200/2010), referente a un supuesto en que en RENFE se convocaron dos huelgas para el día 08.06.2010, una total y otra de maquinistas.

121 Vid., STS 17.02.2014 (rec. 53/2013), referida a un supuesto donde el Sindicato de tripulantes auxiliares de vuelo de líneas aéreas y el SEPLA convocaron huelga los mismos días por los mismos motivos, referidos a conseguir que IBERIA EXPRÉS no se creara fuera de IBERIA OPERADORA, sino que fuese un producto interno de la misma.

art. 7.2 RDLRT[122]. El TC aplica implícitamente una concepción amplia del requisito de la implantación del sindicato y el resultado es que, en este caso, se genera un efecto de desagregación y fragmentación de la acción sindical en materia conflictiva[123] que, según el TC, "*dificulta, más allá de lo que es razonable en toda huelga, la posibilidad de llegar a un acuerdo*".

Según explica el ATS 20.11.2019, desestimatorio del incidente de nulidad de actuaciones promovido por CGT contra la STS 25.04.2019, esa huelga fue ilegal "*no porque fuera fraudulenta, sino porque era abusiva, entendido este término como abuso del propio derecho, por intentarse imponer una comisión negociadora que dificultaba obtener acuerdos y conseguir el objetivo perseguido por las normas que regulan la huelga*". Es significativo que el TS hable en este auto de esta huelga en singular, no en plural. Es decir, considerando que fue solo una huelga, no cinco. Lo que resulta indicativo de que, aquí, el TS aprecia unidad de acción sindical bajo la apariencia, formal, de cinco huelgas convocadas por separado.

Entre los elementos fácticos que refleja el TC en esta sentencia figura que USO no tenía presencia en el comité intercentros que negociaba el convenio[124]. Ello daba la oportunidad al TC para reflexionar sobre el hecho de que USO pudo convocar huelga para presionar por la negociación de un convenio en cuya participación sin embargo no negociaba, y pudo además designar un comité de huelga propio, sin contar no obstante con presencia en el órgano de representación unitaria[125].

Hay doctrina científica crítica con estas sentencias del TS y del TC[126]. Se entiende, no sin razón, como entendió la SAN 18.07.2017[127], que es plenamente legítimo "*que los sindicatos busquen autonomía negociadora*". *Lege data*, sin embargo, el problema

122 Vid., NOGUEIRA GUASTAVINO, M.: 'Comisión negociadora en huelgas simultáneas convocadas en una misma empresa', Revista de Jurisprudencia Laboral, núm. 8, 2021, edición digital, pág. 1.

123 Efecto que se materializa, según el TC, en "*Tener que negociar un acuerdo con cada uno de los cinco comités de huelga, o tener que reunirse con los cinco comités de huelga a la vez y, por tanto, con cuarenta y tres personas*".

124 En el Antecedente núm. 2.a) de la STConst. 130/2021 figura que "*El 12 de enero de 2016 se constituyó la mesa negociadora del convenio colectivo de Ferrovial Servicios, S.A., para el personal de restauración y atención a bordo de los trenes de Red Nacional de los Ferrocarriles Españoles (RENFE), actuando por la parte social el comité intercentros, compuesto por siete representantes de Comisiones Obreras (CCOO), tres de la Unión General de Trabajadores (UGT), dos de CGT y uno del Sindicado Ferroviario (SF)*".

125 Como también podría haber sido razonable plantear que, si la negociación del convenio corría a cargo del comité intercentros, hubiese sido este órgano, no cada sindicato por separado, el convocante de la huelga, de donde podría haber resultado un único comité de huelga designado por el comité intercentros atendiendo a criterios de proporcionalidad entre la respectiva representatividad de las fuerzas sindicales con presencia en dicho comité intercentros.

126 Vid., ROJO TORRECILLA, E.: 'Cinco sindicatos presentes en una empresa pueden convocar, en las mismas fechas, una huelga por separado y constituir cinco comités de huelga, pero solo puede negociar uno para todos (debate sobre la limitación del derecho constitucional de libertad sindical). Notas a la sentencia del TC núm. 131/2021 de 21 de junio, y recordatorio de las sentencias de la AN de 18 de julio de 2017 y del TS de 25 de abril de 2019', www.eduardorojotorrecilla.es/2021/07/cinco-sindicatos-presentes-en-una.html, entrada de 18.07.2021.

127 Procdto. 134/2017.

de las huelgas y los comités de huelga múltiples en la misma empresa radica en que la regulación del RDLRT —arts. 5.2º[128] y 8.2[129]— es muy deficiente[130]. En el recurso sustanciado ante el TC, el fiscal sostuvo, sin éxito, que obligar a los sindicatos convocantes de huelgas múltiples a constituir un único comité de huelga supone introducir una limitación a la autonomía de los sindicatos no prevista en la ley[131]. Como nuestra regulación legal es la que es, al fiscal se le podría haber dicho que iba equivocado, porque la ley sí conduce a constituir un único comité de huelga en caso de huelgas múltiples[132]. Pero la ley, como se dice, es muy deficiente y esta interpretación es inviable, por atacar al corazón de la libertad sindical en su versión autonomía negociadora del sindicato durante la huelga.

La insuficiencia del régimen legal aplicable conduce a la regla general que deja apuntada la STConst. 130/2021, que reconoce el derecho de cada sindicato a designar su propio comité de huelga; solución, por lo demás, que, según la SAN 18.07.2017, "*no es necesariamente un escenario indeseable para las empresas*"[133]. De hecho, la STSJ Aragón 15.02.2021[134], a propósito de dos huelgas en la misma empresa convocadas por los mismos motivos de forma separada por el comité de empresa y por la CNT, es ilustrativa cuando parte de la base de que, existiendo dos comités de huelga, la empresa debe negociar por separado[135]. Lo remarcable de este caso es que CNT quería negociar conjuntamente con el comité de huelga del comité de empresa, pero

128 Precepto que alude a la existencia de un comité de huelga de como mucho 12 miembros en las huelgas de ámbito empresarial.

129 Precepto referido al deber de negociar que pesa sobre el comité de huelga y el empresario "*y, en su caso, los representantes designados por los distintos comités de huelga y por los empresarios afectados*".

130 De hecho, hay doctrina científica que considera que no es posible saber si la referencia legal a los "*distintos comités de huelga*" es a una huelga sectorial o una huelga de empresa con varios centros de trabajo, vid., NOGUEIRA GUASTAVINO, M.: 'Comisión negociadora en huelgas simultáneas convocadas en una misma empresa', cit., pág. 5.

131 Vid., al respecto, ROJO TORRECILLA, E.: 'Cinco sindicatos presentes en una empresa pueden convocar, en las mismas fechas, una huelga por separado y constituir cinco comités de huelga...', cit.

132 En una huelga general o de ámbito sectorial, con independencia de si la convocan uno o varios sindicatos, siempre va a haber varios empresarios afectados, pudiendo también haber, ya se ha visto, comités de huelga designados en cascada para negociar en cada concreta empresa cuestiones como los servicios de seguridad y mantenimiento. Sin embargo, en una huelga de empresa, aunque sea una gran empresa con varios centros de trabajo, siempre habrá un único empresario afectado, no varios, con independencia de que la huelga la convoquen simultáneamente varios sindicatos.

133 Según la AN, esto es así porque, en estos casos, las empresas "*pueden alcanzar acuerdos con algunos comités de huelga y con otros no, lo cual no significa que la huelga vaya a prolongarse artificiosamente, puesto que, si los acuerdos alcanzados son positivos para los trabajadores, la consecuencia lógica será que no se mantengan en huelga, lo cual sucederá normalmente, cuando se alcancen acuerdos con los sindicatos mayoritarios*".

134 Rec. 679/2020.

135 Afirma este Tribunal que "*la negociación separada llevada a cabo por la empresa, ha sido motivada por la existencia de dos huelgas convocadas, una por parte del Comité de empresa y otra por un sindicato, habiendo constituido comités de huelga diferentes, con los que existía obligación de negociar por parte de la empresa para llegar a un acuerdo, sin que haya existido oposición de la empresa para la participación conjunta de todos ellos para poder alcanzar un acuerdo, lo que finalmente se produjo*".

el Tribunal maño estima que negociar por separado con dos comités de huelga no es ni puede ser fraudulento porque constituye más bien una obligación legal[136].

No tengo claro si en el supuesto de la STConst. 130/2021 existía unidad de acción o existía desconfianza entre los sindicatos. Lo que sí está claro es que, en sentencias posteriores a la STS 25.04.2019, dictadas a propósito de huelgas celebradas contra contratas de FERROVIAL, el TS persiste de forma implícita y *obiter dicta* en que apreciar la existencia de "*identidad de objetivos*" en caso de pluralidad de huelgas en una misma empresa puede ser un primer paso para declarar su ilegalidad[137].

Lege ferenda, el legislador orgánico debería dar cuenta de la regla general que se extrae de la STConst. 130/2021 y recoger que, en el supuesto de huelgas múltiples, el derecho del sindicato a contar con su propio comité de huelga se condiciona a que el sindicato tenga presencia en el órgano de representación unitaria. Algo similar a lo que hace el art. 8.2.d) LOLS cuando reserva la negociación colectiva estatutaria a las secciones sindicales con presencia en el comité de empresa. Por descontado, la opción de los comités de huelga múltiples debería configurarse normativamente como eso, una opción; al fin y al cabo, aun en supuestos de huelgas múltiples, los sindicatos pueden unificar su acción renunciando a los comités separados. Para escenarios de esta naturaleza, por lo demás, sería adecuado establecer legalmente la necesidad de que el comité de huelga conjunto se constituya con arreglo a criterios de proporcionalidad entre la respectiva representatividad de cada sindicato convocante de su propia huelga en el órgano de representación unitaria, análogamente a como exigen la STS 26.11.2015[138] para negociar convenios franja[139] y la STS 12.04.2023[140] para constituir la comisión negociadora en los convenios de ámbito empresarial[141].

136 Afirma la AN que "*Ningún fraude de ley se ha producido, pues el que la negociación en un momento puntual se haya efectuado por separado, lo ha sido para dar cumplimiento de la ley (...) ante la convocatoria de dos huelgas con dos comités de huelga diferentes, ni se ha producido vulneración del derecho de Libertad Sindical en la vertiente de negociación colectiva, pues la demandante ha participado en el proceso negociador como integrante de la comisión negociadora del ERE de extinción colectiva*".

137 Es el caso de la STS 22.09.2020 (rec. 185/2018), sobre las contratas de FERROVIAL con la Junta de Andalucía para la atención telefónica del servicio de emergencias, donde señala el TS que "*Respecto de la confluencia de convocatorias en uno de los centros de trabajo (Cádiz) ciertamente se detectaría una colisión temporal a partir de la nueva convocatoria de huelga —para todos los centros de trabajo de Andalucía—* (...) *La conclusión de la Sala en este punto de su fundamentación puede compartirse, en tanto no resulta acreditada la identidad de objetivos*".

138 Rec. 317/2014.

139 Señala el TS en esta sentencia que, efectuada la votación para designar a las representaciones sindicales que negocian en la franja, "*la comisión negociadora habrá de conformarse con los mismos parámetros de proporcionalidad entre las secciones que han resultado elegidas*".

140 Rec. 4/2021.

141 Puede leerse en esta sentencia que "*La audiencia electoral ha de tomarse muy en cuenta a la hora de designar a quienes representan a la plantilla de la empresa*", que "*La representatividad de cada sección sindical no depende del número de personas afiliadas con que cuenteen la Comisión Negociadora, sino de su audiencia electoral*", que "*Estando en juego la libertad sindical, dada la índole de los sujetos que aquí han negociado, esa tutela es máxima. No cabe, por tanto, una contemplación matemática o probabilística sobre la incidencia que tendría la efectiva participación del sindicato USO en esas negociaciones*" y, finalmente, que "*La doctrina constitucional (STC 137/1991) admite que una sección legitimada para intervenir en la ne-*

3.3. Implantación y pactos de fin de huelga

El art. 8.2 RDLRT prevé que el pacto de fin de huelga "*tendrá la misma eficacia que lo acordado en Convenio Colectivo*". No da respuesta, sin embargo, este precepto al caudal de problemas que plantean los pactos de fin de huelga, especialmente cuando junto a los sindicatos mayoritarios también participan los otros sindicatos.

3.3.1. La insuficiencia del art. 8.2 RDLRT

Por lo pronto, no parece dudoso, al hilo de la STSJ Cataluña 11.07.2017[142], que, si en un comité de huelga hay varias fuerzas sindicales y una en solitario ya es mayoritaria[143], en tal caso el pacto de fin de huelga tendrá la eficacia que reconoce el art. 8.2 RDLRT. Puede, por tanto, suceder que ese convenio colectivo con forma de pacto de fin de huelga suscrito con un solo sindicato mayoritario en un comité de huelga pluri-representativo haga las veces de convenio posterior que, en los términos del art. 82.4 ET, "*sucede a uno anterior*"; de hecho, a la citada STS Cataluña 11.07.2017 le resulta indiferente si ese pacto de fin de huelga/convenio colectivo posterior "*comporta una restricción a las condiciones contenidas en el convenio colectivo*" anterior[144].

Nuestra doctrina judicial también pone también de manifiesto que si un pacto de fin de huelga disfruta de la misma eficacia que tienen los convenios estatutarios, las huelgas que versen sobre materias reguladas en un acuerdo de fin de huelga en vigor podrán, según aprecia la STSJ Madrid 28.11.2017[145], ser tratadas como huelgas novatorias. Por otra parte, si, en el marco de una huelga sectorial, en un centro de trabajo se adopta un pacto de fin de huelga con la negativa de los representantes que el sindicato convocante de la huelga sectorial tiene en ese centro de trabajo y dicho pacto incorpora una cláusula de paz que compromete a los trabajadores a renunciar a seguir la huelga sectorial, tal cláusula de paz no

gociación quede sin representación cuando ello "pueda ser impracticable por las limitaciones numéricas". En nuestro caso, puesto que no existe un número de secciones sindicales legitimadas para negociar que conviertan especialmente disfuncional la presencia de todas en la comisión negociadora y la USO es una de ellas, la estimación del recurso resulta obligada".

142 Rec. 603/2017.

143 En el caso resuelto por la citada sentencia catalana el comité de empresa convoca huelga. El comité de huelga se compone de 4 representantes UGT, 1 de CCOO, 1 de CGT y 1 de CESHA. El comité negocia y UGT alcanza un pacto de fin de huelga, que no firman el resto de sindicatos, donde se establece el sentido de la interpretación y aplicación del precepto del convenio colectivo en vigor referido a un determinado complemento salarial.

144 Señala este Tribunal que "*teniendo en cuenta no solo que, con arreglo al art. 82.4 del ET <el convenio colectivo que sucede a uno anterior puede disponer sobre los derechos reconocidos en aquél. En dicho supuesto se aplicará, íntegramente lo regulado en el nuevo convenio> —convenio posterior que sería el integrado por el pacto de fin de huelga—; y si consideramos, además, que ambos pactos —el contenido en el texto del IV convenio colectivo y el de fin de huelga— tenían la misma eficacia en cuanto a la fuerza de obligar, no cabe sino acudir al principio de modernidad y entender que el segundo —el de fin de huelga— engloba y modifica el firmado anteriormente*".

145 Rec. 631/2017.

vincula a los huelguistas de ese centro que no suscriben el pacto; de hecho, estos trabajadores, según la STSJ País vasco 29.04.2014[146], tienen derecho a permanecer en huelga y no pueden ser despedidos por la empresa alegando incumplimiento de la cláusula de paz.

De igual modo, los pactos de fin de huelga suscritos con sindicatos minoritarios tienen el riesgo de que pueden violentar el derecho a la libertad sindical de los sindicatos mayoritarios no convocantes de la huelga con legitimación para negociar convenios colectivos en el ámbito de actividad donde se produce la huelga. Riesgo que ejemplifica bien la STS 03.11.2021[147], relativa a pacto de fin de huelga con el Sindicato de Médicos de Cataluña (SMC)[148]. La situación que resulta de esta sentencia es la de un sindicato de franja —el SMC— que no puede participar en la negociación de un convenio colectivo sectorial de naturaleza estatutaria, porque no tiene la suficiente representatividad del art. 7.2 LOLS, que tampoco puede negociar un convenio estatutario de franja de ámbito sectorial —aplicable a todos los médicos de Cataluña— porque la ley no reconoce esta opción, y que difícilmente puede convocar huelgas para conseguir aquello que los negociadores del convenio estatutario aplicable han decidido, legítimamente, no incluir en el convenio colectivo.

3.3.2. Pactos de fin de huelga en escenarios de huelgas múltiples

La STS 25.04.2019 entiende que la construcción del acuerdo de fin de huelga en el supuesto de huelgas y comités de huelga múltiples en la misma empresa no debe convertirse en una "*Torre de Babel*" y apunta que la STConst. 11/1981 consideró razonable que el comité de huelga lo compongan un máximo de doce miembros[149], añadiendo que, aunque la negociación del fin de la huelga con cada comité de huelga es viable, lo cierto es que dicha negociación múltiple "*no resulta tan fácil articular en*

146 Rec. 721/2014.

147 Rec. 22/2020.

148 Este sindicato de franja, que no participó en la negociación del convenio sectorial, convoca huelga tras la aprobación de ese convenio en protesta porque el convenio no recoge sus demandas en materia de tiempo de trabajo, contratación y retribución. Para el TS, el posterior pacto de fin de huelga suscrito por las patronales del sector con el SMC tiene vocación de generalidad, lo que hace necesario dar entrada en su negociación a los firmantes del convenio sectorial, porque de otro modo se "*produce la quiebra del derecho a la libertad sindical, en su vertiente de negociación colectiva, de los sindicatos demandantes*", que eran CCOO, UGT y el Sindicato de Enfermería. Afirma el TS que "*La viabilidad de suscribir un acuerdo de fin de huelga entre las patronales y el sindicato demandados, incardinable en el art. 28 CE como derivada del propio derecho de libertad sindical, no es ilimitada; por una parte, el pacto o pactos alcanzados entre las partes no tendrían una eficacia erga omnes, sino que se circunscribirían a los firmantes, pero, antes habrá de constatarse si el acuerdo persigue tal vocación de generalidad que su aplicación solo sería posible desde su eficacia erga omnes, pues de ser así, tales disposiciones no serían válidas, en tanto que obtenidas con ausencia de sujetos legitimados para su negociación*"

149 Y ello "*sin desconocer que el artículo 8-2 del RDL 17/1977 admite la posibilidad de que existan distintos comités de huelga, supuesto en el que la negociación se llevará a cabo entre la empresa y los representantes designados por los comités de huelga afectados y en su caso por las empresas afectadas de otro lado, precepto que muestra que la norma no quiere una comisión negociadora muy numerosa*".

la práctica". Pues bien, esta posición del TS, que, no se olvide, está bendecida por la STConst. 130/2021, suscita varias reflexiones, con las que finaliza este estudio.

En primer lugar, si hay varios comités de huelga en la misma empresa, para que sea posible atribuir eficacia de convenio estatutario a un pacto de fin de huelga es necesario que el comité o comités de huelga que firman el acuerdo sean representativos de la mayoría de los representantes legales de los trabajadores. Si un solo comité de huelga ya tiene esa representatividad, no parece que ese pacto de fin de huelga vulnere el derecho de huelga de los sindicatos minoritarios. La consecuencia probable sería que, desde el momento en que este pacto adquiere la eficacia de convenio estatutario, las huelgas de los otros sindicatos se convierten en ilegales. Si, por el contrario, el pacto de fin de huelga logrado con uno de los comités de huelga se mantiene en el mundo de los convenios extraestatutarios, entonces dicho pacto solo obliga al sindicato o sindicatos firmantes y de rebote a sus afiliados, pero no al resto de trabajadores huelguistas.

En segundo lugar, el TS, reconociendo que en una misma huelga pueden existir distintos comités de huelga, señala que la conexión entre los arts. 5.2º y 8.2 RDLRT indica "*que la norma no quiere una comisión negociadora muy numerosa*". En el ET hay ejemplos de que la opción de política del derecho es evitar comisiones negociadoras numerosas, como el art. 41.4 ET[150], que podrían utilizarse en clave de analogía para establecer la composición de un comité de huelga único plurirepresentativo.

Finalmente, para evitar el recurso empresarial a la calificación judicial de la huelga múltiple con carácter preventivo, una estrategia sindical podría ser autocontenerse en ejercicio de su autonomía constituyendo un comité de huelga conjunto. Pero si los sindicatos, desconfiando entre ellos, no son capaces de negociar por separado con la empresa eficazmente, también puede ser difícil que el consenso sindical se logre mediante un comité de huelga conjunto. Es más, la práctica demuestra que, a veces, los comités de huelga únicos plurirepresentativos no son la solución ideal. Así, en el supuesto de la STSJ País vasco 28.10.2014[151], el disenso en el comité de huelga conjunto designado por las centrales sindicales convocantes de su propia huelga colocó a los trabajadores en situación de no saber si se encontraban o no de huelga[152], es decir, total inseguridad jurídica.

150 Norma que previene que en los expedientes de MSCT la comisión laboral que negocia con la empresa no puede exceder de 13 miembros, número al que deberán ajustarse los representantes de los trabajadores si por aplicación de las reglas que regulan su intervención como interlocutores en estos expedientes resulta un número de integrantes de dicha comisión superior, supuesto donde, además, la comisión representativa de los trabajadores debe constituirse "*en proporción al número de trabajadores que representen*" —art. 41.4.4º ET—.

151 Rec. 1649/2014.

152 Apunta el Tribunal en esta sentencia que "*Así, aun cuando se entienda que los firmantes del preacuerdo no estaban legitimados para desconvocarla (...), lo cierto es que la pasividad de ELA generaba clara incertidumbre a los trabajadores que, aunque en asamblea habían rechazado el preacuerdo, siendo sabedores del acuerdo alcanzado con la empresa por la mayoría de la representación sindical del centro de Basauri, desconocían si a partir del día 15 de julio se encontraban o no de huelga*".

BIBLIOGRAFÍA

ALAMEDA CASTILLO, Mª. T.: 'Los criterios de determinación de la representatividad sindical', en AA.VV., *Representación y representatividad colectiva en las relaciones laborales: Libro homenaje a Ricardo Escudero Rodríguez*, (CRUZ VILLALÓN, J., MENÉNDEZ CALVO Mª. R. y NOGUEIRA GUSTAVINO, M., coords.), 2017

ALONSO OLEA, M.: 'Las ideologías del sindicalismo', Revista de Estudios Políticos, núm. 82, 1955

BARRANCO, O.: 'Innovar para representar: Trabajadores con dificultades de representación', Cuadernos de Relaciones Laborales, núm. 40 (1), 2022, edición digital

BAYLOS GRAU, A.: '¿La huelga en libertad vigilada? Controles institucionales al derecho de huelga', Ponencia presentada en el seminario *Autoridad y democracia en la empresa*, Fundación 1º de mayo, UIMP, Santander, 1989

BAYLOS GRAU, A.: 'Replanteamientos y novedades en la regulación jurídica de la huelga', RDS, núm. 82, 2018

BENEYTO, P. J.: 'Fortalezas y debilidades del sistema español de representación sindical', en AA.VV, *Sindicalismo, trabajo y democracia*, Gaceta Sindical, núm. 16, 2011

BORRAJO DACRUZ, E.: 'Los convenios colectivos en el nuevo marco de relaciones laborales (Una introducción al Estatuto de los Trabajadores)', RES, núm. 1, 1979

CABOT, J.: 'Bienvenidas al neosindicalismo de Las Kellis, Jornaleras, Manteros, Mensakas...', disponible en https://www.goteo.org/blog , 2021

CALLEJA JIMÉNEZ, J. P.: 'Estrategias para la recuperación del poder sindical en España', Lan Harremanak, núm. 35, 2016

CASAS BAAMONDE, Mª. E.: 'Jurisprudencia constitucional y representatividad sindical', Relaciones Laborales núm. 19-20, 1990

CRISTÓBAL RONCERO, Mª. R.: 'Artículo 5. El comité de huelga', en AA.VV., *Real Decreto-Ley 17/1977, de 4 de marzo, sobre Relaciones de Trabajo (Régimen legal y jurisprudencial de la huelga, el cierre patronal y el conflicto colectivo de trabajo)*, (PÉREZ DE LOS COBOS, F., dtor. y MONREAL BRINGSVAERD, E., coord.), Madrid, 2011

CRUZ VILLALÓN, J.: 'La representatividad sindical y empresarial en las relaciones laborales y en el sistema político español', AFDUAM, núm. 8, 2004

DE LA FLOR FERNÁNDEZ, Mª. L.: 'La representación de los trabajadores en la micro y pequeña empresa', en AA.VV., *Representación y representatividad colectiva en las relaciones laborales: Libro homenaje a Ricardo Escudero Rodríguez*, (CRUZ VILLALÓN, J., MENÉNDEZ CALVO Mª. R. y NOGUEIRA GUSTAVINO, M., coords.), 2017

DE LA VILLA GIL, L. E.: 'Los grados de protección sindical en la Ley Orgánica de Libertad Sindical', Revista de la Facultad de Derecho de la Universidad Complutense, núm. 7, 1985

DE LA VILLA GIL, L. E.: 'Huelga, servicios esenciales y servicios mínimos', en AA.VV., *Derecho vivo del Trabajo y Constitución. Estudios en homenaje al Profesor Doctor Fernando Suárez González*, (BORRAJO DACRUZ, E., RAMÍREZ MARTÍNEZ, J. M. y SALA FRANCO, T., coords.), Madrid, 2004

DURÁN LÓPEZ, F.: 'Derecho de huelga: ¿todo cambia menos los viejos esquemas laborales?', Garrigues, Newsletter laboral, https://www.garrigues.com/es_ES/noticia/derecho-de-huelga-todo-cambia-menos-los-viejos-esquemas-laborales, entrada 08.05.2019

FERNÁNDEZ LÓPEZ, Mª. F.: 'Sobre la representación sindical en las pequeñas y microempresas en el marco de la legislación española', en AA.VV., *Representación y libertad sindical. Presente y futuro*, Madrid, 2008

FERNÁNDEZ-TRUJILLO MOARES, F.: 'Resistencia, sindicalismo y conflicto en el ámbito de las plataformas de reparto y mensajería', Cuadernos de Relaciones Laborales, núm. 40 (1), 2022

GARCÍA MURCIA, J.: 'Criterios de representatividad, igualdad de trato y libertad sindical: Notas para un balance de jurisprudencia constitucional', REDC, núm. 50, 1997

GARCÍA MURCIA, J.: 'El hecho sindical. La mayor representatividad. Asociacionismo profesional y empresarial. Balance y propuestas de reforma', RTSS, núm. 429, 2018

GOERLICH PESET, J. Mª.: 'Ejercicio del derecho de huelga en el contexto de la descentralización productiva', XXVII Congreso AEDTSS, 2018, edición digital

GOERLICH PESET, J. Mª. y FITA ORTEGA, F.: 'Sindicalismo y acción sindical en el siglo XXI: Crisis económica y transformación del modelo productivo', Arxius, núm. 36-37, 2017

GONZÁLEZ ORTEGA, S.: 'El derecho de huelga: Un derecho fundamental acorralado', RTSS, núm. 418, 2018

GOÑI SEÍN, J. L.: 'Rol institucional y atribuciones de facto de los sindicatos implantados y minoritarios', en AA.VV., *Representación y representatividad colectiva en las relaciones laborales: Libro homenaje a Ricardo Escudero Rodríguez*, (CRUZ VILLALÓN, J., MENÉNDEZ CALVO Mª. R. y NOGUEIRA GUSTAVINO, M., coords.), 2017

HYMAN, R.: 'El futuro de las relaciones laborales en tiempos de pandemia', Cuadernos de Relaciones Laborales, núm. 40 (2), 2022

JÓDAR, P., ALÓS, R. BENEYTO, P. y VIDAL, S.: 'La representación sindical en España: Cobertura y límites', Cuadernos de Relaciones Laborales, núm. 36 (1), 2018

JURADO SEGOVIA, Á.: 'En torno a la externalización de actividades empresariales y la posible cesión ilegal de trabajadores en el ámbito de las plataformas digitales', Labos, vol. 3, núm. 2, 2022

KÖHLER, H.: 'Sindicalismo 'Gig' o la acción colectiva en la economía de las plataformas', Cuadernos de Relaciones Laborales, núm. 40 (2), 2022

LAHERA FORTEZA, J.: 'La huelga del fútbol en fuera de juego (Auto de la Sala de lo Social de la Audiencia Nacional 14 mayo 2015)', Derecho de las Relaciones Laborales, núm. 3, 2015

LAHERA FORTEZA, J: 'Crisis de la representatividad sindical: Propuestas de reforma', Revista de Relaciones Laborales y Derecho del Empleo, vol. 4, núm. 2, 2016

MARTÍN ARTILES, A. y PASTOR MARTÍNEZ, A.: 'Nuevas formas de representación colectiva. Reacción a la digitalización', Cuadernos de Relaciones Laborales, núm. 40 (2), 2022

MENÉNDEZ SEBASTIÁN, Mª. P.: 'El modelo sindical español o el arte de perpetuar lo transitorio. Un balance impostergable en su cuadragésimo aniversario', Revista Jurídica de Castilla y León, núm. 44, 2018

MERCADER UGUINA, J. R.: 'Doble canal de representación en la empresa: ¿Reparto de roles o solapamiento de funciones', en AA.VV., *Representación y representatividad colectiva en las relaciones laborales: Libro homenaje a Ricardo Escudero Rodríguez*, (CRUZ VILLALÓN, J., MENÉNDEZ CALVO Mª. R. y NOGUEIRA GUSTAVINO, M., coords.), 2017

MORAL MARTÍN, D. y BRUNET I ICART, I.: 'La necesidad de la revitalización sindical: una oportunidad para otras propuestas organizativas', CIRIEC, núm. 101, 2021

MUNTANER, S.: 'Paro cívico y huelga general', Según Antonio Baylos..., entrada de 03.10.2017, https://baylos.blogspot.com/2017/10/paro-civico-y-huelga-general.html

NOGUEIRA GUASTAVINO, M.: 'El sindicato profesional y de franja en el marco del cybersindicalismo global', en AA.VV., *La representación de los trabajadores en las nuevas organizaciones de empresa*, (VALDÉS DA-RÉ, F. y MOLERO MARAÑON, Mª. L.), Madrid, 2010

NOGUEIRA GUASTAVINO, M.: 'Comisión negociadora en huelgas simultáneas convocadas en una misma empresa', Revista de Jurisprudencia Laboral, núm. 8, 2021

ROCA MARTÍNEZ, B.: 'Representación y poder sindical. Elementos para el debate', Análisis, Estudios núm. 2-2, 2012

ROCHA SÁNCHEZ, F.: 'La acción colectiva en las plataformas digitales', VientoSur, núm. 173, 2020

RODRÍGUEZ-PIÑERO y BRAVO-FERRER, M.: 'Capacidad convencional y representación sindical', en AA.VV., *Representación y representatividad colectiva en las relaciones laborales: Libro homenaje a Ricardo Escudero Rodríguez*, (CRUZ VILLALÓN, J., MENÉNDEZ CALVO Mª. R. y NOGUEIRA GUSTAVINO, M., coords.), 2017

RODRÍGUEZ-PIÑERO ROYO, M.: 'La presunción de existencia del contrato de trabajo', en AA.VV., *Estudios de Derecho del Trabajo y de la Seguridad Social. Homenaje al profesor Santiago González Ortega*, (BARCELÓN COBEDO, S., CARRERO DOMÍNGUEZ, C. y DE SOTO RIOJA, S., coords.), Consejo andaluz de relaciones laborales, 2022

RODRÍGUEZ-SAÑUDO GUTIÉRREZ, F.: 'La representatividad sindical', en AA.VV., *Comentarios a la Ley de Libertad Sindical. Ley Orgánica 11/1985, de 2 de agosto, de Libertad Sindical*, (RODRÍGUEZ-PIÑERO, M., coord.), Madrid, 1986

ROJO TORRECILLA, E.: 'Cinco sindicatos presentes en una empresa pueden convocar, en las mismas fechas, una huelga por separado y constituir cinco comités de huelga, pero solo puede negociar uno para todos (debate sobre la limitación del derecho constitucional de libertad sindical). Notas a la sentencia del TC núm. 131/2021 de 21 de junio, y recordatorio de las sentencias de la AN de 18 de julio de 2017 y del TS de 25 de abril de 2019', www.eduardorojotorrecilla.es/2021/07/cinco-sindicatos-presentes-en-una.html, entrada de 18.07.2021

RUÍZ SAURA, J. E.: 'Huelga y nuevas tecnologías: la encrucijada de un derecho fundamental', Temas Laborales, núm. 167/2023

SAGARDOY, J. A. y DURÁN, F.: *El Proyecto de Ley orgánica de libertad sindical*, Instituto de estudios económicos, Madrid, 1984

VALDÉS DAL-RÉ, F.: 'La mayor representatividad sindical', en AA.VV., *Representación y representatividad colectiva en las relaciones laborales: Libro homenaje a Ricardo Escudero Rodríguez*, (CRUZ VILLALÓN, J., MENÉNDEZ CALVO Mª. R. y NOGUEIRA GUSTAVINO, M., coords.), 2017.

La participación institucional de los "otros" sindicatos

Nuria P. García Piñeiro
Profesora Titular Derecho del Trabajo y de la Seguridad Social. UCM.

Institutional participation of "other" unions

SUMARIO:

1. INTRODUCCIÓN. 2. REPRESENTATIVIDAD Y PARTICIPACIÓN INSTITUCIONAL. 3. EL RECONOCIMIENTO DE LA PARTICIPACIÓN INSTITUCIONAL A LOS SINDICATOS MENOS REPRESENTATIVOS EN LA JURISPRUDENCIA CONSTITUCIONAL. 4. EL RECONOCIMIENTO DE LA PARTICIPACIÓN INSTITUCIONAL A LOS SINDICATOS MENOS REPRESENTATIVOS EN LA JURISPRUDENCIA ORDINARIA. 5. LA PARTICIPACIÓN INSTITUCIONAL DE LOS SINDICATOS MENOS REPRESENTATIVOS EN EL ÁMBITO AUTONÓMICO: LAS LEYES DE PARTICIPACIÓN INSTITUCIONAL. 5.1. Los criterios de selección de los sindicatos titulares de la participación institucional. 5.1.1. Normas con habilitación exclusiva a los sindicatos más representativos. 5.1.2. Normas con habilitación por vía reglamentaria a los sindicatos no representativos. 5.1.3. Normas con habilitación a los sindicatos no representativos. 5.1.4. Normas con habilitación a las organizaciones o instituciones representativas de intereses sectoriales. 5.2. Los Consejos autonómicos de participación institucional: la ausencia de los sindicatos menos representativos. 5.3. El reconocimiento de la participación institucional de los sindicatos no representativos a la luz de los criterios del Consejo Consultivo de Andalucía

RESUMEN: El estudio aborda la participación institucional de los sindicatos *menos* representativos en el sistema de relaciones laborales español. En primer lugar, se analiza el criterio de la representatividad sindical como criterio delimitador de la propia participación institucional. A continuación, se revisa el reconocimiento de la participación institucional de estos sindicatos por la jurisprudencia constitucional y ordinaria, destacando cómo la jurisprudencia ha ido corrigiendo y equilibrando el alcance de la mayor representatividad en la materia. Posteriormente, se estudia la participación institucional en el ámbito autonómico, analizándose el tratamiento que las normas autonómicas ofrecen de la selección de los sindicatos menos representativos. Por último, se hace una breve referencia a la participación institucional de estos sindicatos en los Consejos autonómicos de participación institucional.

Palabras clave: Participación institucional, sindicatos minoritarios, representatividad, jurisprudencia, Tribunal Constitucional, Tribunal Supremo, Consejos autonómicos.

ABSTRACT: The study deals with the institutional participation of the least representative trade unions in the Spanish industrial relations system. Firstly, it analyses the criterion of trade union representativeness as a criterion delimiting institutional participation itself. It then reviews the recognition of the institutional participation of these unions by constitutional and ordinary case law, highlighting how case law has been correcting and balancing the scope of greater representativeness in this area. Subsequently, institutional participation at the regional level is studied, analysing the treatment that regional regulations offer for the selection of less representative trade unions. Finally, a brief reference is made to the institutional participation of these unions in the regional councils for institutional participation.

Keywords: Institutional participation, minority trade unions, representativeness, jurisprudence, Constitutional Court, Supreme Court, Autonomous Councils

1. INTRODUCCIÓN

La Constitución Española otorga un papel fundamental a los sindicatos de trabajadores, en el nuevo Estado social y democrático de Derecho, al atribuirles la función de "defensa y promoción de los intereses económicos y sociales que les son propios". Además, los sindicatos son por mandato constitucional uno de los actores principales del nuevo sistema jurídico y político[1]. El papel principal otorgado a los sindicatos va a tener su reflejo principal en el sistema de relaciones laborales, ya que están llamados a desempeñar una función primordial en la defensa de los intereses generales de los trabajadores. El ordenamiento laboral español reconoce a todos los sindicatos una posición de igualdad en lo que se refiere al proceso de constitución y reconocimiento de su personalidad jurídica, pero no reconoce a todos el mismo nivel de actividad[2]. Junto al derecho a la negociación colectiva y a los conflictos colectivos de trabajo, se reconoce a los sindicatos la posibilidad de *participar* en la elaboración

1 Sobre los sindicatos de trabajadores como estructuras institucionales básicas, véase, Alonso Olea, M., *Las fuentes del Derecho: en especial del Derecho del Trabajo según la Constitución*, Real Academia de Jurisprudencia y Legislación, Madrid 1981, p. 25.

2 La utilización del término *sindicatos menos representativos* se hace en contraposición a los más representativos, quedando incluidos en el término menos representativos los sindicatos cuasi más representativos y los sindicatos con representatividad ordinaria. Sobre los grados de representatividad sindical, véase, Montoya Melgar, A., Derecho del Trabajo, 44ª ed., Tecnos, Madrid 2023, pp. 145-148.

y aplicación de la política económica y social del Estado a través de la acción institucional[3].

Uno de los ámbitos de la acción institucional de los sindicatos es la participación institucional, entendida como la participación de los sindicatos en la actividad de los organismos públicos o entidades de carácter administrativo[4]. En términos más amplios, la consulta pública previa a la elaboración del Anteproyecto de Ley de Participación Institucional presentada por el Ministerio de Trabajo y Economía Social el pasado año, sostiene que la participación institucional se extiende a la participación institucional de las organizaciones sindicales y empresariales en los órganos colegiados con funciones de decisión, propuesta, asesoramiento, seguimiento o control que actúen integrados en la AGE o en alguno de sus organismos públicos, y la participación de sindicatos y asociaciones empresariales en los foros o mesas de concertación socio-económicos para la promoción y defensa de los intereses que le son propios[5].

El fundamento constitucional de participación institucional de los sindicatos se encuentra, con carácter general y no exclusivo, en el artículo 129.1 CE, al preverse que "la ley establecerá las formas de participación de los interesados en la Seguridad Social y en la actividad económica de los organismos públicos cuya función afecte directamente a la calidad de la vida o al bienestar general". A pesar de no existir en el ámbito estatal una norma que defina el concepto de participación institucional, el Tribunal Constitucional lo ha deducido de la lectura conjunta del art. 129 CE con los artículos 6 y 7 LOLS, considerando participación institucional la desarrollada en el seno de organismos públicos[6].

2. REPRESENTATIVIDAD Y PARTICIPACIÓN INSTITUCIONAL

La Ley Orgánica de Libertad Sindical, acogiendo la primera doctrina constitucional[7], atribuye a los sindicatos más representativos una singular posición jurídica a efectos, tanto de participación institucional[8] como de acción sindical (art. 6.1 LOLS). Atribuyéndole, a continuación, capacidad representativa a todos los niveles territoria-

3 Sobre la acción institucional de sindicatos y asociaciones empresariales, *vid.* Sala Franco, T./Albiol Montesinos, I., *Derecho sindical,* 9ª ed., Tirant lo blanch, Valencia 2003, p. 285 y ss.

4 García Murcia, J., *Organizaciones sindicales y empresariales* más representativas, Ministerio de Trabajo y Seguridad Social, Madrid 1987, p. 173.

5 El plazo para la presentación de aportaciones terminó el 11 de junio de 2022. Véase, https://expinterweb.mites.gob.es/participa/listado?tramite=2&estado=2.

6 Entre otras, véase STC 39/1986, de 31 de marzo, FJ 4º.

7 En este sentido, la STC 53/1982, de 22 de julio (FJ 3º) justifica la aplicación de algún criterio que sin ser discriminatorio permita una eficaz defensa de los intereses de los trabajadores que se verían perjudicados por una atomización sindical.

8 Monográficamente sobre la participación institucional, Ysás Molinero, H., *La participación de los sindicatos en las funciones normativas de los Poderes Públicos*, Bomarzo, 2010, Mora Cabello de Alba, L., *La participación institucional del sindicato*, CES, 2008.

les y funcionales para ostentar la representación institucional ante las Administraciones públicas u otras entidades y organismos de carácter estatal o de Comunidad Autónoma que la tenga prevista [art. 6.3 a) LOLS][9].

Tal y como ha advertido la doctrina, en el precepto citado se desprende cierta confusión entre representación y participación institucional, utilizándose en alguna ocasión por el propio Tribunal Constitucional como sinónimos[10]. Al respecto, conviene dejar claro que una cosa es la representación institucional que convierte al sindicato en agente político o social de dimensión general. Y otra, la participación institucional, qué como manifestación de la representación institucional, conlleva la participación de los sindicatos en la actividad de los organismos públicos o entidades de carácter administrativo. Dicho con otras palabras, la manifestación más visible de la representación institucional es la participación institucional, en la que el sindicato se inserta en el engranaje de funcionamiento ordinario de la Administración[11].

La capacidad de representación institucional es predicable de cualquier sindicato, ya que forma parte del contenido esencial de la libertad sindical. Por el contrario, la participación institucional, forma parte del contenido adicional y, sólo en el caso de sindicatos más representativos se integra en el contenido esencial del derecho[12]. Al respecto, el TC ha señalado que "la participación institucional constituye un derecho o facultad adicional, que los sindicatos pueden recibir del legislador, sin ser parte del núcleo mínimo e indispensable de la libertad sindical pero que engrosa su núcleo esencial" (FJ 4º STC 184/1987)[13].

Además, la participación institucional no emana directamente de la libertad sindical, sino que es creación de la ley en sentido amplio, y a ella sola debe ser remitida (STC 39/1986, FJ 3º). En el ámbito nacional no existe todavía, aunque parece que está en la mente del legislador, una ley de participación institucional, lo que ha motivado que la participación institucional se produzca de modo informal, sin que quede establecido de modo concreto y homogéneo, el marco de derechos y obligaciones que corresponde a las organizaciones empresariales y sindicales que cumplen con esta función[14]. Adviértase además que, tampoco se han dictado las disposiciones

9 Veáse comentario al art. 6 LOLS, AA.VV.: *Ley Orgánica de Libertad Sindical. Comentada y jurisprudencia*, dir.: Pérez de los Cobos Orihuel, F/coord..: J. Thibault Aranda, La Ley, 2010, pp. 323-422.

10 Sobre el binomio representación-participación, véase Ysás Molinero, H., La participación de los sindicatos en las funciones normativas de los Poderes Públicos, cit., pp. 111 y ss.; Rodríguez Cardo, I. A., "La representación institucional de los sindicatos y el Tribunal Constitucional", en Revista Doctrinal Aranzadi Social Núm. 11/2014, pp. 2-4.

11 Rodríguez Cardo, I. A., "La representación institucional de los sindicatos y el Tribunal Constitucional", cit., p. 8.

12 Entre otras, véase STC 70/1982, 39/1986, 184/1987

13 En el mismo sentido, el FJ 3º de la STC 39/1986 señala que "la participación institucional no emana directamente de la libertad sindical, sino que es creación de la ley en sentido amplio, y a ella sola debe ser remitida".

14 En este sentido, véase el documento de la Consulta Pública previa a la elaboración de un anteproyecto de Ley de Participación Institucional publicada el 28 de mayo de 2022 por el Ministerio de Trabajo y Economía Social.

para el desarrollo de la representación institucional ante las administraciones públicas u otras entidades y organismos de carácter estatal o de Comunidad Autónoma que la tenga prevista, tal y como habilitaba al Gobierno la DA Primera.2º de la LOLS. Por tanto, ante la ausencia de norma al respecto, habrá que estar a la regulación concreta del alcance de la participación institucional en las normas jurídicas que regulan los órganos colegiados en los que participan.

Como consecuencia del reconocimiento constitucional de la libertad y del pluralismo sindical el ordenamiento jurídico se ha decantado por seleccionar y otorgar una especial consideración a los sindicatos que reúnan determinados requisitos. La técnica utilizada para proceder a la selección y especial consideración de determinadas organizaciones sindicales ha sido el de la representatividad[15]. La representatividad supone conceder una posición privilegiada a determinados sindicatos en detrimento de otras, alterando el principio de igualdad y pluralismo asociativo consagrado constitucionalmente[16]. En este sentido, la STC 53/1982, de 22 de julio (FJ 3º) justifica la aplicación de algún criterio que sin ser discriminatorio permita una eficaz defensa de los intereses de los trabajadores que se verían perjudicados por una atomización sindical. También, el FJ 13ª de la famosa STC 98/1985, de 29 de julio, incide nuevamente en la necesidad de evitar una excesiva atomización sindical.

En materia de participación institucional, el ordenamiento jurídico otorga a los sindicatos más representativos a nivel estatal una singular posición jurídica (art. 6.1 LOLS), atribuyéndoles, capacidad representativa a todos los niveles territoriales y funcionales para ostentar la representación institucional ante las Administraciones públicas u otras entidades y organismos de carácter estatal o de Comunidad Autónoma que la tenga prevista [art. 6.3 a) LOLS][17]. Reconociendo asimismo una posición privilegiada a los sindicatos más representativos a nivel de Comunidad Autónoma para ostentar la representación institucional en el ámbito específico de la Comunidad Autónoma, y ante las Administraciones públicas u otras entidades u organismos de carácter estatal (art. 7.1 LOLS)[18].

La representatividad supone conceder una posición privilegiada a determinados sindicatos en detrimento de otros, alterando el principio de igualdad y pluralismo sin-

15 Monográficamente sobre la representatividad, véase, Navarro Nieto, J., La representatividad sindical, Ministerio de Trabajo y Seguridad Social, 1993; Álvarez Cuesta, H., La mayor representatividad sindical, Universidad de León, 2006.

16 Sobre los criterios de representatividad a la luz de la Constitución, *vid.*, García Murcia, J., *Organizaciones sindicales y empresariales más representativas, op. cit.*, pp. 233 y ss.

17 Sobre la representatividad como categoría central del ordenamiento sindical y como "elemento de eficacia y racionalización de las relaciones colectivas de trabajo", Escudero Rodríguez, R., *La representatividad de los sindicatos en el modelo laboral español,* Tecnos, Madrid 1990, pág. 34.

18 Es importante advertir con Rodríguez Escanciano, S., "El diálogo y la concertación social en los Estatutos de Autonomía. Consejos y otros órganos de participación institucional", Trabajo y derecho núm. 15, La Ley 2022 (LA LEY 5484/2022), p. 8, que la LOLS sólo proyecta la representatividad autonómica al ámbito estatal en materia de participación institucional, siendo un buen ejemplo de esta posibilidad el Consejo Económico y Social de España.

dical consagrado constitucionalmente, de ahí que no puedan otorgarse privilegios irrazonables ni privar a sindicatos no representativos de los medios esenciales para organizar y defender los intereses de sus afiliados.

La promoción de la participación institucional de los sindicatos más representativos podría lesionar el derecho de las organizaciones que no alcancen los requisitos de la mayor representatividad, pero el Tribunal Constitucional entiende que dicha consecuencia es conforme con la libertad sindical, "puesto que a los sindicatos afectados no se les impide dotarse de medios para desenvolver la actividad que les es propia ni se les restringe sus derechos de acción, ni se les impide el acceso a la condición de mayoritarios, a través de la participación en el proceso electoral en las empresas que tienen abierto, y en donde además la presencia sindical queda legalmente asegurada en función de la representación concreta a nivel de la empresa o centro de trabajo" (FJ 2º STC 75/1992, de 14 de mayo). Ahora bien, la selección de los sindicatos más representativos a efectos de participación institucional, tal y como señala el propio Tribunal Constitucional, "no puede prescindir de dos principios derivados del texto constitucional, cuya compatibilidad es preciso garantizar. En primer lugar, el de libertad sindical e igualdad de trato de los sindicatos, derivado del art. 28.1 de la Constitución (en relación en el 14). En segundo, el de promoción del hecho sindical, que enlaza con el art. 7 de la Constitución y sería obstaculizado por una defensa a ultranza del primero. En la tensión entre estos principios, el problema obviamente es de límites"[19]. Además, el Tribunal insiste en que el criterio debe ser objetivo y razonable, desprovisto de irracionalidad o arbitrio[20]. La LOLS otorga la titularidad de la participación institucional a los sindicatos más representativos, favoreciendo a las grandes confederaciones sindicales, pero la lectura correctora del Tribunal Constitucional ha venido a ajustar el monopolio de la ley. En efecto, tal y como se verá a continuación el papel de la jurisprudencia, constitucional y ordinaria, ha sido determinante para el reconocimiento de la participación institucional a los sindicatos que no tienen la consideración de más representativos[21].

3. EL RECONOCIMIENTO DE LA PARTICIPACIÓN INSTITUCIONAL A LOS SINDICATOS MENOS REPRESENTATIVOS EN LA JURISPRUDENCIA CONSTITUCIONAL

La jurisprudencia constitucional ha reconocido en determinados supuestos a los sindicatos menos representativos la facultad de participación en los organismos que

19 STC 98/1985, de 29 de julio.

20 Doctrina constitucional sobre la mayor representatividad que puede consultarse compendiada en la STC 147/2001, de 27 de junio (FJ 3º).

21 Al respecto, Escudero Rodriguez, R., op. cit., p. 220, señala que "la participación institucional, reservada en principio o en apariencia a los sindicatos con mayor representatividad, ha sido objeto de una evidente desmonopolización por obra de la jurisprudencia constitucional y de la propia legislación, por lo que cabe que sujetos suficientemente representativos también puedan tenerla atribuida".

la tengan prevista. Así, el Tribunal Constitucional ha negado la exclusividad de la participación institucional de los sindicatos más representativos, entendiendo que no existe razón para excluir a los no representativos, en supuestos en los que los sindicatos intervienen en defensa de sus propios intereses en juego, y no en defensa de los intereses generales.

Al respecto, pueden citarse la STC 7/1990, de 18 de enero sobre la participación en las Comisiones Provinciales de Elecciones Sindicales creadas en el ámbito territorial de la Comunidad Autónoma Valenciana a los sindicatos más representativos, y la STC 32/1990, de 26 de febrero, que se refiere a la intervención en un órgano de control y seguimiento de procesos electorales sindicales como la Comisión Nacional de Elecciones Sindicales (USO). Igualmente, la STC 183/1992, de 16 de noviembre, entiende que restringir la representación en la Comisión Consultiva del patrimonio sindical sólo a las organizaciones que tienen el carácter de más representativas ha de considerarse una medida desproporcionada y contraria al imperativo constitucional de la igualdad entre los sindicatos. El TC entiende que en esta Comisión son los intereses del conjunto de los trabajadores y empresarios los que deben prevalecer sobre los particulares de los sindicatos y organizaciones patronales. El Constitucional distingue entre la participación en órganos con funciones de representación de los intereses generales de los trabajadores y, de la participación en órganos cuya actuación es determinante para la adquisición de ventajas o competencias por parte de los sindicatos[22].

El acceso de los sindicatos no representativos a la participación institucional se produce también en virtud del criterio de implantación sindical en un ámbito funcional o territorial determinado. Así lo entiende el propio Tribunal Constitucional en la sentencia 184/1987, de 18 de noviembre, al señalar que "el legislador puede válidamente potenciar las organizaciones de amplia base territorial (estatal o comunitaria) y funcional (intersectorial), que aseguren la presencia, en cada concreto ámbito de actuación, de los intereses generales de los trabajadores, frente a una posible atomización sindical, pero de tal afirmación no se puede concluir que, en ámbitos concretos, sólo puedan tener presencia exclusiva las organizaciones de más amplia base, pues de lo que se trata es de garantizar la presencia de éstas sin impedir la de otras de suficiente representatividad en ese concreto ámbito"[23]. En este caso, se trataba de introducir en el órgano estatal directivo de MUFACE distintos criterios de selección para permitir la participación institucional de sindicatos no representativos,

22 Al respecto, véase, Rodríguez Cardo, I. A., "La representación institucional de los sindicatos y el Tribunal Constitucional", cit., p. 14, señala que "en el primer caso el criterio de sindicato más representativo es razonable. En el segundo, las limitaciones a los sindicatos más representativos generan recelo, puesto que la actuación sindical puede no ser imparcial al entrar en juego los intereses del propio sindicato"

23 Al respecto, véase, Cairós Barreto, M. D., "Análisis jurisprudencial de la acción sindical: mayor representatividad, participación institucional y actividad del sindicato", en Trabajo y Derecho, Núm. 15, Sección Jurisprudencia, Wolters Kluwer, 2022, p. 6.

en este caso CSIF. El TC consideró que la exclusión del resto de sindicatos incurre en vulneración de la liberta sindical, porque no se concretó correctamente el motivo de la diferencia, ya que se había basado en un criterio de implantación en la Administración poco nítido[24]. Lo determinante para admitir la participación de sindicatos con implantación en un ámbito funcional o territorial determinado es establecer criterios objetivos y elementos que no ofrezcan posibilidad de parcialidad o abuso. Así, esta sentencia dispone que la participación institucional no puede limitarse a los sindicatos más representativos en todas las situaciones, pues ese criterio podría dar lugar a discriminación, y es necesario establecer modulaciones, reconociendo, por ejemplo, que la implantación también resulta un criterio adecuado[25].

El Tribunal Constitucional ha reconocido también el criterio de la implantación a los efectos del derecho de participación institucional de los sindicatos menos representativos en los supuestos de órganos de autogobierno de las Comunidades Autónomas. Al respecto, las SSTC 98/1985 y 140/1990 disponen que "las Comunidades Autónomas pueden incorporar a sus propios órganos de autogobierno, en el ejercicio de sus facultades al respecto, representaciones de sindicatos distintos a los contemplado en la normativa estatal, estableciendo la admisión de sindicatos que no sean más representativos". Por ello, se ha reconocido a ciertos sindicatos menos representativos o con representación limitada a un sector determinado dentro de la Comunidad Autónoma su derecho a participar en organismos de carácter autonómico[26]. En la STC 140/1990 el Tribunal Constitucional enjuiciaba la participación de sindicatos con reducida implantación en la Comisión Superior de personal de Navarra.

La naturaleza del órgano será determinante para la participación institucional de los sindicatos. Así la STC 9/1986, de 21 de enero, sobre la participación en una comisión de seguimiento del plan de reconversión naval, únicamente abierta a los sindicatos que habían aceptado previamente el plan. El TC considera que este criterio es objetivo, razonable y adecuado, y se impone a la representatividad o implantación, máxime cuando el propósito de la comisión carecía de alcance general, y se limitaba a constatar la ejecución de un plan de reconversión naval. Tal y como señala la doctrina la efectividad de la actuación sindical, que se encuentra en el trasfondo de toda la argumentación del Tribunal Constitucional, permite asimismo que otros sindicatos soliciten su participación en el órgano cuando realmente demuestren un interés legí-

24 En este caso, se había excluido a un sindicato de un subsector de la AGE, la Asociación Nacional del Profesorado Estatal, y el Tribunal Constitucional entendió que haber limitado la participación exclusivamente a UGT, CCOO y CSIF supone una lesión de la libertad sindical porque el sólo hecho de su carácter subsectorial no puede justificar que se le niegue toda intervención cuando, por el gran número de personas empleadas en ese subsector, tiene un peso real importante en dicho marco y en el más amplio de la función pública en conjunto, resultando que no se cumplen los requisitos de objetividad, adecuación, razonabilidad o proporcionalidad.

25 FJ 5º STC 184/1987, de 18 de noviembre.

26 Goñi Sein, J. L.: "Rol institucional y atribuciones de facto de los sindicatos implantados y minoritarios", en libro homenaje a Ricardo Escudero Rodríguez / coord. por Jesús Cruz Villalón, María Remedios Menéndez Calvo, Magdalena Nogueira Guastavino, 2017, p. 294.

timo, ya que "el problema no es tanto el de la legitimidad de esa preferencia, sino en su intensidad y alcance, pero ello es un problema de proporción y de límites que ha de ser analizado desde la perspectiva conjunta de los arts. 14 y 28.1 CE"[27].

La participación institucional es una prerrogativa que se vincula fundamentalmente a las organizaciones más representativas, pero no puede considerarse un derecho exclusivo de éstas, toda vez que la participación institucional debe entenderse desde una perspectiva utilitarista y funcional, como un medio para conseguir un fin. Por ello, la participación institucional debe atribuirse a los sindicatos que se encuentren en mejor disposición de cumplir esos fines[28]. Repárese en que los sindicatos más representativos podrán invocar esa facultad en todo caso.

Este reconocimiento de participación institucional a favor de los sindicatos con menor representatividad ha sido calificado por la doctrina como peculiar y contradictoria[29], no sólo porque la LOLS establece la mayor representatividad como criterio determinante de la participación institucional en la Administración Pública, sino también, en buena lógica, porque la propia LOLS en el art. 7.2 excluye expresamente de la participación institucional a los sindicatos meramente representativos.

El reconocimiento de la participación institucional a los sindicatos en base al criterio de la implantación conlleva una importante dificultad para su aplicación, porque no está previsto un porcentaje mínimo de implantación a los fines de reconocer el derecho de participación institucional a los menos representativos. No obstante, tal y como señala la doctrina laboralista, el Tribunal Constitucional ha reinterpretado la solución, entendiendo que la admisión de la participación institucional de los sindicatos menos representativos depende en todo caso de la voluntad del legislador[30]. En este sentido el Tribunal Constitucional sostiene que "la participación institucional constituye un derecho o facultad adicional, que los sindicatos pueden recibir del legislador, sin ser parte del núcleo mínimo e indispensable de la libertad sindical pero que engrosa su núcleo esencial" (STC 184/1987 FJ 4º)[31].

Por tanto, el derecho a la participación institucional de los sindicatos menos representativos dependerá de la existencia de una norma con rango de ley, en la que se establezca el criterio para determinar la implantación, debiendo en todo caso aplicarse un criterio de proporcionalidad en función de la real representación en el sector o ámbito concreto de que se trate[32].

27 FJ 4ª STC 75/1994.

28 Al respecto, Rodríguez Cardo, I. A., "La representación institucional de los sindicatos y el Tribunal Constitucional", cit., pp. 13-14.

29 Goñi Sein, J. L., cit. p. 293. Doctrina calificada también por Rodríguez Cardo, I. A., "La representación institucional de los sindicatos y el Tribunal Constitucional", como difusa y poco aquilatada, p. 18.

30 Goñi Sein, J. L., cit., p. 294.

31 En términos semejantes, la STC 39/1986 FJ 3º señala que "la participación institucional no emana directamente de la libertad sindical, sino que es creación de la ley en sentido amplio, y a ella sola debe ser remitida".

32 Goñi Sein, J. L., cit., p. 294.

Concluyendo, y a pesar del tenor literal de la LOLS, la jurisprudencia constitucional atribuye en alguna ocasión a los sindicatos menos representativos la titularidad de la participación institucional cuando su presencia esté justificada. Además, el Tribunal Constitucional ha tenido en cuenta, en la mayoría de las ocasiones, las concretas circunstancias del caso. La complejidad de la jurisprudencia constitucional a buen seguro deriva de la difícil armonización de dos principios básicos, la promoción del hecho sindical que debe beneficiar a todos los sindicatos y, la singular posición jurídica que sólo se predica de los sindicatos más representativos[33].

4. EL RECONOCIMIENTO DE LA PARTICIPACIÓN INSTITUCIONAL A LOS SINDICATOS MENOS REPRESENTATIVOS EN LA JURISPRUDENCIA ORDINARIA

La jurisprudencia del Tribunal Supremo ha acogido la doctrina del Tribunal Constitucional, y además de reconocer que los sindicatos más representativos tienen atribuidos con exclusividad entre las funciones y prerrogativas la representación institucional ante órganos administrativos[34], también reconoce la participación institucional de los sindicatos menos representativos.

Así, el criterio de la implantación a los efectos del reconocimiento del derecho de participación institucional de los sindicatos menos representativos, también ha sido el criterio mantenido por la Sala Tercera del Tribunal Supremo, en su sentencia de STS de 30 de enero de 2008, que justifica en virtud de la normativa autonómica la presencia de FETICO, como sindicato con suficiente representatividad en el sector del comercio en la comunidad valenciana, en el Observatorio de Comercio Valenciano.

En la mayoría de los casos el Tribunal Supremo ha reconocido el derecho de participación de los sindicatos menos representativos en los organismos que no desarrollan funciones estrictamente de representación institucional[35], siempre y cuando

33 En este sentido, Rodríguez Cardo, I. A., "La representación institucional de los sindicatos y el Tribunal Constitucional", p. 18. Sobre la complejidad de la jurisprudencia constitucional sobre la materia, véase: Casas Baamonde, M. E.: "La mayor representatividad sindical y su moderación, en la jurisprudencia constitucional española. Algunas claves para su comprensión", Relaciones Laborales, Sección comentarios de jurisprudencia, 1988, tomo 2, ed. La Ley (LA LEY 1043/2001), p. 345 y ss.; Casas Baamonde, M. E./Baylos Grau, A., "Mayor representatividad sindical y participación institucional: la concertación social, al margen", Relaciones Laborales, Sección Comentarios de jurisprudencia, 1986, ed. La Ley (LA LEY 1007/2001), p. 426 y ss., los autores hacen un repaso de la construcción de la mayor representatividad y de la primera jurisprudencia del Tribunal Constitucional, subrayando el fortalecimiento legal del principio y su dulcificación por la interpretación constitucional.

34 STS (C-A) de 5 de julio de 2006 (RJ 2006/6132), y de 5 de marzo de 2010 (Recurso de casación 453/2008)].

35 Repárese en que la Sala Tercera del Tribunal Supremo también validó la presencia de los sindicatos más representativos en las normas reguladoras de organismos que no desarrollan funciones estrictamente de representación institucionales, tales como el Consejo Escolar de Cataluña, el Consejo de Cooperación al Desarrollo, y el Foro de Integración Social, en las STSS de 17 de octubre de 1997 (RJ 1997/7778), 9 de diciembre de 1998 (RJ 1998/10279), y 19 de octubre de 2017 (RJ 2017/4790).

aparezca previsto en la norma reguladora, y las organizaciones posean un peso real en el ámbito de referencia[36]. Así, la STS (C-A) de 16 de junio de 2010, citando la jurisprudencia constitucional, entiende que no cabe la exclusión de los sindicatos no representativos del Consejo de Responsabilidad Social de las Empresas. El Tribunal Supremo entiende que no ofrece duda que los objetivos del Consejo trascienden el ámbito limitado de la mayor representatividad sindical pues se trata de funciones que exceden lo que se viene considerando representación institucional. Lo contrario comportaría excluir a un sindicato de la defensa y promoción de los intereses económicos y sociales que le son propios, art. 7. CE, e interesan al conjunto de los trabajadores con independencia de su afiliación[37]. El Tribunal Supremo — haciéndose eco de las sentencias del Tribunal Constitucional— ha destacado que la defensa y promoción de los intereses económicos y sociales se atribuye a los sindicatos sin distinción, permitiéndose la utilización del concepto de mayor representatividad en unos concretos ámbitos que no pueden interpretarse de forma expansiva.

En este caso se reconoce a los sindicatos menos representativos un derecho de participación sindical en las finalidades públicas[38], ya que "no tratándose de órganos públicos no es posible predicar de ellos ni siguiera indirectamente la participación a que se refiere el art. 129 de la Constitución" (STC 39/1986), ni en consecuencia plantear la limitación de su participación en beneficio únicamente de los sindicatos más representativos de conformidad con lo dispuesto en los arts. 6 y 7 LOLS.

Así, la sentencia del Tribunal Supremo de 27 de noviembre de 2012 también reconoce a USO el derecho a participar en el Foro para la Integración Social de los Inmigrantes, en el que sólo está prevista la participación de los sindicatos más representativos[39]. El Tribunal Supremo entiende que el Foro, cuya finalidad es el impulso global de la integración en todos los ámbitos posibles y relevantes del extranjero, no es un órgano de estricta representación institucional, en tanto que se establece una actividad mucho más amplia que la defensa de intereses de los trabajadores.

La sentencia de la Sala Tercera de 23 de marzo de 2010 (rec. Casación 2872/2008) también justifica la exclusión de los sindicatos que no sean representativos cuando la participación tiene lugar en instancias internacionales, siendo razonable la preferencia de los sindicatos más representativos, en este caso relación con el reconocimiento del derecho a formar parte del Comité Económico y Social Europeo.

36 Al respecto, véase Escudero Rodríguez, R., La representatividad de los sindicatos en el modelo laboral español, cit., p. 217.

37 En términos similares, la STS (C-A) de 18 de mayo de 2006 (RJ 2006/2370) estima el recurso interpuesto por USO, para justificar la apertura de la Comisión de Seguimiento del Fondo de Reserva de la Seguridad Social a los sindicatos no representativos ya que dada la finalidad y el cometido de la Comisión "... más se satisface el cumplimiento de sus obligaciones oyendo a cuatro voces de distintos sindicatos, unidos a los intereses que representan que pueden ser distintos y diferentes, que oyendo dos veces a los mismos sindicatos, que al menos en principio pueden tener los mismos intereses y posiciones".

38 En estos términos, Goñi Sein, J. L., cit., p. 295.

39 El Tribunal Supremo ha apreciado discrepancia entre la norma legal —que admitía la participación institucional basada en el interés e implantación en el ámbito concreto—, y el desarrollo reglamentario —que limitaba la participación a los sindicatos más representativos—, situación en la que el TS ha dado prioridad a la norma legal, y ha considerado el requisito de la mayor representatividad como desproporcionado

En fechas recientes, la Sala Tercera del Tribunal Supremo reitera su doctrina jurisprudencial al reconocer el derecho a la participación de los sindicatos menos representativos en el Consejo de Desarrollo Sostenible[40]. El Tribunal resuelve el recurso interpuesto contra la sentencia de la Audiencia Nacional de 27 de septiembre de 2021 por los sindicatos más representativos, por entender que la presencia en el Consejo de Desarrollo Sostenible de sindicatos con menor representatividad (USO, CGT y CSIF), atentaba contra su derecho a la libertad sindical y a la igualdad ante la ley, infringiéndose también el art. 6 LOLS.

En este caso, la sentencia de la Audiencia Nacional de 27 de septiembre de 2021 tras reiterar la jurisprudencia constitucional sobre representatividad sindical y participación institucional trae a colación la sentencia del Tribunal Supremo anteriormente citada, de 16 de junio de 2010, del Consejo de Responsabilidad Social de las Empresas que señala que no toda participación en determinadas instituciones ha de limitarse a los sindicatos más representativos por cuanto no resulta razonable, ni objetivo ni guarda proporción con los fines que se pretenden obtener.[41]

Al respecto, la Audiencia entiende que las funciones y finalidad del Consejo de Desarrollo Sostenible "exceden de la promoción y defensa de los intereses económicos y sociales de los trabajadores[42].

El Tribunal Supremo, confirma la sentencia y sostiene que la singular posición jurídica de los sindicatos más representativos a efectos de participación institucional, no se extiende a los supuestos de composición de órganos de participación cuyas funciones trascienden a la promoción y defensa de los intereses económicos y sociales de los trabajadores. En este caso, la participación de los sindicatos con menor representatividad se fundamenta en que las actividades del Consejo trascienden al ámbito limitado de la mayor representatividad sindical, pues se trata de funciones que exceden lo que se viene considerando participación institucional.

En el caso del Consejo de Desarrollo Sostenible y a los efectos de la formación de jurisprudencia, el Tribunal Supremo confirma la sentencia y, sostiene que "la singular posición jurídica de los sindicatos más representativos a efectos de participación institucional no se extiende a los supuestos de la composición de órganos cuyas funciones trascienden a las de promoción y defensa de los intereses económicos y sociales de los trabajadores"[43]. De este modo se confirma que la inclusión de los sindicatos con menor representatividad en los organismos de participación sindical puede ser válida sin que suponga vulnerar el derecho de libertad sindical, porque el obligado

40 STS (C-A) de 16 de octubre de 2023 (JUR 2023/388693).

41 Núm. Rec.: 0000005/2020.

42 Señalando la sentencia que "no resulta razonable ni objetivo que se limite la participación a los sindicatos más representativos, cuando las funciones exceden de la representación institucional, siendo más correcto de acuerdo con el derecho a la libertad sindical admitir la participación de otras organizaciones sindicales de carácter nacional, aun cuando no tengan el carácter de más representativas" (FJ 6º).

43 FJ 5º.

reconocimiento del derecho de participación a los sindicatos más representativos es a los efectos de la representación institucional del art. 6.3 LOLS, y no necesariamente a los de otro tipo de *participación sindical*[44].

La sentencia del Tribunal Supremo aprovecha para poner de relieve la peculiaridad del caso, ya que se discute si los sindicatos más representativos tienen derecho fundamental de excluir de un órgano administrativo a otros sindicatos que carecen de dicha cualidad. Lo habitual en esta materia es que sean los sindicatos menos representativos los que se cuestionen si pueden ser excluidos legítimamente de determinados órganos. Al respecto, la Sala Tercera sostiene *obiter dicta* que la condición de sindicato más representativo no le confiere un derecho fundamental a excluir a otros que carecen de tal condición de la presencia en un órgano administrativo, ya que deberían ser los sindicatos no designados para formar parte del Consejo de Desarrollo Sostenible los que deberían invocar la vulneración del derecho a la discriminación. Argumento complementario éste que quizás debería tenerse en cuenta por los sindicatos menos representativos para futuros conflictos.

Concluyendo, si bien es verdad que la LOLS reserva a las organizaciones sindicales que tengan la consideración de más representativos la participación institucional tanto a nivel estatal como a nivel autonómico, también lo es que la jurisprudencia constitucional y ordinaria han ido corrigiendo y equilibrando el alcance de la mayor representatividad, reconociendo a los sindicatos no representativos, aunque de forma algo peculiar y difusa, el derecho de participación institucional.

Un buen ejemplo de la recepción ponderada de la jurisprudencia constitucional y ordinaria puede encontrarse en los Dictámenes del Consejo de Estado. Así, entre otros, puede citarse el Dictamen nº 2077/2005 sobre el Proyecto de Real Decreto sobre composición y funcionamiento de las mesas de diálogo social previstas en el art. 14 de la Ley 1/2005, de 9 de marzo, por la que se regula el régimen de comercio de derechos de emisión de gases de efecto invernadero, ante los escritos de alegaciones de CIG y ELA de que se trata de mesas de diálogo social con naturaleza jurídica de órganos de participación institucional. El Consejo de Estado entiende que "*las mesas tienen una naturaleza sui generis que impide considerarlas como órganos colegiados de participación institucional". Asimismo, en el Dictamen* nº 718/2020 sobre el Proyecto de Real Decreto por el que se modifica el RD 219/2001, de 2 de marzo, sobre organización y funcionamiento del Consejo para el Fomento de la Economía Social. El Consejo de Estado, sin desconocer la jurisprudencia constitucional y ordinaria (y tras citar las sentencias del TC 147/2001 y del TS de 16 de junio de 2010 anteriormente mencionadas), entiende que el RD debe referirse a las "organizaciones sindicales más representativas "dado que el criterio está recogido directamente en la ley de la que trae causa el Proyecto, cuya constitucionalidad no ha sido cuestionada".

44 En estos términos, Goñi Sein, J. L.: "Rol institucional y atribuciones de facto de los sindicatos implantados y minoritarios", cit., p. 296

5. LA PARTICIPACIÓN INSTITUCIONAL DE LOS SINDICATOS MENOS REPRESENTATIVOS EN EL ÁMBITO AUTONÓMICO: LAS LEYES DE PARTICIPACIÓN INSTITUCIONAL

La mayoría de las Comunidades Autónomas dotan de orientación propia a la participación institucional potenciando el papel de los sindicatos en la política autonómica, siendo los Estatutos de Autonomía los primeros en promocionar la participación institucional[45]. El desarrollo de las competencias autonómicas en materia laboral, la participación institucional autonómica y la potenciación de las estructuras sindicales regionales son fenómenos paralelos que en gran medida se retroalimentan[46]. Y, una importante manifestación de la progresiva regionalización de las relaciones laborales es la proliferación de normas sobre participación institucional.

Una amplia mayoría de las Comunidades han impulsado la participación institucional regional, aprobando al efecto normas específicas sobre la materia[47]. Las normas autonómicas han sido pioneras en reconocer la participación institucional de las organizaciones sindicales, mostrando en la mayoría de los casos una clara inclinación a favor de las organizaciones más representativas a la luz de lo dispuesto en la LOLS, y en detrimento de las organizaciones menos representativas.

La participación institucional autonómica de los sindicatos menos representativos está condicionada por dos principios constitucionales básicos, cuya complementariedad se extrae de la propia doctrina constitucional anteriormente expuesta. El primero, la reserva que la Ley Orgánica de Libertad Sindical hace a favor de las organizaciones sindicales más representativas en materia de participación institucional en los arts. 6 y 7 LOLS, al entender que la participación institucional es contenido esencial de la libertad sindical de los sindicatos más representativos[48]. El segundo, la capacidad de autoorganización de las administraciones autonómicas competentes, al entender el Tribunal Constitucional que "la ley se limita a establecer la capacidad representativa de los sindicatos que tengan el carácter de más representativos a nivel estatal o de Comunidad Autónoma, pero no impide que las Comunidades Autónomas, en el ejercicio de sus competencias de organización, integren además en sus propios órganos a otros sindicatos que no tengan esta consideración legal"[49].

45 Sobre la participación institucional en el ámbito autonómico, véase, Rodríguez Escanciano, S., "El diálogo y la concertación social en los Estatutos de Autonomía. Consejos y otros órganos de participación institucional", Trabajo y derecho núm. 15, La Ley 2022 (LA LEY 5484/2022), pp. 1-34.

46 Al respecto, Calvo Gallego, J.: "Leyes de participación institucional y Consejos de relaciones laborales en el actual mapa autonómico", Temas Laborales, Vol. III, Núm. 100/2009, p. 578. Mora Cabello de Alba, L., La participación institucional del sindicato, CES, Madrid 2008, p. 199 sobre la dispersión o caos de derecho en el desarrollo de esta institución a nivel autonómico y/o local

47 Con la excepción de Asturias, Andalucía y el País Vasco.

48 Entre otras, STC 39/1986, de 31 de marzo.

49 Entre otras, STC 98/1985, de 29 de julio.

En la conjugación de estos dos principios se han movido los ordenamientos autonómicos para seleccionar a las organizaciones sindicales titulares de la participación institucional. En efecto, si bien es cierto que la legislación estatal establece un mínimo que debe ser respetado por los legisladores autonómicos. También lo es que la legislación autonómica puede ampliar el ámbito subjetivo de la participación institucional a sindicatos distintos de los más representativos, siempre que se respeten los derechos fundamentales a la igualdad y a la libertad sindical[50].

Pese a esa posibilidad, la mayoría de las normas autonómicas se decantan por privilegiar a los sindicatos más representativos, siendo escaso el reconocimiento a favor de los sindicatos menos representativos. Y ello, a pesar de la proliferación de normativas regionales y, de los intentos de alguna norma de abrir el ámbito subjetivo de la participación institucional a organizaciones sindicales distintas de las más representativas.

En la actualidad catorce Comunidades Autónomas gozan de una regulación específica en materia de participación institucional[51]. La primera en regular la participación institucional ha sido la Comunidad de Madrid[52] en 1995, y la última Cataluña[53] en 2020. En el intervalo de veinticinco años se aprobaron las leyes de Extremadura[54] (2003), Castilla y León[55], y Galicia[56] (2008), Cantabria[57] (2009), Baleares[58] (2011), Navarra[59] e Islas Canarias[60] (2014), Comunidad Valenciana[61] (2015), La Rioja[62] (2016), Murcia[63] (2017),

50 Véase, Calvo Gallego, J., cit., p. 581.

51 Excepcionalmente, La Rioja y Navarra dedican a la participación institucional sólo un título o un capítulo, y otorgan un mayor protagonismo al diálogo social.

52 Ley 7/1995, de 28 de marzo, de participación de los agentes sociales en las entidades públicas de la Administración de la Comunidad de Madrid.

53 Decreto-ley 9/2020, de 24 de marzo, por el que se regula la participación institucional, el diálogo social permanente y la concertación social de las organizaciones sindicales y empresariales más representativas en Cataluña.

54 Ley 3/2003, de 13 de marzo, sobre participación institucional de los agentes sociales más representativos de Extremadura.

55 Ley 8/2008, de 16 de octubre, para la creación del Consejo del Diálogo Social y regulación de la participación institucional de Castilla y León.

56 Ley 17/2008, de 29 de diciembre, de participación institucional de las organizaciones sindicales y empresariales más representativas de Galicia.

57 Ley 4/2009, de 1 de diciembre, de participación institucional de los Agentes Sociales en el ámbito de la Comunidad Autónoma de Cantabria.

58 Ley 2/2011, de 22 de marzo, por la que se regula la participación institucional de las organizaciones empresariales y sindicales más representativas de la Comunidad Autónomas de las Illes Balears.

59 Ley Foral 22/2014, de 12 de noviembre, por la que se crea el Consejo Navarro del Diálogo Social en Navarra.

60 Ley 10/2014, de 18 de diciembre, de participación institucional de las organizaciones sindicales y empresariales más representativas de Canarias.

61 Ley 7/2015, de 2 de abril, de Participación y Colaboración Institucional de las Organizaciones Sindicales y Empresariales Representativas en la Comunitat Valenciana.

62 Ley 1/2016, de 4 de abril, de impulso y consolidación del diálogo social en La Rioja.

63 Ley 5/2017, de 5 de julio, de participación institucional de las organizaciones sindicales y empresariales más representativas en el ámbito de la Región de Murcia.

Aragón[64] (2018), Castilla-La Mancha[65] (2019). La gran mayoría de las normas abordan de forma monográfica la participación institucional, incorporando algunas al título de la propia ley la referencia a la mayor representatividad[66].

5.1. Los criterios de selección de los sindicatos titulares de la participación institucional

Lo más relevante a los efectos que nos interesan es el tratamiento que las normas autonómicas ofrecen de la selección de los sindicatos titulares de la participación institucional, y en especial de los sindicatos menos representativos. Junto a las más representativas, las normas autonómicas dan entrada a las organizaciones sindicales no representativas o a las organizaciones o instituciones representativas de intereses sectoriales, tal y como se verá a continuación. Atendiendo a los criterios de selección de los sindicatos en función de su representatividad pueden sistematizarse las normas autonómicas en los siguientes grupos.

A) Normas con habilitación exclusiva a los sindicatos más representativos

Tal y como se señaló anteriormente, la mayoría de las leyes —con fórmulas repetidas— atribuyen en exclusiva a los sindicatos más representativos el derecho de participación institucional, omitiendo cualquier referencia a los sindicatos no representativos. Estas normas apuntan sin ambages a los sindicatos más representativos como titulares del derecho de participación institucional en el ámbito autonómico, no dejando resquicio alguno para los sindicatos no representativos.

La Comunidad de Madrid[67], Extremadura[68], Canarias[69] y Cataluña no prevén la participación institucional de sindicatos que no alcancen el umbral de la mayor representatividad, esto es, de sindicatos menos representativos. Castilla y León es igualmente contundente al regular el marco de la participación institucional de las or-

64 Ley 1/2018, de 8 de febrero, de diálogo social y participación institucional en Aragón.

65 Ley 8/2019, de 13 de diciembre, de Participación de Castilla-La Mancha.

66 Las leyes de Baleares, Cataluña, Extremadura, Galicia, Islas Canarias y Murcia. Por su parte, la ley de la Comunidad Valencia se refiere simplemente a las organizaciones representativas de la Comunidad.

67 A pesar de que el art. 1 de la Ley de la CAM utiliza la expresión participación de los "agentes sociales con implantación en la CAM", en el art. 3 de la Ley relativo a los criterios de representación, se aclara que la determinación del número específico de representantes de las asociaciones sindicales o empresariales de carácter intersectorial a las que sean de aplicación las prescripciones de la ley autonómica, atenderá al criterio de paridad y mayor representatividad en el territorio de la CAM, en función de lo dispuesto en el ET y en la LOLS.

68 La norma de Extremadura identifica el término agentes sociales, con las organizaciones sindicales, y por supuesto, asociaciones empresariales que ostenten el carácter de más representativas en los términos fijados por la legislación laboral" (art. 1).

69 El art. 2 dispone que "la participación institucional ... de carácter intersectorial se determinará atendiendo a su condición de más representativas".

ganizaciones sindicales más representativas, al definir la participación institucional como el ejercicio de tareas y actividades de promoción y defensa, en el seno de la Administración de la Comunidad de Castilla y León, de los intereses que les son propios a las organizaciones sindicales más representativas[70]. No obstante, la ley castellanoleonesa añade que las normas se aplicarán a todos los órganos de participación de la Administración General e Institucional de la Comunidad de Castilla y León, en los términos que establezca la normativa específica en cada caso y con independencia de las funciones y competencias de dichos órganos. Una interpretación sistemática de la norma conduce a entender que no hay base legal para fijar una composición diferente de los sujetos llamados a participar en los distintos órganos consultivos y que, en consecuencia, no hay posibilidad de que por el cauce reglamentario se dé entrada a los sindicatos menos representativos.

También Navarra opta por excluir de la titularidad de la participación institucional a las organizaciones sindicales no representativas. En el caso de la Comunidad Foral de Navarra, además de UGT y CCOO, el sindicato ELA —al margen de su posicionamiento político sindical— debería formar parte de todos los órganos de participación institucional de Navarra tras convertirse *de iure* en sindicato más representativo en la Comunidad Foral, incluido en el Consejo del Diálogo Social, tal y como se verá más adelante. Además, debería reflexionarse hasta qué punto la exclusión de LAB es conforme con la libertad sindical y los derechos de participación de un sindicato que, si bien no cumple el requisito de 1.500 delegados, supera el 17% de la representatividad sindical.

La Rioja tampoco deja margen para la participación institucional de los sindicatos menos representativos[71]. En esta Comunidad el sindicato USO tiene una fuerte implantación, y es parte firmante de numerosos convenios colectivos sectoriales en calidad de sindicato representativo al amparo del art. 7.2 de la LOLS y 87.2.c) del ET. También en este caso debería reflexionarse hasta qué punto la exclusión de USO es conforme con la libertad sindical y los derechos de participación, ya que este sindicato a pesar de no ser más representativo ha firmado la mitad de los convenios sectoriales de La Rioja. En el caso de USO-La Rioja el *favoritismo* de los sindicatos más representativos ya fue examinado por el Comité de Libertad Sindical, a la luz de una queja presentada por el sindicato en 1998 por su exclusión de los organismos de participación existentes en la administración riojana, y concretamente del Consejo Económico y Social[72].

Los argumentos esbozados por el Comité en aquel momento, que llevaron a la Recomendación al Consejo de Administración de que el caso no requería un examen

70 Art. 11.2 Ley de Castilla y León.

71 El art. 11 insiste en que se reconoce a las organizaciones sindicales más representativas una singular posición jurídica a efectos de participación institucional respecto a materias económicas y sociales y a todas aquellas de interés general para la Comunidad de La Rioja.

72 Caso núm. 1968 (España). Informe núm. 311, noviembre de 1998.

más detenido[73], quizás pierdan vigencia en el momento presente. En las circunstancias actuales la Comunidad Autónoma podría reconsiderar la inclusión de USO en el Consejo Económico y Social, ya que a pesar de no ser sindicato más representativo en los términos de la LOLS goza de fuerte implantación en la Comunidad Autónoma. Adviértase además que la respuesta dada por el Gobierno a la queja planteada es correcta, en cuanto le reconoce los derechos previstos en el art. 6.3 apartados b), c), d), e) y g) LOLS, negándole con la ley en la mano el derecho a la representación institucional en el seno de las administraciones públicas. No obstante, el Gobierno omitió en su respuesta la doctrina constitucional.

B) Normas con habilitación por vía reglamentaria a los sindicatos no representativos

Las leyes autonómicas de Cantabria y Aragón, además de hacer referencia a las organizaciones sindicales más representativas de la región, dejan la puerta abierta a la participación de sindicatos que no tengan la condición de representativos, esto es a los sindicatos minoritarios o con implantación en un determinado sector.

La Exposición de Motivos de la ley de Cantabria contiene dos reflexiones sugerentes en relación con la habilitación de los sindicatos menos representativos para la participación institucional. Por un lado, cuestiona la constitucionalidad de una eventual utilización de otros criterios selectivos reguladores de la representación, puesto que estos pudieran entrar en contradicción con las reglas de atribución de competencias previstas en la CE respecto de la potestad de emisión de legislación laboral. Por otro, pone en duda la justificación de que un organismo consultivo autonómico pueda acudir a diferentes baremos para establecer las respectivas representatividades de sus miembros. En coherencia, la ley cántabra de 2009 designa como titulares de la participación institucional a las organizaciones sindicales más representativas[74], salvo distinto criterio establecido en norma legal o reglamentaria y que incremente la participación de estas organizaciones. El precepto habilita a que por vía reglamentaria se de entrada a otros sindicatos distintos de los más representativos a nivel autonómico. Interpretación que se deduce también de lo dispuesto en el art. 2.1 de la citada Ley, al referirse a la normativa específica que resulte de aplicación en cada caso, es decir, a la normativa específica de cada entidad u organismo público. En los mismos términos que Cantabria se pronuncia la ley de Aragón[75].

73 El informe definitivo puede consultarse en https://www.ilo.org/dyn/normlex/es/f?p=1000:50002:0::NO:50002:P50002_COMPLAINT_TEXT_ID:2904736. Pese a los 25 años transcurridos desde el informe sigue siendo recomendable, y de actualidad, la lectura de la queja presentada y de las conclusiones del CLS.

74 Art. 1.2 de la Ley cántabra.

75 Art. 3 de la Ley de Aragón.

C) *Normas con habilitación a los sindicatos no representativos*

La ley de la Comunidad Valenciana es la única que sobre el papel se aparta de la tónica general y menciona a los sindicatos y organizaciones empresariales representativas, sin incluir el término "más representativas". Tras disponer que en el ámbito de la participación institucional tendrán la consideración de organizaciones sindicales más representativas las que tengan reconocida esa condición legal por la LOLS, permite dar entrada en cuestiones que afectan a un sector o subsector a organizaciones sindicales que tengan implantación. Al efecto, establece que "cuando la participación se limitara a aspectos relativos a un determinado sector o ámbito territorial, también se facilitará la intervención de aquellas organizaciones sindicales que tengan reconocida representatividad suficiente en el concreto ámbito territorial o sectorial".

En cuanto a los criterios de representatividad, la norma tras aludir a las organizaciones sindicales más representativas añade que se considerará suficiente la representatividad a los efectos de participación institucional, la de las organizaciones que reúnan ciertas condiciones[76]. Se introducen una serie de requisitos acumulativos que debe cumplir toda organización sindical para tener derecho a la partición institucional. A saber: carácter intersectorial, cifra mínima de representantes de los trabajadores que supongan un porcentaje del total de representantes electos de la Comunidad y, la representación de los sindicatos debe extenderse a las tres provincias que integran la Comunidad Valenciana. Respecto a esa cifra mínima, se insta al Consell de la Generalitat, en el plazo máximo de un año, a la concreción de esa cifra mínima mediante la norma que corresponda, sin que hasta el momento se haya concretado[77].

Dejando en el aire la posibilidad de atribuir la participación institucional a sindicatos con implantación en el ámbito autonómico valenciano, la ley valenciana parece prever algún tipo de reconocimiento a los sindicatos que no tienen la cualidad de más representativos en el precepto referido a la representatividad en las acciones de colaboración institucional. Al efecto dispone que "para determinadas actuaciones sectoriales, las bases que las regulen pueden exigir un mínimo de representación en el sector de que se trate, atendiendo sus características especiales, lo cual deberá justificarse adecuadamente en las referidas bases". Por último, la ley valenciana también contempla la participación institucional de las organizaciones o instituciones representativas de intereses sectoriales[78], tal y como se verá a continuación en las leyes gallega, balear, murciana y castellanomanchega.

76 Art. 3 de la Ley de la Comunidad Valenciana.

77 Art. 3.3 de la Ley de la Comunidad Valenciana. El Decreto 193/2015, de 23 de octubre, del Consell, por el que se aprueba el Reglamento de la Ley 7/2015, de 2 de abril, de la Generalitat, de participación y colaboración institucional de las organizaciones sindicales y empresariales representativas de la Comunidad Valenciana, no hace referencia a esa cifra mínima y, se refiere únicamente a la mayor representatividad.

78 DA 1ª de la Ley gallega.

D) *Normas con habilitación a las organizaciones o instituciones representativas de intereses sectoriales*

La ley gallega, además de reconocer a las organizaciones sindicales intersectoriales más representativas, contempla la participación institucional de las organizaciones o instituciones representativas de intereses sectoriales. Al efecto dispone que "la participación institucional recogida en la presente ley se llevará a cabo sin menoscabo de la representación que corresponde a otras organizaciones o instituciones representativas de intereses sectoriales presentes en los órganos de asesoramiento y participación de la Administración autonómica o de dirección, participación y asesoramiento de sus entidades y organismos públicos de carácter sectorial"[79]. Esta disposición adicional parece permitir la intervención de otras organizaciones, no necesariamente sindicales, representativas de intereses sectoriales. A priori la disposición además de dar cobertura a las asociaciones de autónomos o de economía social, también da cobertura a la participación o presencia de los sindicatos no representativos, con implantación en un determinado sector.

Por las peculiaridades de la Comunidad, la participación institucional en el ámbito agrario y de desarrollo rural se desgaja de lo regulado en la Ley de participación institucional gallega[80], y se regirá por su norma específica. Al respecto, es importante reseñar la Ley 1/2006, de 5 de junio, del Consejo Agrario Gallego establece que formarán parte de los vocales que actuarán en representación de las organizaciones agrarias más representativas, no haciéndose alusión a los sindicatos más representativos. La omisión del legislador a las organizaciones sindicales más representativas, y la referencia a las organizaciones agrarias más representativas, está permitiendo sin ninguna duda la participación de las organizaciones sindicales que no son representativas.

Baleares y Murcia también se decantan claramente por el criterio de la "mayor representatividad", e incorporan una cláusula normativa idéntica a la mencionada anteriormente sobre la participación institucional de las organizaciones o instituciones representativas de intereses sectoriales, por lo que parece darse cobertura igualmente a los sindicatos no representativos, con implantación en un determinado sector.

Por último, en Castilla-La Mancha la elección del criterio de la mayor representatividad es clara, no concediéndose espacio alguno a una norma reglamentaria para establecer unos criterios de representatividad distintos. No obstante, también parece reconocer la participación institucional a las organizaciones sindicales sectoriales, ya que la Ley advierte que no se menoscabará la participación activa que puedan ejercer en su ámbito sectorial otras organizaciones y entidades de carácter socioeconómico presentes en Castilla-La Mancha[81]. Así, si bien es cierto que únicamente se menciona

79 DA 3ª de la Ley gallega.
80 DA 4ª de la Ley gallega.
81 Art. 22.2 de la Ley castellanomanchega.

a las entidades representativas de la economía social, las organizaciones intersectoriales de trabajadores autónomos, las cooperativas, las asociaciones profesionales agrarias y de los consumidores y usuarios, no incluyéndose a otras organizaciones sindicales con implantación, a priori no habría problema para incluirlas dado que la enumeración de las citadas organizaciones no es un *numerus clausus*.

Tal y como se acaba de exponer el criterio relativo a la determinación de los sindicatos autonómicos con derecho a participación institucional, a salvo las excepciones mencionadas, es el de la mayor representatividad sindical contemplado en la LOLS. Este criterio encubre sendas decisiones de política legislativa de las CCAA, a las que la doctrina constitucional concedió un amplio margen de actuación para el autogobierno, pero que la mayoría han preferido seguir privilegiando las organizaciones sindicales más representativas de conformidad con lo dispuesto en la ley estatal. Pese a las habilitaciones existentes en las normas autonómicas a los sindicatos menos representativos, la exclusión *de facto* de estos sindicatos en la participación autonómica ahonda en el *monopolio/duopolio* sindical.

5.2. Los Consejos autonómicos de participación institucional: la ausencia de los sindicatos menos representativos

Un buen espejo de la escasa relevancia que los sindicatos menos representativos ocupan en el panorama autonómico es la composición de los consejos de diálogo social o participación institucional. La mayoría de las leyes autonómicas, salvo la de Madrid, prevén Consejos autonómicos de participación institucional, como órganos institucionales permanentes de encuentro entre las Comunidades Autónomas y los sindicatos y las organizaciones empresariales más representativos, como expresión del diálogo social y para el fomento del mismo, en cuanto factor de cohesión social y progreso económico de las regiones. Los Consejos trasladan al conjunto de la sociedad el valor del diálogo social y su trascendencia[82].

El duopolio sindical se visualiza en la mayoría de los Consejos autonómicos, en tanto plataformas institucionales por antonomasia de la participación institucional. Casi todas las Comunidades Autónomas conceden un papel protagonista a los sindicatos más representativos, sin resquicio alguno para los no representativos[83]. Así, forman parte del Consejo de Concertación Social y Económica de Extremadura, y de

82 Por todos, art. 2 de la Ley castellanoleonesa.

83 El criterio exclusivo de la mayor representatividad también es el previsto en el ámbito estatal. Así, Ley 21/1991, de 17 de junio, por la que se regula el Consejo Económico y Social dispone que los miembros del grupo 1° son designados por las organizaciones sindicales más representativas, en proporción a su representatividad, de acuerdo con lo dispuesto en los arts. 6 y 7.1 LOLS. Tal y como ha señalado la doctrina, esta designación es consecuencia obligada del genérico reconocimiento de la capacidad para ostentar representación institucional efectuado por los arts. 6.3 c) y 7.1 LOLS, a favor de los sindicatos más representativos. Véase, Martínez Abascal, V./Pérez Amorós, F./Rojo Torrecilla, E., Los Consejos Económicos y Sociales, Ibidem, 1993, p. 45.

los Consejos del Diálogo Social de Castilla y León, Cataluña, La Rioja, Castilla-La Mancha, Aragón y, Navarra, las organizaciones sindicales más representativas.

Con certeza Navarra es la Comunidad donde mayor controversia genera la composición del Consejo del Diálogo Social[84], del que actualmente forman parte CCOO y UGT, por el banco social. Sin embargo, ni la composición del Consejo ni la Ley navarra tienen en cuenta la implantación de ELA y LAB en Navarra. Desde siempre, ambos sindicatos han sido más representativos en el ámbito de la Comunidad autónoma del País Vasco (art. 7.1 LOLS) y simplemente representativos en la Comunidad Foral de Navarra. No obstante, desde octubre de 2022, ELA es sindicato más representativo en Navarra, al superar por primera vez en su historia el umbral de 1.500 delegados, manteniéndose por encima de dicha cifra en mayo de 2023. Por tanto, a día de hoy, y con los datos públicos sobre elecciones sindicales, el Consejo del Diálogo Social de Navarra no es representativo de la mayoría sindical en la Comunidad foral.

De todo lo dicho puede concluirse que la reserva de la participación institucional de las organizaciones sindicales más representativas en los Consejos de participación institucional autonómicos puede estar fundamentada en atención a la viabilidad en el ejercicio del derecho de participación y a la concertación social[85]. No obstante, en algún caso la selección de la organización sindical más representativa, y la exclusión del resto, puede plantear un problema de compatibilidad entre el derecho de libertad sindical y el criterio de la representatividad. Es más, un uso abusivo de la mayor representatividad puede vulnerar el derecho de libertad sindical de los sindicatos excluidos[86].

5.3. El reconocimiento de la participación institucional de los sindicatos no representativos a la luz de los criterios del Consejo Consultivo de Andalucía

Las Comunidades Autónomas de Asturias, Andalucía y País Vasco no han aprobado todavía una ley de participación institucional, de ahí que en virtud de su competencia de autoorganización puedan determinar las organizaciones sindicales que han de formar parte de sus organismos públicos nacidos de la participación institucional, con el límite del respeto a las organizaciones sindicales más representativas en los términos previstos en la LOLS, y con la interpretación efectuada por el Tribunal Constitucional.

84 Art. 4 de la Ley foral.

85 En estos términos, véase, García Murcia, J., Organizaciones sindicales y empresariales más representativas, Ministerio de Trabajo y Seguridad Social, Madrid, 1987, p. 242. Ysás Molinero, H., La participación de los sindicatos en las funciones normativas de los Poderes Públicos. Una comparación entre España y Francia, 2009, p. 219.

86 En estos términos, véase, García Murcia, J., Organizaciones sindicales y empresariales más representativas, Ministerio de Trabajo y Seguridad Social, Madrid, 1987, p. 73.

La Comunidad Autónoma de Andalucía se ha caracterizado por un gobierno proclive a la negociación, y a la concertación y al diálogo social, constituyendo uno de los pilares fundamentales de la política social y económica de Andalucía. No obstante, Andalucía carece de una norma específica de participación institucional, de ahí que rija la normativa estatal, conjugada con el poder de autoorganización del gobierno autonómico a la hora de determinar la participación de los sindicatos en los organismos públicos, a la luz de la interpretación dada por el máximo intérprete de la Constitución.

La ausencia de norma autonómica sobre participación institucional viene a suplirse con la interpretación efectuada por el Consejo Consultivo de Andalucía sobre la titularidad de la participación institucional de las organizaciones sindicales. De los dictámenes del Consejo pueden extraerse ciertas pautas sobre el reconocimiento de la participación de los sindicatos menos representativos[87].

Así, las observaciones al Dictamen 261/2001 al Anteproyecto de Ley del Plan Estadístico de Andalucía 2002-2005 (de 20 de diciembre de 2001) disponen que "la inclusión de las organizaciones sindicales y empresariales más representativas entre las organizaciones que pueden formar parte del Sistema Estadístico de Andalucía no parece justificado desde la perspectiva de la libertad sindical consagrada en el artículo 28.1 de la Constitución". En aplicación de la doctrina constitucional, el Consejo entiende que "debería atenuarse el rigor que implica ceñir la presencia en el Sistema Estadístico de Andalucía únicamente a las Entidades de mayor representatividad". Añadiendo que "o esa posibilidad de integrarse en el Sistema Estadístico de Andalucía se ofrece a todas las organizaciones sindicales o se elimina esa posibilidad para todas"[88].

Posteriormente, las observaciones al Dictamen 0830/2010 sobre el Proyecto de Decreto por el que se aprueban los Estatutos de la Agencia de Servicios Sociales y Dependencia de Andalucía (de 20 de diciembre de 2010), en relación con la participación institucional de los sindicatos, y su limitación a los sindicatos más representativos, dispone —teniendo en cuenta la doctrina constitucional— que "no es constitucionalmente procedente utilizar dicho criterio de la mayor representatividad para excluir en todo caso a sindicatos que, aun no cumpliendo los requisitos que permiten su calificación como "más representativos", son fuertes y se hallan suficientemente implantados en un ámbito concreto[89].

87 Disponibles en https://consejoconsultivodeandalucia.es/dictamenes/consulta-de-dictamenes/.

88 En el mismo sentido, puede consultarse el Dictamen *272/2002* al Proyecto de Decreto por el que se regulan la organización y funcionamiento de los Consejos del Voluntariado en Andalucía de 23 de octubre de 2002.

89 En el mismo sentido, véanse, las observaciones a los Dictámenes *0836/2010* relativo al proyecto de Decreto por el que se aprueban los Estatutos de la Agencia de Gestión Agraria y Pesquera de Andalucía de 20 de diciembre de 2010; *0739/2014* al Proyecto de Decreto por el que se modifica el Decreto 214/2006, de 5 de diciembre, por el que se regula la organización, composición y régimen de funcionamiento de la Comisión de Artesanía de Andalucía.

Obsérvese que, pese a no existir norma autonómica sobre participación institucional, el Consejo Consultivo a través de los dictámenes en los que se abordó los criterios de atribución de legitimación para la participación institucional de las organizaciones sindicales, introdujo una serie de pautas congruentes con la doctrina constitucional sobre los sindicatos menos representativos. Estas pautas podrían servir de guía al legislador andaluz en una futura ley de participación institucional.

A modo de epílogo quizás convenga poner de relieve que, en los 45 años de vigencia de la Constitución Española, las organizaciones sindicales más representativas han cumplido de forma satisfactoria la función institucional encomendada por el constituyente de 1978, y la experiencia de concertación social y, la gran variedad de materias que han sido objeto de ésta, son una buena muestra de la madurez de las organizaciones sindicales[90]. En este escenario, el diseño de la participación institucional ha otorgado décadas de estabilidad y paz social en España, pero hoy en día puede compartirse la idea de que el sistema tiene síntomas de debilidad tras los cambios sociales y de las relaciones laborales[91].

Por ello, quizás deba repensarse si la reserva de la participación institucional de las organizaciones sindicales más representativas puede seguir fundamentándose en atención a la viabilidad en el ejercicio del derecho de participación y en la concertación social. Adviértase que, en algún caso la selección de la organización sindical más representativa, y la exclusión del resto, puede plantear un problema de compatibilidad entre el derecho de libertad sindical y el criterio de la representatividad[92]. Es más, un uso abusivo de la mayor representatividad puede vulnerar el derecho de libertad sindical de los sindicatos excluidos. El legislador debería reconsiderar hasta qué punto la exclusión de la participación institucional de los sindicatos con fuerte implantación es conforme con la libertad sindical y los derechos de participación.

BIBLIOGRAFÍA

AA.VV.: *Ley Orgánica de Libertad Sindical. Comentada y jurisprudencia,* dir.: Pérez de los Cobos Orihuel, F/coord..: J. Thibault Aranda, La Ley, 2010.

ALONSO OLEA, M., *Las fuentes del Derecho: en especial del Derecho del Trabajo según la Constitución*, Real Academia de Jurisprudencia y Legislación, Madrid 1981.

90 Sobre la función de representación institucional del sindicato, véase, Sáez Lara, C., Sindicatos y orden constitucional, en *El modelo social en la Constitución Española de 1978,* AA.VV., dir.: A.V. Sempere Navarro/coord..: R. Martín Jiménez, Ministerio de Trabajo y Asuntos Sociales, 2003, pág. 562.

91 En este sentido, véase, Lahera Forteza, J., "Crisis de la representatividad sindical: propuestas de reformas", Revista Internacional y Comparada de Relaciones Laborales y Derecho del Empleo, vol. 4, nº 2, 2016, pp. 33-50.

92 A favor de regulaciones legales más equilibradas para atender adecuadamente el pluralismo sindical, se pronuncian Pérez de los Cobos Orihuel, F./Jurado Segovia, A., "El pluralismo sindical en la doctrina del Comité de libertad sindical de la OIT", 2023 (en prensa).

CAIRÓS BARRETO, M. D., "Análisis jurisprudencial de la acción sindical: mayor representatividad, participación institucional y actividad del sindicato", en Trabajo y Derecho, Núm. 15, Sección Jurisprudencia, Wolters Kluwer, 2022.

CALVO GALLEGO, J.: "Leyes de participación institucional y Consejos de relaciones laborales en el actual mapa autonómico", Temas Laborales, Vol. III, Núm. 100/2009.

CASAS BAAMONDE, M. E.: "La mayor representatividad sindical y su moderación, en la jurisprudencia constitucional española. Algunas claves para su comprensión", Relaciones Laborales, Sección comentarios de jurisprudencia, 1988, tomo 2, ed. La Ley (LA LEY 1043/2001),

CASAS BAAMONDE, M. E./BAYLOS GRAU, A., "Mayor representatividad sindical y participación institucional: la concertación social, al margen", Relaciones Laborales, Sección Comentarios de jurisprudencia, 1986, ed. La Ley (LA LEY 1007/2001).

ESCUDERO RODRÍGUEZ, R., *La representatividad de los sindicatos en el modelo laboral español,* Tecnos, Madrid 1990.

GARCÍA MURCIA, J., *Organizaciones sindicales y empresariales más representativas,* Ministerio de Trabajo y Seguridad Social, Madrid 1987.

GOÑI SEIN, J. L.: "Rol institucional y atribuciones de facto de los sindicatos implantados y minoritarios", en libro homenaje a Ricardo Escudero Rodríguez / coord. por Jesús Cruz Villalón, María Remedios Menéndez Calvo, Magdalena Nogueira Guastavino, 2017.

LAHERA FORTEZA, J., "Crisis de la representatividad sindical: propuestas de reformas", Revista Internacional y Comparada de Relaciones Laborales y Derecho del Empleo, vol. 4, nº 2, 2016.

MONTOYA MELGAR, A., Derecho del Trabajo, 44ª ed., Tecnos, Madrid 2023.

MORA CABELLO DE ALBA, L., *La participación institucional del sindicato*, CES, 2008.

NAVARRO NIETO, J., La representatividad sindical, Ministerio de Trabajo y Seguridad Social, 1993

PÉREZ DE LOS COBOS ORIHUEL, F./JURADO SEGOVIA, A., "El pluralismo sindical en la doctrina del Comité de libertad sindical de la OIT", 2023 (en prensa).

RODRÍGUEZ CARDO, I. A., "La representación institucional de los sindicatos y el Tribunal Constitucional", en Revista Doctrinal Aranzadi Social Núm. 11/2014.

RODRÍGUEZ ESCANCIANO, S., "El diálogo y la concertación social en los Estatutos de Autonomía. Consejos y otros órganos de participación institucional", Trabajo y derecho núm. 15, La Ley 2022 (LA LEY 5484/2022)

SÁEZ LARA, C., en AA.VV, Sindicatos y orden constitucional, en *El modelo social en la Constitución Española de 1978,* dir.: A.V. Sempere Navarro/coord..: R. Martín Jiménez, Ministerio de Trabajo y Asuntos Sociales, 2003.

SALA FRANCO, T./ALBIOL MONTESINOS, I., *Derecho sindical,* 9ª ed., Tirant lo blanch, Valencia 2003.

YSÁS MOLINERO, H., *La participación de los sindicatos en las funciones normativas de los Poderes Públicos*, Bomarzo, 2010.

La financiación de los "otros" sindicatos

Margarita Tarabini-Castellani Aznar
Profesora Titular de Derecho del Trabajo y de la Seguridad Social (s.e)
Universidad de las Islas Baleares

The financing of "other" unions

SUMARIO:

1. INTRODUCCIÓN. 2. LA CONFIGURACIÓN CONSTITUCIONAL Y LEGAL DEL SINDICATO Y LAS CONSECUENCIAS EN SU FINANCIACIÓN. 3. LA FINANCIACIÓN PÚBLICA. 3.1. Las subvenciones estatales, autonómicas y locales. 3.2. La cesión de inmuebles públicos del patrimonio sindical acumulado. 3.3. La restauración del patrimonio sindical histórico. 3.4. Las exenciones y bonificaciones fiscales. 4. LA FINANCIACIÓN PRIVADA. 4.1. Las cuotas de los afiliados. 4.2. El canon de negociación colectiva. 4.3. Otras contribuciones de los trabajadores a órganos de representación o gestión. 4.4. El crédito horario. 4.5. Ingresos por servicios y rentas de bienes. 5. CONCLUSIONES Y PROSPECTIVA. BIBLIOGRAFÍA.

RESUMEN: La financiación de los sindicatos está muy ligada al papel de sujeto político que la constitución les reserva, a la representatividad medida por audiencia electoral, a la eficacia general de los convenios colectivos negociados por los sindicatos representativos y más representativos y al escaso protagonismo de la afiliación en la que desembocan estas opciones legales. En este marco se analiza el espacio de financiación público y privado reservado a los otros sindicatos y la problemática asociada a este diseño legal, en el que se prioriza una financiación pública de la mayor representatividad, al tiempo que se desincentivan o impiden las distintas posibilidades de financiación privada. Por ello, en las conclusiones se aborda la revisión de algunos de los presupuestos que determinan este modelo.

Palabras clave: sindicatos, financiación, función institucional, representatividad, audiencia electoral, afiliación

ABSTRACT: The financing of trade unions is closely linked to the role of political subject that the constitution reserves for them, to the representativeness measured by electoral audience, to the general effectiveness of the collective agreements negotiated by the representative and most representative trade unions and to the low profile of the membership in which these legal options lead to. Within this framework, we analyze the public and private financing space reserved for other unions and the problems associated with this legal design, which prioritizes public financing of the highest representativeness, while discouraging or preventing the various possibilities of private financing. For this reason, the conclusions address the review of some of the assumptions that determine this model.

Key words: trade unions, financing, institucional functions, representativity; electoral audience; affiliation.

1. INTRODUCCIÓN

La financiación de los sindicatos, de todos los sindicatos, se relaciona muy estrechamente con la configuración del sindicato en la Constitución Española (CE), la interpretación doctrinal, constitucional y jurisprudencial del papel que ella le reserva, y con el desarrollo legal de la libertad sindical y el sistema de representatividad de los trabajadores, incluida la negociación colectiva.

Esta configuración constitucional y legal del sindicato se aborda, tras esta introducción, en el segundo epígrafe, como base a partir de la cual analizar, en el tercer epígrafe, la necesaria financiación pública a la que conduce el modelo de sindicato fundado por las normas anteriores, y en el que se examina la financiación pública directa a través de subvenciones y la indirecta por medio de la cesión de inmuebles públicos y del patrimonio sindical acumulado, la restauración del patrimonio histórico sindical y las exenciones y bonificaciones fiscales. El cuarto epígrafe se centra, en cambio, en las diversas vías de financiación privada, como las cuotas de los afiliados, el canon de negociación colectiva, otras contribuciones de los trabajadores a órganos de representación o gestión, el crédito horario y los ingresos por servicios y rentas de bienes; vías en las que va a tener un peso notable el desarrollo legal de la libertad sindical, la representación sindical y la negociación colectiva. En el epígrafe quinto, por fin, se abordarán las conclusiones a las que llega el presente trabajo y se apuntan algunas propuestas que pueden contribuir a una mejor financiación de los otros sindicatos.

2. LA CONFIGURACIÓN CONSTITUCIONAL Y LEGAL DEL SINDICATO Y LAS CONSECUENCIAS EN SU FINANCIACIÓN

En el proceso de decantación entre la configuración constitucional y la legal del sindicato en nuestro país pueden distinguirse tres pasos que, con la relevancia constitucional del sindicato para la defensa de los intereses que le son propios como punto de partida, conduce a la participación institucional y a la mayor representatividad medida por audiencia electoral y desemboca en la negociación colectiva de eficacia general. Este camino, que a continuación se desarrolla, va a precipitar, como se verá enseguida, en un modelo de financiación de los sindicatos[1].

La ubicación del artículo 7 CE en el título preliminar, por el que los sindicatos y las asociaciones empresariales contribuyen a la defensa y promoción de los intereses económicos y sociales que le son propios, evidencia el papel fundamental que en la incipiente democracia española quiere darse al sindicato. Aunque la mención a los "intereses que les son propios" —frente a una inicial redacción que hacía referencia a los intereses "que les afecten"— parecía querer distanciarse del corporativismo franquista, las lecturas doctrinales iniciales del artículo 7 CE aprovecharon sus inercias para consolidar un papel público e institucional del sindicalismo e integrarlo en las estructuras de poder sociales y políticas. Los intereses propios pasaron a ser el "interés general" de los trabajadores y con ello el sindicato se sitúa como "sujeto político" de tutela colectiva de todos los trabajadores, en distintas vertientes, laboral, económica, social, política o cultural, más que como un sujeto que tutela las relaciones profesionales de sus representados[2].

La jurisprudencia constitucional confirma esta lectura y "los intereses que les son propios" pasan a ser el objeto de la representación institucional del sindicato, que implica la representación de todos los trabajadores en una economía capitalista, como estadío avanzado de la representación privada de sus intereses[3].

La Ley Orgánica 11/1985, de libertad Sindical (LOLS) vincula la representación institucional con la mayor representatividad basada en la audiencia electoral, si bien con el antecedente de la Disposición Adicional Sexta del Estatuto de los Trabajadores (ET) de 1980. Los sindicatos representativos son los que obtienen el 10% de representantes en un determinado sector/territorio y los más representativos son los que obtienen el 10 % de representantes en el ámbito estatal o el 15%, en el autonómico siempre que tengan un mínimo de 1500 representantes; lo que significa que no se contabiliza el número de votos ni la afiliación. El artículo 6.1 LOLS prevé que la mayor representatividad sindical reconocida a determinados sindicatos les confiere una singular posición jurídica a efectos, tanto de participación institucional como de acción sindical. Los sindicatos más representativos son, así, tras la LOLS, los encargados de defender los intereses de todos los trabajadores en su ámbito de actuación y no exclusivamente los de sus afiliados[4]. Y esta defensa de los intereses generales será

1 Este proceso se expresa brillantemente en Lahera Forteza, J., y Landa Zapiraín, J.P., "La financiación pública de los sindicatos: fundamentación jurídica y alternativas" en AA. VV., Representación y libertad sindical. Aportaciones Públicas y privadas a las organizaciones sindicales por los servicios prestados a la clase trabajadora y otros temas de seguimiento, UGT, 2018, págs.13 y ss.
2 Lahera Forteza, J., y Landa Zapiraín, J.P., págs. 14 y 15.
3 SSTC 53/1982, 22 julio y 70/1982, 29 septiembre.
4 Lahera Forteza, J., y Landa Zapiraín, J.P., pág. 16.

el trasunto de su legitimación para negociar convenios colectivos de eficacia general, de acuerdo con las reglas previstas en el Título III del ET.

Por lo demás, esta diferencia entre los sindicatos más representativos y representativos y los otros sindicatos se consideró compatible con la libertad sindical del artículo 28. 1 CE, por entenderse que los umbrales de audiencia electoral que otorgan la mayor representatividad constituyen criterios objetivos para defender el interés general[5].

Este diseño del sindicato marcado por el protagonismo del artículo 7 CE frente al 28.1 CE, que da lugar a un sindicato sujeto político con participación institucional, que se encauza, fundamentalmente, en la figura del sindicato más representativo encargado de defender el interés general, con, entre otras funciones, la de negociar convenios colectivos de eficacia general, necesita acompañarse de una financiación pública[6]. No sólo porque parece lo más lógico por su función política, sino también para compensar la pérdida de afiliados en este modelo legal. Porque estos sindicatos, así diseñados, que defienden un interés general más allá del de sus afiliados, cuya representatividad no se mide en función de su afiliación, y que negocian convenios colectivos no sólo para sus afiliados, se desconectan de su base afiliativa y pierden afiliados y con ello la principal vía de financiación privada[7].

3. LA FINANCIACIÓN PÚBLICA

3.1. Las subvenciones estatales, autonómicas y locales

La financiación pública directa de los sindicatos se articula mediante subvenciones anuales de carácter general, de ámbito estatal, autonómico o local[8]. Se subvenciona la realización de actividades genéricas de carácter sindical[9] o específicas

5 Ver STC 53/82 22 julio, STC 65/82 10 noviembre, STC 4/83 28 enero, STC 12/83 22 febrero, STC 37/83 11 mayo, STC 73/84 27 junio, STC 20/85 14 febrero, STC 164/93 18 mayo.

6 Lahera Forteza, J., y Landa Zapiraín, J. P., *op. cit.,* págs.16 y 17. Garrido Pérez, E., "El canon de negociación y otras vías de sostenimiento económico del sindicato: práctica convencional y papel negocial" en AA. VV., Representación y libertad sindical. Aportaciones...*op. cit.,* pág. 36.

7 Alfonso Mellado, C. L., "La promoción de derechos de los afiliados en la práctica sindical española", en AA.VV., Representación y Libertad sindical. Límites a la libertad sindical negativa, la mayor representación sindical y su necesaria revisión, UGT, 2015.págs. 104-155; Goerlich Peset, J.M., "Libertad sindical negativa y mejora de las condiciones laborales de los afiliados: un panorama jurisprudencial", en AA.VV., Representación y Libertad sindical. Límites..., *op. cit.,* pág. 136; Lahera Forteza, J., y Landa Zapiraín, J. P., *op. cit.,* pág. 32.

8 Como la subvención de la comunidad cántabra mediante la Orden EPS/07/2023, de 28 de marzo, por la que se aprueba la convocatoria de subvenciones destinadas a las organizaciones sindicales con menor representatividad para el fomento del diálogo social (https://boletin.de/cantabria/anuncio/?cve=CVE-2023-2802). Un ejemplo de la diversidad de subvenciones puede verse en Mejías García, A., "La falacia de las subvenciones sindicales" en Arxius, núm 36-37, 2017, págs. 143 y ss.

9 Como puede ser la Resolución de 10 de abril de 2023 de la Subsecretaría de Trabajo y Economía Social de convocatoria para el ejercicio 2023 de concesión de subvenciones a las organizaciones

relacionadas con acciones de promoción de intereses de los trabajadores[10], o a los sindicatos de determinados sectores[11].

La previsión inicial, en las leyes de presupuestos generales del Estado de los años 80, de contemplar subvenciones generales únicamente a los sindicatos que ostentaban la mayor representatividad fue declarada inconstitucional. Dichas subvenciones iban dirigidas a "las Centrales Sindicales más representativas, de conformidad con la disposición adicional sexta de la Ley 8/1980, de 10 de marzo, del Estatuto de los Trabajadores, en proporción a su representatividad, según los resultados globales a que hace referencia el art. 75.5 de dicha Ley, para la realización de actividades socioculturales, promoción de los trabajadores, organización de actividades de carácter formativo y otras, dentro de los fines propios de aquéllas." Las SSTC 20/1985, 14 de febrero; 26/1985, 22 de febrero y 72/1985, 13 de junio, que resuelven recursos de inconstitucionalidad promovidos por el Defensor del Pueblo frente a dichas leyes, recuerdan que el artículo 7 CE atribuye a todos los sindicatos, sin distinción, la defensa y promoción de los intereses económicos y sociales de los trabajadores, y la finalidad de la subvención es tan amplia y puede cumplirse con actividades tan diversas, que resulta desproporcionado atribuirla en exclusiva a los sindicatos más representativos, dado que además les colocaría en una posición superior para ofrecer mejores servicios y con ello una inducción o presión indirecta para la afiliación, lo que contraría la libertad sindical.

En la misma línea se pronuncia una consolidada jurisprudencia de la Sala Tercera del Tribunal Supremo que califica como contrarias a los artículos 14 y 28. 1 CE las

sindicales en proporción a su representatividad, por la realización de actividades de carácter sindical, BOE 13 abril 2023

10 Como puede ser el caso de la Resolución del Instituto Nacional de Administración Pública, por la que se aprueba la convocatoria correspondiente a 2023 para la concesión de subvenciones destinadas a la financiación de planes de formación de ámbito estatal dirigidos a la capacitación para el desarrollo de las funciones relacionadas con la negociación colectiva y el diálogo social, en el ámbito de las Administraciones Públicas, BOE 6 abril 2023; o de la Resolución de 27 de junio de 2023 del Instituto de las Mujeres, O.A. por la que se aprueba la convocatoria correspondiente al ejercicio 2023 para la concesión de subvenciones a organizaciones sindicales, dirigidas a financiar la formación, capacitación, apoyo y asesoramiento especializado necesarios para el ejercicio de las funciones de negociación, elaboración, implantación, seguimiento y evaluación de planes de igualdad de ámbito estatal o supraautonómico, BOE 1 julio 2023.

11 Como, por ejemplo, la Orden de 27 de septiembre de 2022 por la que se convocan las subvenciones para financiar medidas de apoyo institucional a los sindicatos del ámbito universitario, BOE 1 octubre 2022; o la Orden de 13 de marzo de 2023, por la que se convoca para el año 2023 la concesión de ayudas a sindicatos de trabajadores del sector agroalimentario para el desarrollo de sus actividades de colaboración y representación ante la Administración General del Estado, la Unión Europea e Instituciones Internacionales, y para la realización de proyectos de especial interés para el desarrollo y mejora de los trabajadores del citado sector, BOE 15 marzo 2023; o la Orden de 12 de junio de 2023, por la que se convoca para el año 2023 la concesión de ayudas a sindicatos de trabajadores del sector medioambiental para el desarrollo de sus actividades de colaboración y representación ante la Administración General del Estado, la Unión Europea e Instituciones Internacionales, y para la realización de proyectos de especial interés para el desarrollo y mejora de los trabajadores del citado sector, BOE 12 junio 2023.

previsiones autonómicas o estatales que limitan el acceso a los sindicatos que no sean más representativos a las subvenciones que tienen que ver con el fomento de la acción sindical en un sector determinado[12] o con la realización de actividades formativas o planes de formación continua o para el empleo[13] o formación destinada a determinadas materias, como la prevención de riesgos laborales[14].

En todo caso, la inconstitucionalidad de las mencionadas leyes de presupuestos generales del Estado se limita a la referencia a "las centrales sindicales más representativas", por lo que no se considera inconstitucional que las subvenciones se reconozcan "en proporción a su representatividad". Así, la STC 147/2001, 27 junio, declarará la constitucionalidad de una normativa autonómica que subvencionaba la realización de actividades generales de los sindicatos en función de la representatividad y con ello la menor subvención de USO, frente a la mayor subvención otorgada a las centrales sindicales más representativas. En la misma línea se había pronunciado, la STS 30 de julio 1990 o la STS 29 abril 1996, R. 2648/1994.

El reparto de las subvenciones generales puede, por tanto, ampararse en criterios de audiencia electoral. Pero este criterio se ha convertido en el parámetro de reparto por excelencia, pues es el que convierte a los sindicatos representativos en esos sujetos políticos que justifican la financiación pública. De esta manera, otros sistemas igualmente objetivos, como pudiera ser el número de votos o el número de afiliados —dato este último que podría ser ciertamente difícil de medir[15]— no se han utilizado. Sea como fuere, esta doctrina del Tribunal Constitucional tiene, desde entonces, su reflejo en las sucesivas órdenes ministeriales que atribuyen este derecho a los sindicatos con presencia electoral conforme a su nivel de representatividad sindical[16].

No obstante, también se han encontrado subvenciones dirigidas a los sindicatos con menor representatividad, como la subvención de la comunidad cántabra mediante la Orden EPS/07/2023, de 28 de marzo, por la que se aprueba la convocatoria de subvenciones destinadas a las organizaciones sindicales con menor representatividad para el fomento del diálogo social. La adecuación al principio de no discriminación de esta previsión requeriría valorar la justificación objetiva y razonable para dicha diferencia de trato. Por ejemplo, en qué medida se configura como compensación de las subvenciones que mayormente reciben los sindicatos más representativos

12 STS 15 octubre 2012, R. 4746/2011. En este caso no puede limitarse tampoco a los sindicatos representativos o con suficiente implantación.

13 Entre otras, SSTS 11 de octubre 2004, R. 7552/2000; 14 junio 2005; 28 septiembre 2005, R. 4855/1999; 14 julio 2009, R. 3794/2997; 6 octubre 2010, R. 3714/2007; 15 febrero 2011, R. 3000/2009; 13 noviembre 2012, R. 2455/2009; 22 enero 2014, R. 3548/2008; 2 diciembre 2015, R. 130/2014 y R. 2371/2014; 11 enero 2018, R. 2765/2015.

14 STS 19 de diciembre 2007.

15 Escudero Rodríguez, R., "Otras formas de acreditar la mayor representatividad: la dificultad de encontrar un criterio alternativo al de la audiencia electoral" en AA.VV., Representación y Libertad sindical. Límites..., *op. cit.,* págs. 179 y ss.

16 Lahera Forteza, J., y Landa Zapiraín, J.P., *op. cit.,* pag.18.

a través de las subvenciones generales, al amparo del criterio de proporcionalidad/representatividad, o de las específicas que se analizan a continuación.

Porque, en efecto, las subvenciones específicas, en cambio, no requieren pasar por el mencionado criterio de proporcionalidad, y pueden atribuirse a los sindicatos que llevan a cabo la actividad que se subvenciona o a los que, en su caso, realizan su actividad sindical en un determinado sector al que se dirigen las subvenciones. Esta es la línea que mantiene una consolidada jurisprudencia de la Sala Tercera del Tribunal Supremo, matizando de este modo el criterio de proporcionalidad exigido por la jurisprudencia constitucional (SSTS 12 marzo 1991, 12 marzo 1992, R. 6444/1990; 9 diciembre 1992, R. 10061/1990; 30 setiembre 1993, R. 5581/1991; 29 abril 1996, R. 2648/1994).

Entre las subvenciones específicas que superan el test de respeto a la libertad sindical y no discriminación se encuentran las dirigidas a atender los gastos que implica la participación o representación institucional (SSTS 7 de julio 1995, R. 5948/1993; 19 febrero 2001, R. 5298/1995, 5299/1995 y 5317/1995; 28 febrero 2012, R. 5556/2010; 30 abril 2015, R. 927/2013 y R. 3009/2013). No en vano la jurisprudencia constitucional y la ordinaria cuando analizan la adecuación constitucional de una subvención, lo hacen examinando si la actividad que se subvenciona se incluye entre las propias de la participación institucional, de modo que, si no se trata de este tipo de actividades, no cabe circunscribir la posibilidad de acceder a las mismas a los sindicatos más representativos (STC 147/2001 y STS 7 noviembre 2012, R. 6540/2009).

Por su parte, pueden incluirse entre la financiación específica las ayudas públicas para la formación que se gestionan por los sindicatos y asociaciones empresariales más representativas por medio de acuerdos colectivos en el marco de una fundación tripartita.

Con este panorama, podría concluirse que el grueso de las subvenciones lo obtienen los sindicatos más representativos, sea por el criterio de proporcionalidad, sea por la subvención de los gastos o actividades que conciernan a la participación institucional. Los otros sindicatos serán financiados públicamente a través de subvenciones, en la generalidad de los casos, en la medida en que hayan obtenido representación en los comités de empresa, delegados y juntas de personal y en la medida en que, en su condición de representativos en un determinado sector o ámbito, ejerzan otras acciones sindicales específicas, en las que, como se ha visto, tienen peso específico las tareas de representación institucional.

En cualquier caso, y mientras la primacía de los sindicatos más representativos se determine por audiencia electoral, la utilización de otros criterios de reparto, como pudiera ser el número de afiliados o de votos obtenidos, podría no tener un resultado muy distinto en la financiación de los otros sindicatos, pues es probable que ni su afiliación ni el número de votos les dotara de un mayor protagonismo, aunque, en lo que respecta a la valoración de la afiliación, podría darse cabida a los sindicatos de corte anarquista que no concurren a las elecciones sindicales.

3.2. La cesión de inmuebles públicos del patrimonio sindical acumulado

Otra forma de financiación pública, aunque de carácter indirecto, tiene que ver con la cesión de inmuebles públicos y pertenecientes al patrimonio de la antigua organización sindical vertical franquista en la que, como enseguida se verá, es de nuevo el criterio de la representatividad el que determina el reparto.

El artículo 6. 3 f) LOLS indica que los sindicatos más representativos gozarán de capacidad representativa a todos los niveles territoriales y funcionales para obtener cesiones temporales del uso de inmuebles patrimoniales públicos en los términos que se establezcan legalmente. Por su parte, el artículo 7.1 LOLS extiende a los sindicatos más representativos de Comunidad Autónoma las funciones y facultades previstas en el artículo 6. 3 LOLS, pero el artículo 7.2. LOLS no incluye la cesión del uso de inmuebles públicos entre las facultades de los sindicatos representativos.

Este inicial diseño también fue objeto de matización por el Tribunal Constitucional, en la STC 98/1985, 29 julio, cuyo fundamento jurídico 11 concluyó que este artículo no está atribuyendo el monopolio en este punto a los sindicatos más representativos y se puede considerar que extendió, así, la cesión de inmuebles públicos a sindicatos que no son más representativos[17].

En esta línea, la Ley 4/1986, de 8 de enero, de cesión de bienes del patrimonio sindical acumulado, aunque establece la preferencia de los sindicatos más representativos (artículo 3)— siempre que mantengan esta condición (artículo 5.2)—, indica que el reparto debe ser proporcional a la audiencia electoral (artículo 5.4). Esta preferencia de los sindicatos más representativos no fue considerada discriminatoria por las SSTC 75/1992, 14 mayo y 183/1992, 16 noviembre, que resuelven, respectivamente, el recurso de inconstitucionalidad interpuesto por el Defensor del Pueblo y la cuestión de inconstitucionalidad planteada por la sala de lo contencioso del Tribunal Supremo frente a la anterior ley, y confirman la razonabilidad, justificación y proporcionalidad del criterio diferenciador de la mayor representatividad en la cesión de los bienes de los que se está tratando.

Ahora bien, dicho criterio de diferenciación o preferencia de los sindicatos más representativos sí es discriminatorio cuando la misma no se relaciona con la defensa de intereses generales o la participación institucional. Por ello, la STC 183/1992 declaró la inconstitucionalidad de la presencia exclusiva de los sindicatos más representativos en la comisión nacional de cesión del patrimonio sindical, pues de esta manera no se garantizaba la imparcialidad de un órgano que vela por el reparto de bienes de todos los sindicatos con presencia electoral. Los sindicatos que componen esta comisión defienden un interés propio, no de todos los trabajadores, en la gestión del patrimonio sindical específico, por tanto, no está justificada la restricción a otros sindicatos.

Según la Ley 4/1986, la propiedad de los bienes pertenecientes al patrimonio sindical acumulado es del Estado (artículos 1. 2 y 5. 1), pero su uso se cede en favor de

17 Lahera Forteza y Landa Zapiraín, *op. cit.*, pág. 19.

los sindicatos con carácter gratuito (artículo 5. 3), siempre que se destine a satisfacer directamente las necesidades de funcionamiento y organización de los sindicatos y, en especial, las de aquellos que, por su condición de más representativos, deban cumplir las funciones que les atribuye la LOLS y el resto del Ordenamiento Jurídico (artículo 4.2). Que la propiedad sea estatal impide al sindicato cesionario transmitir o ceder a terceros, por ningún título, todo o parte de los bienes cedidos, tampoco puede alterar los requisitos y términos de la cesión (artículo 5.1). Por lo demás, los gastos derivados del uso y mantenimiento de los bienes cedidos serán a cargo de los respectivos sindicatos, aunque la propia ley contempla que, respecto de las cargas o gravámenes de naturaleza tributaria, se estará a lo previsto en cada caso por las respectivas normas tributarias aplicables (artículo 5. 3).

Aun con las limitaciones que se acaban de señalar, es evidente el ahorro que esta cesión significa para los sindicatos en alquiler o adquisición de inmuebles para sedes u otras instalaciones donde realizar sus actividades.

3.3. La restauración del patrimonio sindical histórico

También la restauración del patrimonio sindical histórico prevista en la DA 4ª de la Ley 4/1986, con la reforma del RD-Ley 13/2005, es una vía de financiación que ha beneficiado, junto a algunos de los sindicatos más representativos estatales o autonómicos, como UGT o ELA, a alguno de los otros sindicatos, como la CNT, dejando fuera a aquellos que, aun siendo más representativos, no pueden calificarse de históricos, como, en el caso de los primeros, sucede con CC.OO. Esta restauración ha tenido lugar a través de cinco acuerdos de los diversos Consejos de ministros de restitución o compensación, entre los años 1986 y 2006, por los bienes incautados y expropiados a los sindicatos históricos tras la guerra civil. Ha sido un proceso no exento de conflicto, en el que, entre otras cuestiones, se tuvieron que dirimir —desestimando— los recursos por desigualdad de trato planteados por la CNT frente a algunos de dichos acuerdos (SSTS 13 de diciembre de 1990 y 21 de febrero de 1995, R. 1017/1987 y por el ATC 224/1991, 18 de julio).

3.4. Las exenciones y bonificaciones fiscales

Una última vía de financiación pública es, sin duda, la derivada de beneficios de orden fiscal. Según el artículo 5. 4 LOLS, los sindicatos constituidos al amparo de esta Ley podrán beneficiarse de las exenciones y bonificaciones fiscales que legalmente se establezcan. En esta línea, el artículo 9. 3 de la Ley 27/2014, de 27 de noviembre, del Impuesto sobre Sociedades (LIS), contempla a los sindicatos entre las entidades parcialmente exentas del citado impuesto, aunque ello no les exime de la obligación de declarar la totalidad de sus rentas, exentas y no exentas (art. 124. 3 LIS). Por tanto, son todos los sindicatos los que cuentan con estos beneficios fiscales.

La exención se circunscribe a unas determinadas rentas y rendimientos que se contemplan en el artículo 110 LIS. Para las rentas no exentas existen particularidades para la determinación de la base imponible previstas en el artículo 111 LIS en cuanto a los gastos fiscalmente deducibles[18].

Las rentas exentas son exclusivamente los rendimientos de actividades económicas, las rentas derivadas del patrimonio y las rentas obtenidas en transmisiones siguientes:

a) Las que procedan de la realización de actividades que constituyan su objeto o finalidad específica, siempre que no tengan la consideración de actividades económicas. En particular, estarán exentas las cuotas satisfechas por los asociados, colaboradores o benefactores, siempre que no se correspondan con el derecho a percibir una prestación derivada de una actividad económica.

b) Las derivadas de adquisiciones y de transmisiones a título lucrativo, siempre que unas y otras se obtengan o realicen en cumplimiento de su objeto o finalidad específica.

c) Las que se pongan de manifiesto en la transmisión onerosa de bienes afectos a la realización del objeto o finalidad específica cuando el total producto obtenido se destine a nuevas inversiones, en los plazos y condiciones que determina el propio artículo, en elementos del inmovilizado relacionadas con dicho objeto o finalidad específica.

En cualquier caso, de acuerdo con el artículo 124.3 de la LIS, los sindicatos, como entidades previstas en el artículo 9. 3 LIS, no tendrán obligación de presentar declaración cuando sus ingresos totales no superen 75.000 euros anuales; los ingresos correspondientes a rentas no exentas no superen 2.000 euros anuales y cuando todas las rentas no exentas que obtengan estén sometidas a retención.

4. LA FINANCIACIÓN PRIVADA

4.1. Las cuotas de los afiliados

La principal vía de financiación privada de los sindicatos proviene de las cuotas de los afiliados. La cuota sindical puede ser definida como la cantidad fija o propor-

18 Para las rentas no exentas, en la determinación de la base imponible, el artículo 111 LIS prevé que a las reglas generales se le aplican las siguientes especialidades: no tendrán la consideración de gastos fiscalmente deducibles, por una parte, los imputables a las rentas exentas. Los gastos parcialmente imputables a las rentas no exentas serán deducibles en el porcentaje que representen los ingresos obtenidos en el ejercicio de actividades económicas respecto de los ingresos totales de la entidad. Por otra, tampoco tendrán la consideración de gastos fiscalmente deducibles las cantidades que constituyan aplicación de resultados y, en particular, de los que se destinen al sostenimiento de las actividades que constituyan su objeto o finalidad específica, a las que se ha hecho referencia anteriormente.

cional, normalmente periódica, que debe abonar todo afiliado a su respectiva organización sindical para contribuir a los gastos económicos que origina el ejercicio de la acción sindical y de todas sus actividades[19].

El sistema del abono de la cuota por parte de los afiliados, incluido en el "régimen económico de la organización", integra el contenido mínimo de los estatutos sindicales (artículo 4.1.e LOLS). La regulación de la misma forma parte de la libertad de autoorganización del sindicato (artículo 2.2. a LOLS), sobre la que no hay mayor orientación en la LOLS, que únicamente menciona su "inembargabilidad" en el artículo 5.3 LOLS, y sus posibles vías de recaudación en los artículos 8.1.b y 11.2 LOLS, admitiendo su "recaudación por los afiliados" en los lugares de trabajo fuera de la jornada, y el "descuento en la nómina" por parte de la empresa con la conformidad del afiliado.

Corresponde al sindicato, en ejercicio de la libertad de autoorganización, la determinación de la cuota, cuyo pago es el resultado de la obligación de contribución económica adquirida por el afiliado de manera voluntaria, en ejercicio de su libertad sindical, y en el marco de los correspondientes estatutos sindicales. La cuota puede clasificarse en tres especies: la cuota de ingreso, que abona el afiliado en el momento de la decisión de afiliación, la cuota ordinaria, periódica, normalmente mensual, dentro de las reglas establecidas por el estatuto sindical, que constituirán el grueso de la financiación privada del sindicato, y la cuota extraordinaria, aprobada por la organización sindical en situaciones excepcionales. Las cuotas sindicales periódicas pueden ser fijas, con independencia del salario del trabajador, o pueden ser porcentuales en función de los ingresos salariales, lo que aumenta la aportación solidaria en relación con el poder adquisitivo del afiliado. También se puede plantear la exención de pago de cuota en situaciones de desempleo del afiliado[20].

Las posibilidades de abonar/recaudar la cuota van desde la transferencia bancaria del afiliado a la organización sindical de manera periódica, o el pago del importe por cualquier otro medio lícito, a las previstas en la LOLS, que implican la recaudación directa por los afiliados en el lugar de trabajo y el descuento en la nómina. La primera, de escasa utilización, es el cobro de la cuota directamente y en mano por un responsable sindical que lo ingresa en la organización y que debe tener lugar, a tenor del artículo 8.1.b LOLS, "fuera de las horas de trabajo y sin perturbar la actividad normal de la empresa". La empresa, cuando se cumplen dichas condiciones, tiene la obligación de permitir este sistema de recaudación.

El descuento por la empresa de la cuota en la nómina del afiliado a solicitud del sindicato y su posterior ingreso en la organización, que contempla el artículo 11.2 LOLS, se condiciona a la "conformidad clara y explícita del afiliado". La conformidad del afiliado tiene su trasunto en la categoría especial de dato personal de la afiliación

19 Alarcón Bravo de Rueda, P.O, La cuota sindical. Marco legal y práctica estatutaria, Lex Nova, Valladolid, 2004, p.54-56

20 Alarcon Bravo de Rueda, P.O, *op. cit.*, pags.108-115.

sindical; lo que implica que su tratamiento requiere el consentimiento del afectado (artículo 9 tanto del Reglamento 2016/679, relativo a la protección de las personas físicas en lo que respecta al tratamiento de datos personales y a la libre circulación de estos datos, como de la Ley Orgánica 3/2018 de protección de datos y garantía de derechos digitales). En este sentido se pronuncia la Agencia de Protección de Datos Personales, en numerosos informes, como el Informe 0033/2010. La voluntad del afiliado de que la empresa proceda al descuento de la cuota en su nómina debe ser explícita y por escrito, sin que sean viables sistemas de silencios positivos. La negociación colectiva, que no puede restringir ni limitar este derecho de cualquier sindicato al sistema de descuento ni este deber de cualquier empresa, sí puede articular procedimientos de autorización a los afiliados para proceder al descuento, pero siempre con la garantía de un consentimiento libre y por escrito. Cumplidos estos requisitos, la empresa tiene la obligación legal de facilitar esta vía de gestión recaudatoria, por lo que procederá a descontar las cuotas de los afiliados en las nóminas autorizadas e ingresará su importe en las cuentas bancarias proporcionadas por el sindicato solicitante, en los plazos de liquidación acordados.

Los bajos índices de afiliación en nuestro país, propiciados tanto por el protagonismo de la audiencia electoral como criterio con el que medir la representatividad, como por el sistema legal de negociación colectiva, de eficacia general, pueden afectar especialmente a los otros sindicatos. Podría decirse que el sistema legal de representatividad sindical y negociación colectiva puede tener una doble incidencia en la financiación de los otros sindicatos porque, de un lado, no tener o tener pocos representantes limitará su financiación pública sin que, de otro, la financiación privada, dada la baja afiliación, tenga empuje suficiente para suplir aquella.

No obstante, la afirmación anterior necesitaría ser matizada respecto de algunos sindicatos en determinados sectores, franjas o empresas en el que es muy significativo el nivel de afiliación[21].

4.2. El canon de negociación colectiva

Una vía de financiación privada de los sindicatos representativos y aquellos que, sin serlo, tengan representantes en las comisiones negociadoras, es el llamado canon de negociación colectiva, dirigido a compensar el esfuerzo negociador en tiempo y recursos humanos[22]. Su configuración legal, sin embargo, ha significado en la práctica su supresión. Según el artículo 11. 1 LOLS, en los convenios colectivos podrán establecerse cláusulas por las que los trabajadores incluidos en su ámbito de aplicación atiendan económicamente la gestión de los sindicatos representados en la comisión negociadora, fijando un canon económico y regulando las modalidades

21 Es conocido, en este sentido, el alto índice de afiliación en el deporte profesional, en profesiones como los pilotos de líneas aéreas o en empresas de grandes almacenes.

22 Garrido Pérez, E., *op. cit.*, pág. 37.

de su abono. No obstante, el mismo artículo impone que, en todo caso, se respete la voluntad individual del trabajador, que deberá expresarse por escrito en la forma y plazos que se determinen en la negociación colectiva.

Antes de la LOLS, los sindicatos habían introducido la práctica del canon de modo automático, una vez el Estatuto de los Trabajadores 1980 confirmaba, ya en democracia, la eficacia general del convenio colectivo negociado a su amparo. La finalidad era contrarrestar el desincentivo de la afiliación que implicaba la opción legal de la eficacia general[23], pero la doctrina judicial del Tribunal Central de Trabajo entendió que la imposición convencional de un canon económico a no afiliados vulneraba la libertad sindical negativa reconocida en el art.28.1 CE. Y esta interpretación encontró su reflejo en la STC 98/1985, que confirmó la constitucionalidad del artículo 11. 1 LOLS porque dejar a salvo, como deja, la voluntad individual del trabajador no lesiona la libertad sindical[24].

La exigencia de que el trabajador exprese por escrito su voluntad de contribuir, se ha traducido en una escasa presencia negocial de este tipo de pactos[25]. Entre los convenios que los contemplan, algunos imponen el canon a todos los trabajadores incluidos en su ámbito, pero en no pocos se intenta sortear, con variadas fórmulas, que la obligación recaiga en los trabajadores afiliados a los sindicatos firmantes, para evitar la doble contribución, y se instituye como destinatarios a los no afiliados o a los que no tengan una afiliación superior a seis meses, o incluso, a quienes no manifiesten su disconformidad por escrito. También en algún caso es el empresario el único obligado[26]. El canon puede abonarse como pago único o periódico —asociado a la vigencia del convenio— y puede consistir en una cuantía concreta o un porcentaje aplicable a una base específica[27].

Algunas de las anteriores previsiones, como la relativa a que la disconformidad se manifieste por escrito o las que abordan la cuantía del canon o cómo determinarla, muestran una insólita adaptación tanto a la literalidad del artículo 11.1 LOLS que, como se sabe, exige el acuerdo expreso del trabajador, como a la condición impuesta por la STC 98/1985 de que "la negociación no podrá referirse a la determinación de la cuantía del canon, sino a la asunción por el empresario del deber de descontar su importe", sin que pueda "exceder de los gastos que por todos los conceptos ocasione la negociación del respectivo convenio". Pero la rara presencia de estas disposiciones negociales se acompaña también de una casi inexistente litigiosidad[28].

23 Rodriguez-Piñero Royo, M; De Soto Rioja, S, "Comentario al art. 11 LOLS" En Pérez de los Cobos, F, (dir) Comentarios a la Ley Orgánica de Libertad Sindical, La Ley/Wolters Kluwer, 2010, pag. 609-611.

24 Goerlich Peset, J.M., "Libertad sindical negativa y mejora de las condiciones laborales de los afiliados: un panorama jurisprudencial", en AA.VV., Representación y Libertad sindical. Límites..., *op. cit.,* pág. 132.

25 Goerlich Peset, J. M., *op. cit.,* pág. 133; Garrido Pérez, E., *op. cit.,* págs. 44 y ss.

26 Garrido Pérez, E., op.cit. págs. 45 y 46.

27 Garrido Pérez, E., op.cit. pág. 47.

28 Garrido Pérez, E., op.cit. pág. 48

Existen voces críticas que subrayan cómo la excesiva protección de la libertad sindical negativa acaba perjudicando al ejercicio de la libertad sindical positiva[29] y advierten de la más que conveniente revisión de la rigidez de la interpretación constitucional en cuestiones como la manifestación del consentimiento[30], y, en todo caso, que la eventual lesión a la libertad sindical negativa se analizase caso por caso, contexto por contexto[31]. Pero tampoco parece que, en la actualidad, la escasa conflictividad de este tipo de cláusulas de pie a un replanteamiento, sea éste legal o interpretativo.

4.3. Otras contribuciones de los trabajadores a órganos de representación o gestión

Otras vías de financiación que guardan cierta similitud con el canon, aunque no hay previsión legal al respecto, son aquellas que buscan compensar otros servicios prestados por los sindicatos en sus tareas de representación y sufragar los gastos que genera la participación de los representantes en los períodos de consultas por reestructuraciones empresariales, la negociación de los descuelgues salariales o aquellos en los que incurre la comisión paritaria del convenio y que conciernen a los otros sindicatos en la medida en que tengan representantes en las comisiones citadas.

Estas disposiciones han sido interpretadas bajo similares parámetros que el canon negocial[32]. La doctrina judicial exige el consentimiento individual y expreso del trabajador, a lo que se suma, en el caso de las comisiones paritarias, la inexistencia de base jurídica para desplazar el coste al trabajador de una cláusula obligacional, y de la que por tanto es tercero[33]. Amén de que la naturaleza obligacional de la disposición por la que se establece y regula el funcionamiento o facultades de la comisión paritaria del convenio es muy discutible, pues no contemplan en exclusiva obligaciones para los negociadores, lo cierto es que estas decisiones dificultan una vía de financiación privada por los servicios prestados de los sindicatos en la esfera negocial.

El Tribunal Supremo ha manejado similares argumentos para desterrar la contribución obligatoria de los trabajadores a una fundación paritaria, en particular de una fundación laboral de formación profesional de la hostelería, creada por el acuerdo estatal del sector de la hostelería[34].

29 Alfonso Mellado, C. L., *op. cit.*, pág. 108; Goerlich Peset, J.M., *op. cit.*, págs. 136; Garrido Pérez, E., *op. cit.*, págs. 63 y 66.

30 Alfonso Mellado, C. L., *op. cit.*, pág. 112; Goerlich Peset, J.M., *op. cit.*, pág. 138; Garrido Pérez, E., *op. cit.*, pág. 64.

31 Garrido Pérez, E., *op. cit.*, págs. 64 y 67 y ss.

32 Goerlich Peset, J.M., *op. cit.*, pág. 133; Garrido Pérez, E., op.cit. págs. 48 y ss.

33 SSTSJ Comunidad Valenciana 25 abril 2008, R. 2771/2007; 29 abril 2008, R. 2272/2007; Región de Murcia 5 de octubre 2009, RR. 704 y 705/2009; 13 octubre 2009, R. 701/2009 y Cataluña 4 mayo 2010, R. 628/2009; SAN 5 junio de 2006, R. 97/2005 y STSJ Madrid 21 octubre 2011, R. 35/2011.

34 STS 23 junio 2016, R. 17/2015

Se echa en falta una construcción jurídica, legal y jurisprudencial, que diferencie entre la contribución a los gastos de la negociación colectiva, cuyos condicionantes regula el artículo 11. 1 LOLS, y la contribución a los gastos derivados de la administración y gestión del convenio o de aquellos derivados del asesoramiento técnico y gestión en los procedimientos de consulta, que podrían estar excluidos del artículo 11. 1 LOLS [35].

Con el fin de dar cabida a este tipo de pactos, incluyendo el canon de negociación, algunos autores han explorado otras vías legales, como puede ser que los propios negociadores determinen la eficacia limitada del convenio colectivo adoptado, pero se topan con algunas dificultades derivadas de la jurisprudencia constitucional y ordinaria que, en el marco legal de una negociación colectiva de eficacia general, impide al convenio de eficacia limitada negociar materias que puedan a afectar a todos los trabajadores y exige abrir la adhesión individual a todos los trabajadores, sin requerir la afiliación[36], y por ello, al amparo del esfuerzo que supone a los representantes sindicales las labores de representación, consulta, negociación, solución de conflictos asignadas por la ley o el convenio colectivo, se hace un llamamiento a que en la coyuntura actual de baja afiliación se procure una vía de reforzamiento de las estructuras y derechos sindicales para facilitar un régimen promocional del hecho sindical[37].

4.4. El crédito horario

Se ha señalado anteriormente que no son pocas las experiencias negociales que acaban enfocando a la empresa cuando regulan el canon de negociación o la contribución para sufragar los gastos de la comisión paritaria[38], pero la financiación principal de las empresas —incluidas las administraciones públicas— a los sindicatos viene de la mano del derecho al crédito de horas retribuidas de los miembros de la representación unitaria previsto en el artículo 68 e) ET y el artículo 41. 1 d) del Estatuto Básico del Empleado Público (EBEP) y de los permisos retribuidos de los representantes sindicales negociadores del artículo 9. 2 LOLS.

Según el artículo 68 e) ET y el artículo 41. 1 d) EBEP cada uno de los miembros del comité de empresa o delegados o junta de personal tiene derecho a unas horas mensuales

35 Alfonso Mellado, C. L., *op. cit.*, pág. 115; Goerlich Peset, J.M., *op. cit.*, págs. 136 y ss.; Garrido Pérez, E., op.cit., pág.63; Álvarez Cortes, J.C, "Compensación a los sindicatos por servicios prestados a trabajadores no afiliados o sobre los gastos de asesoramiento jurídico-económico y quién los haya de pagar" en AA.VV., Representación y libertad sindical. Aportaciones, cit, pags. 91-93.

36 Alfonso Mellado, C. L., *op. cit.*, pág. 111. Desde una perspectiva mas reformista, apostando por la eficacia contractual del convenio colectivo y con ello la carta de naturaleza al canon negocial, Lahera Forteza, J., y Landa Zapiraín, J P., op. cit. págs. 26 y ss.

37 Ferradans Caramés, C., "Cláusulas de seguridad sindical en la negociación colectiva: ¿viabilidad de ventajas que fomenten la afiliación sindical?, en AA.VV., Representación y Libertad sindical. Límites..., *op. cit.*, págs. 159 y ss.

38 Garrido Pérez, E., *op. cit.*, págs. 51 y ss.

retribuidas para ejercer sus labores representativas que dependen del número de trabajadores del centro de trabajo o funcionarios. Los mismos preceptos admiten la posibilidad de acumular estas horas en algunos de sus miembros, que quedan así liberados de la prestación de servicios, pero continúan siendo remunerados. Son los llamados liberados sindicales. En la medida en que los otros sindicatos cuenten con representares unitarios serán sujetos de esta posibilidad de financiación y dependiendo del número de representantes que obtengan pueden también optar por la figura del liberado sindical. Téngase en cuenta, además, que por convenio colectivo puede incrementarse el crédito horario.

El artículo 9.2 LOLS contempla, para los representantes sindicales que mantengan su vinculación como trabajador en activo y participen en las comisiones negociadoras de convenios colectivos que afecten a la empresa en la que presten servicios, un derecho a los permisos retribuidos que sean necesarios para el adecuado ejercicio de su labor como negociadores. Este derecho lo ostentarán también los miembros de los otros sindicatos que cumplan estas condiciones, y, como sucede con el crédito horario, pueden contemplarse por convenio colectivo permisos adicionales a los legalmente previstos[39].

No son extrañas tampoco las cláusulas negociales que prevén la compensación por parte de la empresa de los gastos adicionales en que incurren los negociadores, como puedan ser los desplazamientos, reuniones, hospedaje o manutención[40].

Más conflictivas pueden ser, en cambio, las aportaciones económicas de algunas empresas, que por lo demás parecen excepcionales y circunscritas a empresas de cierta entidad, dirigidas a constituir fondos o asignar cuantías para el sostenimiento de la actividad representativa y especialmente sindical, incluyendo o no la desarrollada en procesos negociadores[41].

La legalidad de estas previsiones exige confrontar su contenido con el artículo 13. 2 LOLS, según el cual serán consideradas expresamente lesiones a la libertad sindical los actos de injerencia de las empresas o asociaciones patronales consistentes en sostener económicamente o en otra forma sindicatos con el propósito de controlarlos. Cuantas menos diferencias de trato entre los sindicatos introduzcan dichas cláusulas, más fácil será interpretar que no concurre dicho propósito de control.

La jurisprudencia, si bien en convenios colectivos de administraciones públicas, pero cuyas conclusiones son aplicables a la esfera privada, ha aplicado a estos fondos las mismas condiciones que las subvenciones y no ha admitido las compensaciones económicas a los sindicatos firmantes en exclusiva, aunque se trate de sindicatos más representativos, o a los sindicatos con mayor implantación, por cuanto se trata de una acción que entra en la noción de injerencia del artículo 13. 2 LOLS

39 Garrido Pérez, E., *op. cit.,* págs. 39-40

40 Garrido Pérez, E., *op. cit.,* págs. 39-40

41 Garrido Pérez, E., *op. cit.,* págs. 40 y ss. Un ejemplo de este tipo de acuerdos se analiza en la STS 26 enero 2017, R. 54/2016.

en relación con el artículo 2 del Convenio 98 de la OIT, porque aunque no exista de forma explícita una finalidad de control directo, sí que concurren dos elementos de riesgo importantes que no son ajenos a la finalidad de interdicción de los actos de injerencia: 1) la creación de incentivos económicos o de otra índole para la aceptación del convenio que operan sobre el interés particular de la organización sindical y al margen del interés general de los trabajadores representados por ésta, que en el convenio estatutario no son únicamente sus afiliados, y 2) la imposición de una desventaja para los sindicatos que no suscriben el convenio que, aparte de carecer de justificación, es susceptible de alterar la situación de igualdad en que ha de fundarse la concurrencia entre organizaciones sindicales en un sistema de pluralidad sindical, con el riesgo de que el empresario pueda actuar promoviendo al sindicato que considera más próximo a sus intereses (SSTS 10 de junio 2003, R. 67/2002; 26 enero de 2005, R. 35/2003;15 julio 2005, R. 178/2003; 15 noviembre 2005, R. 90/2004; 9 diciembre 2005, R. 183/2003; y 21 abril 2010, R. 167/2009).

Evidentemente, y como sucede en otros casos, los otros sindicatos contarán con esta vía de financiación si cuentan con representantes, sea en los comités de empresa o delegados de personal o en la comisión negociadora.

4.5. Ingresos por servicios y rentas de bienes

Por último, los otros sindicatos, como el resto de sindicatos, podrán obtener ingresos por prestaciones y servicios retribuidos y, en su caso, por rendimiento de su patrimonio mobiliario o inmobiliario.

Así, pueden obtener ingresos de los servicios de asesoramiento, representación y defensa jurídica, que, aunque suelen ser gratuitos para los trabajadores afiliados con un mínimo de antigüedad, no lo son para los no afiliados. También pueden obtener ingresos de servicios de formación, cultura, ocio o asesoramiento. Igualmente pueden proporcionarles ingresos las rentas de bienes muebles o inmuebles, aun con las restricciones del uso de los bienes cedidos del patrimonio sindical acumulado o histórico. Finalmente, nada impide, con su patrimonio privado, emprender inversiones u operaciones económicas con finalidades sociales y capacidad de obtención de ingresos[42].

5. CONCLUSIONES Y PROSPECTIVA

El papel institucional de los sindicatos representativos y más representativos y un sistema legal que, por un lado, mide la representatividad por audiencia electoral y por otro, contempla una negociación colectiva de eficacia general, con el consabido resultado de desincentivar la afiliación, inciden en la financiación de los otros sindicatos.

42 Pérez Rey, J. "Sobre la actividad económica sindical", Revista de Derecho Social, 1998, nº 1, pág. 147 y ss.

Muchos de estos sindicatos serán subvencionados públicamente en función de su representatividad/audiencia electoral, esta representatividad será también el criterio de reparto de las aportaciones de las empresas y, al tiempo, el protagonismo restado a la afiliación puede repercutir especialmente en los mismos. Únicamente las bonificaciones fiscales se aplican por igual a todos los sindicatos.

En todo caso, dentro de los otros sindicatos se incluye un conjunto heterogéneo en el que se integran desde los representativos a los minoritarios, y abarca a sindicatos muy arraigados en sectores concretos que por su representatividad acceden a la financiación pública genérica y específica y cuentan con una nada desdeñable afiliación, o a otros sindicatos con altos índices de afiliación. En consecuencia, entre los otros sindicatos pueden convivir distintos sistemas de financiación.

El replanteamiento legal del canon de negociación y el interpretativo de los tribunales de las otras aportaciones por servicios prestados que pueden pactarse por convenio colectivo podría abrir nuevas vías de financiación también a los otros sindicatos, aunque siempre que tuvieran representatividad o implantación vinculadas a la audiencia electoral. Igualmente, la posible negociación de convenios colectivos de eficacia limitada precisaría que los otros sindicatos contaran con representantes en las mesas negociadoras.

En esta línea, como el binomio representatividad-audiencia electoral puede afectar singularmente a la financiación de algunos de los otros sindicatos, resulta especialmente atractiva la propuesta doctrinal de reforma de la representatividad que pase por contar votos y no sólo representantes o incluso, por un modelo mixto que combine audiencia electoral y afiliación sindical[43].

Aunque la atribución de la representación institucional a los sindicatos mayoritarios, haría de éstos, muy seguramente, los sindicatos con más altos índices de afiliación, abrir espacios legales de relevancia de la afiliación implicaría un cambio de enfoque de no poca importancia. La mirada podría volverse al sindicato como sujeto privado[44], y podría transitarse —no desandarse— el camino inverso al recorrido en las primeras interpretaciones sobre el sindicato como sujeto político. Esto es, una vez inserto en el ADN constitucional y legal el sindicato-sujeto político-más representativo, derivado del artículo 7 CE, se trataría de poner la mirilla en el artículo 28. 1 CE, para poder centrarse en un sindicato presente en la empresa y no en su representación institucional[45].

43 Lahera Forteza, J., "Reformas y alternativas a la representatividad sindical en España" en AA. VV., Representación y Libertad sindical. Límites ..., *op. cit.,* págs. 202 y 204 y La reforma de la negociación colectiva, Tirant Lo Blanch, Valencia, 2021, págs. 174 y ss.

44 Goerlich Peset, J. M., *op. cit.,* pág. 131.

45 Ello contribuiría también a una "desinstitucionalización" del sindicato. En esta línea, Lahera Forteza, J., y Landa Zapiraín, J. P., *op. cit.,* págs. 21 y ss. tratan el exceso de institucionalización del sindicato. En todo caso, es evidente que una mayor presencia del sindicato en la empresa requeriría, junto a la anterior, otras reformas. Sobre ello Lahera Forteza, J., La reforma ...*op. cit.,* págs. 169 y ss.

En un panorama así la financiación pública en función de la representatividad medida por audiencia electoral y afiliación quizá pudiera llegar a más sindicatos y, en cuanto a la financiación privada, junto a las cuotas de los afiliados, el foco puesto en el sindicato-sujeto de defensa de intereses privados podría facilitar nuevas reglas e interpretaciones sobre el canon negocial y la contribución a los otros servicios prestados por los sindicatos por parte de los trabajadores no afiliados.

En un panorama así, con un mayor protagonismo de la afiliación, sería también más fácil que los sindicatos profundizaran en la senda del sindicalismo de servicios[46]. Se trataría de ampliar y profesionalizar la cartera de servicios que actualmente ofrecen los sindicatos, dirigida prioritariamente a sus afiliados, pero también a los trabajadores activos o pasivos no afiliados, como potenciales afiliados. Las rentas así obtenidas, aunque en la configuración actual de la LIS no estarían exentas del impuesto de sociedades, sí que podrían ser una fuente relevante de financiación.

En esta cartera de servicios podrían incorporarse, junto a los tradicionales servicios de asesoría y defensa jurídica, otro tipo de asesoramiento sobre, por ejemplo, cómo acceder a subsidios y pensiones de la seguridad social, o a ayudas públicas para la familia, dependencia, asistencia y servicios sociales. Del mismo modo, podrían incorporarse los servicios de orientación para el empleo, también en relación con los planes sociales o de recolocación surgidos de empresas en reestructuración y con la formación continua o para el empleo, e incluso incluir la intermediación laboral con convenios de colaboración con el SEPE, con las cautelas necesarias en lo que respecta a la posible vulneración de la libertad sindical negativa y la discriminación en el acceso al empleo[47].

La calidad estos servicios redundaría en una mayor afiliación y, aunque no puede descartarse tampoco que los sindicatos mayoritarios estuvieran en condiciones de ofrecer una mayor cartera de servicios, los otros sindicatos tendrían siempre el camino de la especialización.

BIBLIOGRAFÍA

ALARCÓN BRAVO DE RUEDA, P.O, La cuota sindical. Marco legal y práctica estatutaria, Lex Nova, Valladolid, 2004.

ALFONSO MELLADO, C. L., "la promoción de derechos de los afiliados en la práctica sindical española", en AA.VV., Representación y Libertad sindical. Límites a la libertad sindical negativa, la mayor representación sindical y su necesaria revisión, UGT, 2015.

46 Lahera Forteza, J., y Landa Zapiraín, J. P., *op. cit.*, págs. 29 y 30.
47 Lahera Forteza, J., y Landa Zapiraín, J. P., *op. cit.*, págs. 29 y 30.

ÁLVAREZ CORTES, J. C, "Compensación a los sindicatos por servicios prestados a trabajadores no afiliados o sobre los gastos de asesoramiento jurídico-económico y quién los haya de pagar" en AA.VV., Representación y libertad sindical. Aportaciones Públicas y privadas a las organizaciones sindicales por los servicios prestados a la clase trabajadora y otros temas de seguimiento, UGT, 2018.

ESCUDERO RODRÍGUEZ, R., "Otras formas de acreditar la mayor representatividad: la dificultad de encontrar un criterio alternativo al de la audiencia electoral" en AA.VV., Representación y Libertad sindical. Límites a la libertad sindical negativa, la mayor representación sindical y su necesaria revisión, UGT, 2015.

FERRADANS CARAMÉS, C., "Cláusulas de seguridad sindical en la negociación colectiva: ¿viabilidad de ventajas que fomenten la afiliación sindical?, en AA.VV., Representación y Libertad sindical. Límites a la libertad sindical negativa, la mayor representación sindical y su necesaria revisión, UGT, 2015.

GARRIDO PÉREZ, E., "El canon de negociación y otras vías de sostenimiento económico del sindicato: práctica convencional y papel negocial" en AA. VV., Representación y libertad sindical. Aportaciones Públicas y privadas a las organizaciones sindicales por los servicios prestados a la clase trabajadora y otros temas de seguimiento, UGT, 2018.

GOERLICH PESET, J.M., "Libertad sindical negativa y mejora de las condiciones laborales de los afiliados: un panorama jurisprudencial", en AA.VV., Representación y Libertad sindical. Límites a la libertad sindical negativa, la mayor representación sindical y su necesaria revisión, UGT, 2015.

LAHERA FORTEZA, J., "Reformas y alternativas a la representatividad sindical en España" en AA.VV., Representación y Libertad sindical. Límites a la libertad sindical negativa, la mayor representación sindical y su necesaria revisión, UGT, 2015.

LAHERA FORTEZA, J., La reforma de la negociación colectiva, Tirant Lo Blanch, Valencia, 2021.

LAHERA FORTEZA, J., y LANDA ZAPIRAÍN, J.P., "La financiación pública de los sindicatos: fundamentación jurídica y alternativas" en AA. VV., Representación y libertad sindical. Aportaciones Públicas y privadas a las organizaciones sindicales por los servicios prestados a la clase trabajadora y otros temas de seguimiento, UGT, 2018.

MEJÍAS GARCÍA, A., "La falacia de las subvenciones sindicales" en Arxius, núm 36-37, 2017.

PÉREZ REY, J. "Sobre la actividad económica sindical", Revista de Derecho Social, 1998, nº 1.

RODRÍGUEZ-PIÑERO ROYO, M; DE SOTO RIOJA, S, "Comentario al art. 11 LOLS" En Pérez de los Cobos, F, (dir) Comentarios a la Ley Orgánica de Libertad Sindical, La Ley/Wolters Kluwer, 2010.

Los "otros" sindicatos y la garantía jurisdiccional social

Juan Gil Plana
Profesor Titular de Derecho del Trabajo y de la Seguridad Social
Universidad Complutense de Madrid
Orcid 0000-0002-6212-9032

The "other" unions and the social jurisdictional guarantee

SUMARIO:

1. INTRODUCCIÓN. 2. EL RECONOCIMIENTO DE LOS DERECHOS DEL SINDICATO MINORITARIO POR LA OIT. 3. LIBERTAD SINDICAL: SINDICATO REPRESENTATIVO Y SINDICATO MINORITARIO. 4. EL SINDICATO MINORITARIO EN LA CONFIGURACIÓN DE LA GARANTÍA JURISDICCIONAL SOCIAL. 4.1. Reglas procesales reconocidas exclusivamente a los sindicatos representativos. 4.1.1. Posibilidad de ser parte en los procesos de impugnación de actos administrativos en materia laboral y de Seguridad Social. 4.1.2. Intervención como partes en los procesos de conflicto colectivo. 4.1.3. Coadyuvancia sindical en los procesos de tutela de derechos fundamentales y libertades públicas. 4.2. Reglas procesales reconocidas a todos los sindicatos. 4.2.1. El planteamiento de acciones colectivas por los sindicatos minoritarios. 4.2.2. La representación voluntaria del sindicato minoritario en favor del afiliado. 5. CONCLUSIÓN. 6. BIBLIOGRAFÍA.

RESUMEN: En el presente estudio se aborda el posible tratamiento dispensando al sindicato minoritario en el ámbito de la jurisdicción social, más concretamente si la normativa española, al implantar un modelo que proclama la libertad sindical al tiempo que consagra un estatuto diferenciado mediante la técnica de otorgar una serie de prerrogativas a quienes alcancen la condición de representativo, medida en términos de audiencia electoral en las empresas, proyecta estas prerrogativas y con qué intensidad y alcance en la configuración de la garantía jurisdiccional social. Se trata, en definitiva, de analizar el protagonismo que se otorga al sindicato minoritario en contraposición al sindicato representativo en la configuración de proceso laboral.

Palabras Clave: Libertad sindical, Sindicato minoritario, Representatividad Sindical, Jurisdicción Social, Acción Colectiva

ABSTRACT: The present study addresses the possible treatment of the minoritarian trade union in the context of social jurisdiction, more precisely, whether Spanish legislation, by implementing a model that proclaims freedom of association while establishing a differentiated status through the technique of granting a series of prerogatives to those who achieve the status of representative trade union, measured in terms of electoral audience in companies, projects these prerogatives and with what intensity and scope in the configuration of the social jurisdictional guarantee. In summary, it is a matter of analysing the protagonism granted to the minority trade union as opposed to the representative trade union in the configuration of the labour process.

Keywords: Freedom of association, Minority Trade Union, Trade Union Representativeness, Social Jurisdiction, Collective Action

1. INTRODUCCIÓN

Abordar el papel del sindicato minoritario en el ámbito de la jurisdicción social implica con carácter previo acotar, precisamente, qué es lo que se entiende por sindicato minoritario. No se nos ofrece una definición positiva de lo que es un sindicato minoritario, de suerte que no hay ningún parámetro cuantitativo o cualitativo que sea utilizado para su configuración. Pareciera que el concepto de sindicato minoritario se construye en contraposición a lo que podríamos denominar sindicato mayoritario; sin embargo, ni la legislación internacional ni las legislaciones nacionales ofrecen una configuración positiva de lo que se pudiera entender por sindicato mayoritario a partir de la cual poder deducir cuando estaríamos ante un sindicato minoritario. Así las cosas, la única noción o parámetro que nos permite delimitar, aunque sea de forma muy vaga, qué es un sindicato minoritario sería el de la representatividad. En efecto, para llevar a cabo esta identificación debemos acudir a un parámetro conocido, tanto en la legislación internacional como en nuestra propia legislación, como es el de sindicato representativo; de manera que entendemos por sindicato minoritario aquel que no goza de esta última condición. Se produce así una delimitación negativa, por oposición a lo que se considera representativo, de suerte que la caracterización de un sindicato como minoritario viene dada por su mínima o reducida representatividad.

El objeto de este ensayo es exponer el papel que se otorga a los sindicatos minoritarios o de reducida representatividad en el desarrollo de la garantía jurisdiccional social y ver si existe un trato diferenciado de estos respecto a los sindicatos más representativos y si éste está justificado.

2. EL RECONOCIMIENTO DE LOS DERECHOS DEL SINDICATO MINORITARIO POR LA OIT

En el ámbito de la OIT no existe una referencia expresa al sindicato minoritario, sin perjuicio de que en su tratado constitutivo sí se haya hecho referencia al sindicato más representativo en relación con la designación de los representantes no gubernamentales. Concretamente el artículo 3.5 de la Constitución de la OIT establece que "los miembros se obligan a designar a los delegados y consejeros técnicos no gubernamentales de acuerdo con las organizaciones profesionales más representativas de empleadores o de trabajadores, según sea el caso, siempre que tales organizaciones existan en el país de que se trate". Es esta alusión contenida en este precepto a los sindicatos más representativos lo que ha llevado y ha permitido la diferenciación entre organizaciones sindicales en función de su representatividad.

El Comité de Libertad Sindical de la OIT ha ido precisando el contorno de esta diferenciación en aras de hacerla compatible con el derecho de libertad sindical.[1] Partiendo de la premisa de que la distinción efectuada en una legislación nacional determinada entre organizaciones sindicales más representativas y el resto —lo que denominamos sindicatos minoritarios— no puede ser, *per se*, objeto de crítica;[2] no siendo, por tanto, contraria a la libertad sindical; nos indica, en primer lugar, que esa distinción debe estar previamente establecida, no pudiendo dejarse a la discreción de los gobiernos;[3] en segundo lugar, debe basarse en criterios objetivos que no puedan ser utilizados de forma parcial o abusiva;[4] en tercer lugar, la introducción de esta diferenciación obliga al legislador a garantizar que todos los sindicatos se puedan desarrollar libremente[5], no pudiendo dar lugar, en ningún caso, a la prohibición de otros sindicatos que no alcancen la representatividad establecida en la norma interna;[6] en cuarto lugar, esta distinción no puede comprometer los derechos y garantías fundamentales de las organizaciones minoritarias y menos representativas;[7] finalmente, lo que resulta de significativa importancia, esa diferencia de trato no es omnímoda, o dicho de otra manera, no alcanza a todas las facetas de la actividad sindical; de suerte que no se puede afirmar, ni sería admisible, que ese distinto tratamiento entre

1 Véase Pérez de los Cobos Orihuel, F. y Jurado Segovia, A.: "El pluralismo sindical en la doctrina del Comité de libertad sindical de la OIT", próxima publicación.

2 Ver 343° Informe, caso núm. 2438, párrafo 226; 358° Informe, caso núm. 2759, párrafo 520; 362° Informe, caso núm. 2843, párrafo 1487; 364° Informe, caso núm. 2898, párrafo 910; 367° Informe, caso núm. 2940, párrafo 257; 372° Informe, caso núm. 3007, párrafo 224; 378° Informe, caso núm. 3169, párrafo 349.

3 Ver 348° Informe, caso núm. 2153, párrafo 22; 358° Informe, caso núm. 2759, párrafo 520; y 362° Informe, caso núm. 2843, párrafo 1488.

4 Ver 243° Informe, caso núm. 1320, párrafo 112; 349° Informe, caso núm. 2473, párrafo 273; 354° Informe, caso núm. 2672, párrafo 1148; 358° Informe, caso núm. 2759, párrafo 520; 362° informe, Caso núm. 2750, párrafo 933; 367° informe, Caso núm. 2940, párrafo 257 378° Informe, caso núm. 142, párrafo 128.

5 Ver 362° Informe, caso núm. 2843, párrafo 1487.

6 Ver 300.° Informe, caso núm. 1741, párrafo 55.

7 Ver 243° Informe, caso núm. 1320, párrafo 112.

sindicato más representativo y sindicato minoritario abarcase todo el conjunto de actuaciones que pudieran englobarse en la acción sindical, circunscribiéndola a la prioridad para la negociación colectiva, consulta con los gobiernos o designación de delegados ante organismos internacionales.[8]

En esta configuración de los derechos de un sindicato minoritario parece claro que desde el ámbito de la OIT queda salvaguardada la utilización de la garantía jurisdiccional, pues en función de la legislación nacional, restringir, dificultar o privilegiar a un sindicato representativo frente a uno minoritario en el uso de dicha garantía podría suponer, por un lado, una afectación del derecho a la tutela judicial efectiva, si este está reconocido como derecho fundamental, y, por otro lado, una afectación a la libertad sindical. No debe olvidarse que para el Comité de Libertad Sindical la diferenciación entre sindicato más representativo y sindicato minoritario debe, en todo caso, respetar y salvaguardar los derechos fundamentales de todo sindicato; y que la razonabilidad de la diferenciación se sitúa en ofrecer ventajas, en principio, en tres ámbitos claramente delimitados —la negociación de las condiciones de trabajo, la consulta y la designación de miembros en organizaciones internacionales— entre los que no se encuentra la utilización de la garantía jurisdiccional, lo que conduce, en una primera conclusión, a afirmar que los sindicatos minoritarios para que sea respetada su libertad sindical deben poder actuar, sin restricción alguna, en similares términos que los sindicatos representativos, la garantía jurisdiccional como mecanismo de protección de los derechos e intereses que representan y defienden.

Conclusión que viene avalada porque el propio Comité de Libertad Sindical ha venido afirmando expresamente que la distinción entre sindicato minoritario y sindicato representativo no permite admitir, o tener como consecuencia, no reconocer al primero los "medios esenciales" para defender los intereses profesionales de sus miembros ni el derecho a organizar, entre otros aspectos, su actividad y su programa de acción;[9] siendo uno de esos medios esenciales, en nuestra opinión, el recurso a la garantía jurisdiccional. Defensa de los intereses profesionales de sus miembros que debe abarcar tanto la esfera colectiva, entendida como la defensa de los derechos e intereses que le son propios como sindicato, como la esfera individual de los afiliados, de suerte, que respecto a esta segunda faceta el Comité de Libertad Sindical se ha pronunciado expresamente en el sentido de considerar contrario a la libertad sindical de una organización minoritaria privarle, al amparo de la distinción represen-

8 Ver 343º Informe, caso núm. 2438, párrafo 226; 358º Informe, caso núm. 2759, párrafo 520; 362º Informe, caso núm. 2843, párrafo 1487; 363º informe, caso núm. 1865, párrafo 115; 364º Informe, caso núm. 2898, párrafo 910; 367º Informe, caso núm. 2940, párrafo 257; 371º informe, caso núm. 2953, párrafo 619; 372º Informe, caso núm. 3007, párrafo 224; 378º Informe, caso núm. 3142, párrafo 128 y caso núm. 3169, párrafo 349.

9 Ver 343º Informe, caso núm. 2438, párrafo 226; 358º Informe, caso núm. 2759, párrafo 520; 362º Informe, caso núm. 2843, párrafo 1487; 364º Informe, caso núm. 2898, párrafo 910; 367º Informe, caso núm. 2940, párrafo 257; 372º Informe, caso núm. 3007, párrafo 224; 378º Informe, caso núm. 3169, párrafo 349.

tativo versus no representativo, de su derecho a presentar demandas en nombre de sus miembros y de asumir la representación en conflicto individuales de éstos.[10]

3. LIBERTAD SINDICAL: SINDICATO REPRESENTATIVO Y SINDICATO MINORITARIO

El artículo 28.1 de la Constitución Española consagra la libertad sindical y lo hace de forma genérica reconociendo la libertad individual, positiva y negativa, y la libertad colectiva, que comprende el "el derecho a fundar sindicatos y a afiliarse al de su elección, así como el derecho de los sindicatos a formar confederaciones y a fundar organizaciones sindicales internacionales o afiliarse a las mismas", sin hacerse expresa mención a un aspecto tan importante de la dimensión colectiva como es la acción sindical y su posible contenido y, en lo que aquí nos interesa, efectuar referencia alguna en el plano constitucional al posible tratamiento diferenciado entre sindicatos representativos y sindicatos minoritarios. Será en el desarrollo orgánico de la libertad sindical, la Ley 11/1985, de 2 de agosto, en la que se proceda a establecer un distinto régimen jurídico para los sindicatos representativos y los sindicatos no representativos.

En la dimensión colectiva de la libertad sindical, en el artículo 2.2 LOLS se parte de un reconocimiento a todos los sindicatos, tanto más representativos como minoritarios, de una serie de derechos, entre los que se referencia el derecho al "ejercicio de la actividad sindical en la empresa o fuera de ella, que comprenderá, en todo caso, el derecho a la negociación colectiva, al ejercicio del derecho de huelga, al planteamiento de conflictos individuales y colectivos y a la presentación de candidaturas para la elección de Comités de Empresa y Delegados de Personal, y de los correspondientes órganos de las Administraciones públicas, en los términos previstos en las normas correspondientes" [art. 2.2 d) LOLS].

En la configuración de la acción sindical se reconoce a los sindicatos minoritarios la acción sindical en términos idénticos a los sindicatos mayoritarios. Téngase en cuenta, por un lado, que la enumeración de facultades que resultan englobadas en la acción sindical es meramente ejemplificativa, no taxativa,[11] de suerte, que debe incluirse también dentro de ella el recurso o utilización de la garantía jurisdiccional social. En segundo lugar, que dentro de esa enumeración de facultades se menciona expresamente el planteamiento de conflictos individuales y colectivos, lo que supone el reconocimiento de todo sindicato a interponer demandas individuales en defensa de los intereses de sus afiliados y la capacidad de entablar demandas de conflicto colectivos, que no es sino una de las medidas de conflicto que puede interponer un sindicato ex artículo 37.2 CE. Además, debemos evidenciar, como no podía ser de otra

10 Ver 336.º Informe, caso núm. 2153, párrafo 168 y 356º Informe, caso núm. 2691, párrafo 258.

11 Martín Valverde, A. y Martínez Moreno, C.: "Comentario al artículo 2 LOLS", en Pérez de los Cobos Orihuel, F. (dir.): *Ley Orgánica de Libertad Sindical*, ed. La Ley, 2010, pág. 130.

manera, que expresamente se reconoce a cualquier sindicato la tutela de su libertad sindical a través del proceso jurisdiccional previsto al efecto, cuando considere que se ha lesionado la misma (art. 13 LOLS).

Debemos partir de la premisa de que nuestro ordenamiento en la configuración genérica de la dimensión colectiva de la libertad sindical efectúa, en principio, un tratamiento idéntico del uso de la garantía jurisdiccional social para el sindicato minoritario respecto al sindicato representativo, para exponer, a continuación, qué conjunto de prerrogativas se reconocen a este último y ver si éstas alcanzan o afectan al recurso a la garantía jurisdiccional, lo que daría lugar, en consecuencia, a un trato diferenciado del sindicato minoritario en el ámbito de la utilización de la antedicha garantía.

No es objeto de este ensayo ofrecer un análisis de la representatividad sindical[12] y su encaje constitucional, por tanto, dando éste último por sentado,[13] nos interesa indicar que nuestro sistema de libertad sindical ha implementado cuatro categorías o supuestos de representatividad sindical, medida en términos de audiencia electoral, a saber: sindicatos más representativos a nivel estatal,[14] sindicatos más representativos a nivel autonómico,[15] sindicatos más representativos por irradiación[16] o sindicatos simplemente representativos.[17] Partiendo de esta diferenciación de los distintos supuestos de representatividad, la ley les otorga una serie de prerrogativas. En efecto, en el art. 6.2 de la LOLS se enumeran una serie de facultades que se concretan en: a) la representación institucional ante las Administraciones Públicas, b) la negociación colectiva en los términos previstos en el ET, c) la interlocución en la determinación de las condiciones de trabajo en las Administraciones Públicas,[18] d) la participación en los sistemas no jurisdiccionales de solución de conflictos de trabajo,

12 Sobre la configuración de la representatividad en nuestro ordenamiento, véase Monereo Pérez, J.L.: "Comentario al artículo 6 LOLS", en Pérez de los Cobos Orihuel, F. (dir.): *Ley Orgánica de Libertad Sindical*, ed. La Ley, 2010, págs. 324-422 y Valdés Dal-Re, F.: "Comentario al artículo 7 LOLS", en Pérez de los Cobos Orihuel, F. (dir.): *Ley Orgánica de Libertad Sindical*, ed. La Ley, 2010, págs. 424-468.

13 Por todas, entre otras muchas, STC 99/1983, de 16 de noviembre, STC 98/1985, de 29 de julio, STC 32/1990, de 26 de febrero, STC 188/1995, de 18 de diciembre, STC 98/2000, de 6 de abril.

14 Son los que "que acrediten una especial audiencia, expresada en la obtención, en dicho ámbito del 10 por 100 o más del total de delegados de personal de los miembros de los comités de empresa y de los correspondientes órganos de las Administraciones públicas" [art. 6.2 a) LOLS].

15 Tienen tal consideración "los sindicatos de dicho ámbito que acrediten en el mismo una especial audiencia expresada en la obtención de, al menos, el 15 por 100 de los delegados de personal y de los representantes de los trabajadores en los comités de empresa, y en los órganos correspondientes de las Administraciones públicas, siempre que cuenten con un mínimo de 1.500 representantes y no estén federados o confederados con organizaciones sindicales de ámbito estatal" [art. 7.1 a) LOLS].

16 Se da la irradiación respecto de sindicatos o entes sindicales, afiliados, federados o confederados a una organización sindical de ámbito estatal o autonómico que tenga la consideración de más representativa [arts. 6.1 b) y 7.1 b) LOLS]

17 Tienen tal condición los sindicatos "que aun no teniendo la consideración de más representativas hayan obtenido, en un ámbito territorial y funcional específico, el 10 por 100 o más de delegados de personal y miembros de comité de empresa y de los correspondientes órganos de las Administraciones públicas" (art. 7.2 LOLS).

18 Prerrogativas admitidas constitucionalmente, entre otras, por las STC 53/1982, de 22 de julio y STC 65/1982, de 10 de noviembre.

e) la promoción de elecciones de representantes de los trabajadores en la empresa, f) la cesión temporal del uso de inmuebles patrimoniales públicos y g) cualquier otra función representativa que se establezca.

Es evidente que estamos ante una enumeración que parece taxativa y no lo es, dado que, por un lado, como expondremos ulteriormente, se prevé una cláusula de cierre que permite atribuir otras funciones "representativas" que pudieran ser establecidas; no obstante, debemos advertir que esta habilitación no ampara la atribución de cualquier prerrogativa, sino solo aquella que pudiera ser calificada como "representativa"; y, por otro lado, porque en la propia LOLS se atribuyen al sindicato representativo otras prerrogativas, entre las cuales, que como veremos, se encuentra una que sí afecta a la garantía jurisdiccional social. Como también debe significarse que se reconocen las mismas garantías a los sindicatos más representativos a nivel estatal y autonómico, incluidos quienes lo son por irradiación, si bien la operatividad de las mismas se circunscribe a los ámbitos territoriales de actuación de cada uno de ellos; mientras que a los sindicatos simplemente representativos se les reconoce idénticas garantías en su ámbito territorial y funcional, salvo dos de ellas —la de ostentar la representación institucional y la cesión temporal del uso de inmuebles—.

Las prerrogativas enunciadas se completan con tres referencias previstas en otros preceptos de la LOLS. Se atribuye a todos los sindicatos la posibilidad de constituir secciones sindicales en la empresa; no obstante, a las constituidas por los más representativos se reconoce el derecho a un tablón de anuncios, utilización de un local y la negociación colectiva estatutaria (art. 8.2 LOLS). A quienes ostenten cargos electos a nivel provincial, autonómico o estatal en los sindicatos más representativos se les reconoce un permiso retribuido para el desarrollo de las funciones sindicales propias de su cargo, el derecho de excedencia forzosa[19] y el derecho de asistencia y acceso a los centros de trabajo para participar en actividades propias del sindicato o del conjunto de los trabajadores (art. 9.1 LOLS). Finalmente, se reconoce una prerrogativa procesal, la denominada coadyuvancia sindical, tanto al sindicato minoritario como al más representativo, consistente en la posibilidad de ser coadyuvante del trabajador que demanda ante la jurisdicción social solicitando que se tutele y ampare su libertad sindical (art. 14 LOLS).

Del conjunto de prerrogativas que se otorgan a los sindicatos más representativos y simplemente representativos en el artículo 6.2, 8.2 y 9.1 de la LOLS, se puede observar que ninguna de ellas afecta o se refiere a la garantía jurisdiccional social, de modo que el sindicato minoritario no obtiene, en principio, un tratamiento diferente en lo atinente al recurso a la garantía jurisdiccional social.

Debemos concluir que desde el prisma de la configuración del reconocimiento de la acción sindical —ex art. 2 LOLS— y desde el prisma de las prerrogativas otorgadas a quien ostenta la condición de sindicato más o simplemente representativo —ex

19 Validada constitucionalmente por la STC 263/1994, de 3 de octubre.

arts. 6 y 7 LOLS—, el sindicato minoritario tiene el mismo reconocimiento que el sindicato representativo a la hora de recurrir a la garantía jurisdiccional social. Afirmación que no queda matizada por la habilitación legal prevista en el propio artículo 6.2 g) de la LOLS para reconocer al sindicato representativo otras prerrogativas, dado que, como ya hemos indicado, dicha posibilidad tiene un ámbito delimitado y circunscrito a las funciones "representativas", entre las que no encaja, la acción sindical consistente en recurrir a la vía jurisdiccional para la resolución de conflictos —la garantía jurisdiccional social—. No sería admisible que, al amparo de esta concreta cláusula de cierre, prevista en el artículo 6.2 g) de la LOLS, se pudiera introducir una prerrogativa procesal a favor de los sindicatos más o simplemente representativos; sin perjuicio, de que el legislador pueda introducir otras prerrogativas, como así acontece en la propia LOLS,[20] en el ET[21] o en la LRJS;[22] pues, en definitiva, lo que queremos afirmar es que al amparo de la antedicha cláusula solo cabe reconocer otras funciones "representativas".

Es en el reconocimiento, en principio, de la posibilidad de ser coadyuvante de la persona trabajadora cuando esta impetra la tutela de su libertad sindical (art. 14 LOLS) cuando podemos encontrar una diferente afectación de la garantía jurisdiccional social entre el sindicato minoritario y el sindicato más representativo y que se analizará posteriormente al exponer el reconocimiento que se hace en la garantía jurisdiccional social a los sindicatos representativos frente al sindicato minoritario.

4. EL SINDICATO MINORITARIO EN LA CONFIGURACIÓN DE LA GARANTÍA JURISDICCIONAL SOCIAL

Descendiendo desde la configuración de la libertad sindical a la concreción material de la garantía jurisdiccional social, plasmada en la Ley Reguladora de la Jurisdicción Social, vamos a exponer sucintamente las previsiones legales dirigidas a los sindicatos, para analizar, por un lado, en cuáles de ellas se establece algún reconocimiento singular al sindicato representativo frente al sindicato minoritario; y, por otro lado, si alguna previsión genérica dirigida a cualquier sindicato puede configurarse como un obstáculo para el ejercicio de la garantía jurisdiccional social por parte de los sindicatos minoritarios. Como punto de partida, o si se quiere como premisa base, se ha de evidenciar que son más las previsiones jurisdiccionales que al concretarse respecto a los sindicatos lo hacen en términos genéricos, sin distinguir entre sindicatos representativos y sindicatos minoritarios, que aquellas que están pensadas solamente para los sindicatos representativos o establecen un trato diferenciado. Puede afirmarse, sin género de dudas, que la configuración de la garantía jurisdiccional social respecto del fenómeno sindical ofrece un alto grado de generalidad, atribuyendo

20 Véase arts. 8.2 y 9.1 LOLS, el primero reconoce a todos los sindicatos a constituir secciones sindicales,

21 Véase art. 67.1 ET.

22 Ver ut supra Apartado 4.

a todos los sindicatos las mismas prerrogativas procesales; no siendo determinante, por tanto, para poder utilizarlas por parte de un sindicato ostentar o no la condición de ser representativo. O dicho de otra forma, el parámetro de la representatividad no constituye un elemento determinante y significativo de diferenciación entre sindicatos a la hora de configurar la garantía jurisdiccional social en lo atinente a otorgar una posición prevalente del sindicato representativo frente al minoritario, concretada en otorgar al primero una serie de prerrogativas o facultades procesales que no se reconocen al segundo.

4.1. Reglas procesales reconocidas exclusivamente a los sindicatos representativos

A lo largo de la concreción de la garantía procesal laboral en la LRJS solamente tres preceptos abordan un trato diferenciado del sindicato minoritario frente al sindicato representativo al reconocer a este último tres prerrogativas procesales. Se trata, en efecto, de otorgar, en principio, una singular posición al sindicato representativo en materia de impugnación de actos administrativos por el procedimiento especial previsto en el artículo 151 de la LRJS, la intervención como parte en el proceso de conflicto colectivo, contemplada en el artículo 155 de la LRJS y la posibilidad de ser coadyuvante de la persona trabajadora demandante —afiliada o no— en los procesos de tutela de derechos fundamentales y libertades públicas ex artículo 177.2 de la LRJS.

Antes de exponer estas tres prerrogativas y, con un evidente interés finalista que nos permitirá evaluar si son respetuosas con la libertad e igualdad sindical, debe tenerse presente la consolidada doctrina constitucional sobre el modelo sindical y la constitucionalidad de la figura de la mayor representatividad. En este sentido, se ha indicado que el establecimiento y promoción de un modelo sindical fuerte, frente al riesgo de atomización sindical, que permita una defensa eficaz de los derechos de los intereses de los trabajadores es una premisa legítima desde la perspectiva constitucional ex artículo 7 CE,[23] que tiene que ser compatible con la libertad e igualdad sindical, debiendo tener presente que una defensa a ultranza de cualquiera de ellos puede suponer una obstaculización del otro.[24] En la búsqueda del equilibrio, nuestro ordenamiento apostó por implementar la técnica de la mayor representatividad, que implica otorgar una serie de prerrogativas a unos sindicatos frente a otros al obtener, según nuestra legislación, una determinada audiencia electoral o por irradiación, técnica que permite potenciar la actividad de los sindicatos más representativos "más allá de la lógica asociativa, ostentando una capacidad de acción de ámbito superior al mero círculo de afiliados".[25] Ahora bien, nos recuerda la doctrina constitucional,

23 SSTC 53//1982, de 22 de julio, STC 65/1982, de 10 noviembre 1982, STC 98/1985, de 29 de julio, STC 217/1988, de 21 noviembre 1988, STC 75/1992, de 14 de mayo.

24 STC 98/1985, de 29 de julio.

25 Por todas, STC 75/1992, de 14 de mayo

que "no importa tanto el hecho de que unos sindicatos sean calificados legalmente de más representativos ni el modo en que se articulen los diversos grados de representatividad, cuando los efectos que de ellos se deriven", de manera que "sólo en la medida en que determinada función o prerrogativa se reconozca a un sindicato y se niegue a otro, surge el problema de determinar su adecuación a los arts. 14 y 28.1 de la Constitución",[26] debiendo, en consecuencia, ajustarse esas diferencias de trato entre sindicatos a los criterios de objetividad, adecuación, razonabilidad y proporcionalidad,[27] de manera que "no sea desproporcionado el resultado por restringir el núcleo esencial de la libertad sindical o por entorpecer en exceso el libre funcionamiento de los sindicatos, sometiéndolos a trabas o a controles".[28]

En definitiva, en tanto que la libertad sindical lleva implícita la necesaria igualdad de trato entre sindicatos que garantice la igualdad de ejercicio de la actividad sindical, estamos ante un problema de límites al establecer con carácter promocional unas prerrogativas para unos sindicatos determinados, los más representativos, de suerte que al ponerse en juego la salvaguarda de la igualdad "el análisis adecuado a tal derecho fundamental ha de consistir en si la diferencia de trato está justificada",[29] lo que ha llevado a afirmar, acertadamente que "la atribución de funciones exclusivas a unos sindicatos origina una desigualdad en relación con los excluidos, que en el supuesto de no estar justificada vulnera el art. 14 de la CE, y especialmente el 28.1, entendido éste en cuanto precepto que consagra la libertad de actuación de los sindicatos, la igualdad de trato entre ellos y la no injerencia estatal en su actividad; pero al situar a unos sindicatos en mejor posición para el cumplimiento de las funciones que los trabajadores esperan de ellos, influye también en la libertad individual de sindicación, al facilitar la afiliación a los mismos y dificultarla para los excluidos".[30]

En atención a lo expuesto anteriormente, por el ejemplo en materia de subvenciones, el Tribunal Constitucional ha concluido que su otorgamiento en exclusiva a los sindicatos representativos constituye, con carácter general, una lesión de la libertad e igualdad sindical por su falta de justificación, razonabilidad y proporcionalidad. En este sentido, de forma meridianamente clara, la STC 202/1985, de 14 de febrero, viene a negar que "sea un criterio objetivo y razonable el de atribuirla [una subvención] en exclusiva a las centrales más representativas mencionadas, como medida proporcionada", haciéndose hincapié en que "la subvención de que se trata incidirá en el orden competitivo entre los sindicatos, al ir dirigida en exclusiva a los situados en el vértice de los que han obtenido mejores resultados en las elecciones, con lo cual se les situará en una posición superior a los demás para ofrecer mejores servicios a los trabajadores, más allá de los medios propios de que dispongan y de cualquier criterio

26 STC 98/1985, de 29 de julio.
27 STC 188/1995, de 18 de diciembre y STC 32/1990, de 26 de febrero.
28 STC 75/1992, de 14 de mayo.
29 STC 98/1985, de 29 de julio.
30 STC 53/1982, de 22 de julio, STC 65/1982, de 10 de noviembre, STC 23/1983, de 25 de marzo, STC 99/1983, de 16 de noviembre, STC 20/1985, de 14 de febrero y STC 26/1985, de 22 de febrero.

que tome en consideración la proporcionalidad de los resultados de las elecciones o los costes que puede suponerles la participación en el ejercicio de funciones públicas o cualquier otro extremo que se justifique como no discriminatorio con lo cual se puede producir además una inducción o presión indirecta para la afiliación de los trabajadores a determinados sindicatos".

4.1.1. *Posibilidad de ser parte en los procesos de impugnación de actos administrativos en materia laboral y de Seguridad Social.*

La actual norma reguladora de la jurisdicción social, en su artículo 151, introdujo un nuevo procedimiento por el cual debe encauzarse, si no existe regulación especial, la impugnación de los actos administrativos en materia laboral dirigida contra el Estado, las Comunidades Autónomas, Entidades Locales u otras administraciones u organismos públicos (art. 151.1 LRJS). Procedimiento que es consecuencia de la atribución al orden social de la competencia para conocer de la impugnación de resoluciones administrativas de la autoridad laboral recaídas en los procedimientos previstos en los artículos 47.3 y 51.7 del ET, así como las recaídas en el ejercicio de la potestad sancionadora en materia laboral y sindical y, respecto de las demás impugnaciones de otros actos de las Administraciones públicas sujetos al Derecho Administrativo en el ejercicio de sus potestades y funciones en materia laboral y sindical que pongan fin a la vía administrativa, siempre que en este caso su conocimiento no esté atribuido a otro orden jurisdiccional [art. 2 n) LRJS].[31] Por lo tanto, el objeto del este procedimiento especial engloba: a) las resoluciones de la autoridad laboral respecto a suspensiones, reducciones de jornada o despidos de carácter colectivo derivados de fuerza mayor; b) las resoluciones recaídas en el ejercicio de la potestad sancionadora en materia laboral y sindical; c) las impugnaciones de otros actos administrativos, sujetos al Derecho Administrativo, como los dictados en materia de Seguridad Social —salvo los excluidos ex artículo 3 f) LRJS—, quedando fuera del orden social, la impugnación de las disposiciones generales de contenido social en virtud de lo previsto en el artículo 3 a) LRJS; d) las impugnación de los actos administrativos en materia de seguridad y salud en el trabajo, siendo indiferente si recaen sobre trabajadores por cuenta ajena, funcionarios o personal estatutario.[32]

En esta modalidad junto a los sujetos legitimados —que serían los destinatarios del acto o resolución impugnada o quienes ostenten derechos o intereses legítimos en su revocación o anulación (art. 151.5 LRJS)— se contempla la posibilidad de que los sindicatos más representativos y los que tengan implantación en el ámbito de

31 Atribución competencial que deriva de la Disposición Adicional 15ª de la ley 35/2010, de 17 de septiembre, de medidas urgentes para la reforma del mercado de trabajo

32 Galiana Moreno, J.Mª: "Comentario al artículo 151 LRJS" en Sempere Navarro, A.V. (dir.).: *Comentarios a la Ley de Jurisdicción Social*, ed. Aranzadi-Thomson-Reuters, 2013, pág. 844-845 y Trillo García, A.R: "Comentario al artículo 151 LRJS" en Mercader Uguina, J.R. (dir.).: *Ley Reguladora de la Jurisdicción Social comentada y con jurisprudencia*, La Ley, 2015, pág. 1052.

efectos de litigio puedan comparecer como partes en el procedimiento en el que tengan interés en defensa de los intereses económicos y sociales que les son propios o en su función de velar por el cumplimiento de las normas vigentes (art. 151.6 LRJS).

Partiendo de la premisa de que lo que se está configurando es una facultad procesal —pues dice la norma que se podrá—, ésta ofrece dos características a resaltar. La primera, subjetiva, esta posibilidad procesal se reconoce a los sindicatos más representativos, no así a los sindicatos simplemente representativos ni a los minoritarios. Ahora bien, esta legitimación no se niega a estos últimos porque resultarán legitimados siempre que tuvieran implantación en el ámbito de efectos del litigio, que es el segundo supuesto subjetivo admitido; implantación que no se exige al sindicato más representativo, quien por el mero hecho de serlo podrá ser tenido como parte en este tipo de procedimientos. La segunda, de carácter objetivo, es que esta facultad de intervención se contempla de forma bastante amplia,[33] por cuanto se viene a justificar o bien en la "defensa de los intereses económicos y sociales que les son propios" o bien en "velar por el cumplimiento de las normas vigentes"; en definitiva, se viene a sostener dicha facultad procesal en la defensa de intereses de colectivos que estuvieran bajo el paraguas de la representación reconocida a los sindicatos.[34] Esta amplia configuración tiene su trascendencia procesal en orden a determinar si esta facultad es operativa ante la impugnación de cualquier acto administrativo vía artículo 151.1 LRJS o solo es operativa en determinados supuestos, no siéndolo, por ejemplo, cuando se trate de impugnar una sanción impuesta a una empresa por una infracción tipificada en la LISOS.[35] Si tenemos en cuenta que se justifica no solo en la defensa de los intereses que le son propios al sindicato más representativo, sino también en la defensa de la legalidad vigente, debe concebirse como una facultad procesal que puede actuarse ante la impugnación judicial de cualquier acto administrativo de los contemplados en el artículo 151.1 LRJS.

Fijándonos en la configuración subjetiva de la facultad procesal de ser parte legitimada, ex artículo 151.6 LRJS, realmente la diferencia de trato entre el sindicato más representativo y el sindicato minoritario no radica en reconocer al primero esta prerrogativa y negársela al segundo, sino en que a este último se le exige tener implantación en el ámbito de afectación del acto administrativo impugnado. En definitiva, lo que realmente se produce es una facilitación del reconocimiento de legitimación al sindicato más representativo, que no tendrá que acreditar la suficiente implantación, pero no hay una atribución en exclusiva a éste de la legitimación para impugnar los antedichos actos administrativos.

33 En este sentido se concibe por Trillo García, A.R: "Comentario al artículo 151 LRJS" ob.cit., pág. 1054.

34 En este sentido, Maurandi Guillén, N.A.: "Comentario al artículo 151 LRJS" en AA.VV.: *Comentarios a la Ley Reguladora de la Jurisdicción Social*, Lex Nova, 2011, pág. 590.

35 Esta parece ser la solución acogida por Montoya Medina, D.: "Comentario al artículo 151 LRJS", en Blasco Pellicer, A. (dir.): *Comentarios a la Ley Reguladora de la Jurisdicción Social*, Tirant lo Blanch, 2023, pág. 988-989.

Lo anterior resulta ser determinante a la hora de valorar si este distinto tratamiento es susceptible de ser respetuoso con la libertad e igualdad sindical; porque no se niega tal posibilidad al sindicato minoritario, solo se le exige tener implantación. Exigir una cierta implantación al sindicato minoritario parece lógico —ya no tanto al sindicato simplemente representativo—[36] desde un prisma general si partimos del hecho de que la representatividad se configura a partir de la audiencia electoral; de suerte que al considerar a un sindicato mayoritario es porque tiene, como mínimo, el respaldo de los trabajadores que marcan los artículos 6 y 7 de la LOLS, del que carece el sindicato minoritario, carencia que justifica la exigencia a este último de una cierta implantación; de modo que mientras que la legitimación del sindicato mayoritario se otorga por la representatividad establecida ex lege en la LOLS al sindicato minoritario se le atribuye por la implantación.

No habiéndose reconocido con exclusividad al sindicato más representativo la intervención como parte, sino únicamente exonerarle de tener la implantación que se exige al sindicato minoritario, parece que esta diferenciación resulta justificada porque supone atribuir a los sindicatos que gozan de un respaldo significativo de los trabajadores la posibilidad de garantizar sus derechos en la impugnación de los actos administrativos coincidentes con el ámbito de su representatividad, de manera que, por ejemplo, un sindicato más representativo a nivel autonómico podrá impugnar los actos administrativos cuyos efectos no excedan la comunidad autónoma en la que gozan de esa representatividad; siendo, además, adecuada, por cuanto no supone un instrumento de indebida promoción hacía unos sindicatos, al reconocerse a todos; y proporcional, porque el reconocimiento se ajusta a la posible influencia de cada sindicato, el representativo, por su respaldo electoral, en todo conflicto, y el sindicato minoritario, en el ámbito del conflicto en el que resulta estar implantado.

No obstante debe llamarse la atención que si bien la intervención del sindicato como parte legitimada, prevista en el artículo 151.6 de la LRJS, se ancla o bien en la defensa de los intereses que le son propios o bien en la observancia de las normas vigentes, realmente, a la vista del elenco de actos impugnables, su presencia parece que solo podría justificarse como garante del cumplimiento del ordenamiento jurídico y no en la defensa de los intereses que le es propio al sindicato, lo que conduce a evidenciar que siendo el papel de garante lo que realmente ampara esta facultad procesal, si no se hubiera reconocido al sindicato minoritario, se podría concluir que se daba una lesión injustificada de su libertad sindical, pues sería privarle de una prerrogativa procesal que afecta a la esencia misma de todo sindicato, ser garante del cumplimiento de la normativa laboral.

36 No es objeto de este ensayo, pero no parece muy justificada la opción del legislador de negar al sindicato simplemente representativo legitimación para impugnar actos administrativos que no excedieran del ámbito de su actuación, dado que aquel con la condición de simplemente representativos tienen el respaldo previsto en la LOLS que justificaría otorgarle la facultad de ser parte en términos similares a los sindicatos más representativos si bien acotada a su ámbito de actuación.

4.1.2. Intervención como partes en los procesos de conflicto colectivo.

En la modalidad de conflicto colectivo, junto a la regla general de legitimación contenida en el artículo 154 LRJS, que se abordará ulteriormente, el artículo 155 LRJA recoge una regla especial a favor de los sindicatos representativos —así como los órganos de representación legales y sindicales de los trabajadores—, que permite a estos, no en principio a los sindicatos minoritarios, personarse en el proceso como partes "aun cuando no lo hayan promovido, siempre que su *ámbito de actuación* se corresponda o sea más amplio que el del conflicto".

Como cabe apreciar del tenor literal del precepto —"podrán personarse como partes"— se trata de una intervención estrictamente voluntaria. En este sentido, se ha señalado que los sujetos intervinientes disponen de un significativo margen de discrecionalidad que se manifiesta en tres aspectos principales. Primero, son libres de personarse o no, por tanto, se trata de una posibilidad —litisconsorcio voluntario—. En segundo lugar, gozan de libertad para presentarse como demandante o demandado, lo que deberán especificar en el momento de personación y, por último, hay que señalar que no se establece un límite temporal para llevar a cabo la personación, lo que supone acudir al art. 13 LEC que dispone que dicha facultad perdura en tanto el proceso se halle pendiente.[37] La facultad de intervención de estos sujetos les permite actuar como parte, lo que implica que van a disponer de capacidad plena para llevar a cabo actos procesales

En virtud de este precepto —art. 155 LRJS—, debe destacarse que, subjetivamente, y a diferencia de la previsión del artículo 151.6 de la LRJS, al utilizarse la expresión "sindicatos representativos" se está atribuyendo la facultad procesal de ser parte tanto al sindicato más representativo como al simplemente representativo, bien como demandante o demandado. Esta prerrogativa no se reconoce al sindicato minoritario ex artículo 155 LRJS. Sin embargo, el sindicato minoritario también puede intervenir en los procesos de conflicto colectivo como parte procesal vía artículo 17.2 de la LRJS que exige implantación suficiente; parámetro que no se exige en el artículo 155 LRJS. Resulta importante destacar que no nos hallamos, por tanto, al abordar la prerrogativa contenida en el artículo 155 de la LRJS ante una reproducción y un mero reflejo del artículo 17.2 LRJS, sino ante una regla especial porque en el artículo 155 de la LRJS solo se necesita que el ámbito de actuación del sindicato representativo sea igual o superior al conflicto, pero no se exige ex lege implantación suficiente, que es cosa distinta del ámbito de actuación; resultando este último concepto más próximo al parámetro de la necesaria vinculación entre el sindicato que quiere personarse y el objeto del conflicto colectivo; parámetro que también se exige en el artículo 17.2 LRJS junto con el de la suficiente implantación. No cabe interpretar que al sindicato representativo deba exigírsele el ambito de actuación que contempla el artículo 155

37 García Rubio, Mª.A.: "Comentario al artículo 155 LRJS", en Blasco Pellicer, A. (dir.): *Comentarios a la Ley Reguladora de la Jurisdicción Social*, Tirant lo Blanch, 2023, pág. 1042.

de la LRJS y la implantación suficiente prevista en el artículo 17.2 de la LRJS, porque ambas exigencias ya se derivan del 17.2 de la LRJS y no hubiera sido necesaria la regla especial del artículo 155 de la LRJS; de modo que si esta última se establece es por introducir una regla singular que se aparta de la previsión general contenida en el artículo 17.2 de la LRJS y que consiste, precisamente, en enervar la necesaria implantación al sindicato representativo, exigiéndole para reconocerle legitimación únicamente que sea idéntico o superior su ámbito de actuación respecto al conflicto que se suscita.

Es evidente que estamos ante otra prerrogativa procesal en la que la diferencia de trato no radica, como parecía deducirse de la lectura aislada del artículo 155 de la LRJS, en concedérsela únicamente al sindicato representativo y no al sindicato minoritario, sino en configurarla de forma diversa, exigiendo al sindicato representativo únicamente que su ámbito de actuación sea, como mínimo, igual al del conflicto colectivo que se plantea; mientras que al sindicato minoritario se le exige tener implantación suficiente. Como sucediera con la intervención como parte en el proceso de impugnación de actos administrativos, por idéntico razonamiento estamos ante una distinción de trato entre sindicato representativo y sindicato minoritario en lo atinente a la posibilidad de ser parte en un proceso de conflicto colectivo que resulta justificada —se reconoce a las sindicatos que alcanzar el mínimo respaldo electoral previsto en la LOLS—, adecuada —no deriva en una indebida promoción de unos sindicatos frente a otros, por cuanto en atención a otro precepto se reconoce, aún de forma diversa, al sindicato minoritario—, y proporcional —se establecen reglas que reconocen idéntica facultad, pero utilizando distintas fórmulas ajustadas a la diversa manera de obtener la influencia en el ámbito del conflicto—, sin suponer una desigualdad que lesione la libertad e igualdad del sindicato minoritario.

Esta regla especial de legitimación a favor del sindicato representativo prevista en el artículo 155 de la LRJS también resulta operativa cuando el objeto del proceso sea la impugnación de convenios estatutarios o laudos sustitutivos dado que el artículo 153.2 de la LRJS prevé expresamente su tramitación procesal con observancia de las prescripciones contenidas en la regulación del proceso de conflictos colectivos.

Mayor dificultad presenta extender esta regla especial de legitimación al proceso de impugnación de despidos colectivos, por cuanto en su regulación no hay una remisión supletoria a la regulación del proceso de conflicto colectivo, como tampoco encontramos en éste una llamada a su aplicación en aquél, como sí acontece respecto a la impugnación de convenios estatutarios. Lo anterior debe conducirnos a sostener que el sindicato representativo por el hecho de serlo no tiene legitimación para impugnar un despido colectivo si no acredita la vinculación con el mismo y la implantación suficiente en el ámbito que comprende el despido colectivo, no siendo suficiente que su ámbito de actuación sea igual o superior al del despido colectivo —regla que se derivaría de entender aplicable en el despido colectivo la previsión contenida en el artículo 156 LRJS—.

Esta parecía ser la conclusión a la que había llegado la jurisprudencia cuando en la STS de 18 de mayo de 2022 (Rº 335/2021), en un despido colectivo acaecido en una empresa sin representación unitaria y sindical, se niega la legitimación para su impugnación a uno de los sindicatos más representativos a nivel estatal al concluir que carece de implantación suficiente, aunque lo confunde con la inexistencia de vinculación, recordando que "su naturaleza de sindicato más representativo a nivel estatal no le convierte en garante de la legalidad en todo tipo de procesos de carácter colectivo", para afirmar que "la implantación del sindicato (exigencia procesal de la legitimación activa) no se puede confundir con su representatividad (parámetro utilizado por la ley para atribuir legitimación para la negociación colectiva de eficacia general o para la representación institucional); siendo esta última innegable, la implantación es, en el caso que afrontamos, totalmente inexistente".

Sin embargo, en un ulterior pronunciamiento, la STS de 20 de julio de 2022 (Rº 111/2022), la solución adoptada es diametralmente opuesta, puesto que en un despido colectivo en una empresa en la que tampoco había representación unitaria y/o sindical, se admite la legitimación de un sindicato más representativo al concluir que sí se da el principio de correspondencia y se cumple (sic) con la exigencia de suficiente implantación en el ámbito del despido colectivo. Dos son los argumentos manejados para apreciar la legitimación del sindicato más representativo. El primero, precisamente su condición de más representativo, al afirmarse que "parece lógico concluir que los sindicatos más representativos en el sector a que pertenece la empresa poseen legitimación para demandar y sostener la ilegalidad de la decisión empresarial, so pena de impedir de hecho la impugnación de la decisión empresarial de extinguir las relaciones de las personas que en ella prestaban servicios" y es que "reconocer legitimación a los aludidos sindicatos implica conjurar un peligro cierto de indefensión de las personas afectadas, ya que la negativa a admitir tal legitimación haría imposible una impugnación de la decisión colectiva empresarial que podría calificarse como constitutiva de un despido colectivo llevado a cabo sin seguir los trámites del artículo 51 ET". El segundo, la disfuncionalidad que provoca negar su legitimidad si tenemos en cuenta que "ante la ausencia de representantes legales o sindicales en la empresa, para poder ser nombrados a la constitución de la comisión ad hoc para negociar durante el período de consultas", establece el artículo 51 del ET que puedan ser designados por los sindicatos más representativos o representativos; de suerte que teniendo reconocida legitimación para impugnar la comisión ad hoc designada por los sindicatos representativos, en el caso de haberse ignorado el procedimiento "se les negase legitimación para impugnar la decisión empresarial, llevada a cabo, al margen de las previsiones legales".

No se trata de una matización o singularización de la previa exégesis, sino de una rectificación interpretativa de la misma, por cuanto en ambos supuestos de despido colectivo no se contaba con representación unitaria y/o sindical. Este pronunciamiento que mira más a los posibles efectos ante una posible ausencia de impugnación colectiva por falta de representación unitaria y sindical, ahondando en ofrecer una interpretación finalista, adolece de una doble crítica en tanto que, por un lado, confunde la implantación con la representatividad, y, por otro lado, parte de la premisa de que de haberse observado el procedimiento legalmente establecido el sindicato hubiera estado legitimado porque se hubiera formado una comisión ad hoc designada por los sindicatos representativos, pero la premisa no es totalmente exacta porque, efectivamente, los miembros de la comisión ad hoc los designarían los sindicatos más representativos, pero quien ostentaría la legitimación para impugnar sería la comisión ad hoc, no los sindicatos, que son dos instancias distintas. Y aunque en la mayoría de las supuestos los miembros de la comisión ad hoc seguirán las instrucciones del sindicato que los nombraron, ese automatismo no tiene porque verificarse siempre, en cuyo caso quien resulta legitimado es la comisión ad hoc.

En cualquier caso, esta atribución jurisprudencial de legitimación, que recuerda a la regla especial del artículo 155 de la LRJS, debe operar sólo cuando en el ámbito del despido colectivo no haya representación unitaria y/o sindical; dado que existiendo ésta, por aplicación de lo previsto en el artículo 124 de la LRJS, no siendo aplicable el artículo 155 LRJS, debe exigirse la suficiente implantación que no debe ser confundida con la representatividad.

4.1.3. Coadyuvancia sindical en los procesos de tutela de derechos fundamentales y libertades públicas.

Establece el artículo 177.2 LRJS que "en aquellos casos en los que corresponda al trabajador, como sujeto lesionado, la legitimación activa como parte principal, podrán personarse como coadyuvantes el sindicato al que éste pertenezca, cualquier otro sindicato que ostente la condición de más representativo". Se trata de un precepto que nació vinculado a la libertad sindical, como reflejo de lo establecido en el artículo 14 de la LOLS que prevé que "el sindicato a que pertenezca el trabajador presuntamente lesionado, así como cualquier sindicato que ostente la condición de más representativo, podrá personarse como coadyuvante en el proceso (de tutela de libertad sindical) incoado por aquél". [38] Y que, como veremos, en la actualidad es una prerrogativa que alcanza a la lesión de cualquier derecho fundamental y libertad pública, y no solamente a la libertad sindical, y en cualquiera de los procedimientos previstos en la garantía jurisdiccional social, y no solo en el de tutela de los derechos fundamentales.

Para tener una cabal comprensión de la operatividad de esta coadyuvancia sindical hemos de tener presente varios aspectos de indudable trascendencia. En los

38 Sobre esta prerrogativa procesal véase Luján Alcaraz, J..: "Comentario al artículo 14 LOLS", en Pérez de los Cobos Orihuel, F. (dir.): *Ley Orgánica de Libertad Sindical*, ed. La Ley, 2010, pág. 818. En contra Fernández Domínguez, J.J.: "Proceso especial de protección (tutela) de la libertad sindical", en AA.VV.: *Diccionario Procesal Social*, ed. Civitas, 1996, pág. 525, sostuvo que sí resultaba operativa la coadyuvancia sindical en la tutela de otros derechos fundamentales dado que el artículo 181 de la LPL establecía que la tutela de demás derechos fundamentales y libertades públicas debían tramitarse conforme a las disposiciones del proceso de tutela de libertad sindical, lo que suponía aplicar también la prerrogativa de coadyuvancia sindical.

procesos de tutela de derechos fundamentales, la prerrogativa sindical prevista en el apartado 2º del artículo 177 de la LRJS no se configura, aparentemente, como un supuesto de representación procesal de la persona afiliada o trabajadora, sino de intervención del sindicato a título propio, en ayuda de la persona afiliada que ha impetrado la tutela judicial de su derecho fundamental; lo que, a priori, por lo que luego se expondrá, supondría que se encuentra subordinado y vinculado a la actuación de quien está directamente legitimado, que no es otro que el afiliado o trabajador. En segundo lugar, esta coadyuvancia sindical no se circunscribe al concreto proceso especial de tutela de la libertad sindical ex artículo 177 LRJS, sino que es operativo en cualquier proceso donde se cuestione la posible existencia de un lesión de la libertad sindical por la remisión operada por el artículo 184 LRJS.[39] En tercer lugar, más cuestionado se presenta determinar si dicha facultad procesal de coadyuvancia sindical resulta operativa en la tutela de cualquier otro derecho o libertad fundamental, habiéndose sostenido al amparo del derogado artículo 175 de la LPL[40] que no es posible la extensión por cuanto el derecho regulado en la norma procesal laboral trae causa de lo previsto en el artículo 14 de la LOLS, refiriéndose éste únicamente a la libertad sindical y no a otros derechos fundamentales.[41] Sin embargo, no compartimos dicho posicionamiento, porque si bien es defendible el mismo desde el prisma del artículo 14 LOLS, no lo es desde la exégesis del actual artículo 177 LRJS que recoge la legitimación y la coadyuvancia en los procesos de tutela de derechos fundamentales,

39 En este sentido la STC 257/2000, de 30 de octubre, en la que se plantea si puede extenderse es facultad de coadyuvancia sindical a la tutela de la libertad sindical suscitada en otros procesos distintos al de la tutela, concluye afirmativamente al entender que "cuando el art. 14 LOLS ofrece a éste la posibilidad de intervenir como coadyuvante en los procesos instados por el trabajador que impugna un acto o conducta antisindical, no distingue en función de cuál haya sido el acto o conducta, puesto que lo que dota de relevancia a aquella intervención es la dimensión colectiva que el litigio entraña en tanto versa sobre una lesión del art. 28.1 CE, suficiente para justificar la presencia del sujeto que institucionalmente ostenta la representación y defensa de los intereses y derechos que la libertad sindical comprende. Que la norma procesal no haya previsto expresamente aquella intervención no impide al órgano judicial atender a lo que el derecho del Sindicato supone en este tipo de procedimientos; más aún, aquél se encuentra obligado a tenerlos en cuenta ante un silencio legal que, por otro lado, en ningún momento niega la legitimación adhesiva del sujeto colectivo. La solicitud de intervenir podrá negarse caso de no reunir los requisitos subjetivos que precisa la norma, puesto que el derecho en juego se encuentra legalmente configurado y no se atribuye a todo Sindicato, pero no porque el acto empresarial que se impugna como lesivo del art. 28.1 CE sea uno u otro, o cuente en la norma procesal con una tramitación específica que, en todo caso, es ajena a las razones a las que obedece la facultad del Sindicato conferida por el art. 14 LOLS, que es la que, en definitiva, sustentaba la legitimación de la Confederación recurrente".

40 Precepto que configuraba la legitimación procesal en los procesos de tutela de la libertad sindical de la siguiente manera, en su apartado primero señalaba que "cualquier trabajador o sindicato que, invocando un derecho o interés legítimo considere lesionados los derechos de libertad sindical podrá recabar su tutela a través de este proceso cuando la pretensión sea de las atribuidas al orden jurisdiccional social", y en su apartado segundo "en aquellos casos en los que corresponda al trabajador como sujeto lesionado, la legitimación activa como parte principal, el sindicato al que éste pertenezca, así como cualquier otro sindicato que ostente la condición de más representativo, podrán personarse como coadyuvantes. Estos no podrán recurrir ni continuar el proceso con independencia de las partes principales".

41 Luján Alcaraz, J.: "Comentario al artículo 14 LOLS", ob.cit, pág. 818.

pues en el actual apartado primero del artículo 177 LRJS el objeto del proceso es la lesión de cualquier derecho fundamental, no como acontecía en su homologo del artículo 175 LPL referido exclusivamente a la libertad sindical; de suerte que la prerrogativa de coadyuvancia sindical contenida en el apartado segundo del artículo 177 LRJS se contempla para la lesión de cualquier derecho fundamental, dado que no se circunscribe a la tutela de la libertad sindical, sino que se establece en términos genéricos, teniendo como clave de bóveda la lesión de cualquier derecho fundamental y no el derecho de libertad sindical, como acontecía en el artículo 175 LPL.

Ahora bien, el verdadero alcance de esta prerrogativa procesal se encuentra en el hecho de que no estamos únicamente ante un regla de legitimación procesal, es decir, de una regla que posibilita al sindicato acceder a la garantía jurisdiccional social, sino que estamos ante un medio de acción sindical, cuya lesión conlleva una vulneración de la libertad sindical en su vertiente colectiva, toda vez que si bien el apoyo del sindicato al trabajador o afilado cuyo derecho fundamental se ha lesionado es la finalidad primaria buscada con el establecimiento de esta regla de legitimación, ésta también viene justificada por la necesaria defensa de los intereses propios del sindicato que pueden quedar afectados a resultas de la lesión ocasionada en la esfera del trabajador o afiliado.

Esta singular configuración ha sido establecida por la doctrina constitucional, de forma clara en la STC 257/2000, de 30 de octubre, al señalar que la intervención prevista en el artículo 14 LOLS —y, consecuentemente, en el artículo 117 LRJS, así como en el derogado artículo 175 LPL— permite al sindicato "defender, en el proceso en el que se impetra la tutela de la libertad sindical, un interés propio que, aun distinto y autónomo del que constituye la pretensión principal solicitada por el trabajador individual, puede verse afectado de modo reflejo por el resultado de dicho proceso. Pero, si esta posibilidad en nada se distingue de la que jurídicamente define la figura del coadyuvante, para el legislador de la Ley Orgánica suponía la articulación procesal de un interés que trasciende el del trabajador que defiende su derecho fundamental como titular individual, dando cabida a la dimensión colectiva de la libertad sindical como derecho igualmente fundamental y básico en la comprensión del sistema constitucional de relaciones laborales"; y, partiendo de esta premisa se afirma que "el Sindicato proyecta en esta intervención adhesiva su papel de representante institucional de los derechos e intereses de los trabajadores", de suerte que "el legislador optó por dotar de cauce procesal a un encuentro de intereses y derechos entre el actor principal que solicita la protección de su libertad sindical y los del Sindicato que, en calidad de coadyuvante, interviene no ya en apoyo de la posición defendida por aquél, sino en su propio interés como titular colectivo del derecho fundamental que ha podido padecer"; lo que le lleva a concluir, por un lado, que "cuando la LOLS reconoció el derecho del Sindicato a intervenir como coadyuvante en los procesos en los que el trabajador individualmente considerado requiere la protección jurisdiccional de su propia libertad sindical, no hizo sino poner a su disposición un instrumento más de acción colectiva, canalizado en esta ocasión a través del proceso, orientado a reforzar la tutela de un derecho fundamental que contribuye a que el Sindicato pueda ejercer las funciones de representación y defensa de los intereses económicos y sociales que le son propios, según dispone el art. 7 CE"; y, por otro lado, que "la posible afección de este derecho no se cuestiona sólo en cuanto regla de legitimación procesal, sino como medio de acción del Sindicato" (art. 28.1 CE).

Nuestra doctrina constitucional, por tanto, ha dotado de un perfil sui generis a la previsión contenida en el artículo 14 LOLS y en el artículo 177.2 LRJS, al concebirla como una posibilidad que va más allá de ser una mera prerrogativa procesal configurada como un supuesto de intervención adhesiva para constituirse en un medio propio de acción sindical en el ámbito de la garantía jurisdiccional social a favor de los sindicatos.

Lo anterior tiene una enorme trascendencia en el terreno de la legalidad procesal laboral, o si se quiere de la conformación de la garantía jurisdiccional social, porque si sólo se estuviera configurando una intervención adhesiva simple, el papel del sindicato sería de mero acompañante vinculado a los intereses y decisiones de la persona trabajadora o afiliada que impetra la tutela de su derecho fundamental, de suerte que el sindicato no podría mantener la acción si el trabajador desiste de ella o, habiéndose dictado sentencia, no la recurre. Pero la configuración constitucional como medio de acción sindical hace que deba cuestionarse la vinculación del sindicato a la iniciativa del trabajador o afiliado una vez presentada la demanda, toda vez que si también está presente la defensa del interés colectivo al reconocerse la intervención adhesiva, debemos concluir que una vez personado el sindicato, no solo está defendiendo los derechos e intereses del trabajador demandante, sino también los suyos propios como sindicato, lo que debe conducirnos a afirmar que la intervención adhesiva deja de estar sometida al interés del afiliado o del trabajador, cobrando autonomía propia el sindicato en el procedimiento entablado lo que le permitiría, en el plano teórico al menos, continuar la acción tanto en la fase declarativa como en fase de recurso aun cuando el trabajador demandante no continuase con la acción o declinase interponer recurso. Realmente se ha producido una mutación desde la configuración legal de un supuesto de coadyuvancia sindical hacia la configuración por interpretación constitucional de un supuesto de legitimación plena y autónoma del sindicato.

Explicitada que la coadyuvancia sindical ex artículo 177 LRJS y 14 LOLS es no solo una prerrogativa procesal, sino un medio de acción sindical se tiene una compresión de su importancia a la hora de adentrarnos en su configuración subjetiva o, dicho de otro modo, a qué sindicatos se reconoce a efectos de analizar si se da o no un trato diferenciado entre sindicato minoritario y sindicato representativo. Como en los dos supuestos anteriores la diferencia de trato no radica en reconocer la coadyuvancia al sindicato representativo, negándosela al sindicato minoritario, sino en su diferente configuración para uno y otro. Esta coadyuvancia sindical se reconoce al "sindicato al que éste (el trabajador) pertenezca" y a "cualquier otro sindicato que ostente la condición de más representativo", lo que supone reconocer a cualquier sindicato la intervención adhesiva respecto a sus afiliados y al sindicato más representativo, no así al simplemente representativo, también en relación con cualquier persona trabajadora que no esté afiliada o esté afiliada a otro sindicato.

Esta diferenciación puede tener una doble implicación, por un lado, en el plano de la acción sindical en la medida en que puede ser un instrumento de promoción de ciertos sindicatos en detrimento de otros; y, por otro lado, en el plano individual por el distinto teórico alcance que puede tener la oposición del trabajador a la personación del sindicato, dado que, en principio, si se persona el sindicato al que está afiliado el trabajador, le bastará a éste desafiliarse para impedir el mantenimiento del sindicato en el proceso, mientras que tratándose de la personación de un sindicato más representativo el trabajador no puede oponerse a la misma. Realmente esta distinta operatividad de la oposición del demandante a la personación del sindicato, en función de si es o no más representativo, puede no verificarse dado que, dada la configuración constitucional de esta singular coadyuvancia, podría sostenerse, al menos teóricamente, el mantenimiento de la presencia del sindicato al que está afiliado, aun incluso si éste se da de baja, si tenemos presente que no solo es un facultad procesal de ayuda, sino también es un medio de acción propio del sindicato.

Volviendo al plano de la acción sindical, es evidente que opera una diferenciación de trato concretada en los sujetos a los que se puede coadyuvar en la tutela judicial de su derecho fundamental lesionado, que nos plantea si ésta se encuentra justificada. La medida puede resultar adecuada y proporcional, dado que se reconoce a todos los sindicatos, incluidos los minoritarios, pero puede resultar poco justificada toda vez que permite al sindicato más representativo realizar una acción promocional en trabajadores no afiliados o afiliados a otros sindicatos que no se permite al sindicato minoritario; no es difícil pensar que esta intervención adhesiva respecto a trabajadores no afiliados puede llevar a estos a afiliarse al sindicato interviniente más representativo, pudiendo mantener e incrementar su posición predominante en el panorama sindical; mientras se niega dicha posibilidad a otros sindicatos, los minoritarios o incluso a los simplemente representativos en su ámbito de singular audiencia electoral. Hasta el momento no se ha cuestionado este distinto tratamiento, seguramente porque en la práctica sindical la intervención de los sindicatos en la tutela de los derechos de los trabajadores se produce respecto a sus afiliados, pero no parece estar justificado cuando puede dar lugar a una excesiva ventaja única y exclusivamente al sindicato más representativo, ni siquiera al simplemente representativo, debiendo recordar que nuestra doctrina constitucional ha rechazado el otorgamiento de subvenciones exclusivamente al sindicato más representativo porque, entre otras razones, podía "producir además una inducción o presión indirecta para la afiliación de los trabajadores a determinados sindicatos".[42]

Es verdad que en materia de subvenciones se ha considero contraria a la libertad sindical la atribución en exclusiva de las mismas a los sindicatos más representati-

42 Ver STC 202/1985, de 14 de febrero.

vos, y en relación con la coadyuvancia sindical no se aprecia tal exclusividad, pues se reconoce a todos los sindicatos, pero sí hay exclusividad a su favor en lo atinente a la posibilidad de personarse en relación con la tutela de un trabajador no afiliado o afiliado a otro sindicato; lo que conforma una prerrogativa que en la medida en que puede inducir a la afiliación o al cambio de afiliación a favor del sindicato más representativo chocaría con la libertad e igualdad de los sindicatos minoritarios y de los simplemente representativos, no encontrándose justificada, nos llevaría a aconsejar su reformulación para que todo sindicato pueda ser coadyuvante tanto de sus afiliados como del resto de personas trabajadoras, estén afiliadas a otro sindicato o no estén afiliadas. Falta de justificación que se acrecienta si tenemos presente que dicha prerrogativa va más allá de ser un supuesto de coadyuvancia procesal para erigirse en un medio de acción sindical cuyo uso solo se reconoce al sindicato minoritario y al simplemente representativo respecto a sus afiliados.

4.2. Reglas procesales reconocidas a todos los sindicatos

A lo largo de la conformación de la garantía jurisdiccional social son más los preceptos que se refieren a los sindicatos sin hacer diferenciación alguna entre sindicato representativo y sindicato minoritario que los que introducen una referencia singular para los sindicatos representativos, de manera que al atribuirse indistintamente las distintas prerrogativas procesales a unos y otros podemos afirmar que en la configuración de la garantía jurisdiccional social, desde una visión cuantitativa, no se introduce una diferenciación atendiendo a la condición o no de ser representativo, ofreciéndose una neutralidad en la operatividad de dicha garantía a la hora de ser utilizada por cualquier sindicato.

En materia de legitimación, con evidente vocación generalista, el artículo 17.2 de la LRJS reconoce a todos los sindicatos la capacidad para ser parte procesal para la defensa de los intereses económicos y sociales que le son propios y, además, para la defensa de los intereses colectivos de los trabajadores, siempre que cuente, en este segundo supuesto, con implantación suficiente y exista un vínculo entre el sindicato y el objeto del concreto procedimiento.[43] Junto a esta regla general, cualquier sindicato tiene reconocida legitimación para para impugnar un despido colectivo siempre que tenga implantación suficiente en el ámbito del mismo (art. 124.4 LRJS); para impugnar un laudo arbitral (art. 131 LRJS) o ser demandado si fue parte en el proceso

43 Sobre legitimación de los sindicatos ver Montoya Melgar, A.: "Comentario al artículo 17 LRJS", en Sempere Navarro, A.V. (dir.).: *Comentarios a la Ley de Jurisdicción Social*, ed. Aranzadi-Thomson-Reuters, 2013, pág. 184-191; Mercader Uguina, J.R.: "Comentario al artículo 17 LRJS", en Mercader Uguina, J.R. (dir.).: *Ley Reguladora de la Jurisdicción Social comentada y con jurisprudencia*, La Ley, 2015, pág. 194-209; Alegre Nueno, M.A.: "Comentario al artículo 17 LRJS", en Blasco Pellicer, A. (dir.): *Comentarios a la Ley Reguladora de la Jurisdicción Social*, Tirant lo Blanch, 2023, pág. 214-219; Moreno Vida, M.ªN.: "Comentario al artículo 17 LRJS", en Monereo Pérez, J.L. (dir.): *Ley de la Jurisdicción Social. Estudio técnico-jurídico y sistemático de la Ley 36/2011, de 10 de octubre*, Comares, 2013, págs. 154-161.

arbitral (art. 129.1 LRJS); impugnar las certificaciones emitidas por la oficina pública relativas bien a la capacidad representativa de los sindicatos bien a los resultados electorales (art. 136.1 LRJS); interponer una demanda de conflicto colectivo siempre que su ámbito de actuación se corresponda o sea más amplio que el del conflicto [arts. 154 a), en relación con el art. 17.2 LRJS]; para impugnar un convenio colectivo amparándose en la ilegalidad del contenido convencional [art. 165.1 a) LRJS]; recabar la tutela de su derechos fundamentales (art. 177.1 LRJS); solicitar la ejecución de las sentencias recaídas en procesos de conflictos colectivos, bien a través de sus representantes sindicales, si el conflicto es de ámbito empresarial o ámbito inferior, o bien el propio sindicato si el conflicto es de ámbito supraempresarial [art. 247.1 a) LRJS].

De forma novedosa se reconoce a cualquier sindicato, mayoritario o minoritario, en el apartado 5º del artículo 17 de la LRJS legitimación "para la defensa de los derechos e intereses de las personas víctimas de discriminación por orientación e identidad sexual, expresión de género o características sexuales", siendo necesario obtener la autorización expresa de la persona afectada por la discriminación, salvo que la misma se haya producido respecto a una pluralidad indeterminada o de difícil determinación, en cuyo caso se reconoce la legitimación al sindicato sin necesidad de sujetarla a presupuesto alguno.[44]

En cuanto a la representación procesal reconocida a los sindicatos, nos encontramos, por un lado, que ante la presentación de una demanda conjunta de al menos diez personas o ante la acumulación de al menos diez demandas contra el mismo demandante, se establece la obligatoriedad de designar un representante común, enumerando la norma un elenco de posibles representantes entre los que figura el sindicato, sin precisar si este debe ser representativo o no (arts. 19.2 y 19.3 LRJS); y, por otro, el reconocimiento a cualquier sindicato de la facultad de "actuar en nombre e interés" de los trabajadores, funcionarios y personal estatutario "afiliado" (art. 20.1 LRJS).

La impugnación de los estatutos o de su modificación de cualquier sindicato, sea representativo o minoritario, se configura, por un lado, como un supuesto que no admite la acumulación con otras pretensiones (art. 26.1 LRJS); y, por otro, como un supuesto que se encuentra excepcionado del requisito preprocesal de conciliación o mediación previa (art. 64.1 LRJS).

En materia de recursos se contempla que cualquier sindicato, representativo o minoritario, pueda instar al Ministerio Fiscal para que interponga recurso de casación en unificación de doctrina[45] cuanto ostenten interés legítimo en que se unifi-

44 Esta posibilidad se ha introducido por la DF 12ª de la Ley 4/2023, de 28 de febrero, para la igualdad real y efectiva de las personas trans y para la garantía de los derechos de las personas LGTBI.

45 Posibilidad que como advierten Martín Valverde, A. y Fernández Márquez, O.: "Comentario al artículo 219 LRJS", en Monereo Pérez, J.L. (dir.): *Ley de la Jurisdicción Social. Estudio técnico-jurídico y sistemático de la Ley 36/2011, de 10 de octubre*, Comares, 2013, pág. 1222-1223, se explica por la existencia de

que jurisprudencialmente una cuestión controvertida, en tres supuestos,[46] a saber: a) existencia de pronunciamientos divergentes de los Tribunales Superiores de Justicia e inexistencia de doctrina unificada; b) supuestos que tengan difícil acceso a la jurisdicción por la dificultad de apreciar los requisitos previstos para acceder a la unificación; c) vigencia de la norma cuestionada inferior a cinco años, siempre y cuando de dicha situación se derive la inexistencia de resoluciones suficientes e idóneas sobre la cuestión controvertida (art. 219.3 LRJS).[47]

De forma aparentemente[48] novedosa la LRJS, frente a su antecesora la LPL, reconoce a todo sindicato, incluido el minoritario, la exención de efectuar depósitos y consignaciones en todas sus actuaciones en la jurisdicción social,[49] gozando además del beneficio legal de justicia gratuita cuando ejerciten un interés colectivo en defensa de los trabajadores o beneficiarios de la Seguridad Social (art. 20.4 LRJS);[50] corolario de

resoluciones judiciales no adecuadas al ordenamiento como la imposibilidad de modificarlas a través de la casación por la configuración material del recurso, al tiempo que advierten del peligro de forzar la naturaleza casacional del recurso.

46 Acertadamente se indica por Sempere Navarro, A.V.: "Comentario al artículo 219 LRJS", en Sempere Navarro, A.V. (dir.).: *Comentarios a la Ley de Jurisdicción Social*, ed. Aranzadi-Thomson-Reuters, 2013, pág. 1188, que a la vista de los supuestos se asemeja esta posibilidad al clásico recurso en interés de ley.

47 Como señala Tarabani-Castellani Aznar, M.: "Comentario al artículo 219 LRJS", en Blasco Pellicer, A. (dir.): *Comentarios a la Ley Reguladora de la Jurisdicción Social*, Tirant lo Blanch, 2023, pág. 1432, en los dos últimos supuestos se exime de acreditar la contradicción.

48 Se trata de una serie de previsiones incorporadas por la LRJS que tienen su precedente la STS de 24 de enero de 2011 (Rº 3792/2009), que reitera la doctrina contenida en el ATS de 11 de julio de 1995 (Rº 2139/1995) y ATS de 16 de mayo de 2007 (Rº 5323/2005).

49 Como señala Montoya Melgar, A.: "Comentario al artículo 20 LRJS", en Sempere Navarro, A.V. (dir.).: *Comentarios a la Ley de Jurisdicción Social*, ed. Aranzadi-Thomson-Reuters, 2013, pág. 206, se establecen importantes beneficios a favor de cualquier sindicato, operándose una ampliación de lo previsto en la Ley de Asistencia Jurídica Gratuita.

50 Véase Acuerdo del Pleno del Tribunal Supremo de 5 de junio de 2013 en el que se establece que "en cuanto a los sindicatos, el artículo 20.4 de la Ley Reguladora de la Jurisdicción Social dispone que "los sindicatos estarán exentos de efectuar depósitos y consignaciones en todas sus actuaciones ante el orden social y gozarán del beneficio legal de justicia gratuita cuando ejerciten un interés colectivo en defensa de los trabajadores y beneficiarios de la seguridad social". La actuación de los sindicatos en el proceso laboral puede tener lugar dentro del ámbito de la libertad sindical de la que son titulares (art. 2.2 LO 11/1985), de Libertad Sindical, en el planteamiento de conflictos individuales y colectivos [ap. d) del citado precepto], bien promoviendo conflictos colectivos, personándose en ellos o interviniendo en otros procesos donde estén en juego intereses colectivos (STC 210/1994), como en el caso de los procesos de tutela de derechos fundamentales (art. 177.2 LRJS), bien como representante de sus afiliados para la defensa de los derechos individuales de éstos (art. 20.1 LRJS), actuaciones procesales en las que el sindicato tiene expresamente reconocido el beneficio de justicia gratuita por la disposición antes mencionada de la Ley Reguladora de la Jurisdicción Social y no se le aplican las tasas, teniendo en cuenta por lo demás que no hay disposición en contra de lo antes indicado en la Ley 10/2012 o en el Real Decreto-ley 20/2010, antes al contrario, la titularidad del derecho de justicia gratuita, por razones análogas a lo antes apuntado comprende la exención de cualquier tasa por el ejercicio de la potestad jurisdiccional. Es en esta misma perspectiva de titularidad y ejercicio de la libertad sindical que es obligado interpretar la expresión legal del artículo 20.4 LRJS y la mención al ejercicio de intereses colectivos. En cuanto a las actuaciones que promuevan en nombre e interés de sus afiliados por medio de la representación presunta de estos (art. 20.2 LRJS), además de formar parte estas actuaciones del derecho de libertad sindical en su vertiente de ejercicio por las organizaciones titulares de este derecho a plantear tanto conflictos individuales como colectivos [art. 2.2 d)

esta regla es el reconocimiento a cualquier sindicato, en la medida en que ostentan la representación colectiva de los intereses de los trabajadores y beneficiarios de la Seguridad Social, resultar exonerado de prestar las cauciones, garantías e indemnizaciones al solicitar una medida cautelar (ar. 79.1 LRJS). Además, todo sindicato, no solo cuando actúan en defensa de los derechos de los trabajadores, sino cuando actúan como persona jurídica o como empleador,[51] queda exento de constituir los depósitos y las consignaciones establecidas en la LRJS para poder recurrir (art. 229.4 LRJS), así como exonerados de imposición de costas si es desestimado el recurso por ellos planteado (art. 235 LRJS).[52]

4.2.1. El planteamiento de acciones colectivas por los sindicatos minoritarios.

El reconocimiento al sindicato minoritario de la posibilidad de entablar acciones colectivas se efectúa, en principio, en idénticos términos que para el sindicato representativo, a salvo de lo ya expuesto anteriormente en relación con la legitimación expresamente reconocida en materia de conflictos colectivos en el artículo 155 LRJS, dado que el precepto clave, el párrafo 2º del apartado 2 del artículo 17 de la LRJS al prever que los *"sindicatos con implantación suficiente en el ámbito del conflicto están legitimados para accionar en cualquier proceso en el que estén en juego intereses colectivos de los trabajadores, siempre que exista un vínculo entre dicho sindicato y el objeto del pleito de que se trate; podrán igualmente personarse y ser tenidos por parte en dichos procesos, sin que tal intervención haga detener o retroceder el curso de las actuaciones"*, está reconociendo que cualquier sindicato puede interponer una acción colectiva a condición de cumplir dos presupuestos, a saber: tener implantación suficiente en el ámbito del conflicto y presentar un vínculo con el objeto del proceso entablado. Regla de legitimación que, salvo la especial previsión prevista en el artículo 155 de la LRJS en favor del sindicato representativo, impregna a veces parcialmente las reglas particulares previstas en las distintas modalidades procedimentales, en las que, o bien se produce una reiteración del presupuesto de la suficiente implantación como

LOLS antes citado], y por ello ejercitar así también un interés colectivo, en todo caso le asiste en esa postulación procesal el mismo derecho de justicia gratuita que tiene el trabajador o beneficiario de la seguridad individualmente considerado en su comparecencia en el proceso".

51 En este sentido, Sempere Navarro, A.V.: "Comentario al artículo 229 LRJS", en Sempere Navarro, A.V. (dir.).: *Comentarios a la Ley de Jurisdicción Social*, ed. Aranzadi-Thomson-Reuters, 2013, pág. 1272 Segoviano Astaburuaga, Mª. L.: "Comentario al artículo 229 LRJS", Folguera Crespo, J.A.: "Comentario al artículo 229 LRJS" en AA.VV.: *Comentarios a la Ley Reguladora de la Jurisdicción Social*, Lex Nova, 2011, pág. 812. En contra Mercader Uguina, J.R.: "Comentario al artículo 229 LRJS", en Monereo Pérez, J.L. (dir.): *Ley de la Jurisdicción Social. Estudio técnico-jurídico y sistemático de la Ley 36/2011, de 10 de octubre*, Comares, 2013, pág. 1266, para quien solo alcanza la exención cuando actúan en defensa de los derechos de los trabajadores.

52 Como señala Sempere Navarro, A.V.: "Comentario al artículo 235 LRJS", en Sempere Navarro, A.V. (dir.).: *Comentarios a la Ley de Jurisdicción Social*, ed. Aranzadi-Thomson-Reuters, 2013, pág. 1331, esto sucede significativamente en los procesos de conflicto colectivo e impugnación de convenios.

acontece en la impugnación de un despido colectivo (art. 124.4 LRJS);[53] o bien se habla de tener un ámbito de actuación al menos coextenso como sucede en el proceso de conflicto colectivo [art. 154 a) LRJS]; o bien se limita simplemente a reconocer la legitimación sindical, como sucede en la impugnación del convenio colectivo por ilegalidad de su contenido [art. 165.1 a) LRJS]. Como acertadamente ha indicado el Tribunal Supremo, "parece claro, pues, que el legislador tiene una actitud «proactiva» respecto a la Intervención procesal de los sindicatos, cuando de intereses colectivos se trata, para favorecer el cumplimiento de su función constitucional".[54]

La ausencia de diferenciación de trato en el reconocimiento de las mismas prerrogativas o facultades procesales —distinta es la existencia de una diversa forma de obtener la legitimación en un proceso de conflicto colectivo ya expuesta anteriormente— entre sindicato representativo y minoritario a la hora de ejercitar acciones colectivas no es obstáculo a que resulte interesante detenernos en la interpretación dada por la jurisprudencia a los presupuestos de "implantación suficiente" y de "vinculación del sindicato con el objeto del proceso", dado que una interpretación restrictiva supondría un menor protagonismo del sindicato minoritario, mientras que una amplia exégesis de los mismos conllevaría el efecto contrario. Conviene recordar que dicha regla de legitimación, siendo una novedad recogida por vez primera en la LRJS, constituyó la plasmación de una consolidada doctrina constitucional y jurisprudencial.

Desde hace ya bastante tiempo, nuestro Tribunal Constitucional ha venido sosteniendo que los sindicatos desarrollan una función genérica de representación y defensa de los intereses de los trabajadores que no reside únicamente en el dato de la afiliación, sino en la propia naturaleza sindical del mismo, en tanto que el sindicato ostenta por sí mismo una función representativa; de suerte que su actividad no puede quedar condicionada al apoderamiento ínsito en la afiliación, por cuanto ésta discurre en un plano distinto al de la propia acción colectiva.

Partiendo de la anterior premisa, nuestro Tribunal Constitucional ha sostenido y admitido que el sindicato ostenta legitimación para accionar en cualquier proceso en que estén en juego intereses colectivos. Ahora bien, también ha señalado que la función constitucionalmente reconocida a los sindicatos no alcanza a convertirlos en guardianes abstractos de la legalidad, cualesquiera que sean las circunstancias en que dicha legalidad se trate de defender, de suerte que no se está admitiendo la legitimación del sindicato para la defensa de los intereses colectivos de los trabajadores en cualquier ámbito, lo que le ha llevado a matizar dicha legitimación en

53 En este sentido las SSTS de 28 de enero de 2015 (Rº 16 y 35/2014) y la STS de 14 de julio de 2016 (Rº 271/2015) descartan que por "implantación suficiente" en el supuesto de despido deba entenderse la participación en la comisión negociadora del periodo de consultas previsto en el artículo 51 del ET, sino que "la expresión aludida debe ser entendida acudiendo a la legitimación para interponer conflictos colectivos", dado que "el art. 124 LRJS no puede ser interpretado al margen de otras normas procesales cuya integración sistemática es ineludible", siendo la primera de ellas la previsión contenida en el artículo 124 LRJS.

54 SSTS de 20 de julio de 2016 (Rº 323/2014) y de 20 de julio de 2022 (Rº 111/2022).

abstracto, exigiendo la presencia de un vínculo acreditado "de una conexión entre la organización que acciona y la pretensión ejercitada, que ha de medirse en función de la *implantación* en el ámbito del conflicto", advirtiéndonos que el concepto de implantación no pude ser identificado —y, en consecuencia, confundido— con el de representatividad —audiencia electoral— manejado en el plano de la legalidad ordinaria para, entre otras cuestiones, determinar la legitimación para negociar un convenio o para la representación institucional. Es por ello por lo que la implantación es el parámetro que permite determinar si el sindicato ostenta o no legitimación a la vista de la pretensión ejercitada.[55]

Acogiendo la doctrina constitucional, el Tribunal Supremo tiene una consolidada jurisprudencia en relación con la legitimación de los sindicatos para la defensa de intereses colectivos de los trabajadores.[56] En primer lugar, viene afirmándose que la apreciación o no de legitimación activa del sindicato debe efectuarse bajo el paraguas del principio *"pro actione"*, lo que supone una interpretación a favor de la admisión de la legitimación. Lo que no deja de ser una traslación de la consolidada doctrina constitucional que, tratándose del acceso a la jurisdicción y de la obtención de una primera respuesta judicial, viene sosteniendo que la actuación judicial tiene que venir guiada por el principio *pro actione* o, lo que es lo mismo, debe el órgano judicial extremar la diligencia para que se pueda dar una respuesta judicial al conflicto planteado; de suerte que el control constitucional ha venido caracterizado por la especial intensidad[57] con la que se proyecta el principio *pro actione* en la fase de acceso a la jurisdicción, con la finalidad de evitar determinadas aplicaciones o interpretaciones

55 Entre otras muchas, STC 70/1982, de 29 de noviembre; STC 37/1983, de 11 de mayo; STC 59/1983, de 6 de julio; STC 187/1987, de 24 de noviembre; STC 217/1991, de 14 de noviembre; STC 210/1994, de 11 de julio; STC 101/1996, de 11 de junio; STC 7/2001, de 15 de enero; STC 24/2001, de 29 de enero; STC 84/2001, de 26 de marzo; STC 215/2001, de 29 de octubre; STC 112/2004, de 12 de julio; STC 142/2004, de 13 de septiembre; STC 153/2007, de 18 de junio

56 SSTS 14 de abril de 2021 (Rº 1/2020), 3 de marzo de 2021 (Rº 178/2019), 15 de junio de 2020 (Rº 72/2019), 14 de mayo de 2020 (Rº 232/2018), 11 de marzo de 2020 (Rº 160/2018), 8 de enero de 2020 (Rº 216/2018), 23 de octubre d 2018 (Rº 131/2017), 7 de junio de 2017 (Rº 166/2016), 21 de julio de 2016 (Rº 134/2015), 22 de junio de 2016 (Rº 185/2015), 18 de mayo de 2016 (Rº 100/2015), 13 y 21 de octubre de 2015 (Rº. 301/2014 y 126/2015), 15 de junio de 2021 (Rº 85/2019), 24 de junio de 2014 (Rº 297/2013), 21 de octubre de 2014 (Rº 308/2013), 15 de septiembre de 2014 (Rº 290/2013), 24 de junio de 2014 (Rº 297/2013), 19 de diciembre de 2012 (Rº 289/2011), 30 de octubre de 2012 (Rº 4290/2011), 20 marzo 2012 (Rº 71/2010), 6 de junio de 2011 (Rº 162/2010), 29 abril 2010 (Rº128/2009), 12 de mayo de 2009 (Rº 121/2008), 16 de diciembre de 2008 (Rº 124/2007), 10 de marzo de 2003 (Rº 33/2002), 31 de enero de 2003 (Rº 1260/2001), 10 de febrero de 1997 (Rº 1225/1996), 11 de diciembre de 1991 (Rº 1469/1990).

57 Entre otras muchas, la STC 207/1998, de 26 de octubre y la STC 59/2003, de 24 de marzo, dejan claro que la operatividad del principio *pro actione*, desde la perspectiva constitucional, presenta una graduación diferenciada en función de la fase del proceso en la que trate de aplicarse. No despliega la misma identidad cuando el amparo por vulneración de la tutela judicial se plantea en el acceso a la jurisdicción o en el acceso a los recursos establecidos por ley. De forma reiterada el Tribunal Constitucional ha sostenido que el principio *pro actione* no se aplica con igual intensidad en la inicial del proceso que en las sucesivas —entre ellas, los recursos— al considerar que el derecho de acceso tiene naturaleza constitucional mientras que las posteriores revisiones de la respuesta judicial es un derecho cuya configuración se remite a las leyes.

de las normas procesales que pudieran eliminar u obstaculizar de forma no justificada el derecho de todo ciudadano —por supuesto, de todo trabajador y empresario— a que un órgano judicial conozca y resuelva jurídicamente la petición que se le ha postulado.[58] La operatividad del principio *pro actione* en fase de acceso a la jurisdicción no puede ser concebida como la necesaria y forzosa selección por parte de los órganos judiciales de la interpretación más favorable a la admisión de entre todas las posibles, sino que debe configurarse negativamente como la prohibición de adoptar decisiones de inadmisión que bien por su rigor, bien por su exceso de formalismo, o bien por cualquier otra causa revelen una clara desproporción entre los fines que las causas de inadmisión persiguen y los intereses que se sacrifican.[59]

En segundo lugar, como se deduce de la literalidad del precepto, la apreciación de la legitimación requiere la concurrencia de dos presupuestos, por un lado, que se tenga la suficiente implantación en el ámbito del conflicto, y, por otro lado, que se dé un vínculo entre el demandante y el objeto del pleito planteado, excluyéndose la legitimación en abstracto cuando no se da dicha vinculación. Como quiera que este último se ha concebido como la plasmación de un interés profesional o económico que es "traducible en una ventaja o beneficio cierto, cualificado y específico derivado de la eventual estimación del recurso",[60] al tiempo que se ha señalado que debe tomarse, también en consideración el ámbito de actuación del sindicato;[61] resulta innegable que la "suficiente implantación" se erige en el parámetro clave[62] cuya interpretación permite valorar el protagonismo otorgado al sindicato minoritario en la conformación de la garantía jurisdiccional social.

No obstante debemos advertir que se observa que en algún pronunciamiento parece confundirse ambos, al identificarse la existencia de vínculo entre el sindicato y el objeto del proceso con ostentar un nivel de afiliación adecuado, siendo esto más bien un parámetro de implantación sindical,[63] o cuando en un despido colectivo se afirma

58 Por todas, STC 130/1998, de 16 de junio, STC 135/1999, de 15 de julio, STC 86/2002, de 22 de abril y STC 77/2003, de 28 de abril.

59 Entre otras, STC 207/1998, de 26 de octubre y STC 59/2003, de 24 de marzo.

60 Por todas STS de 28 de octubre de 2004 (Rº 1943/2003), STS de 16 de diciembre de 2008 (Rº 124/2007), STS de 24 de junio de 2014 (Rº 297/2013), que vienen a aplicar la doctrina constitucional contenida, entre otras, en la STC 7/2001, de 15 de enero; STC 24/2001, de 29 de enero; STC 164/2003 de 29 de septiembre, STC 142/2004 de 13 de septiembre, STC 153/2007 de 18 de junio y STC 202/2007 de 24 de septiembre.

61 Así se indica en la STS de 29 de abril de 2010 (Rº 128/2009) al afirmar que "la mencionada vinculación [entre el interés tutelable y objeto del proceso] habrá de establecerse en atención al ámbito de defensa de los intereses del colectivo indicado, para la que el sindicato ciñe su actuación", lo que condujo negar legitimación a un sindicato cuyo ámbito de actuación era autonómico para impugnar una convocatoria de empleo de ámbito nacional.

62 Como señala, entre otras, la STS de 8 de noviembre de 2017 (Rº40/2017) el "concepto que [...] se revela por lo tanto como fundamental para determinar si un sindicato dispone de legitimación activa a la hora de interponer acciones colectivas es el de «implantación suficiente» en el ámbito del conflicto".

63 Esta confusión se puede ver en la STS de 21 de octubre de 2015 (Rº 126/2015) cuando afirma que "se ha de concluir que aun cuando hubiera un vínculo entre el sindicato y el objeto del pleito de que se

que la regla particular de legitimación prevista en el artículo 124.4 de la LRJS identifica el vínculo sindical con el objeto procesal con la exigencia de implantación suficiente.[64] En cualquier caso debe indicarse que la mayoría de pronunciamientos parten de la distinción del vinculo del sindicato con el objeto del proceso y la implantación suficiente como presupuestos —distintos y diferenciados— para accionar en cualquier proceso en el que estén en juego los intereses colectivos de los trabajadores.[65]

La labor llevada a cabo por el Tribunal Supremo revela que hay una tendencia a la interpretación laxa de la "suficiente implantación" lo que conlleva un favorecimiento del uso de la garantía jurisdiccional social en la vertiente de las acciones colectivas por parte del sindicato minoritario.

En primer lugar, desde hace mucho tiempo, se aclaró que la implantación adecuada no se circunscribe a la representatividad, de manera que cuando ésta se tiene en el ámbito del conflicto planteado se tiene implantación suficiente, pero el axioma contrario —si no se tiene representatividad no se tiene implantación— no resulta admisible porque la implantación se puede inferir de otros parámetros, señaladamente un determinado nivel de afiliación,[66] aunque no se pueden descartar otros, como haber participado en la negociación colectiva.[67]

En segundo lugar, aunque, se ha señalado que, ante el planteamiento de una posible falta de legitimación, corresponde al sindicato demandante acreditarla, demostrando su nivel de implantación en el ámbito del conflicto planteado,[68] se ha admitido la implantación por notoriedad en la afiliación.[69]

En tercer lugar, porque se observa una concepción permisiva en la constatación de la representatividad al admitirse la existencia de implantación suficiente en supuestos tales como tener presencia en el comité intercentros,[70] tener representante en un único comité de empresa, siendo indiferente cuál sea el número de comités existentes en el ámbito del conflicto;[71] o tener varios representantes unitarios en

trate (para lo que es necesario un nivel de afiliación adecuado que el demandante no ha acreditado), no se da la previa exigencia de la implantación suficiente de aquél en el ámbito de dicho objeto".

64 Así se afirma en las STS de 8 de noviembre de 2017 (Rº 40/2017) y STS de 18 de mayo de 2022 (Rº 335/2021).

65 STS de 22 de junio de 2023 (Rº 84/2021), STS de 20 de julio de 2022 (Rº 67/2020), STS de 15 de junio de 2021 (Rº 85/2019), STS de 14 de abril 2021(Rº 1/2020).

66 Por todas, la STS de 11 de diciembre de 1991 (Rº 1469/1990), STS de 16 de diciembre de 2008 (Rº 124/2007), STS de 13 de octubre de 2015 (Rº 301/2014).

67 En este sentido las STS de 13 de febrero de 2013 (Rº 40/2012), STS de 22 de junio de 2016 (Rº 185/2015), STS de 11 de marzo de 2020 (Rº 160/2018).

68 Por todas, STS de 28 de noviembre de 2001 (Rº 3380/2000), STS de 10 de marzo de 2003 (Rº 33/2002), STS de 13 de octubre de 2015 (Rº 301/2014).

69 Se trata de la STS de 11 de diciembre de 1991 (Rº 1469/1990), profusamente citada en muchísimos pronunciamientos posteriores, que marca el camino hacia una evolución caracterizada por facilitar la acción colectiva al sindicato minoritario.

70 STS de 10 de febrero de 1997 (Rº 1225/1996).

71 STS de 31 de enero de 2003 (Rº 1260/2001), STS de 18 de mayo de 2016 (Rº 100/2015), STS de 30 de octubre de 2012 (Rº 4290/2011), STS de 14 de abril de 2021 (Rº 1/2020).

varios, no en todos, los centros afectados por el conflicto colectivo,[72] llegándose a admitir, por poner un ejemplo, la legitimación en un supuesto en el que afectando el conflicto a catorce centros de trabajo, teniendo representación de los trabajadores en tres provincias, el sindicato accionante poseía un representante en el comité de empresa de una de las provincias y un delegado sindical en dicha provincia;[73] en términos cuantitativos se ha apreciado la existencia de implantación cuando se estaba en posesión del 5,08%[74], del 5.35%[75] o hasta del 3.04%.[76] No obstante, debemos indicar que la representatividad que avalaría la suficiente implantación debe ser originaria y no adquirida por adscripción de representantes que han alcanzado tal condición habiéndose presentado por otro sindicato.[77]

En cuarto lugar, porque parece abrirse la posibilidad de que, si un sindicato minoritario no tuviera implantación suficiente, ésta puede ser suplida por la de otro sindicato que sí la tiene, siempre que éste se adhiera a la demanda presentada por aquel.[78]

En quinto lugar, porque cuando se ha enjuiciado la existencia de implantación a través de la afiliación sindical, se ha negado aquella por estar ante niveles muy ínfimos de afiliación,[79] acreditar solamente la existencia de sección sindical[80] o, lo que suele constatarse con mayor asiduidad, por no acreditarse la afiliación.[81]

Debe advertirse, no obstante la laxitud en el reconocimiento de legitimación en las acciones colectivas mediante la interpretación de la apreciación de implantación

72 STS de 21 de octubre de 2014 (Rº 308/2013), STS de 15 de septiembre de 2014 (Rº 290/2013), STS de 7 de junio de 2017 (Rº 166/2016), STS de 12 de mayo de 2009 (Rº 121/2008), STS de 7 de junio de 2017 (Rº 166/2016). No obstante, nos encontramos algún pronunciamiento reciente, como la STS de 15 de junio de 2020 (Rº 72/2019) se niega a un sindicato con representantes en dos de los cuatros centros de trabajo afectados por el conflicto la legitimación al no apreciarse que tuviera implantación.

73 STS de 14 de abril de 2021 (Rº 1/2000).

74 STS de 12 de mayo de 2009 (Rº 121/2008).

75 STS de 21 de octubre de 2014 (Rº 308/2013).

76 STS de 15 de septiembre de 2014 (Rº 290/2013)

77 En el este sentido la STS de 17 de junio de 2015 (Rº 232/2014) niega la implantación suficiente a un sindicato a pesar de contar con catorce representantes unitarios dados que estos procedían de otro sindicato, lo que impide apreciar su verdadera representatividad.

78 En este sentido, la STS de 15 de junio de 2021(Rº 85/2019), en un supuesto en el que sí tenía implantación suficiente, no obstante, se afirma que "a mayor abundamiento, en el juicio oral se adhirió a la demanda el sindicato Federación de Servicios Sociales de la Unión General de Trabajadores de Andalucía, que en el ámbito de ASSDA tiene 17 representantes unitarios: un 31,48%, por lo que está legitimado para ejercer la presente acción".

79 En la STS de 6 de junio de 2011 (Rº 162/2010) se negó legitimación a un sindicato que acreditaba un 0.3% de afiliación; en la STS de 21 de octubre de 2015 (Rº 126/2015) se considera insuficiente implantación poseer el 8% de trabajadores afiliados, aunque en ella, parece, que la negación de legitimación se produce fundamentalmente porque solo se acredita tener constituida la sección sindical.

80 STS de 20 de marzo de 2012 (Rº 71/2010), STS de 13 de octubre de 2015 (Rº 301/2014), STS de 21 de julio de 2016 (Rº 134/2015), STS de 23 de octubre de 2018 (Rº 131/2017), STS de 26 de julio de 2022 (Rº 21/2022). Idéntica solución se da cuando se acredita que la sección sindical tiene un solo afiliado como acontece en la STS de 24 de junio de 2014 (Rº 297/2013).

81 STS de 10 de marzo de 2003 (Rº 33/2002), STS de 21 octubre 2015 (Rº 126/2015), STS de 14 de mayo de 2020 (Rº 232/2018).

suficiente a través de la ostentación de representación en algunos de los centros de trabajo y no en todos, que el Tribunal Supremo ha recordado que, tratándose de un despido colectivo, se debe tener implantación en el ámbito del mismo, no siendo suficiente tener representación en la empresa si no se tiene en los centros de trabajo afectados por tal medida empresarial, cuando no afecta a la totalidad de la empresa.[82] No obstante, en algún pronunciamiento parece producirse, obiter dicta, una flexibilización de la regla anterior al aceptarse la idea de que, aun no teniendo implantación en todos los centros afectados por el despido colectivo, si se tiene implantación suficiente en uno de los centros que aglutina a un porcentaje importante del total de la plantilla, a la vez que muchos de esos trabajadores resultan afectados por la medida empresarial, podría apreciarse la legitimación del sindicato minoritario.[83] Mayores dudas, como ya se ha expuesto, presenta la concreción de si puede ser suplida la falta de implantación por ostentar la condición de sindicato más representativo ex artículos 6 y 7 de la LOLS, admitiéndose en un pronunciamiento reciente que viene a rectificar otro anterior.[84]

4.2.2. La representación voluntaria del sindicato minoritario en favor del afiliado

La norma procesal laboral, sobre el presupuesto de la capacidad para ser parte y la capacidad procesal de las personas jurídicas, reconoce a los sindicatos, como personas jurídicas habilitadas para la defensa de los derechos e intereses colectivos, legitimación o cualidad para ser parte en relación con concretos objetos de unos procesos determinados. Legitimación procesal que se sustenta en su condición de titular de un derecho subjetivo que fundamenta su acción o pretensión o, no existiendo ese derecho o siéndolo de difícil configuración, porque se encuentran en una determinada situación que genera en ellos un interés legítimo en obtener aquella tutela (legitimación directa).

Más allá de esta posición jurídica en relación con el derecho material cuya tutela jurisdiccional solicita, se aprecia en nuestro ordenamiento jurídico la existencia

82 STS de 21 de octubre de 2014 (Rº 11/2014), STS de 25 de febrero de 2015 (Rº 202/2014).

83 En esa dirección la STS de 8 de noviembre de 2017 (Rº 40/2017) afirma que "puesto que en el centro de Madrid prestan servicio 152 trabajadores del total de 309 trabajadores de la empresa, lo que representa el 50% de su plantilla, entre los que hay un número muy elevado de afectados por el despido, cabría la posibilidad de admitir su legitimación si dicha sección sindical dispone realmente de un suficiente nivel de implantación en dicho centro de trabajo, que por extensión, pudiere a su vez considerarse como de implantación a nivel de empresa, atendida la singular relevancia del centro en el conjunto de la actividad empresarial".

84 En este sentido, de forma meridianamente clara se expresó la STS de 18 de mayo de 2022 (Rº 335/2021), cuando niega a un sindicato más representativo a nivel estatal la legitimación para impugnar un despido colectivo al no acreditar implantación suficiente, considerando que no existe el vínculo entre el sindicato y el objeto procesal reclamado por el artículo 17.2 LRJS y que ha sido rectificada pocos meses después por la STS de 20 de julio de 2022 (Rº 111/2022), que reconoce la legitimación por su condición de representativo.

de normas, incluidas o no en los textos procesales, que les conceden en casos o supuestos determinados o taxativos el derecho a obtener una concreta tutela jurisdiccional aunque no sean titulares del derecho subjetivo privado que fundamenta la concesión de esa tutela (legitimación indirecta). En este caso, el sindicato actúa en nombre propio y, en consecuencia, adopta la posición de parte procesal aunque defienda o accione un derecho ajeno, distinguiendo la doctrina entre una legitimación indirecta por sustitución, si el interés que defiende es el propio, y una legitimación indirecta por representación cuando sólo actúa en interés ajeno. Ambos supuestos de legitimación indirecta se diferencian de la representación voluntaria (conferida por la autonomía de la voluntad del representado) que cabe atribuir al sindicato para que éste actúe procesalmente, no en su propio nombre, sino en defensa de derecho ajeno, interés ajeno y en nombre ajeno y, como tal, no adquiera en esos procesos concretos la cualidad de parte procesal.

La LRJS contempla varías posibilidades de representación voluntaria en sentido estricto a favor de los sindicatos, modalidades de actuación representativa dentro del proceso laboral que en su conjunto responden o son el reflejo del protagonismo que el legislador les otorga en este último[85]. Esas modalidades son las siguientes: a) representación voluntaria sindical al amparo del artículo 18.1 de la LJS, que permite a quien es parte legitimada en un procedimiento laboral atribuir su representación a cualquier persona, sin distinguir si es física o jurídica, en el pleno ejercicio de sus derechos civil. Es decir, la amplia configuración del aspecto subjetivo de la representación permite la actuación de los sindicatos respecto de cualquier trabajador sea o no afiliado; b) representación voluntaria plural, exigida por el artículo 19.1 de la LJS cuando demanden conjuntamente más de diez actores, se establece obligatoriamente que la representación puede otorgarse, entre otros sujetos, a los Sindicatos; y c) representación sindical voluntaria de sus afiliados de conformidad con lo previsto en el artículo 20 de la LJS.[86]

85 Hace tiempo que la doctrina laboralista, por Cruz Villalón, J.: "Constitución y proceso de trabajo"; en Cruz Villalón, J. y Valdés Dal-Ré, F.: *Lecturas sobre la Reforma del Proceso Laboral*, ed. Ministerio de Justicia, Madrid, 1991, pág. 77, afirmó que ese conjunto de posibles actuaciones procesales de los sindicatos se debía a un largo proceso evolutivo, caracterizado por un progresivo aumento de su protagonismo dentro del proceso laboral.

86 Este supuesto de representación procesal, carecía de precedente alguno en nuestra historia procesal laboral, y se introdujo con una clara vocación de fomentar la presencia o intervención sindical en los conflictos individuales de sus afiliados, de suerte que la doctrina ha apuntado varias razones del interés sindical en actuar en las pretensiones individuales, a saber: a) facilitar a los trabajadores sus servicios jurídicos como instrumento de potenciación de los vínculos entre sindicatos y trabajadores; b) la difícil distinción con nitidez entre lo individual y lo colectivo, pues no puede desconocerse que multitud de pretensiones individuales tienen evidentes implicaciones colectivas; c) su presencia en los procedimientos individuales les permite extender su influencia y protagonismo sindical a una micro conflictividad laboral bastante extendida en España; d) tratar de vencer los obstáculos que puede tener el trabajador originados en el posible temor de éste a demandar al empleador judicialmente por las consecuencias perjudiciales que pudieran derivarse para él, facilitando la reclamación judicial de los derechos de los afiliados, y e) favorecer una defensa más eficaz de los derechos de los afiliados. Sobre el mismo se puede consultar, Murcia Clavería, A.: *La representación voluntaria en el proceso*

La representación voluntaria del afiliado por parte de su sindicato, acorde con las resoluciones del Comité de Libertad Sindical de la OIT —que, como ya se expuso, señalan que se debe asegurar a los sindicatos minoritarios su capacidad para defender y representar a sus afiliados en sus conflictos individuales—,[87] viene contemplada en el artículo 20 LJS, al establecerse que "los sindicatos podrán actuar en un proceso, en nombre e interés de los trabajadores y de los funcionarios y personal estatutario afiliados a ellos que así se lo autoricen, para la defensa de sus derechos individuales, recayendo en dichos afiliados los efectos de aquella actuación".

Se trata de una previsión, por tanto, que se reconoce a cualquier sindicato, sea o no representativo; lo que, en principio, supone que no se produce un tratamiento diferenciado para el sindicato minoritario. Ahora bien, lo que resulta interesante es ver si la interpretación de la configuración de esta representación voluntaria se hace en términos restrictivos o no, lo que daría lugar a apreciar o no un potenciamiento de su uso por los sindicatos minoritarios, en la medida en que puede suponer un incentivo de su acción sindical al poder representar a sus afiliados sin incurrir en los costes asociados a otras fórmulas de representación.

Un primer elemento flexibilizador de este supuesto de representación voluntaria, que incentiva su uso, lo constituye el hecho de configurar una presunción legal respecto a la autorización del trabajador afiliado.[88] Para que opere esta presunción, el artículo 20.2 de la LRJS exige la concurrencia de dos requisitos, uno, que el trabajador sea afiliado al sindicato y, otro, que la comunicación por el sindicato al trabajador de la intención de entablar una acción judicial en su nombre y representación.[89]

laboral", ed. Marcial Pons, Madrid, 1994; y especialmente, sobre la representación voluntaria de los afiliados a cargo de los sindicatos, las páginas 194-206 y 269-331; Cruz Villalón, J.: "La actuación del sindicato en los procesos individuales de trabajo", *Relaciones Laborales*, tomo I, 1992, pág. 311; Moreno Vida, Mª N.: "La posible legitimación del sindicato en los procesos individuales de trabajo", *Revista Española Derecho Trabajo*, nº 38, 1989, pág. 287.

87 Ver 336.º Informe CLS de la OIT, caso núm. 2153, párrafo 168 y 356º Informe CLS de la OIT, caso núm. 2691, párrafo 258.

88 Gil Suárez, L.: "Capacidad y legitimación procesales", en Borrajo Dacruz, E.: *La nueva Ley de Procedimiento Laboral*, tomo XIII, vol. 1º, ed. Edersa, Madrid, 1990, pág. 291.

89 En este sentido, , la STSJ Castilla-León, Burgos de 21 de junio de 1996 (AS 1996, 2354), cuando afirma que «el art. 20 de la LPL permite a los sindicatos actuar en un proceso en nombre e interés de los trabajadores afiliados a ellos que así se lo autoricen, y dado el carácter especial de la referida actuación, la ley exige para ello que el sindicato acredite, tanto la condición de afiliado del trabajador como la existencia de la comunicación al trabajador de su voluntad de iniciar el proceso»; o la STSJ Madrid de 13 de octubre de 2004 (JUR 2004, 93394) cuando afirma que el artículo 20 LPL «exige, en primer lugar, que el trabajador o trabajadores cuyos intereses dice defender estén afiliados al sindicato y éste habrá de acreditar la condición de afiliados y la autorización del trabajador para iniciar el proceso. Pues bien, aunque este segundo requisito pueda considerarse que concurre de forma tácita, el primero ha de ser expreso y acreditado materialmente en los autos. Lo que no consta y, en consecuencia, no está acreditada su capacidad procesal para actuar impugnando la convocatoria para cubrir un puesto de trabajo que se ha hecho pluriconsensuada, en cuya redacción participó en su día, que ha sido estimada correcta (su aplicación en este caso) por el Comité de Empresa, en el que también está representado mediante alguno de sus miembros».

Un segundo elemento flexibilizador se advierte en la acreditación de la condición de afiliado, pues siendo lo habitual aportar un certificado expedido por el órgano pertinente del sindicato en el que se contenga una declaración de que el trabajador al que se trata de representar reúne la referida condición de afiliado, en algún pronunciamiento judicial se ha admitido como dato acreditativo de la condición de afiliado el haberse presentado el trabajador por la candidatura del sindicato a las elecciones a representante de los trabajadores.[90] Esta flexibilización en la forma de acreditar la condición de afiliado si bien potencia su uso por el sindicato, presenta una objeción, al no tener en cuenta que en dicha candidatura pueden integrarse tanto trabajadores que están afiliados al sindicato como trabajadores independientes.

Respecto al otro elemento necesario para apreciar la presunción, la acreditación de la comunicación a su afiliado de que va a interponer una acción judicial, también se aprecia una relativización por cuanto no se exige la remisión expresa de una comunicación por parte del sindicato a su afiliado siendo suficiente que se pueda inferir de otros actos, como firmar la demanda conjuntamente con el sindicato,[91] firmarla únicamente la persona afiliada[92] o ratificarse en el acto de la vista oral.[93] Además en cuanto al contenido de la comunicación, se aprecia una flexibilización dado que parece que no es necesario incluir la concreta pretensión que se va a entablar en representación de la persona afiliada. Cuestión que durante un tiempo fue controvertida en la doctrina científica[94] y judicial,[95] hasta que el Tribunal

90 SJS nº 6 de Valencia, de 19 de noviembre de 2002 (AS 2002, 3407).

91 SJS, nº 6 de Valencia, de fecha de 19 de noviembre de 2002 (AS 2002, 3407). Solución también admitida en la doctrina científica por Mercader Uguina, J.R.: "Partes Procesales. Comentario al artículo 20 LPL", en De la Villa Gil, L.E. (dir.): Ley de Procedimiento Laboral, ed. La Ley, Madrid, 2006, pág. 279; AA.VV.: *El Proceso Laboral*, ed. Deusto, Barcelona, 2005, pág. 160; Iglesias Cabero, M: "Comentario al artículo 20 LPL", en Monereo Pérez, J.L. Moreno Vida, Mª. N. y Gallego Morales, A.J.: *Comentario a la Ley de Procedimiento Laboral*, ed. Comares, Granada, 2001, pág. 212.

92 STSJ Asturias de 22 de octubre de 2004 (AS 2004, 898).

93 STSJ de Islas Baleares de 31 de mayo de 1997 (AS 1997, 1568).

94 Mientras que Alfonso Mellado, C.L.: "Las partes procesales", en AA.VV..: Derecho Procesal Laboral, 5ª edición, ed. Tirant lo Blanch, Valencia, 2003, pág. 91, postulaba que "sería suficiente comunicar «qué se va a reclamar y a quien"; otros AA.VV.: *El Proceso Laboral*, ob.cit., pág. 161, defienden la necesidad de identificar la pretensión.

95 La STSJ Andalucía, Sevilla de 9 de mayo de 1997 (AS 1997, 4524), sostiene que la comunicación no puede limitarse a una genérica declaración por parte del sindicato al afiliado de su intención de interponer una demanda en su nombre y representación, sino que será necesario que aquélla refleje "con el necesario detalle la pretensión que se ejercita» para que el afiliado conozca el «contenido esencial del proceso, en concreto de los hechos fundamentadores y de las pretensiones que se van a formular en la demanda, ya con traslado de su contenido, ya con información de sus extremos sustanciales", sin que haya de contener "una reproducción de los términos del suplico de la demanda. Basta que se identifique la acción a ejercitar de modo que el trabajador conozca la pretensión que se va a deducir en su nombre, a fin de que pueda oponerse, si así conviene a sus intereses. La concreción técnica de los pedimentos ha de realizarse con posterioridad»; concluyéndose en dicho supuesto que no hay comunicación y no se tiene por formalizada la representación porque «como toda comunicación el sindicato ha aportado una certificación propia y una relación con sello de envío por correos de otro documento que no consta, donde sólo se dice que se ha puesto en conocimiento de los actores "la voluntad [...] de iniciar las acciones judiciales pertinentes en aras al reconocimiento de su condición

Supremo[96] vino unificar criterio al resolver sobre la admisión o no de falta de representación del sindicato accionante debido a que la autorización de los afiliados se refería únicamente a horas extraordinarias, y al apreciar la representación parece deducirse que el precepto procesal no exige que se tenga que concretar el tipo de acción que se ejercita, sino únicamente la voluntad de accionar.

Finalmente se ha de apuntar que, en esta interpretación promocional de este supuesto de representación voluntaria, la defectuosa acreditación tanto de la condición de afiliado como de la comunicación sindical se ha configurado, no como un defecto de las normas que regulan la comparecencia, que resulta insubsanable, sino como un defecto que afecta a la demanda y, en consecuencia, es subsanable. De forma clara se ha pronunciado la STS de 11 de diciembre de 2000 (Rec. 2327/1999) al sostener que, ante la omisión de la acreditación de la condición de afiliado o de la comunicación sindical al afiliado, "no podemos hablar de infracción de las normas que regulan la comparecencia, sino de defectos en la presentación de la demanda», dado que el artículo 20 de la LJS sujeta la acreditación de la afiliación y de la comunicación sindical a la presentación de la demanda, de suerte que el legislador atribuye la omisión o defecto de dichos extremos «a la demanda [...] y no a la comparecencia» y, en consecuencia, «tratándose de un defecto de la demanda [... se debe] hacer uso del trámite de subsanación" previsto en el artículo 81.1 LRJS.

5. CONCLUSIÓN

Partiendo de la premisa de la conformidad a Derecho del establecimiento de un distinto régimen jurídico para el sindicato minoritario respecto al sindicato representativo, tanto en el ámbito internacional, como lo demuestra la doctrina del Comité de Libertad Sindical de la OIT, como en nuestro ordenamiento interno, podemos concluir que la configuración de la garantía jurisdiccional social —o lo que es lo mismo, el proceso laboral— se caracteriza por su neutralidad desde la óptica de la libertad e igualdad sindical, al otorgarse en términos de generalidad a los sindicatos una serie de facultades y prerrogativas en el sentido de que se reconocen a cualquier sindicato, sin distinguir si este tiene o no la condición de representativo; condición esta última que no se revela determinante a la hora de que un sindicato pueda utilizar o acudir a la garantía jurisdiccional social.

En primer lugar, desde el prisma constitucional, ni el artículo 28 de la CE, ni su desarrollo legal, la LOLS, otorgan facultad procesal alguna con exclusividad al sindicato representativo frente al sindicato minoritario; sin perjuicio del distinto alcance subje-

de trabajadores fijos". Por el contrario, estimando que la comunicación cumple el contenido esencial, la STSJ Cataluña de 10 de febrero de 1995 (AS 1995, 697) afirma que "se hizo saber a los actores, por medio de telegrama, que el sindicato se proponía interponer demanda para "reclamar daños y perjuicios por discriminación salarial durante el tiempo que trabajó con contrato temporal" y es indudable que tal comunicación cubría los pedimentos que se formularon: declaración de vulneración del derecho de igualdad, nulidad de tal conducta e indemnización por los perjuicios causados".

96 STS de 11 de diciembre de 2000 (Rº 2327/1999).

tivo que se reconoce al sindicato más representativo en el supuesto de coadyuvancia sindical en relación con cualquier trabajador —afiliado, afiliado a otro sindicato o no afiliado— que se niega al sindicato minoritario al circunscribir la coadyuvancia de éste último solo en relación con sus afiliados.

En segundo lugar, en el plano de la configuración legal de la garantía jurisdiccional, desde un prisma cuantitativo, la mayoría de las previsiones dirigidas a los sindicatos se dibujan desde un punta de vista subjetivo de forma genérica al atribuirse indistintamente a todo sindicato —sea minoritario o representativo—, así acontece en materia de legitimación, representación procesal, impugnación de estatutos sindicales, exención de depósitos y consignaciones o en relación con la facultad de instar la formalización de un recurso de casación para la unificación de doctrina.

A lo largo de la ordenación jurídica de la garantía jurisdiccional social solo hay tres aspectos en los que se otorga un distinto tratamiento al sindicato minoritario respecto al sindicato representativo, a saber: en materia de impugnación de actos administrativos, de legitimación para la interposición de acciones colectivas y la coadyuvancia sindical en la tutela de derechos fundamentales de las personas trabajadoras. En ninguna de estas tres previsiones, desde una perspectiva cualitativa, la diferencia de trato ha consistido en reconocer al sindicato representativo una prerrogativa procesal y negársela al sindicato minoritario, sino que, partiendo del reconocimiento de las mismas a ambos tipos de sindicato, la diferenciación se ha situado o bien en el distinto presupuesto en que cada uno de ellos puede utilizarlas o bien el ámbito subjetivo respecto al que puede ejercitarla. En efecto, en materia de impugnación de actos administrativos y de legitimación en acciones colectivas se ha admitido su utilización por el sindicato minoritario si ostenta la implantación suficiente, parámetro que no se exige al sindicato representativo; mientras que en el supuesto de la coadyuvancia sindical la diferencia gira en torno al sujeto, dado que el sindicato minoritario solo puede ser coadyuvante de una persona afiliada, mientras que el sindicato más representativo puede serlo de cualquiera, este o no afiliada a él.

De estas tres previsiones solo está última supone, en realidad, un diverso tratamiento, al contemplarse un reconocimiento de un ámbito subjetivo de una facultad procesal al sindicato mayoritario que no se reconoce con la misma amplitud al sindicato minoritario, lo que consideramos tiene una difícil justificación en aras a respetar la libertad e igualdad del este último en tanto que, concibiéndose constitucionalmente como un medio de acción social, al limitarse el ámbito subjetivo de actuación del sindicato minoritario —solo a los afiliados— se está dando lugar a una excesiva promoción a favor del sindicato representativo que puede inducir a un cambio de afiliación o a la afiliación a favor de éste.

La aludida neutralidad de la configuración de la garantía jurisdiccional social ante el fenómeno sindical se apuntala con una interpretación jurisprudencial favorecedora de la actuación procesal del sindicato minoritario. Efectivamente, en la concreción de la legitimación para la interposición de acciones colectiva, nuestro Tribunal Supremo ha venido realizando una laxa exégesis de lo que se ha de entender como "implantación suficiente" que favorece la presencia del sindicato minoritario en el proceso laboral, al facilitársele la posibilidad de interponer acciones colectivas.

Atendiendo a lo expuesto se puede afirmar que la diferenciación entre el sindicato representativo y el sindicato minoritario opera en otros planos —negociación colectiva, participación institucional, etc— pero no se evidencia en el plano procesal laboral, dado que se viene reconociendo a ambos idénticas facultades y prerrogativas judiciales; sin que el diverso rol como coadyuvante en la tutela de derechos fundamentales, por poco justificado que pueda estar, desvirtúe la conclusión alcanzada a la vista del resto de prerrogativas que se reconocen a ambos tipos de sindicato y que ese diferente rol se circunscribe al ámbito subjetivo de la facultad, no al reconocimiento mismo de ésta.

6. BIBLIOGRAFÍA

AA.VV.: *El Proceso Laboral*, ed. Deusto, Barcelona, 2005.

ALEGRE NUENO, M.A.: "Comentario al artículo 17 LRJS", en Blasco Pellicer, A. (dir.): *Comentarios a la Ley Reguladora de la Jurisdicción Social*, Tirant lo Blanch, 2023.

ALFONSO MELLADO, C.L.: "Las partes procesales", en AA.VV..: Derecho Procesal Laboral, 5ª edición, ed. Tirant lo Blanch, Valencia, 2003.

CRUZ VILLALÓN, J.: "Constitución y proceso de trabajo"; en Cruz Villalón, J. y Valdés Dal-Ré, F.: *Lecturas sobre la Reforma del Proceso Laboral*, ed. Ministerio de Justicia, Madrid, 1991.

CRUZ VILLALÓN, J.: "La actuación del sindicato en los procesos individuales de trabajo", *Relaciones Laborales*, tomo I, 1992.

FERNÁNDEZ DOMÍNGUEZ, J.J.: "Proceso especial de protección (tutela) de la libertad sindical", en AA.VV.: *Diccionario Procesal Social*, ed. Civitas, 1996.

FOLGUERA CRESPO, J.A.: "Comentario al artículo 229 LRJS" en AA.VV.: *Comentarios a la Ley Reguladora de la Jurisdicción Social*, Lex Nova, 2011.

GALIANA MORENO, J.Mª: "Comentario al artículo 151 LRJS" en Sempere Navarro, A.V. (dir.).: *Comentarios a la Ley de Jurisdicción Social*, ed. Aranzadi-Thomson-Reuters, 2013.

GARCÍA RUBIO, Mª.A.: "Comentario al artículo 155 LRJS", en Blasco Pellicer, A. (dir.): *Comentarios a la Ley Reguladora de la Jurisdicción Social*, Tirant lo Blanch, 2023, pág. 1042.

GIL SUÁREZ, L.: "Capacidad y legitimación procesales", en Borrajo Dacruz, E.: *La nueva Ley de Procedimiento Laboral*, tomo XIII, vol. 1º, ed. Edersa, Madrid, 1990.

IGLESIAS CABERO, M: "Comentario al artículo 20 LPL", en Monereo Pérez, J.L. Moreno Vida, MªN. y Gallego Morales, A.J.: *Comentario a la Ley de Procedimiento Laboral*, ed. Comares, Granada, 2001.

LUJÁN ALCARAZ, J.: "Comentario al artículo 14 LOLS", en Pérez de los Cobos Orihuel, F. (dir.): *Ley Orgánica de Libertad Sindical*, ed. La Ley, 2010.

MARTÍN VALVERDE, A. y Fernández Márquez, O.: "Comentario al artículo 219 LRJS", en Monereo Pérez, J.L. (dir.): *Ley de la Jurisdicción Social. Estudio técnico-jurídico y sistemático de la Ley 36/2011, de 10 de octubre*, Comares, 2013.

MARTÍN VALVERDE, A. y Martínez Moreno, C.: "Comentario al artículo 2 LOLS", en Pérez de los Cobos Orihuel, F. (dir.): *Ley Orgánica de Libertad Sindical*, ed. La Ley, 2010, pág. 130.

MAURANDI GUILLÉN, N.A.: "Comentario al artículo 151 LRJS" en AA.VV.: *Comentarios a la Ley Reguladora de la Jurisdicción Social*, Lex Nova, 2011.

MERCADER UGUINA, J.R.: "Comentario al artículo 17 LRJS", en Mercader Uguina, J.R. (dir.).: *Ley Reguladora de la Jurisdicción Social comentada y con jurisprudencia*, La Ley, 2015.

MERCADER UGUINA, J.R.: "Comentario al artículo 229 LRJS", en Monereo Pérez, J.L. (dir.): *Ley de la Jurisdicción Social. Estudio técnico-jurídico y sistemático de la Ley 36/2011, de 10 de octubre*, Comares, 2013.

MERCADER UGUINA, J.R.: "Partes Procesales. Comentario al artículo 20 LPL", en De la Villa Gil, L.E. (dir.): Ley de Procedimiento Laboral, ed. La Ley, Madrid, 2006.

MONEREO PÉREZ, J.L.: "Comentario al artículo 6 LOLS", en Pérez de los Cobos Orihuel, F. (dir.): *Ley Orgánica de Libertad Sindical*, ed. La Ley, 2010.

MONTOYA MEDINA, D.: "Comentario al artículo 151 LRJS", en Blasco Pellicer, A. (dir.): *Comentarios a la Ley Reguladora de la Jurisdicción Social*, Tirant lo Blanch, 2023.

MONTOYA MELGAR, A.: "Comentario al artículo 17 LRJS" y "Comentario al artículo 20 LRJS", en Sempere Navarro, A.V. (dir.).: *Comentarios a la Ley de Jurisdicción Social*, ed. Aranzadi-Thomson-Reuters, 2013.

MORENO VIDA, M.ªN.: "Comentario al artículo 17 LRJS", en Monereo Pérez, J.L. (dir.): *Ley de la Jurisdicción Social. Estudio técnico-jurídico y sistemático de la Ley 36/2011, de 10 de octubre*, Comares, 2013.

MORENO VIDA, Mª N.: "La posible legitimación del sindicato en los procesos individuales de trabajo", *Revista Española Derecho Trabajo*, nº 38, 1989.

PÉREZ DE LOS COBOS ORIHUEL, F. y JURADO SEGOVIA, A.: "El pluralismo sindical en la doctrina del Comité de libertad sindical de la OIT", próxima publicación.

SEMPERE NAVARRO, A.V.: "Comentario al artículo 219 LRJS" y "Comentario al artículo 235 LRJS", en Sempere Navarro, A.V. (dir.).: *Comentarios a la Ley de Jurisdicción Social*, ed. Aranzadi-Thomson-Reuters, 2013.

TRILLO GARCÍA, A.R: "Comentario al artículo 151 LRJS" en Mercader Uguina, J.R. (dir.).: *Ley Reguladora de la Jurisdicción Social comentada y con jurisprudencia*, La Ley, 2015.

VALDÉS DAL-RE, F.: "Comentario al artículo 7 LOLS", en Pérez de los Cobos Orihuel, F. (dir.): *Ley Orgánica de Libertad Sindical*, ed. La Ley, 2010.

Los “otros” sindicatos en el empleo público

Remedios Roqueta Buj
Catedrática de Derecho del Trabajo y de la Seguridad Social
Universidad de Valencia

The “other” unions in public employment

SUMARIO:

1. INTRODUCCIÓN. 2. LA DELIMITACIÓN DE LA REPRESENTATIVIDAD SINDICAL EN LA FUNCIÓN PÚBLICA. 3. LAS PRERROGATIVAS LEGALES ATRIBUIDAS A LOS SINDICATOS MÁS REPRESENTATIVOS Y SIMPLEMENTE REPRESENTATIVOS. 3.1. Sindicatos más representativos. 3.2. Sindicatos simplemente representativos. 3.2.1. Enumeración. 3.2.2. La acción sindical en centros de trabajo. 3.2.3. El derecho a la promoción de elecciones a Delegados y Juntas de Personal en las Administraciones Públicas. 3.2.4. La negociación colectiva. 3.2.5. La solución extrajudicial de conflictos colectivos. Bibliografía.

RESUMEN: El derecho de libertad sindical de los funcionarios públicos se regula en la Ley Orgánica 11/1985, de 2 de agosto, de Libertad Sindical. No obstante, esta disposición legal, en cumplimiento del doble mandato establecido en los arts. 28.1 y 103.3 de la Constitución Española, establece determinadas peculiaridades propias de la libertad sindical de los funcionarios públicos, al tiempo que se remite en cuanto al ejercicio de la actividad sindical colectiva «a los términos previstos en las normas correspondientes», de suerte que serán éstas últimas las que establezcan las condiciones de su ejercicio. En este contexto se sitúa el presente estudio en el que se analiza el papel de los sindicatos que no son más representativos en el ámbito del empleo público, particularmente en cuanto a la acción sindical en los centros de trabajo y la negociación colectiva.

Palabras Clave: libertad sindical, funcionarios públicos, sindicatos, sindicatos más representativos, Administraciones Públicas.

ABSTRACT: The right to freedom of association for public officials is regulated in Organic Law 11/1985, of August 2, on Freedom of Association. However, this legal provision is in compliance with the double mandate established in the arts. 28.1 and 103.3 of the Spanish Constitution stablishes certain peculiarities of the freedom of association of public officials while referring to the exercise of collective union activity «to the terms provided in the corresponding regulations», so that it will be the latter that establishes the conditions of its exercise. This study is situated in this context, in which the role of unions that are not more representative in the field of public employment is analyzed, particularly in terms of union action in workplaces and collective bargaining.

Keywords: freedom of association, civil servants, unions, most representative unions, public administrations.

1. INTRODUCCIÓN

El derecho de libertad sindical de los funcionarios públicos se regula en la Ley Orgánica 11/1985, de 2 de agosto, de Libertad Sindical (LOLS). No obstante, esta disposición legal, en cumplimiento del doble mandato establecido en los arts. 28.1 y 103.3 de la Constitución Española, establece determinadas peculiaridades propias de la libertad sindical de los funcionarios públicos, al tiempo que se remite en cuanto al ejercicio de la actividad sindical colectiva «a los términos previstos en las normas correspondientes», de suerte que serán éstas últimas las que establezcan las condiciones de su ejercicio. En este contexto se sitúa el presente estudio en el que se analiza el papel de los sindicatos que no son más representativos en el ámbito del empleo público.

2. LA DELIMITACIÓN DE LA REPRESENTATIVIDAD SINDICAL EN LA FUNCIÓN PÚBLICA

No existen reglas específicas que se ocupen de definir la representatividad sindical en el ámbito de la función pública. La legislación ha diseñado y definido la representatividad sindical de una manera conjunta y global, mediante unas reglas que se aplican a los sectores público y privado, con inclusión, por tanto, de los funcionarios públicos. Los arts. 6 y 7 de la LOLS, que constituyen el núcleo de esta regulación, contemplan el conjunto de sectores de actividad, sin establecer peculiaridades respecto de la función pública.

Así, los arts. 6 y 7 de la LOLS distinguen entre los *«sindicatos más representativos a nivel estatal» —«los que acrediten una especial audiencia, expresada en la obtención, en dicho ámbito del 10 por 100 o más del total de delegados de personal de los miembros de los comités de empresa y de los correspondientes órganos de las Administraciones públicas»* [art. 6.2.a)]—, los *«sindicatos más representativos a nivel de Comunidad Autónoma» —«los sindicatos de dicho ámbito que acrediten en el mismo una especial audien-*

cia expresada en la obtención de, al menos, el 15 por 100 de los delegados de personal y de los representantes de los trabajadores en los comités de empresa, y en los órganos correspondientes de las Administraciones públicas, siempre que cuenten con un mínimo de 1.500 representantes y no estén federados o confederados con organizaciones sindicales de ámbito estatal» (art. 7.1.a)—y los *«sindicatos simplemente representativos» —«las organizaciones sindicales que aun no teniendo la consideración de más representativas hayan obtenido, en un ámbito territorial y funcional específico, el 10 por 100 o más de delegados de personal y miembros de comité de empresa y de los correspondientes órganos de las Administraciones públicas»* (art. 7.2)—.

El indicador utilizado en estos preceptos para delimitar la representatividad es la audiencia electoral del sindicato, medida a su vez por el número de delegados de personal, miembros de los comités de empresa y miembros de *«los correspondientes órganos de las Administraciones Públicas»* elegidos en las candidaturas presentadas por las organizaciones sindicales.

Pero no es sólo la audiencia electoral la que atribuye a los sindicatos la condición de mayor representatividad, ya que son también *«sindicatos más representativos» «los sindicatos o entes sindicales afiliados, federados o confederados»* a una organización sindical más representativa a nivel estatal y de Comunidad Autónoma [arts. 6.2.b) y 7.1.b) LOLS]. Nuestro ordenamiento jurídico incorpora un nuevo criterio cual es el de la mayor representatividad por irradiación: El sindicato más representativo irradia esa cualidad a todos los entes sindicales que forman parte de este. Sólo la organización sindical que irradia ha de acreditar una audiencia electoral mínima, no así el resto de las entidades sindicales. La audiencia electoral no juega aquí de una forma directa, sino como presupuesto previo para que pueda tener lugar la irradiación.

De este modo, existen dos clases de sindicatos más representativos a nivel estatal y a nivel de Comunidad Autónoma:

- En primer lugar, los sindicatos más representativos *«stricto sensu»*, esto es, los que obtienen una determinada representatividad en el conjunto del territorio estatal o de una Comunidad Autónoma y en la totalidad de sectores de actividad, incluido el funcionarial[1]. No basta, pues, para ser sindicato más representativo el tener el 10 por 100 de representatividad en un sector concreto, por amplio que éste sea. Un sindicato como CSIF, por ejemplo, puede ser representativo en el sector de la función pública, pero no es un sindicato más representativo. Se trata, por tanto, de organizaciones sindicales complejas y, más concretamente, de Confederaciones sindicales de carácter general o intersectorial y de ámbito estatal o de Comunidad Autónoma[2]. En concreto,

1 Cfr. la STS (CA) de 11 de mayo de 2005 (RJ/4659).

2 La LOLS no exige expresamente la estructura confederal, pero sólo este tipo de sindicatos pueden alcanzar este grado de representatividad en un ámbito tan amplio. No importa que la organización sindical compleja se haya constituido a partir de la asociación y federación de organizaciones sindicales inferiores, ni que estas estructuras de nivel inferior hayan sido creadas posteriormente; tampoco impor-

tras varios procesos electorales, son sindicatos más representativos a nivel estatal UGT y CC.OO., y ELA-STV y LAB y CIGA ostentan la condición de más representativas en sus respectivas comunidades.

– En segundo lugar, los sindicatos o entes sindicales integrados en una de las organizaciones de ámbito estatal o de Comunidad Autónoma anteriores. El legislador extiende la cualidad de mayor representatividad de la organización sindical compleja a todos los entes sindicales que la forman, que se convierten automáticamente en sindicatos más representativos por irradiación, sin necesidad de acreditar una mínima audiencia electoral en su respectivo ámbito, sino únicamente su pertenencia a aquella[3].

Dada la opción legal a favor del cómputo conjunto de las representaciones electivas de trabajadores y funcionarios para determinar la mayor representatividad sindical, los sindicatos de funcionarios integrados en las confederaciones sindicales más representativas a nivel estatal o de Comunidad Autónoma ostentan, automáticamente, la condición de más representativas, aunque carezcan de una efectiva implantación en el ámbito funcionarial correspondiente. En efecto, los sindicatos funcionariales adscritos a las Confederaciones más representativas a nivel estatal o autonómico ostentan, automáticamente, la condición de más representativos en su respectivo ámbito y, por tanto, la legitimación automática para negociar en el mismo, aunque no hayan obtenido un solo voto en las elecciones para juntas y delegados de personal, compartiendo así la mesa con los sindicatos de capacidad propia. En contraste con lo que se exige al resto de sindicatos, a éstos les bastará con acreditar su vinculación orgánica con la Confederación sindical, sin necesidad de demostrar que en ese ámbito concreto cuentan con la audiencia electoral mínima exigida como norma general. La irradiación de la representatividad que la ley viene a conceder a esos sindicatos generales, atribuyéndoles legitimación para intervenir en la función pública se acomoda por ahora a las características que presenta el sindicalismo funcionarial. Pero, aunque en la actualidad exista una concordancia entre la audiencia electoral y las previsiones legales, pudiera suceder que en el futuro cambiara la actual correlación de fuerzas. En tal caso estos sindicatos tendrían la posibilidad de representar a los funcionarios en los foros de negociación sin acreditar una representatividad real o cierta

ta que la Confederación haya surgido de la fusión de varias confederaciones de ámbito más restringido. Así, por ejemplo, la STS de 15 de noviembre de 1989 niega que la CSIF tenga la cualidad de sindicato más representativo a nivel autonómico *«por el mero dato de haber obtenido 34 Delegados, y aunque esta cifra sea mayor que la lograda por UGT y CCOO, tanto porque su número es inferior al mínimo legal de 7.500 representantes cuanto porque CSIF es una organización sindical de ámbito estatal y las Uniones territoriales son meros órganos dentro de su estructura (art. 32 de los estatutos), por lo que cualquier resultado que obtenga en unas elecciones sindicales carece de relevancia a los efectos de obtener la consideración de sindicato más representativo a nivel autonómico como resulta de lo preceptuado en el art. 7.1 LOLS»*.

3 La STC 187/1987, de 24 de noviembre establece que: *«cuando la Ley se ocupa de la irradiación de representatividad de las organizaciones superiores a las inferiores, únicamente exige un vínculo de afiliación, federación o confederación, sin requerir en ningún caso que el sindicato inferior (afiliado, federado o confederado), se presente a las elecciones con las siglas de ¡a organización compleja en la que se integra»* (f.j. n° 6).

dentro de dichos contornos; es más, aunque se demostrase que no cuentan con ella. No obstante, la distorsión producida por la presencia en el órgano negociador de un *«convidado de piedra»* se compensa por estar repartidos los puestos en función de la implantación sindical (art. 35.1 EBEP) y porque no impide que quienes alcancen la suficiente representatividad en el ámbito de negociación puedan formar parte de la mesa negociadora. A mayor abundamiento, hay que tener en cuenta que el art. 35.1 del EBEP, a diferencia de la Ley 9/1987, de 12 de junio, de Órganos de Representación, Determinación de las Condiciones de Trabajo y Participación del Personal al Servicio de las Administraciones públicas (en adelante, LORAP), exige una representatividad mínima de conjunto para la válida constitución de la mesa negociadora, por lo que la no concurrencia o posterior abandono de la mesa de una o varias organizaciones sindicales, haciendo descender el nivel de representatividad por debajo de la mayoría absoluta de representantes unitarios, va a impedir a este tipo de organizaciones sindicales concluir en solitario los Pactos y Acuerdos dotados de eficacia general.

Por el contrario, los sindicatos que limitan su campo de acción a la función pública no podrán alcanzar la condición de más representativos pues, computando únicamente la representación en este ámbito, difícilmente alcanzarán los mínimos establecidos en los arts. 6.2.a) y 7.1.a) de la LOLS, por lo que, a diferencia de los anteriores, sólo podrán ejercitar las prerrogativas establecidas en el art. 7.2 de la LOLS si acreditan previamente su representatividad en el ámbito funcional y territorial al que se extiende su actividad[4]. Por tanto, puede haber tantos sindicatos suficientemente representativos como combinaciones posibles de los ámbitos funcional y/o territorial de las mesas de negociación. En un ámbito concreto —por ejemplo, el empleo público o la función pública en general, o el sector de sanidad, educación no universitaria, justicia, etc., en todo el Estado— puede haber uno o varios sindicatos suficientemente representativos, los cuales gozarán de capacidad representativa en ese específico ámbito. En otro ámbito —por ejemplo, en los mismos ámbitos o sectores, pero en la Administración General del Estado o en la Administración Pública de la Generalidad Valenciana o del Ayuntamiento de Valencia— pueden ser suficientemente representativos otros sindicatos, los cuales, a su vez, gozarán de representatividad en ese otro ámbito. En estos casos no se produce la irradiación de representatividad: es decir, aunque una federación sea representativa en el ámbito de la función pública de todo el Estado, ello no supone que un sindicato de funcionarios de la AGE o de la Administración de Justicia no transferida o de la Administración Pública de la Generalidad Valenciana o del Ayuntamiento de Valencia federados a ella lo sean en su propio ámbito funcional y territorial[5].

La LORAP, en un claro intento de garantizar la gobernabilidad de las relaciones colectivas en la función pública, permitía la irradiación de la suficiente representatividad

4 Cfr. las SSTS (CA) de 24 de julio de 1990 (RJ/6346), 11 de mayo de 2005 (RJ/4659) y 3 de octubre de 2007 (RJ/7039).

5 Cfr. la STS (CA) de 24 de julio de 1990 (RJ/6346).

a determinados efectos. En efecto, de acuerdo con lo dispuesto en el párrafo segundo del art. 31.2 de esta disposición legal, en las Mesas sectoriales de negociación de la Administración General del Estado, además de las organizaciones sindicales más representativas a nivel estatal y de Comunidad Autónoma y de las que hubieran obtenido el 10 por 100 o más de los representantes unitarios en el correspondiente sector, estaban también presentes los sindicatos que hubieran obtenido el 10 por 100 o más de los representantes en las elecciones a las juntas de personal en la referida Administración pública. De este modo, se reconocía legitimación directa y automática para formar parte de las Mesas sectoriales de negociación de la Administración General del Estado a los sindicatos simplemente representativos en el conjunto de la función pública estatal, esto es, a aquellos que habían obtenido el 10% o más de los miembros de las juntas de personal electos en el ámbito de la Administración estatal. De esta suerte se procedía a una ampliación de las posibilidades de *«irradiación»* de la representatividad sindical, pues se concedía legitimación para negociar, sin necesidad de acreditar otra circunstancia, a los entes sindicales que, actuando en el correspondiente sector, se encontrasen vinculados orgánicamente con un sindicato que hubiera obtenido el 10 por 100 como mínimo de los representantes unitarios elegidos en el conjunto de la función pública estatal. El legislador quería garantizar así la presencia en las negociaciones sectoriales de los sindicatos que integraban a todos los funcionarios de la Administración General del Estado a fin de asegurar la consideración, en cada concreto sector, de los intereses generales de todos ellos.

Sin embargo, lo cierto es que dicha presencia reducía el peso porcentual de los sindicatos verdaderamente representativos en el sector de que se tratase. Seguramente, por ello, el art. 79.2 de la Ley 55/2003, de 16 de diciembre, por la que se aprueba el Estatuto Marco del personal estatutario de los Servicios de Salud, dispondrá que en la Mesa sectorial de negociación que se constituya en el ámbito de cada Servicio de Salud estarán presentes *«las organizaciones sindicales más representativas en el nivel estatal y de Comunidad Autónoma, así como las que hayan obtenido el 10 por 100 de los representantes en las elecciones a delegados y juntas de personal en el servicio de salud»*. Por consiguiente, en el sector sanitario la legitimación para negociar corresponderá a las organizaciones sindicales simplemente representativas siempre y cuando *«hayan obtenido el 10 por ciento o más de los representantes en las elecciones para delegados y juntas de personal en el servicio de salud»*. Es decir, los sindicatos que no sean más representativos sólo tendrán derecho a formar parte de la Mesa sectorial de sanidad si acreditan el 10 por 100 como mínimo de los representantes unitarios en los centros y servicios sanitarios de la Administración General del Estado. Se trata, por tanto, de una opción distinta de la que mantenía la LORAP. Y, en este sentido, no cabe duda que estos sindicatos, guiados por sus intereses privativos, ahondarán en las peculiaridades del régimen jurídico aplicable al personal estatutario, a pesar de que la Ley 55/2003 establece con nitidez el carácter funcionarial de la relación estatutaria (art. 1) y, además, proclama que en lo no previsto en ella o en sus normas complementarias, *«serán aplicables al personal estatutario las disposiciones y principios generales sobre función pública de la Administración correspondiente»* (art. 2.2).

El EBEP generaliza esta regla a todos los sectores de actividad. De esta manera, las organizaciones sindicales simplemente representativas deben acreditar su representación en el ámbito territorial y funcional de la correspondiente Mesa sectorial de negociación sin que pueda operar de forma automática la irradiación de la suficiente representatividad. Aunque la presencia de los sindicatos que integran a todo el personal funcionario de la correspondiente Administración pública en las negociaciones a nivel sectorial sea aconsejable, en la medida en que asegura, a su vez, la presencia, en cada concreto sector, de los intereses generales de todos los funcionarios públicos, la adopción de esta medida se comprende si se tienen en cuenta las novedades que se introducen en cuanto a la válida constitución de las mesas de negociación (art. 35.1 EBEP).

Por otra parte, dada la peculiar delimitación de las unidades electorales, resulta imposible determinar con rigor la representatividad de las organizaciones sindicales funcionariales en determinados ámbitos, verbigracia a nivel ministerial, en el que se puede conocer la representación obtenida en los servicios centrales, pero no en los provinciales, limitándose con ello las posibilidades de acción de tales sindicatos[6]. Por ello, la STS (CA) de 26 de mayo de 2010 (Rec. 941/2007) entiende razonable la participación en la Mesa Sectorial de Negociación específica del Ministerio de Hacienda del sindicato que ha obtenido un 12,9 por 100 en las elecciones a la Junta de Personal del Ministerio de Hacienda, sin tomar en consideración los resultados de esas elecciones en los servicios periféricos de dicho ministerio, ya que su participación no impide la de los demás sindicatos con representación y que la finalidad de limitar la participación de los sindicatos es hacer posible y viable aquélla, estableciendo un límite de participación. Mas, como señala la STS (CA) de 27 de septiembre de 2002 (Rec. 4838/1998), *«la inescindible conexión entre libertad sindical, negociación colectiva y representatividad del sindicato debe llevar a la conclusión de que la libertad sindical puede verse lesionada no sólo cuando injustificadamente se excluye de la mesa negociadora a un sindicato legitimado para participar en esa actividad, como era el caso contemplado en la STC 73/1984, de 27 de junio, sino también cuando se minusvalora su representatividad y, como consecuencia de ello, se rompe «el equilibrio real entre los distintos legitimados»* o se reduce *«la capacidad de alguno o algunos de ellos»; y ello porque, en el ámbito de la negociación colectiva, la representatividad sindical actúa «no sólo para atribuir la capacidad negociadora sino también el grado o «quantum» de dicha capacidad», pues la medición de representatividad de las distintas organizaciones sindicales legitimadas para intervenir en la negociación colectiva y la consiguiente distribución de puestos en la comisión negociadora podrían afectar el derecho a la libertad sindical de los sindicatos concurrentes en el proceso negociador»*. Además, los problemas de las organizaciones sindicales aumentan a partir del nuevo esquema legal, pues el art. 35.1 del EBEP, a diferencia de la LORAP, les exige para la válida constitución de la mesa negociadora que representen, como mínimo, a la mayoría absoluta de las representaciones unita-

6 Cfr. la STS (CA) de 26 de mayo de 2010 (Rec. 941/2007).

rias en el ámbito de la negociación colectiva de que se trate. Por lo tanto, si la configuración de las unidades electorales no se adecua a los ámbitos de negociación, ello impide la válida constitución de las mesas de negociación.

No obstante, debe advertirse que los cambios que el EBEP introduce respecto del sistema electoral instaurado en la LORAP pueden contribuir a paliar en parte las dificultades reseñadas. En primer lugar, porque la escala que establece el art. 39.5 del EBEP en orden a la determinación del número de representantes de las Juntas de Personal, en línea con lo dispuesto en el ET, amplía el número de ellos en los tramos intermedios, incrementándolos en cada uno de ellos en un número de dos (9, en vez de 7; 13 en lugar de 11, etc.). En segundo lugar, porque, aunque provisionalmente se mantiene el art. 7 de la LORAP [DD Única. c) EBEP][7], se dispone que *«el establecimiento de las unidades electorales se regulará por el Estado y por cada Comunidad Autónoma dentro del ámbito de sus competencias legislativas»* y que *«previo acuerdo con las Organizaciones Sindicales legitimadas en los artículos 6 y 7 de la Ley Orgánica 11/1985, de 2 de agosto, de Libertad Sindical, los órganos de gobierno de las Administraciones Públicas podrán modificar o establecer unidades electorales en razón del número y peculiaridades de sus colectivos, adecuando la configuración de las mismas a las estructuras administrativas o a los ámbitos de negociación constituidos o que se constituyan»* (art. 39.4 EBEP). Por consiguiente, será posible delimitar las unidades electorales con arreglo a criterios más reducidos e idóneos que los actuales para la actividad sindical. No obstante, esta posibilidad, al formularse en términos tan amplios y, sobre todo, al abrirse a todas las Administraciones públicas, presenta riesgos nada desdeñables a propósito de la configuración del instituto de la mayor representatividad sindical diseñada en los arts. 6 y 7 de la LOLS si no se siguen las mismas pautas en todas ellas. Además, la reducción del ámbito de las unidades electorales puede favorecer la entrada de sindicatos más pequeños y con un ámbito de actuación más limitado territorial y funcionalmente, atomizando la representación. Es claro, por consiguiente, que dicha opción tiene ventajas e inconvenientes, y que son los propios sujetos implicados los que deben ponderarlos convenientemente, dejando al margen intereses particulares y teniendo como referentes últimos el interés de los representados y el buen funcionamiento de las Administraciones públicas para dar satisfacción a los administrados.

3. LAS PRERROGATIVAS LEGALES ATRIBUIDAS A LOS SINDICATOS MÁS REPRESENTATIVOS Y SIMPLEMENTE REPRESENTATIVOS

En el ámbito de la función pública no existe especificidad alguna en cuanto al alcance de las prerrogativas atribuidas a los sindicatos más representativos y simplemente representativos, con carácter general, por los arts. 6 y 7 de la LOLS.

7 El establecimiento de las unidades electorales *«se regulará por el Estado y por cada Comunidad Autónoma dentro del ámbito de sus competencias legislativas»* (art. 39.4 EBEP), si bien en tanto no se regulen nuevas unidades electorales del modo previsto en el EBEP se mantiene la lista de unidades electorales que establece el art. 7 de la LORAP (DD Única .c) EBEP). Cfr. el art. 12 del Real Decreto-ley 20/2012.

3.1. Sindicatos más representativos

La mayor representatividad sindical reconocida a determinados sindicatos por la DA 1.ª de la LOLS *«confiere una singular posición jurídica a efectos, tanto de participación institucional como de acción sindical»*. Esta singular posición jurídica se concreta en la atribución de capacidad representativa *«a todos los niveles territoriales y funcionales»* —en el caso de tratarse de sindicatos más representativos a nivel de Comunidad Autónoma, en los respectivos ámbitos—, en una serie de temas (arts. 6.2 y 7.1 LOLS).

Así pues, a los sindicatos más representativos, además de los derechos reconocidos por el art. 2.2.d) de la LOLS (derecho al ejercicio del derecho de huelga y a la presentación de candidaturas para la elección de Juntas de Personal y Delegados de Personal) y de los derechos a promover elecciones a Juntas de Personal y Delegados de Personal (art. 43.1 EBEP) y a obtener cesiones temporales del uso de inmuebles patrimoniales públicos (art. 3 Ley 4/1986, de 8 de enero, sobre cesión de bienes del patrimonio sindical acumulado), reconocidos a todos los sindicatos, les vienen reconocidos otros derechos adicionales en estos preceptos, lo que, a juicio del Tribunal Constitucional, no constituye discriminación ya que el trato desigual tiene una justificación razonable y adecuada, con base en la audiencia electoral.

Estos derechos adicionales o prerrogativas son los siguientes:

1.º) La *«capacidad representativa a todos los niveles territoriales y funcionales»* para *«ostentar representación institucional ante las Administraciones públicas u otras entidades y organismos de carácter estatal o de Comunidad Autónoma que la tenga prevista»* [art. 6.3.a) LOLS] (verbigracia en el Consejo General de la Mutualidad General de Funcionarios Civiles del Estado o en los Consejos de Función Pública de las Comunidades Autónomas). Asimismo, las organizaciones que tengan la consideración de sindicatos más representativos a nivel de Comunidad Autónoma *«gozarán de capacidad representativa para ejercer en el ámbito específico de la Comunidad Autónoma las funciones y facultades enumeradas en el número 3 del artículo anterior, así como la capacidad para ostentar representación institucional ante las Administraciones públicas u otras entidades u organismos de carácter estatal»* (art. 7.1 LOLS). De este modo, el derecho a la representación institucional se otorga a los sindicatos más representativos estatales no sólo en los organismos de ámbito estatal, sino en los autonómicos; y, a la inversa, a los sindicatos más representativos autonómicos no sólo en los organismos de ese ámbito, sino en los estatales.

2.º) Derecho a la participación como interlocutores en la determinación de las condiciones de trabajo en las Administraciones Públicas a través de los oportunos procedimientos de consulta o negociación [arts. 6.3.c) LOLS y 33 y siguientes EBEP].

3.º) Derecho a la participación en los sistemas no jurisdiccionales (conciliación, mediación o arbitraje) de solución de conflictos de trabajo [arts. 6.3.d) LOLS y 45 EBEP].

4.º) Derecho a la promoción de elecciones a Delegados y Juntas de Personal en las Administraciones Públicas [arts. 6.3.e) LOLS y 43 EBEP]. El EBEP reconoce este derecho a los sindicatos más representativos, si bien compartiéndolo con los sindicatos simplemente representativos. Entiende el Tribunal Constitucional, en este caso, que tal prerrogativa constituye una limitación razonable para ordenar el proceso electoral, evitando así *«las disfunciones derivadas de una atribución indiscriminada, y no altera los derechos de los excluidos, pues estos pueden presentar su candidatura»*[8].

Junto a estos derechos adicionales a que se refieren sistemáticamente los arts. 6.3 y 7.1 de la LOLS, la propia LOLS reconoce a los sindicatos más representativos otras prerrogativas consistentes en mayores derechos que los restantes sindicatos en materias tales como la acción sindical en la empresa o la tutela de la libertad sindical y represión de conductas antisindicales (arts. 8.2 y 9.1 LOLS). Además, el art. 14 de la LOLS establece que cualquier sindicato que ostente la condición de más representativo podrá personarse como coadyuvante en el proceso incoado por un trabajador presuntamente lesionado en su libertad sindical independientemente de su afiliación.

Finalmente, el art. 31.6 del EBEP preceptúa que *«las organizaciones sindicales más representativas en el ámbito de la función pública están legitimadas para la interposición de recursos en vía administrativa y jurisdiccional contra las resoluciones de los órganos de selección»*. De esta forma, el legislador viene a reconocer que, cuando se trata de procesos de selección, siempre existe un interés legítimo de los sindicatos más representativos para impugnar los actos administrativos correspondientes, pues dichas organizaciones actúan en representación del conjunto de trabajadores y funcionarios y en defensa de su interés a participar en procesos de selección conforme a los principios de igualdad, mérito y capacidad, lo que exime de verificar la legitimación *ad causam* de los mismos en el caso concreto. Ahora bien, tal previsión legal no puede servir de argumento para reducir la legitimación *ad causam* del resto de sindicatos, ya que sin perjuicio de esta legitimación especifica que deriva de este artículo en relación con las resoluciones de los órganos de selección, existe una legitimación general que deriva de los arts. 24 y 28.1 de la Constitución Española, 2.2.d) de la LOLS y 19 de la LJCA[9].

3.2. Sindicatos simplemente representativos

3.2.1. Enumeración

El art. 7.2 de la LOLS, en sus ámbitos específicos funcionales y territoriales, atribuye capacidad representativa a los sindicatos simplemente representativos para

8 STC 98/1985, de 21 de julio.

9 Ahora bien, un sindicato de funcionarios como el Sindicato Andaluz de Funcionarios de la Junta de Andalucía, que tiene como objeto la defensa de los intereses profesionales de los funcionarios de la Administración General de la Junta de Andalucía, carece de interés propio o específico en un procedimiento selectivo convocado por una Diputación Provincial en la que no tiene presencia [STS (CA) de 30 de abril de 2019 (Rec. 3061/2016)].

ejercitar las mismas funciones y facultades que los sindicatos más representativos a nivel estatal, con la doble excepción de la representación institucional en las instituciones públicas y del derecho a obtener cesiones temporales del uso de inmuebles patrimoniales públicos.

Ello no obstante, el Tribunal Constitucional ha matizado o revisado estas excepciones legales:

1.ª) La reserva del derecho de participación institucional en favor de las organizaciones sindicales más representativas a nivel estatal y de Comunidad Autónoma, con la consiguiente exclusión de los sindicatos que hayan obtenido el 10% de los representantes de los trabajadores y/o funcionarios en el ámbito del Organismo Público correspondiente, en principio, ha sido considerada ajustada a la Constitución Española por el Tribunal Constitucional[10]. Ciertamente, en el ámbito de la participación institucional es preciso combinar el derecho a la representación eficaz de todos los sectores interesados con el funcionamiento efectivo y adecuado de los Organismos Públicos.

Ello no quiere decir, sin embargo, que cualquier criterio sea lícito, porque, como ocurre siempre que está en juego el principio de igualdad, *«el criterio tiene que ser de carácter objetivo o fundarse en elementos que no ofrezcan posibilidad de parcialidad o abuso»* (Informe 36, caso número 190, párrafo 195 del Comité de Libertad Sindical del Consejo de Administración de la OIT). Y, tal objetividad ha de medirse en relación con las funciones y el ámbito funcional y/o territorial de actuación del ente o de la Administración ante la que ha de darse la representación institucional[11].

Y así, cabe formular las siguientes precisiones sobre el particular:

a) Para resolver la cuestión de si la reserva exclusiva y excluyente de la participación institucional en un Organismo Público en favor de los sindicatos más representativos supone una discriminación respecto de los simplemente representativos, resulta necesario examinar las funciones que corresponden a dicho Organismo[12]. En este sentido, hay que dilucidar si los sindicatos presentes en los órganos de participación institucional de que se trate se limitan a realizar la función típica de participación institucional, de representación de los intereses de los ciudadanos en la Administración Pública[13], o si, por el contrario, actúan en representación de los intereses específicos de los funcionarios, no ya

10 SSTC 53/1982, de 22 de julio; y 98/1985, de 29 de julio.

11 SSTC 65/1982, de 10 de noviembre; y 32/1990, de 26 febrero.

12 Cfr. las SSTC 7/1990, de 18 de enero; y 32/1990, de 26 febrero.

13 Ahora bien, los sindicatos más representativos no tienen un derecho fundamental, sea este la libertad sindical o la igualdad ante la ley, a que se excluya a sindicatos que no tienen la condición de más representativos de la participación en órganos y actividades ajenas a aquellas que conforman el núcleo central de la función sindical [STS (CA) de 16 de octubre de 2023 (Rec. 1507/2022)].

como ciudadanos, sino más bien como personas que prestan servicios a la Administración Pública. En este último supuesto, las funciones de los órganos de participación institucional inciden muy directamente en la competencia de los sindicatos y en la pluralidad sindical como opción libre de los funcionarios. Por ello no es razonable, ni objetivo, ni tampoco proporcionado a la finalidad y funciones de dichos órganos que únicamente formen parte de estos los sindicatos más representativos en el ámbito estatal y de Comunidad Autónoma, puesto que les coloca en una situación de privilegiada ventaja frente a los restantes sindicatos, situación que no se encuentra constitucionalmente justificada y es lesiva de los arts. 14 y 28.1 de la Constitución Española.

b) El legislador puede válidamente potenciar las organizaciones de amplia base territorial (estatal o comunitaria) y funcional (intersectorial), que aseguren la presencia, en cada concreto ámbito de participación institucional, de los intereses generales de los trabajadores y/o funcionarios, frente a una posible atomización sindical, pero de tal afirmación no se puede concluir que, en ámbitos sectoriales concretos de participación institucional, sólo puedan tener presencia exclusiva las organizaciones de más amplia base, pues de lo que se trata es de garantizar la presencia de éstas sin impedir la de otras de suficiente representatividad en ese concreto ámbito[14]. Ahora bien, un sindicato sectorial, aunque acredite en su respectivo sector un porcentaje de audiencia electoral que represente el 10 por 100, no tiene derecho a participar en los órganos de participación institucional de carácter intersectorial e implantación en toda la Administración, pues su ámbito funcional y territorial de representación es inferior al ámbito dentro del cual va a producir efectos la actividad desarrollada por aquellos. Ciertamente, aunque el legislador no exija expresamente que el ámbito de actuación del sindicato sea igual o superior al del órgano de participación institucional, es obvio que un sindicato no puede participar en cualquier Organismo Público, sino sólo en uno que se halle comprendido dentro de las colectividades de trabajadores y/o funcionarios cuyos intereses representa[15].

14 STC 184/1987, de 18 de noviembre.

15 Cfr. las SSTC 184/1987, de 18 de noviembre; y 217/1988, de 21 de noviembre. Ahora bien, como subraya la STS (CA) de 15 de noviembre de 2010 (Rec. 2097/2009), la regulación dirigida a encauzar la participación sindical en el Consejo Rector del Centro Integral de Formación de Seguridad y Emergencias del Ayuntamiento de Madrid no puede dejar fuera de él al sindicato ampliamente mayoritario en el Cuerpo de la Policía Municipal, aunque no sea suficientemente representativo en dicho Ayuntamiento, ya que éste es el colectivo más importante de los llamados a beneficiarse de la formación a impartir desde dicho centro. En este mismo sentido, la STS (CA) de 2 de julio de 2007 (RJ/7780) señala que no debe haber obstáculos a que los sindicatos con representación en la corporación municipal participen en los Planes de Formación que traen causa de los sucesivos Acuerdos de Formación Continua en las Administraciones Públicas.

c) En cambio, la limitación de la representación institucional en los órganos territoriales de la Administración Pública a las organizaciones más representativas a nivel estatal o de Comunidad Autónoma y a los sindicatos afiliados, federados o confederados a ellas, resulta razonable y objetiva[16].

Por último, los arts. 6 y 7 de la LOLS forman parte del *«orden público»*, de forma que no existe concesión alguna al libre juego de la voluntad de los Poderes Públicos ni de la autonomía colectiva para que los modifiquen[17]. Tampoco los sindicatos pueden alterarlos por la vía de sus estatutos o reglamentos internos, ya que estos preceptos son de *«ius cogens»* y quedan fuera del ámbito de influencia de los particulares. Y así, no se puede excluir a los sindicatos *«más representativos»* de la participación en órganos públicos capaces de participar en informes o decisiones administrativas de carácter institucional por no haber llegado previamente a pactos o acuerdos con la Administración Pública[18]. Ahora bien, las comisiones que no forman parte de la estructura organizativa de las Administraciones Públicas no constituyen manifestaciones de la participación institucional en el sentido constitucional y legal del término. Y, por ello, se considera que no contraría el derecho fundamental a la libertad sindical el exigir que aquellos sindicatos que compongan dichos órganos estén de acuerdo con el pacto en que se originaron como conjunto de derechos y obligaciones[19].

Y, en fin, al tener la consideración de normas básicas, sea cual sea la estructura organizativa que adopten las Administraciones de las Comunidades Autónomas, el tema de la participación institucional de los sindicatos más representativos viene ya predeterminado por los arts. 6 y 7 de la LOLS. Esta determinación, sin embargo, no limita las facultades propias de las Comunidades Autónomas, pues, como ya hemos señalado, ello no obsta a que las mismas puedan incorporar a sus propios órganos de autogobierno, en el ejercicio de sus facultades de autoorganización, representaciones de otras organizaciones sindicales diferentes a las contempladas en la normativa estatal[20].

2.ª) Respecto del derecho a la cesión temporal de inmuebles públicos, la STC 99/1983, de 16 de noviembre, ha declarado inconstitucional la desigualdad de trato en la cesión de locales, exigiendo la aplicación de un criterio de pro-

16 Cfr. la STC 53/1982 de 22 de julio; y la STS (CA) de 22 de febrero de 2012 (Rec. 2163/2011).
17 STC 9/1986, de 21 de enero; y STS (CA) de 22 de febrero de 2012 (Rec. 2163/2011).
18 Cfr. las SSTS (CA) de 10 de mayo de 1990 (RJ/4047), 29 mayo 1990 (RJ/4134), 11 de marzo de 1995 (Rec. 527/1992) y 19 de enero de 2000 (RJ/268).
19 SSTC 9/1986, de 21 de enero; y 39/1986, de 31 de marzo.
20 SSTC 98/1985, de 29 de julio; 57/1989, de 16 de marzo; y 140/1990, de 20 de septiembre.

porcionalidad representativo en el reparto. La posterior STC 98/1985, de 29 de julio, en este mismo sentido, interpretó el art. 6.3.f) de la LOLS como que no establecía un monopolio de los sindicatos más representativos respecto de este derecho.

3.2.2. La acción sindical en centros de trabajo

La segunda vía de representación de los funcionarios en los centros de trabajo frente a la Administración Pública viene reconocida dentro del contenido esencial del derecho de libertad sindical establecido en los arts. 7 y 28.1 de la CE y se encuentra regulada actualmente en los arts. 8 y siguientes de la LOLS, con idéntica normativa que la representación sindical de los trabajadores. Si bien estos *preceptos hablan de «trabajadores», según el propio art. 1.2, «a los efectos de esta ley, se consideran trabajadores tanto aquellos que sean sujetos de una relación laboral como aquellos que lo sean de una relación de carácter administrativo o estatutario al servicio de las Administraciones Públicos»*. Por ello, las consideraciones vertidas en este monográfico en relación con la acción sindical en la empresa de los otros sindicatos son, mutatis mutandis, trasladables al ámbito de las Administraciones Públicas.

Por lo demás, de conformidad con lo dispuesto en el art. 48.1.c) del EBEP, las Administraciones públicas concederán permisos a los funcionarios públicos *«para realizar funciones sindicales o de representación del personal, en los términos que se determine»*. A tales efectos, ha de estarse a lo dispuesto en el art. 9 de la LOLS donde se prevén dos modalidades de *«permisos sindicales»*: 1.º) Los permisos no retribuidos que necesiten los cargos electivos a nivel provincial, autonómico o estatal de las organizaciones sindicales más representativas, para el desarrollo de las funciones propias del cargo [apartado 1.a)]; 2.º) Los permisos retribuidos que necesiten los representantes sindicales que participen en las mesas negociadoras, para el adecuado ejercicio de su labor negociadora, siempre que su Administración esté afectada por la negociación (apartado 2)[21].

Como quiera que la materia sindical es negociable [art. 37.1.h) EBEP], los Acuerdos y Pactos pueden regular los permisos sindicales, detallando el régimen dispuesto en el art. 9 de la LOLS, regulando la forma de solicitud y concesión de los permisos sindicales, la competencia para su reconocimiento, dando mayor amplitud a los permisos sindicales, etc. Por lo demás, la condición de sindicato más representativo o de simplemente representativo en el conjunto de la Administración General del Estado no puede dar derecho a disfrutar en exclusiva este tipo de permisos que tienen por objeto facilitar la acción sindical en el ámbito de la referida Administración pública,

21 Por lo demás, este derecho es independiente y compatible con las subvenciones a las organizaciones sindicales que participan en la mesa negociadora. La concesión de subvenciones públicas a los sindicatos por su participación en las mesas de negociación no es discriminatoria [SSTS (CA) de 9 de diciembre de 1992 (Rec. 10061/1990) y 30 de septiembre de 1993 (Rec. 5581/1991)].

sino que deben asignarse y distribuirse entre las organizaciones sindicales que actúen en dicho ámbito en proporción a su respectiva representatividad[22]. Ahora bien, cuando los permisos sindicales se negocien a nivel general y sectorial, los sindicatos que actúen en el ámbito general de la Administración General del Estado habrán de participar en el reparto de los permisos previstos por la Mesa General de Negociación y los sindicatos sectoriales en el de los previstos por la correspondiente Mesa Sectorial de Negociación[23].

Los Acuerdos y Pactos sobre derechos y garantías sindicales suelen contener cláusulas relativas a dos modalidades de permisos retribuidos, a saber: las bolsas de horas sindicales y las licencias institucionales[24]. A través de estas cláusulas convencionales, las centrales sindicales burlan el golpe recibido con la declaración de inconstitucionalidad del art. 29.2.l) de la LMRFP, que posibilitaba el pase a la situación de servicios especiales de los funcionarios que ostentasen cargos electivos a nivel provincial, autonómico o estatal de las organizaciones sindicales más representativas[25]. Es más, a través de los permisos sindicales obtienen mayores ventajas que las que les hubiera podido proporcionar la situación de servicios especiales, pues en dicha situación la retribución del liberado o dispensado hubiera corrido a su cargo. Mas, como subraya la STC 18/2003, de 30 de enero, la coincidencia sustancial de contenidos entre los art. 9.1.b) de la LOLS y 29.2.l) de la LMRFP no supone que *«el art. 9.1.b) LOLS no tenga de por sí entidad propia, y que por ello forma parte del Ordenamiento jurídico con todas sus consecuencias, cualquiera que sea la suerte que pueda correr la otra norma, bien por su derogación o, en su caso, cual es el aquí acaecido, por su declaración de inconstitucionalidad por la STC 99/1987»*. Ocurre que, al disociarse la suerte del art. 29.2.l) de la Ley 30/1984 de la del art. 9.1.b) de la LOLS, cada una dotada de propia entidad, debido a la antecitada sentencia, se rompe la coherencia sistemática que antes de esta sentencia existía entre ambos preceptos. Al ser expulsada del Ordenamiento jurídico por dicha sentencia la norma que establecía la situación de servicios especiales para el supuesto legal regulado en el art. 29.2.l) de la Ley 30/1984,

22 Cfr. la STC 99/1987, de 11 de junio. En este sentido, la STS de 7 de junio de 2023 (Rec. 339/2021) declara que el trato de ventaja al establecer la norma convencional como requisito para acceder a la exención de prestación de servicios a cargos sindicales que se trate de sindicato más representativo a nivel estatal es contrario al principio de igualdad y a la libertad sindical al imponerse un requisito que carece de justificación objetiva y razonable. Ciertamente, como tiene declarado el Tribunal Constitucional no es un criterio objetivo y razonable atribuir estas asignaciones en exclusiva a las centrales más representativas a nivel estatal, como medida proporcionada, pudiéndose producir, además, una inducción o presión indirecta para la afiliación de los trabajadores de determinados sindicatos y ello porque, al ir dirigidas la administración de estas aportaciones en exclusiva a los sindicatos situados en el vértice, se les sitúa en una posición superior a los demás para ofrecer mejores servicios a los trabajadores.

23 Cfr. STC 217/1988, de 21 de noviembre.

24 Cfr. STC 70/2000, de 13 de marzo; SSTS (CA) de 21 de abril de 2003 (Rec. 1305/2000), 30 de noviembre de 2004 (Rec. 4095/2001), 19 de julio de 2010 (Rec. 3459/2008), 28 de septiembre de 2011 (Rec. 3923/2005) y 3 de enero de 2013 (Rec. 165/2011); y STS (Social) de 25 de enero de 2001 (Rec. 2742/2000).

25 Cfr. STC 99/1987, de 11 de junio; y STS (CA) de 17 de febrero de 1988 (RJ/1422).

el art. 9.1.b) de la LOLS no concuerda ya tras dicha expulsión con una situación nominalmente tipificada. Eso produce una cierta incoherencia sistemática en el Ordenamiento jurídico, que el EBEP debería haber subsanado con una nueva regulación que tuviera en cuenta la STC 99/1987. Pero que no lo haya hecho no debe constituir un óbice para la eficacia actual de una norma, como la del art. 9.1.b) de la LOLS, que inequívocamente otorga a los funcionarios que se encuentren en el supuesto legal definido en el párrafo primero de dicho artículo el derecho a una situación que suponga el *«derecho a reserva del puesto de trabajo y al cómputo de antigüedad mientras dure el ejercicio de su cargo representativo»*[26].

3.2.3. El derecho a la promoción de elecciones a Delegados y Juntas de Personal en las Administraciones Públicas

Los sujetos legitimados para promover las elecciones a Delegados y Juntas de Personal son los siguientes (art. 43.1 EBEP):

a) Los sindicatos más representativos a nivel estatal.

b) Los sindicatos más representativos a nivel de Comunidad Autónoma, cuando la unidad electoral afectada esté ubicada en su ámbito geográfico.

c) Los sindicatos que, sin ser más representativos, hayan conseguido al menos el 10 por 100 de los representantes a los que se refiere este Estatuto en el conjunto de las Administraciones Públicas.

d) Los sindicatos que hayan obtenido al menos un porcentaje del 10 por 100 en la unidad electoral en la que se pretende promover las elecciones.

e) Los funcionarios de la unidad electoral, por acuerdo mayoritario. Éste se acreditará mediante acta firmada por los asistentes, en la que han de constar los electores de la unidad electoral, el número de convocados y asistentes y el resultado de la votación, y que será adjuntada al preaviso de promoción de elecciones (art. 3.2 RDE).

Además, se puede proceder a la promoción generalizada de elecciones *«en uno o varios ámbitos funcionales o territoriales»* (por ejemplo, en el conjunto de todas las Administraciones Públicas, en el conjunto de la Administración del Estado o en un sector de la función pública —sanidad, educación, Universidades—), determinados por los propios sindicatos en función de su respectiva capacidad representativa.

La promoción generalizada de elecciones debe reunir los siguientes requisitos (arts. 13.3 LORAP y 6 RDE):

26 Cfr. STC 18/2003, de 30 de enero.

1.º) Debe adoptarse previo acuerdo mayoritario de los sindicatos más representativos, de los sindicatos que, sin ser más representativos, hayan conseguido, al menos, el 10 por ciento de los representantes en el conjunto de las Administraciones Públicas y de aquellos sindicatos que hayan obtenido, al menos, dicho porcentaje en el ámbito o sector correspondiente.

2.º) El acuerdo que eventualmente se adopte deberá comunicarse a la oficina pública que corresponda para su registro, quien remitirá, dentro de los tres días siguientes a su presentación, una copia a cada una de las oficinas públicas que pudieran resultar afectadas. Se sobreentiende que éstas habrán de comunicar la promoción de elecciones generalizada a los diferentes órganos competentes en materia de personal afectados a los efectos de que puedan tomar las previsiones necesarias para el desarrollo del proceso electoral.

3.º) La promoción generalizada también está sujeta a los plazos mínimo y máximo de preaviso establecidos con carácter general.

4.º) La existencia de una promoción generalizada de elecciones puede concurrir con otra promoción generalizada o concreta. En esos casos, se considerará válida la primera convocatoria registrada, excepto en los supuestos en los que la mayoría sindical de una unidad electoral determinada con Junta de Personal haya presentado otra en fecha distinta, en cuyo caso prevalecerá esta última (art. 13.6 LORAP).

3.2.4. La negociación colectiva

Las organizaciones sindicales con legitimación negocial, según los ámbitos de la negociación, son las siguientes:

a) El párrafo segundo del art. 36.1 del EBEP establece que *«la representación de las organizaciones sindicales legitimadas para estar presentes de acuerdo con lo dispuesto en los artículos 6 y 7 de la Ley Orgánica 11/1985, de 2 de agosto, de Libertad Sindical, se distribuirá en función de los resultados obtenidos en las elecciones a los órganos de representación del personal, Delegados de Personal, Juntas de Personal y Comités de Empresa, en el conjunto de las Administraciones Públicas»*. De acuerdo con lo dispuesto en los arts. 6 y 7 de la LOLS, estarán legitimados para estar presentes en la Mesa General de Negociación de las Administraciones Públicas los sindicatos más representativos a nivel estatal y los que hayan obtenido el 10 por 100 o más de los representantes unitarios en el conjunto de las Administraciones Públicas.

   No se ha hecho mención a los sindicatos más representativos a nivel de Comunidad Autónoma, a los que el actual art. 33.1 del EBEP reconoce el derecho a estar presentes en todas las mesas de negociación que se constituyan en el ámbito de cada Administración Pública. Y es que el art. 36.1 del EBEP nos remite a lo dispuesto en el art. 7 de la LOLS y, según el apartado primero de este precepto, la capacidad representativa de estos sindicatos, salvo por lo que se refiere a la participación institucional, se circunscribe al ámbito territorial de la Comunidad Autónoma correspondiente.

Sin embargo, la presencia de tales sindicatos en la Mesa General de Negociación de las Administraciones Públicas parece necesaria dada la competencia de ésta para negociar las bases del régimen estatutario general, esto es, para negociar aquellas materias que quedan precluidas a la competencia de las mesas de negociación de las Comunidades Autónomas y para establecer los principios y directrices que estas últimas han de seguir. De lo contrario, se correría el riesgo de que tal normativa y principios básicos fueran inaplicados en una Comunidad Autónoma en la que fuera mayoritario un sindicato más representativo a nivel autonómico. Si lo que se pretende con la negociación es alcanzar un acuerdo que luego se asuma por las mesas de negociación de las Comunidades Autónomas, en las que tienen derecho a participar los sindicatos más representativos a nivel autonómico, lo lógico es que éstos también intervengan en aquellas negociaciones. Por consiguiente, y teniendo en cuenta que los sindicatos más representativos a nivel autonómico tienen derecho a estar presentes en las Mesas General y Sectoriales de Negociación de la Administración General del Estado, no cabe sino concluir que los mismos ostentan legitimación para formar parte de la Mesa General de Negociación de las Administraciones Públicas.

En cuanto a los sindicatos simplemente representativos, como se trata de una mesa de negociación de las bases del régimen estatutario de los funcionarios públicos, la suficiente representatividad habrá de referirse a las representaciones unitarias de los funcionarios públicos *«en el conjunto de las Administraciones Públicas»*, tal y como precisa el art. 36.1 del EBEP.

Por lo demás, siendo esta mesa competente para negociar las materias relacionadas en el art. 37.1 del EBEP susceptibles de regulación estatal con carácter de norma básica, no se entiende bien por qué razón se utiliza el índice de audiencia electoral acreditado por los sindicatos en las elecciones a los órganos de representación del personal funcionario y laboral como criterio de selección de la legitimación negocial y de reparto de los puestos de la representación social entre los sindicatos negociadores. El que se tomen en consideración a tales efectos los resultados obtenidos por los sindicatos en las elecciones a delegados de personal y comités de empresa del personal laboral al servicio de las Administraciones Públicas sólo se justifica por el hecho de que esta mesa, a pesar de la imprecisión del legislador, va a negociar no sólo las bases del régimen estatutario de los funcionarios públicos, sino también los límites en materia retributiva y de Seguridad Social complementaria; límites que son comunes al personal funcionario y laboral de todas las Administraciones Públicas. De este modo, el legislador viene a permitir la negociación de dichos aspectos a los sindicatos representativos de los trabajadores de las Administraciones Públicas. Sin embargo, en la selección de los sindicatos con legitimación negocial se ha de guardar la necesaria adecuación entre el ámbito de negociación tomado como referencia y el ámbito de los sindicatos. Por ello, salvo en el caso antes señalado, como la selección se produce, precisamente, para negociar las bases del régimen estatutario de los funcionarios públicos, la legitimación debe reconocerse únicamente a aquellos sindicatos que representen a los funcionarios públicos.

Por último, cuando se negocien aspectos comunes al personal funcionario y laboral, la legitimación negocial corresponderá a los sindicatos más representativos por afiliación y a los simplemente representativos en el conjunto de las Administraciones Públicas, de suerte que las plantillas funcionariales y laborales habrán de considerarse globalmente y no por separado. Es decir, estarán legitimados para estar presentes en la Mesa General de Negociación de las Administraciones Públicas las Federaciones de Empleo Público de las organizaciones sindicales más representativas y los sindicatos que acrediten el 10% o más de los representantes unitarios del personal funcionario y laboral de las Administraciones Públicas[27]. Así se desprende de la interpretación sistemática e integradora del art. 36 del EBEP. En efecto, el párrafo segundo del apartado 1 de este precepto prescribe que la representación de las organizaciones sindicales legitimadas para estar presentes en esta mesa *«se distribuirá en función de los resultados obtenidos en las elecciones a los órganos de representación del personal, Delegados de Personal, Juntas de Personal y Comités de Empresa, en el conjunto de las Administraciones Públicas»*, esto es, en función de los resultados globales de las representaciones unitarias funcionariales y laborales. A mayor abundamiento, el apartado 3 de este mismo precepto, referente a las Mesas de Negociación comunes al personal funcionario, estatutario y laboral de cada Administración Pública, después de confirmar que a estas mesas también les son de aplicación los criterios anteriores *«tomando en consideración en cada caso los resultados obtenidos en las elecciones a los órganos de representación del personal funcionario y laboral del correspondiente ámbito de representación»*, viene a dejar a salvo el derecho a estar presentes en las mismas de las organizaciones sindicales que *«hubieran obtenido el 10 por 100 de los representantes a personal funcionario o personal laboral en el ámbito correspondiente a la Mesa de que se trate»*. En definitiva, la negociación en el seno de la Mesa General de Negociación de las Administraciones Públicas queda reservada a favor de las organizaciones que integran a todo el personal al servicio de las Administraciones Públicas; los sindicatos que sólo registren presencia en relación con alguno de estos colectivos carecerán de legitimación negocial. En concreto, sólo CSIF con un 22,14% de representatividad sindical en el ámbito del empleo público de todo el Estado Español alcanza dicho privilegio, según los datos más

27 Cfr. la STS (CA) de 21 de diciembre de 2009 (Rec. 5404/2008).

actualizados que se incluyen en el anexo 2.1 de la Resolución de 22 de enero de 2021, de la Secretaría General de Función Pública, por la que se aprueba y publica el Acuerdo de las Mesas Generales de Negociación de la Administración General del Estado de 16 de diciembre de 2020, por el que se modifica el Acuerdo de 30 de mayo de 2017, sobre asignación de recursos y racionalización de las estructuras de negociación y participación (BOE 17/12/2020).

b) El apartado 3 del art. 36 del EBEP establece en relación con las Mesas Generales de Negociación comunes al personal funcionario y laboral de cada Administración Pública que *«son de aplicación a estas Mesas Generales los criterios establecidos en el apartado anterior sobre representación de las organizaciones sindicales en la Mesa General de Negociación de las Administraciones Públicas, tomando en consideración en cada caso los resultados obtenidos en las elecciones a los órganos de representación del personal funcionario y laboral del correspondiente ámbito de representación»* (párrafo segundo) y que *«también estarán presentes en estas Mesas Generales, las organizaciones sindicales que formen parte de la Mesa General de Negociación de las Administraciones Públicas siempre que hubieran obtenido el 10 por 100 de los representantes a personal funcionario o personal laboral en el ámbito correspondiente a la Mesa de que se trate»* (párrafo tercero).

Al respecto, cabe señalar lo siguiente:

1.º) De conformidad con lo establecido en el segundo párrafo del art. 36.3 del EBEP, *«son de aplicación a estas Mesas Generales los criterios establecidos en el apartado anterior sobre representación de las organizaciones sindicales en la Mesa General de Negociación de las Administraciones Públicas»*. Y, según el art. 36.1 del EBEP, la representación de las organizaciones sindicales legitimadas para estar presentes en la Mesa General de Negociación de las Administraciones Públicas se determinará *«de acuerdo con lo dispuesto en los artículos 6 y 7 de la Ley Orgánica 11/1985, de 2 de agosto, de Libertad Sindical»* y *«se distribuirá en función de los resultados obtenidos en las elecciones a los órganos de representación del personal, Delegados de Personal, Juntas de Personal y Comités de Empresa, en el conjunto de las Administraciones Públicas»*. Por consiguiente, y de conformidad con lo establecido en los arts. 6 y 7 de la LOLS, estarán legitimados para estar presentes en estas Mesas Generales comunes los sindicatos más representativos a nivel estatal (CC.OO. y UGT) y autonómico y los sindicatos que hayan obtenido el 10 por 100 del conjunto de los representantes unitarios de los empleados públicos (funcionarios y laborales) de la correspondiente Administración Pública (Administración General del Estado, Administración de la Comunidad Autónoma, Ayuntamiento, Diputación Provincial, etc.)[28].

28 La clara afectación de dos colectivos, funcionarial y laboral, exige reconducir el conocimiento de las controversias relativas a la composición y funcionamiento de las Mesas de negociación comunes al

UGT y CC.OO. ostentan legitimación directa y automática para formar parte de las Mesas Generales comunes para el personal funcionario y laboral, aunque no hayan obtenido ningún puesto en los órganos de presentación del personal de la Administración Pública de que se trate ni hayan presentado listas en las elecciones de todos o algunos de tales órganos, ya que, de conformidad con lo dispuesto en el art. 6.3.c) de la LOLS, la mayor representatividad es título suficiente para participar en todas las negociaciones que se desarrollen en el ámbito de la función pública[29]. La distorsión producida por la presencia en el órgano negociador de un convidado de piedra se compensa, no obstante, por estar repartidos los puestos en función de la representatividad sindical y porque no impide que quienes alcancen la representatividad en el ámbito de negociación puedan formar parte de la mesa negociadora[30].

En fin, las organizaciones sindicales más representativas de Comunidad Autónoma (ELA-STV y LAB en el País Vasco, y CIGA en Galicia) pueden participar en la Mesa general común de la Administración General del Estado (art. 33.1 EBEP)[31] y a su vez irradian en sus respectivas comunidades su condición a los sindicatos o entes sindicales federados o confederados en ellas que podrán participar en las Mesas generales de negociación de la Administración autonómica correspondiente y de las Entidades Locales ubicadas en el respectivo ámbito autonómico [art. 7.1.b LOLS].

2.º) De conformidad con el art. 7.2 de la LOLS, también estarán legitimados para formar parte de las Mesas Generales comunes para el personal funcionario y laboral, los sindicatos simplemente representativos en la correspondiente Administración Pública, tomándose en consideración a tales efectos los resultados obtenidos *«en las elecciones a los órganos de representación del personal funcionario y laboral del correspondiente ámbito de representación»*, tal y como específica el inciso final del párrafo segundo del art. 36.3 del EBEP. De esta forma, los sindicatos que carezcan de la condición de más representativos a nivel estatal o de Comunidad Autónoma deben contar con el 10% del conjunto de los representantes unitarios de los empleados públicos de la Administración Pública[32]. El

personal de relación administrativa y laboral hacia el orden contencioso-administrativo de la jurisdicción [SSTS de 10 de enero de 2018 (Rec. 46/2017), 11 de mayo de 2022 (Rec. 270/2021) y 29 de noviembre de 2022 (Rec. 342/2021)].

29 Cfr. la STS (CA) de 1 de diciembre de 1992 (Rec. 9162/1990).

30 STC 98/1985, de 29 de julio.

31 STS (CA) de 28 de mayo de 2014 (Rec. 1108/2013).

32 Cfr. SSTS (CA) de 27 enero de 2011 (Rec. 1671/2009) y 16 de junio de 2015 (Rec. 1907/2014). En cambio, las SSTS (CA) de 11 de octubre de 2016 (Rec. 2651/2014) y 18 de enero de 2018 (Rec. 702/2017) consideran que para estar presentes en las Mesas generales de negociación comunes de las Administraciones Públicas es preciso contar con el 10% de los representantes unitarios tanto del

sindicato que tenga dicha representación ostenta la condición de simplemente representativo en dicha Administración pública, lo que le confiere la legitimación negocial para formar parte de este foro de negociación y ello es así, aunque sus representantes hubieran sido elegidos total o mayoritariamente dentro de un determinado estamento[33].

3.º) La exigencia de una representatividad acumulada en los ámbitos funcionarial y laboral, sin embargo, se flexibiliza en relación con los sindicatos simplemente representativos en el conjunto de las Administraciones Públicas (esto es, la CSI-CSIF). En efecto, de acuerdo con el párrafo tercero del art. 36.3 del EBEP, también estarán presentes en estas Mesas Generales comunes, las organizaciones sindicales que formen parte de la Mesa General de Negociación de las Administraciones Públicas siempre que hubieran obtenido *«el 10 por 100 de los representantes a personal funcionario o personal laboral en el ámbito correspondiente a la*

funcionariado como del personal laboral de la correspondiente Administración Pública. Con todo, al tratarse de la Federación de Sindicatos de Educación y Sanidad y del Sindicato Independiente Policía Local de Asturias, respectivamente, en rigor no tenían derecho a estar presentes en las mesas de negociación comunes al personal funcionario y laboral por la falta de adecuación o correspondencia entre los ámbitos de representación de tales sindicatos y las mesas de negociación. La STS (CA) de 28 de marzo de 2017 (Rec. 632/2016) tampoco reconoce el derecho a formar parte de la Mesa Delegada de las Entidades Gestoras de la Seguridad Social (Mesa Delegada de la Mesa General Común de la AGE) a USO que cuenta con el 15,60% de representatividad en el personal funcionario y 8,20% en el personal laboral.
En fin, la impugnación de la constitución de la Mesa General de Negociación de la Administración General del Estado prevista en el art. 36.3 del EBEP por excluir del cálculo a efectos de representatividad sindical a los representantes de los profesores de religión compete al orden de la jurisdicción contencioso-administrativa [STS de 10 de enero de 2018 (Rec. 46/2017)].

33 STS (CA) de 16 de junio de 2015 (Rec. 1907/2014). Sin embargo, con posterioridad el Tribunal Supremo cambiará de criterio en las sentencias de 11 de octubre de 2016 (Rec. 2651/2014), 28 de marzo de 2017 (Rec. 632/2016) y 18 de enero de 2018 (Rec. 702/2017). De conformidad con la nueva línea jurisprudencial, el porcentaje mínimo de representatividad obtenido por una organización sindical, que no forma parte de la Mesa General de Negociación de las Administraciones Públicas y pretende estar presente en la Mesa General de Negociación de materias y condiciones de trabajo comunes al personal funcionario y laboral que haya de constituirse en una Administración Pública, ha de ser el 10% tanto del funcionariado como del personal laboral de la correspondiente Administración Pública. Por lo demás, esta unidad de negociación comprende a la totalidad de los empleados públicos de la Administración Pública correspondiente, por lo que la suficiente representatividad debe acreditarse en el conjunto de las representaciones unitarias de todos ellos, no siendo suficiente con la acreditarla en un determinado sector [STS (CA) de 27 enero de 2011 (Rec. 1671/2009)]. Y, en fin, un sindicato funcionarial, aunque acredite entre los funcionarios públicos un porcentaje de audiencia electoral que represente el 10 por 100 en el conjunto del empleo público de la correspondiente Administración Pública, no tiene derecho a participar en la Mesa General de Negociación común al personal funcionario y laboral de dicha Administración Pública, pues su ámbito funcional y territorial de representación es inferior al ámbito dentro del cual va a producir efectos la actividad negocial. De ahí, que la Federación de Sindicatos de Educación y Sanidad (FSES) o el Sindicato Independiente Policía Local de Asturias —SIPLA no tuvieran derecho a formar parte de las Mesas Generales de Negociación comunes al personal funcionario y laboral de la Administración de la Junta de Andalucía [Cfr. la STS (CA) de 11 de octubre de 2016 (Rec. 2651/2014)] o del Ayuntamiento de Gozón [Cfr. la STS (CA) de 18 de enero de 2018 (Rec. 702/2017)], respectivamente.

Mesa de que se trate» (en este caso, la conjunción es disyuntiva). Por consiguiente, CSIF estará presente en la mesa de negociación común al personal funcionario y laboral de cada Administración Pública si obtiene el 10 por 100 de los representantes unitarios de los funcionarios o de los laborales de dicha Administración Pública[34]. Es decir, a esta organización sindical no se le exige la representatividad acumulada en los ámbitos funcionarial y laboral de la entidad, siendo suficiente con que la acredite en uno de ellos. Si se comparan los ámbitos de representación de los delegados de personal/juntas de personal y de los delegados de personal/comités de empresa en las Administraciones Públicas, se comprueba que, a pesar de que en esta materia las distancias entre lo funcionarial y lo laboral se han acortado, lo cierto es que tales ámbitos generalmente no coinciden y que el ámbito de los primeros es más amplio que el de los segundos. Ello determina que los funcionarios estén infrarrepresentados en comparación con los trabajadores de las Administraciones Públicas. Cotejando el número de representantes unitarios de los funcionarios y de los trabajadores y las plantillas a las que se corresponden, se ve como existe una cierta desproporción, en el sentido de que los trabajadores tienen un mayor número de representantes que los funcionarios. Ello va a determinar que los sindicatos que limitan su campo de acción a la función pública encuentren mayores dificultades que los sindicatos que actúan en el ámbito de los laborales para alcanzar el umbral de representatividad sindical necesario para negociar las condiciones de trabajo comunes al personal funcionario y laboral. Probablemente, estas objeciones hayan sido tomadas en consideración por el EBEP para ampliar las posibilidades de «irradiación» de la representatividad sindical y congraciarse con esta organización sindical a fin de asegurar la consideración, en cada mesa común, de los intereses de los funcionarios públicos.

Ahora bien, CSIF, por el hecho de formar parte de la Mesa General de las Administraciones Públicas, a lo sumo, puede quedar exento del cómputo de representación en laborales, pero tendrían que llegar al menos al 10% de los representantes de los funcionarios públicos de la correspondiente Administración Pública negociadora[35]. Ciertamente, del art. 7.2 de la LOLS no se desprende que una representatividad en el empleo público de ámbito estatal sea título suficiente para integrarse en las Mesas comunes estatal, autonómicas o locales a las que se refiere el art. 36.3 del EBEP.

34 SSTS (CA) de 17 de abril de 2013 (Rec. 2145/2012) y 11 de octubre de 2016 (Rec. 2651/2014).
35 SSTS (CA) 15 de junio de 2021 (Rec. 1207/2020) y 3 de marzo de 2022 (Rec. 2957/2021).

c) De acuerdo con el párrafo segundo del art. 33.1 del EBEP en las Mesas de Negociación del personal funcionario estarán legitimadas para estar presentes *«las organizaciones sindicales más representativas a nivel estatal, las organizaciones sindicales más representativas de Comunidad Autónoma, así como los sindicatos que hayan obtenido el 10 por 100 o más de los representantes en las elecciones para Delegados y Juntas de Personal, en las unidades electorales comprendidas en el ámbito específico de su constitución»*. Por su parte, el apartado segundo de la DA 12.ª del EBEP indica que constituirán las Mesas Sectoriales de Negociación de la Administración del Estado *«las organizaciones sindicales a las que se refiere el párrafo segundo del artículo 33.1 de este Estatuto, cuya representación se distribuirá en función de los resultados obtenidos en las elecciones a los órganos de representación propios del personal en el ámbito específico de la negociación que en cada caso corresponda, considerados a nivel estatal»*.

De lo dispuesto en el antecitado precepto se puede extraer el siguiente esquema[36]:

1.º) Ostentan legitimación directa y automática para formar parte de las Mesas Generales y Sectoriales de Negociación del personal funcionario los sindicatos más representativos a nivel estatal y de Comunidad Autónoma[37].

2.º) Junto a los anteriores, estarán también los sindicatos sectoriales que acrediten el 10 por 100 como mínimo de los Delegados de Personal o miembros de las Juntas de Personal correspondientes al personal comprendido en el ámbito de representación que proceda[38]. El párrafo segundo del art. 33.1 del EBEP precisa que la suficiente representatividad, que permite a las organizaciones sindicales acceder a las mesas de negociación, ha de acreditarse *«en*

36 La representatividad de las organizaciones sindicales en las Mesas Delegadas en la Administración General del Estado vendrá determinada por lo establecido en el apartado IV.A.5 del Acuerdo de 20 de mayo de 2008 para la ordenación de la negociación colectiva en la Administración General del Estado (BOE 6/06/2008), y en el apartado II.4.3 del Acuerdo de las Mesas Generales de Negociación de la Administración General del Estado de 16 de diciembre de 2020, por el que se modifica el Acuerdo de 30 de mayo de 2017, sobre asignación de recursos y racionalización de las estructuras de negociación y participación (BOE 29/01/2021). En cualquier caso, la STS (CA) de 27 de mayo de 2009 (Rec. 6398/2006), al amparo de la LORAP, reconoce a USO el derecho a estar presente en la Mesa Departamental por ser simplemente representativo en el sector de la función pública. Por su parte, la STS (CA) de 4 de noviembre de 2015 (Rec. 4097/2013) traslada a la Mesa Delegada de INGESA la composición que corresponde en la Mesa General de negociación de la AGE, dado que no es posible determinar la representatividad de los sindicatos en dicha entidad ya que los órganos de representación del personal que presta servicios en la misma no representan solo a dicho personal, sino que tiene un ámbito de representación más amplio.

37 STS (CA) de 26 de noviembre de 2014 (Rec. 3514/2013).

38 SSTS (CA) de 23 de diciembre de 2002 (Rec. 7402/1999), 27 de mayo de 2009 (Rec. 6398/2006) y 16 de junio de 2015 (Rec. 1907/2014). La STS (CA) 17 de noviembre de 2010 (Rec. 2372/2009) declara que las organizaciones sindicales tienen derecho a que la representatividad que les pueda corresponder en orden a estar presentes en la Mesa General de Negociación de la Administración General del Estado *«se determine ponderando únicamente los funcionarios de la Administración de justicia que no hayan sido transferidos a las Comunidades Autónomas»*.

las unidades electorales comprendidas en el ámbito específico de su constitución». De esta manera, las organizaciones sindicales que no sean más representativas a nivel estatal o autonómico deben acreditar su representación en el ámbito territorial y funcional de la correspondiente Mesa Sectorial de Negociación sin que pueda operar de forma automática la irradiación de la suficiente representatividad desde el ámbito funcionarial general al sectorial, tal y como permitía el párrafo segundo del 31.2 de la LORAP, en su versión original[39].

3.2.5. La solución extrajudicial de conflictos colectivos

El art. 45.1 del EBEP autoriza a las Administraciones Públicas y a *«las Organizaciones Sindicales a que se refiere el presente Capítulo»* (esto es, las organizaciones sindicales con legitimación negocial según los arts. 33.1 y 35.1 del EBEP) a *«acordar la creación, configuración y desarrollo de sistemas de solución extrajudicial de conflictos colectivos»*. La Ley se refiere exclusivamente a los *«conflictos colectivos»*, con exclusión de los *«conflictos individuales»*. El art. 45.2 del EBEP precisa que *«los conflictos a que se refiere el apartado anterior podrán ser los derivados de la negociación, aplicación e interpretación de los Pactos y Acuerdos sobre las materias señaladas en el artículo 37, excepto para aquellas en que exista reserva de Ley»*. Se hace referencia, de esta forma, a los dos tipos clásicos de conflictos colectivos, los de intereses o económicos ligados a la negociación de los Pactos y Acuerdos, y los jurídicos, conectados con la interpretación y aplicación de tales instrumentos negociales. El art. 45.3 del EBEP permite a los miembros de las mesas de negociación establecer procedimientos no sólo de mediación, sino también de arbitraje voluntario. En cualquier caso, el apartado 5 del art. 45 del EBEP establece que *«la utilización de estos sistemas se efectuará conforme a los procedimientos que reglamentariamente se determinen previo acuerdo con las Organizaciones Sindicales representativas»*. Lo que guarda relación con la letra b) del art. 37.2 del EBEP. Por consiguiente, y sin perjuicio de que el régimen jurídico aplicable en materia de solución extrajudicial de conflictos colectivos sea convencional, el mismo deberá ser recogido en una disposición reglamentaria.

BIBLIOGRAFÍA

ALFONSO MELLADO, C.A., «Cuestiones actuales en torno a los derechos colectivos de los empleados públicos», *Tribuna Social*, núm. 120, 2000.

ALFONSO MELLADO, C.A., *Los derechos colectivos de los empleados públicos en el Estatuto básico*, Bomarzo, Albacete, 2008.

39 Cfr. las SSTS (CA) de 1 de diciembre de 1992 (Rec. 9162/1990) y 27 de septiembre de 2002 (Rec. 4838/1998).

CANTERO MARTÍNEZ, J., «Los derechos colectivos de los funcionarios *públicos», Revista jurídica de Castilla-La Mancha*, núm. 20, 1994.

CANTERO MARTÍNEZ, J., «Derechos colectivos de los funcionarios públicos», *Revista de Derecho Administrativo*, núm. Extra 1, 2002.

DEL REY GUANTER, S., «Los derechos colectivos en la Ley Orgánica de Fuerzas y Cuerpos de Seguridad», Revista de Trabajo, núm. 84, 1986.

DEL REY GUANTER, S., *Estado, Sindicatos y relaciones colectivas en la función pública*, INAP, Madrid, 1986.

DEL REY GUANTER, S., «Libertad sindical y funcionarios públicos», en AA.VV., *Comentarios a la Ley de Libertad Sindical*, Madrid, 1986.

DEL REY GUANTER, S., *Comentarios a la Ley de Órganos de Representación, Determinación de las Condiciones de Trabajo y Participación del personal al servicio de las Administraciones Públicas*, MAP, Madrid, 1988.

FERNÁNDEZ LÓPEZ, M.ª. y CRUZ VILLALÓN, J., «Los sindicatos en la función pública: régimen jurídico y representaciones sindicales en el centro de trabajo», en AA.VV., *Seminario sobre las relaciones colectivas en la función pública*, I.A.A.P., Sevilla, 1990.

GARCÍA MURCIA, J., «Libertad sindical y representatividad de los sindicatos en la función pública», en AA.VV., *Seminario sobre las relaciones colectivas en la función pública*, I.A.A.P., Sevilla, 1990.

GÓMEZ CABALLERO, P., *Los derechos colectivos de los funcionarios*, Madrid, 1994

LAHERA FORTEZA, J., *La Titularidad de los Derechos Colectivos de los Trabajadores y Funcionarios*, Madrid, 2000.

ORTEGA ALVAREZ, L., *Los derechos sindicales de los funcionarios públicos*, Madrid, 1983. ROQUETA BUJ, R., «Derechos individuales ejercidos colectivamente», en AA.VV., *El Estatuto Básico del Empleado Público y su desarrollo por el Estado y las Comunidades Autónomas*, Colex, Madrid, 2008.

ROQUETA BUJ, R., «Los derechos y garantías sindicales en la negociación colectiva funcionarial», *Actualidad Administrativa*, núm. 35, 2002.

SALA FRANCO, T., «Los derechos colectivos de los empleados públicos», en AA.VV., *Comentarios a la Ley del Estatuto del Empleado Público*, Lex Nova, Valladolid, 2007.

SALA FRANCO, T. y ROQUETA BUJ, R., *Los derechos sindicales de los funcionarios públicos*, Valencia, 1995.

SALA FRANCO, T. y ROQUETA BUJ, R., *Los derechos sindicales de los funcionarios públicos*, 2.ª Edición, Tirant lo Blanch, Valencia, 2019.

Sobre la revista

Trabajo y Empresa, es una Revista Derecho del Trabajo con la que la Editorial Tirant lo Blanch pretende desarrollar un espacio de producción científica con vocación pluralista y, a su vez, con la vista especialmente puesta en el análisis de cuestiones jurídico-laborales de especial interés para la gestión de las empresas.

Trabajo y Empresa, es una revista cuatrimestral. De los tres números publicados a lo largo del año, uno tendrá carácter monográfico sobre un tema seleccionado por el equipo editorial y los otros dos números se estructurarán con los siguientes contenidos: *Sección artículos*: se publicarán los trabajos cuya temática y contenido resulte de especial interés para la línea editorial, siguiendo el criterio de los informes de evaluadores externos y del equipo editorial. *Sección jurisprudencial:* se publicarán trabajos que constituyan estudios jurisprudenciales relevantes y/o comentarios a sentencias de particular interés, siguiendo también el criterio de los informes de los evaluadores externos y del equipo editorial. Se publicará, asimismo, una reseña de actualidad jurisprudencial seleccionada y elaborada por el equipo editorial.

Equipo editorial

El primer compromiso de ***Trabajo y Empresa*** es con la calidad. Para ello se ha arbitrado un sistema de selección y evaluación de los originales y se ha estructurado un Comité de redacción y un Comité científico de alto nivel. El equipo editorial es el siguiente:

Normas de edición e instrucciones para la remisión de originales

Admisión de originales y sistema de evaluación ciego por pares

Los originales publicados en la sección artículos y en la sección jurisprudencial serán sometidos al criterio de evaluadores externos, garantizando el anonimato de los autores. Cualquiera de los evaluadores puede hacer observaciones o sugerencias a los autores, siempre y cuando el trabajo haya sido aceptado por el equipo editorial. Los autores recibirán el resultado de la evaluación y, en su caso, se les concederá un período de tiempo suficiente para que puedan hacer las modificaciones propuestas por los evaluadores.

Los evaluadores tendrán en cuenta especialmente: i) la idoneidad temática; ii) la calidad y el rigor de los argumentos; iii) la adecuación de la estructura expositiva del texto; iv) las fuentes bibliográficas, jurisprudenciales o de otro tipo.

Tras la evaluación realizada por los expertos, la publicación definitiva de los trabajos será sometida de nuevo a la consideración del equipo editorial, que se reserva la facultad de revisar y corregir los textos si éstos presentan errores ortotipográficos, gramaticales o de estilo.

Criterios generales para la presentación y remisión de originales

Los textos presentados para su publicación deberán ser trabajos originales e inéditos.

Los originales de los artículos de la sección artículos tendrán una extensión de entre 8.000 y 14.000 palabras y los de la sección jurisprudencial una extensión entre 6.000 y 12.000 palabras, en ambos casos con un interlineado de 1.5 y letra de cuerpo 12. Deberán presentarse en soporte informático Word.

Al comienzo del texto ha de indicarse el título del artículo, el nombre y apellidos del autor o autora, su cargo o profesión y la vinculación institucional con la que los autores desean aparecer identificados en el encabezamiento del artículo. Los autores harán llegar con el artículo los datos suficientes para que la redacción de la Revista se pueda poner en contacto con ellos (teléfono y dirección electrónica).

Los artículos deben ir precedidos de un sumario de los diferentes apartados. Los títulos y subtítulos de los textos seguirán el denominado "Sistema de numeración decimal de capítulos" y se escribirán solo con cifras arábigas (1., 1.1., 1.2., 1.2.1...)

Todos los artículos deberán ir, asimismo, precedidos de un resumen de en torno a 10 líneas en castellano y en inglés (Abstract). Así como de una lista de cinco o seis palabras clave en castellano y en inglés (key words). El título del artículo también debe escribirse en español y en inglés.

Por lo que se refiere al sistema de citas de bibliografía y jurisprudencia, los trabajos seguirán las siguientes pautas:

Libros: apellidos y nombre, año de publicación (entre paréntesis seguido de dos puntos), título del libro (en cursiva), lugar de edición, nombre del editor, páginas (sin las grafías pág. o pp.). Ejemplo: Vives Antón, Tomás (2011): *Fundamentos de derecho penal*, Valencia, Tirant lo Blanch, 55-56.

Capítulos de libro: apellidos y nombre, año de publicación (entre paréntesis seguido de dos puntos), título de la obra (entre comillas angulares), responsables subordinados (directores, coordinadores, editores, etc., precedidos de en), título del libro (ver arriba), lugar de edición, nombre del editor y páginas sin grafías. Ejemplo: Pérez Pérez, María y Martínez Martínez, Laura (2014): "Algunas acotaciones sobre los actuales modelos de teoría de la legislación", en Ramos Ramos, María (coord..): *Nuevos modelos de teoría de la legislación*, Madrid, Teorema, 34-51.

Artículos de revista científica: apellidos y nombre, año de publicación (entre paréntesis seguido de dos puntos), título del artículo (entre comillas angulares), nombre de la revista (en cursiva), número y/o volumen de la revista y páginas sin grafías. Ejemplo: Cotterrell, Roger (2015): "The politics of jurisprudence revisited: a Swedish realist in historical context", *Ratio Juris*, 28, 1-14.

En cuanto a la cita de decisiones judiciales, se seguirán los siguientes ejemplos: STC 136/2001, 18 junio 2001, STS 28 noviembre 2017 (Rº 2868/2015); STSJ Andalucía 22 marzo 2018 (Rº 2362/2017); SJS nº 1 Tortosa 27 junio 2017 (Procedimiento nº 473/2016); STJUE diciembre 2016 (asunto C395/15, Daouidi); STEDH 12 enero 2016 (Nº 61496/08, Barbulescu contra Rumania).

Los originales deben ser enviados por correo electrónico a la dirección

trabajoempresa.revista@gmail.com

Los autores deben remitir dos archivos diferenciados del original. La diferencia es que uno deberá estar completamente cegado y no contener ninguna referencia que permita al evaluador conocer su autoría.